Musée cantonal des
Beaux-Arts de Lausanne
Guide de la collection

Bernard Fibicher
Catherine Lepdor
Camille Lévêque-Claudet
Laurence Schmidlin
Nicole Schweizer
Camille de Alencastro

MUSÉE CANTONAL
DES BEAUX-ARTS
LAUSANNE

Scheidegger & Spiess

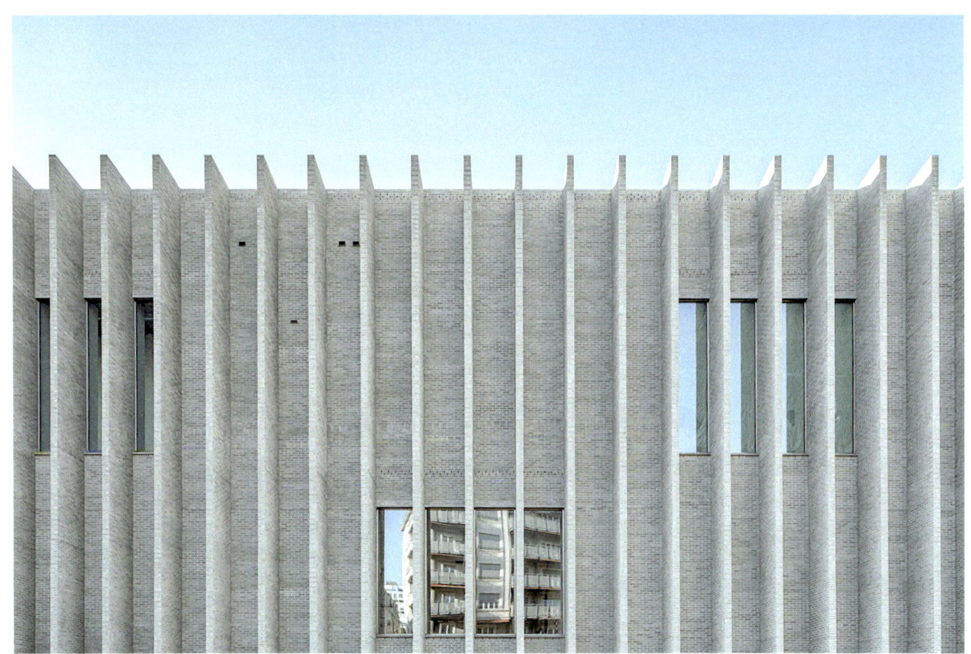

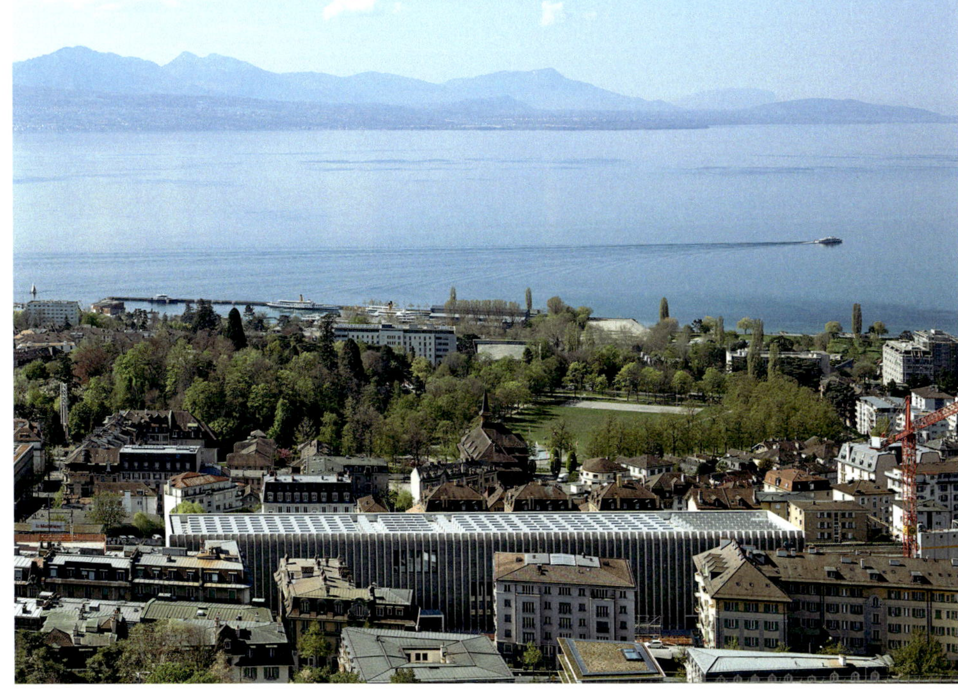

Sommaire

La collection du Musée cantonal des Beaux-Arts de Lausanne

Toute collection d'art publique conserve un fonds dit primitif, qui témoigne des premiers efforts fournis par une collectivité pour rassembler des œuvres destinées à la délectation et à l'éducation. À Lausanne, il s'agit d'un petit groupe de peintures italiennes du XVIIe siècle réuni par le paysagiste néo-classique Louis Ducros, et de plusieurs centaines de ses propres dessins et aquarelles, qu'il ramène d'Italie où il a fait carrière [cat. 7, 8, 14]. Cet ensemble, l'artiste vaudois, qui a vécu notamment à Rome, où des galeries privées et les trésors du Vatican sont accessibles au public, propose en vain à ses compatriotes de l'acquérir pour créer l'embryon d'une collection qui serve à l'enseignement. Une souscription civique est lancée à sa mort pour éviter sa dispersion. En 1816, son rachat par le Canton de Vaud manifeste la volonté du jeune État de compter les beaux-arts au nombre des atouts qui lui permettront d'affirmer son identité, lui qui vient de se libérer de la tutelle bernoise, de conquérir son indépendance et d'adhérer à la Confédération suisse (1803).

Les œuvres de la collection Ducros viennent d'abord enrichir un petit musée cantonal encyclopédique inauguré en 1818 non loin de la cathédrale de Lausanne, et servir de modèles pour une école de dessin ouverte dans le même bâtiment. C'est le directeur de cette dernière, le peintre vaudois Marc-Louis Arlaud, qui, le premier, ose voir plus grand. Élève de Jacques-Louis David à Paris, où les collections royales du Louvre sont désormais accessibles à tous, stimulé par l'exemple de Genève, où le Musée Rath a ouvert ses portes en 1826, il fait don d'une somme importante pour la construction d'un édifice qui abritera l'école de dessin et un musée des beaux-arts. Cofinancé par la Ville de Lausanne et le Canton de Vaud, le Musée Arlaud est inauguré en 1841 sur la place de la Riponne [ill. 1]. Pour l'enrichir, le peintre fait don de ses propres peintures, de sa collection d'œuvres des Écoles françaises et du Nord, et il commande des moulages d'après les antiques.

Dans la seconde moitié du XIXe siècle, les conservateurs successifs font quelques acquisitions importantes. Encouragés par l'ouverture du Musée, les particuliers leur apportent leur soutien, en offrant ou en léguant des œuvres. La Municipalité de Lausanne fait don d'une œuvre majeure de la Renaissance : *Le massacre de la Saint-Barthélemy* de François Dubois [cat. 3]. L'époque est à l'affirmation des identités régionales et nationales et la collection s'oriente résolument vers les artistes suisses romands contemporains. On achète et commande de grandes peintures de François Diday [cat. 19] et d'Alexandre Calame [cat. 20], promoteurs genevois d'une école suisse du paysage. On acquiert des peintures de Benjamin Vautier et de Frédéric Rouge, des paysages du lac Léman de François Bocion, et des œuvres monumentales d'Eugène Burnand, chantre de la ruralité, peintre d'histoire et promoteur d'une peinture religieuse protestante [cat. 31, 59, 60]. On lance des souscriptions publiques (en 1890 pour *La reine Berthe et les fileuses* d'Albert Anker, en 1899 pour *Le Déluge* de Charles Gleyre [cat. 25]). Si les paysages suisses et la geste nationale dominent, les œuvres acquises au fil des ans reflètent une scène artistique plus large. En effet, les Helvètes, pour la plupart expatriés faute de formation et de clientèle locales, étudient et exposent dans les grands centres de l'art, à Paris, Düsseldorf ou Munich. Comme partout en Europe, l'académisme domine dans l'histoire, le réalisme dans le genre et le paysage. Le Vaudois Charles Gleyre, établi et célébré à Paris, offre l'exemple parfait du peintre d'histoire dont on souhaite voir les œuvres présentées sur les cimaises lausannoises. Ses compatriotes lui commandent deux toiles monumentales illustrant les hauts faits des luttes de libération de l'historiographie nationale (*L'Exécution du major Davel*, 1850, et *Les Romains passant sous le joug*, 1858 [cat. 22]). En 1908, l'achat de son fonds d'atelier (trois cent soixante-huit œuvres) renforcera considérablement sa représentation à Lausanne [cat. 17, 23, 26].

En 1903, le Canton de Vaud fête le centenaire de son indépendance. Sa capitale compte désormais près de cinquante mille habitants. L'heure est à la modernisation. La collection des beaux-arts, sensiblement augmentée, est désormais à l'étroit dans le Musée Arlaud dont la vétusté est dénoncée. Elle va profiter de la volonté de l'État d'encourager l'enseignement supérieur et les arts. Celui-ci a décidé en 1872 d'affecter aux besoins de l'université, de la bibliothèque cantonale, des musées des beaux-arts, d'histoire et des sciences naturelles, la somme d'un million cinq cent mille francs destinée par le mécène russe Gabriel de Rumine à la construction d'un édifice d'utilité publique. Le Palais de Rumine est un vaste bâtiment néo-florentin au programme encyclopédique caractéristique d'une époque qui, depuis l'Exposition universelle de Londres en 1851, favorise la convergence de l'éducation, des sciences et des arts [ill. 2]. Le Musée des beaux-arts, qui ouvre ses portes au public en 1906, occupe cinq salles d'exposition au deuxième étage de son aile nord. Elles sont consacrées au déploiement de toutes les œuvres de la collection, superposées sur plusieurs niveaux. Trois grands salons en enfilade, à l'éclairage zénithal, sont consacrés à la peinture et présentent les œuvres de Marc-Louis Arlaud, père fondateur, des écoles anciennes suisses et étrangères, et de l'école suisse moderne [ill. 3] ; une salle transversale est dédiée aux sculptures ; enfin, une galerie divisée en cabinets est dévolue aux dessins.

De vingt mille par année, le Musée passe à cinquante mille visiteurs une fois installé à Rumine. Disposant de nouvelles salles, la direction fait feu de tout bois pour valoriser et enrichir la collection, en maintenant le cap sur l'art suisse et vaudois contemporain. On achète des œuvres à des peintres vivants qui seront collectionnés jusqu'à ce jour, tels Ferdinand Hodler [cat. 40, 62, 65], Ernest Biéler [cat. 30, 67, 68], ou Eugène Grasset [cat. 53, 56]. Et surtout on s'intéresse à deux Suisses de Paris, dont les fonds comptent aujourd'hui plusieurs centaines de pièces, Théophile-Alexandre Steinlen, artiste de la lutte sociale [cat. 46, 47, 77, 78], et Félix Vallotton, peintre de toutes les audaces formelles et coloristiques, qui va devenir au fil des ans l'artiste le plus emblématique de l'institution [cat. 37, 51, 52, 54, 63, 64, 79, 81, 82]. Le budget d'acquisition est modeste, mais les dons et les legs des privés, les dépôts de la Confédération suisse, de la Fondation Gottfried Keller et de la Société vaudoise des beaux-arts (Arts Visuels Vaud depuis 2016) font entrer des pièces majeures [cat. 10, 13, 21, 24, 31, 59, 67, 79, 173, 184]. Très vite, le manque d'espace redevient préoccupant. En 1924 déjà, ayant enregistré la promesse de don de la prestigieuse collection du médecin lausannois Henri-Auguste Widmer, la direction réclame le transfert du Musée dans un bâtiment indépendant.

L'impact de l'arrivée de la collection du Dr Widmer en 1936 et 1939 est considérable. Le nombre élevé d'œuvres (plus de trois cents peintures, sculptures et dessins) l'explique. Par ailleurs, l'étendue des périodes, de l'art égyptien au post-impressionnisme, est un ballon d'oxygène pour un musée qui s'était concentré sur l'art suisse récent. Enfin et surtout, le legs d'œuvres de grands maîtres contemporains français et européens est le ferment d'une politique d'acquisition plus ambitieuse, poursuivie jusqu'à ce jour. Désormais, les Lausannois peuvent admirer sur les cimaises Gustave Courbet [cat. 27], Edgar Degas [cat. 48, 49], Auguste Renoir, Paul Cézanne [cat. 41], Henri Matisse [cat. 42], Albert Marquet [cat. 72], Maurice Utrillo ou Maurice de Vlaminck. Widmer a collectionné des œuvres de son ami Édouard Vuillard [cat. 50], ainsi que de Pierre Bonnard, Maurice Denis et Ker-Xavier Roussel, et on peut considérer que c'est à lui que remonte l'attention que l'institution portera désormais au cercle des peintres nabis. Giovanni Giacometti, un de ses proches, fait son entrée lui aussi dans la collection. Enfin, la passion que le médecin a vouée sa vie durant à la sculpture contemporaine enrichit la collection de fontes d'Edgar Degas [cat. 44], Constantin Meunier [cat. 45], Auguste Rodin, Aristide Maillol, Albert Bartholomé, Carl Milles ou encore Émile-Antoine Bourdelle [cat. 57].

En 1938, les salles du Musée accueillent une première exposition temporaire. Une ère nouvelle s'ouvre, où les manifestations éphémères vont supplanter peu à peu la présentation de la collection. C'est alors que s'instaure – et pour longtemps – un décalage entre des expositions qui initient le public local aux audaces des avant-gardes suisses et internationales (*Du futurisme à nos jours*, 1947 ; *Rythmes et couleurs*, 1952) et une politique d'acquisition plus frileuse. Le Musée, qui poursuit son attachement à l'art ancien, par exemple en acquérant un bel ensemble du peintre de genre néo-classique Jacques Sablet [cat. 10], et plus généralement à l'art figuratif, avec un intérêt tôt marqué pour les intérieurs de Marius Borgeaud [cat. 83, 84], manque l'occasion d'acquérir à bas prix des œuvres témoignant de la marche vers l'abstraction. Il faut attendre la fin des années 1930 pour que commencent à se construire des ensembles autour d'Alice Bailly [cat. 73, 75, 76] et de Gustave Buchet [cat. 74, 86, 87], Vaudois engagés à Paris dans un dialogue serré avec le cubisme et le futurisme, et les années 1950 pour que l'on s'intéresse aux œuvres musicalistes de Charles Blanc-Gatti [cat. 88], aux paysages abstraits de Maria Helena Vieira da Silva [cat. 103], ou encore aux peintures informelles de Charles Rollier. Plus que pour les avant-gardes, c'est en faveur de deux artistes modernes de la marge que va s'engager le Musée. En 1956, quelque quatre cents œuvres de Louis Soutter, poète et plasticien visionnaire, sont acquises en bloc et forment le socle d'un fonds exceptionnel qui compte aujourd'hui plus de six cents feuilles [cat. 93 – 97]. À la fin des années 1960, Aloïse, artiste autodidacte aux complexes iconographies, entre à son tour dans la collection, où elle est désormais représentée avec plus de trois cents dessins [cat. 99 – 102].

Au début des années 1960, Lausanne dépasse le cap des cent mille habitants. Stimulée par l'économie florissante des Trente Glorieuses, elle s'est urbanisée et étendue. En 1962 est lancée la Biennale internationale de la tapisserie, qui se tient dans les salles du Musée et fait d'elle, pendant une trentaine d'années, la capitale de l'art textile contemporain. En 1964, la ville accueille les douze millions de visiteurs de l'Exposition nationale suisse, une ode à la modernité placée sous la devise « Croire et créer ». La scène artistique s'anime avec l'ouverture de nouvelles galeries, telles la Galerie Alice Pauli en 1962 et la Galerie Rivolta en 1971, qui viennent diversifier une scène marchande longtemps dominée par la Galerie Paul Vallotton. Les revendications sociales s'intensifient après Mai 68. L'activisme de groupes de jeunes artistes en est une des expressions, tout comme, dans la rue, les manifestations du mouvement Lôzane bouge. Au Musée, les trois expositions du Salon international de galeries-pilotes (1963, 1966, 1970) s'inscrivent dans cet élan de contestation. Elles témoignent elles aussi du désir de s'extraire d'un climat empreint de conservatisme et de provincialisme. Le Salon attribue un rôle nouveau au Musée, celui de « découvreur » de l'art en train de se faire, jusqu'alors réservé aux acteurs du marché de l'art. Cette initiative originale, qui précède la création de la Foire de Bâle (1970), rassemble au fil de ses éditions quarante-neuf galeries venues à Lausanne défendre des talents émergents [ill. 4]. À l'heure où New York dispute à Paris sa place de capitale des arts, les salles de l'antique Palais de Rumine accueillent l'abstraction géométrique, l'art constructiviste, minimal, environnemental, conceptuel, cinétique, le Pop Art, le Nouveau Réalisme, le Land Art. Les jeunes artistes suisses romands, d'Olivier Mosset [cat. 151, 161] à René Bauermeister [cat. 117] ou Janos Urban [cat. 118], seront marqués par ces expositions qui orientent leur production vers des pratiques expérimentales. Si l'événement positionne Lausanne sur la scène artistique internationale, le scepticisme local et le manque de moyens accordés au

Musée ne lui permettent pas de réaliser des acquisitions qui auraient pu, à des prix raisonnables, revivifier sa collection en l'ouvrant à la scène internationale, en particulier américaine. La générosité de quelques galeries exposantes avec des dons d'œuvres de Marcel Broodthaers [cat. 115], ou de Tadeusz Kantor [cat. 124], et aussi de mécènes [cat. 121], conservent cependant le souvenir de ce temps des audaces et susciteront plus tard les acquisitions d'œuvres d'artistes ayant participé à cette aventure [cat. 113, 116, 119, 120].

Un retard s'observe aussi dans la constitution du fonds d'art vidéo, qui est aujourd'hui un point fort de la collection. Le Musée entretient dès le début des années 1970 des liens étroits avec les pionniers suisses romands du nouveau medium. Il suit de près les activités et expose les œuvres des « mousquetaires de l'invisible », Jean Otth, Janos Urban, René Bauermeister, Gérald Minkoff et Muriel Oleson, tout comme celles du groupe IMPACT qui, en 1974, réunit à Lausanne tout ce que la scène internationale compte de grands noms de cet art naissant. Cependant, et bien que leur entrée dans la collection précède celles enregistrées dans les musées de Berne, Bâle ou Zurich, peu nombreuses sont les œuvres acquises alors [cat. 129]. Il faudra attendre les années 1990 pour combler cette lacune et pour que soient achetées au fil du temps des vidéos et des installations d'artistes confirmés, tels VALIE EXPORT [cat. 130], Nam June Paik [cat. 131], Joan Jonas [cat. 132], Ana Mendieta [cat. 142], Silvie et Chérif Defraoui [cat. 155, 181], Kimsooja [cat. 179], Francis Alÿs [cat. 187], Harun Farocki [cat. 188], ou émergentes, telles Emmanuelle Antille [cat. 175], Pauline Boudry / Renate Lorenz [cat. 194], Anne-Julie Raccoursier [cat. 192].

Dans les dernières décennies du XXe siècle, le panorama des musées voués aux arts visuels se diversifie dans la capitale vaudoise, avec l'ouverture du Musée des arts décoratifs (1967), de la Collection de l'Art Brut (1976), du Musée de l'Élysée (1980) consacré à la photographie depuis 1985, et de la Fondation de l'Hermitage (1984). Le développement de la collection du Musée des beaux-arts suit deux orientations : la consolidation des grands fonds modernes et contemporains d'une part, et la poursuite de l'exploration de l'art vivant d'autre part. Ces lignes directrices précisent son profil qui se veut spécifique (« voir à Lausanne ce que l'on ne voit pas ailleurs »). La corrélation est toujours plus étroite entre la programmation des expositions et les acquisitions qu'elles inspirent. Ainsi, dans les années 1980, l'attention portée au retour de la figuration expressive et à l'art politiquement engagé se traduit par l'organisation d'expositions (*Berlin. La rage de peindre* en 1982, *New York Now* en 1983) et en parallèle par l'achat d'œuvres néo-expressionnistes, en particulier de l'aire germanophone (Arnulf Rainer [cat. 122, 135], Rolf Iseli [cat. 136], Luciano Castelli [cat. 137], Miriam Cahn [cat. 146], Leiko Ikemura [cat. 177, 180] Martin Disler [cat. 148], Günter Brus [cat. 144], Stephan Balkenhol [cat. 157]). Dans les années 1990 – 2000, les acquisitions d'œuvres d'artistes suisses se font dans la foulée de grandes rétrospectives (Félix Vallotton, René Auberjonois, Giovanni Giacometti, Louis Ducros, Ernest Biéler, Jean Otth, Louise Breslau, Louis Soutter, Olivier Mosset, Eugène Burnand, Alice Bailly, Charles Gleyre, Théophile-Alexandre Steinlen, Eugène Grasset, Aloïse [ill. 6]). Il en va de même pour l'art international [ill. 8, 9], où des œuvres sont achetées suite à des expositions organisées autour du cercle des Nabis (Aristide Maillol, Édouard Vuillard) ou avec des artistes vivants qui entrent pour la première fois dans la collection (Bruce Nauman [cat. 156, 166, 170], Christian Boltanski [cat. 163], Balthus, Bill Viola [cat. 141], Sophie Calle, Thomas Huber [cat. 160], Albert Oehlen [cat. 143], Tom Burr [cat. 193], Alfredo Jaar [cat. 169], Esther Shalev-Gerz [cat. 176], Nalini Malani [cat. 182], Renée Green [cat. 164 ; ill. 5], Kader Attia [cat. 207], Yael Bartana [cat. 208]). La même démarche s'observe dans le travail de prospection auprès des artistes vaudois, que ceux-ci poursuivent une carrière en Suisse ou à l'étranger, avec la visite des ateliers et des galeries, mais aussi, en l'absence d'une Kunsthalle locale, avec l'organisation par le Musée d'expositions personnelles ou collectives (les manifestations pluriannuelles *Regard sur le présent*, de 1982 à 1990, ou *Accrochage [Vaud]*, de 2003 à 2016), qui sont suivies par des acquisitions (John M Armleder [cat. 152], Jean-Luc Manz [cat. 162], Alain Huck [cat. 184], Robert Ireland [cat. 183], Fabrice Gygi [cat. 173], Philippe Decrauzat [cat. 185], Didier Rittener [cat. 186], Denis Savary, Valérie Favre [cat. 202], Julian Charrière [cat. 206 ; ill. 7], Claudia Comte [cat. 200], Francis Baudevin [cat. 197], David Hominal [cat. 195]), dont certaines avec le soutien de la Commission cantonale des activités culturelles.

Au sortir de la crise financière traversée par le Canton de Vaud dans les années 1990, le projet de construction d'un nouveau musée est relancé, signal parmi d'autres d'une reprise économique qualifiée de « miracle vaudois ». Il est porté par l'État, la Ville de Lausanne, l'Association des Amis du Musée, les artistes de la région ainsi que par un cercle de collectionneurs qui promettent le don ou le dépôt d'œuvres majeures. Tous sont unis dans la conviction que l'heure est venue d'offrir à la collection des espaces permanents pour que soient rendus accessibles au grand public, non seulement le résultat de l'effort consenti depuis deux cents ans pour construire et conserver un patrimoine public, mais aussi les témoignages du regard porté sur la scène artistique locale et internationale par des amateurs d'art ayant œuvré à la réunion de pièces remarquables. Cette ambition commune pour la renommée d'un canton qui a atteint les huit cent mille habitants, et dont le dynamisme culturel fait la réputation au-delà de ses frontières, se concrétise en 2019 avec l'inauguration d'un bâtiment indépendant pour les beaux-arts, construit par le bureau d'architectes barcelonais Barozzi Veiga près de la gare de Lausanne, au cœur du réseau ferroviaire européen [ill. 10–12].

Le Musée actuel abrite la Fondation Félix Vallotton et la Fondation Toms Pauli. Il est rejoint sur le site de PLATEFORME 10 par deux autres institutions cantonales vouées à la défense des arts visuels : le Musée del'Élysée, consacré à la photographie, et le mudac, musée de design et d'arts appliqués contemporains.

Les retombées de ce projet ambitieux sont inestimables pour la collection vaudoise des beaux-arts. L'entrée en vigueur en 2006 d'une loi sur la dation porte ses fruits avec, entre autres, les dations de l'hoirie Jacqueline Porret-Forel et de la succession Jean-Claude Givel. Des fondations, telles la Fondation Gottfried Keller, la Fondation Walter A. Bechtler et la Fondation Balthus Klossowski de Rola, déposent ou donnent des œuvres majeures. Surtout, des particuliers font preuve d'une grande générosité. C'est le cas, en tout premier lieu, d'Alice Pauli, d'Alain et Suzanne Dubois, de Mireille et James Lévy, mais aussi de Marcel Bahro, de Betty et Hartmut Raguse-Stauffer, de Paul et Tina Stohler, de Françoise Marquet, ainsi que d'artistes et de nombreuses personnes ayant désiré conserver l'anonymat. Grâce à leur engagement exceptionnel, des dons et des dépôts viennent renforcer la représentation de l'art moderne, mais aussi de l'art d'après 1945 (expressionnisme abstrait, École de Paris, Arte povera), avec des œuvres de Balthus [cat. 91], Jean Dubuffet [cat. 107 – 110], Alberto Giacometti, Zao Wou-Ki [cat. 106], Pierre Soulages [cat. 105, 154], Jannis Kounellis [cat. 123], Giuseppe Penone [cat. 128, 205, 212], et plus généralement de l'art contemporain suisse et international, avec des œuvres de Franz Gertsch [cat. 158], Thomas Hirschhorn [cat. 171], Alex Katz [cat. 126], Robert Motherwell [cat. 139], Louise Nevelson [cat. 153], Rebecca Horn, William Kentridge [cat. 210], Anish Kapoor [cat. 189], ou encore Anselm Kiefer [cat. 211].

Dans son livre intitulé *Ce qui n'a pas de prix* (2018), l'écrivaine Annie Le Brun parle d'« entrer dans un musée comme on se jette à la mer, en quête d'un horizon tout autre ». C'est à cette aventure qu'invite ce guide, qui présente quelque deux cents œuvres d'une collection vaudoise portée depuis deux siècles par une collectivité réunie dans sa passion pour l'art et pour les artistes.

Catherine Lepdor

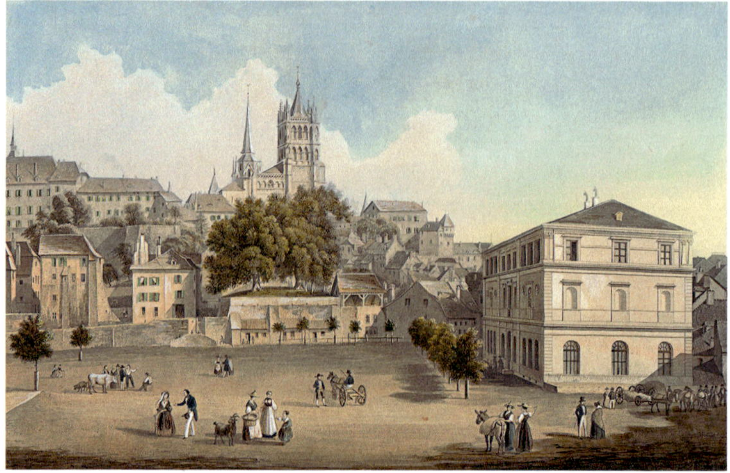

1. Friedrich von Martens, *La place de la Riponne avec, à droite, le musée Arlaud*, vers 1845

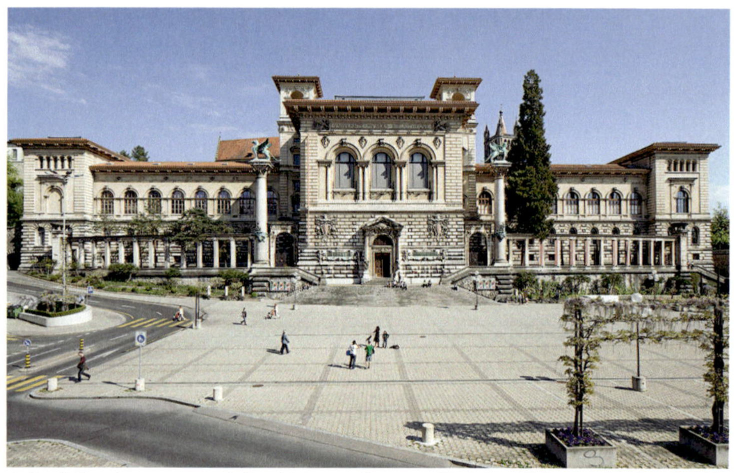

2. Le Musée cantonal des Beaux-Arts au Palais de Rumine

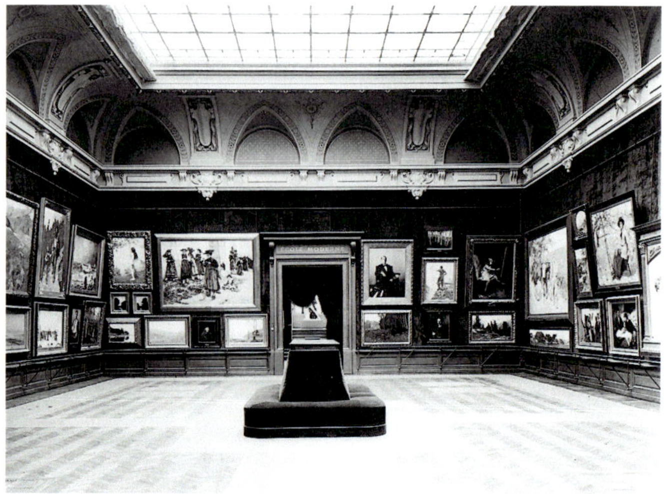

3. Palais de Rumine. Salle des peintures modernes, 1906

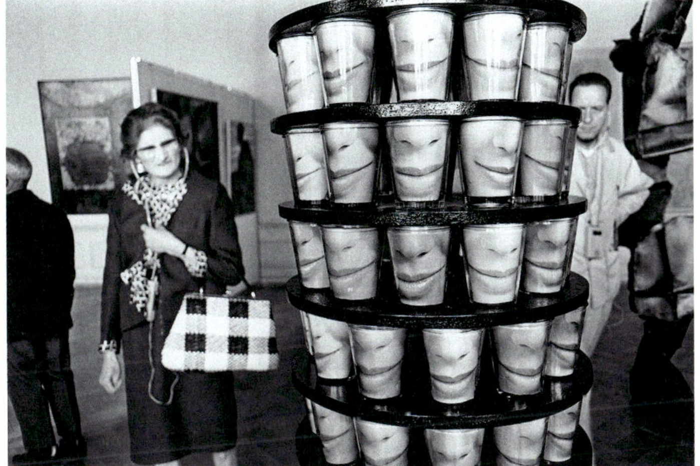

4. Palais de Rumine. *2ᵉ Salon international de galeries-pilotes*, 1966

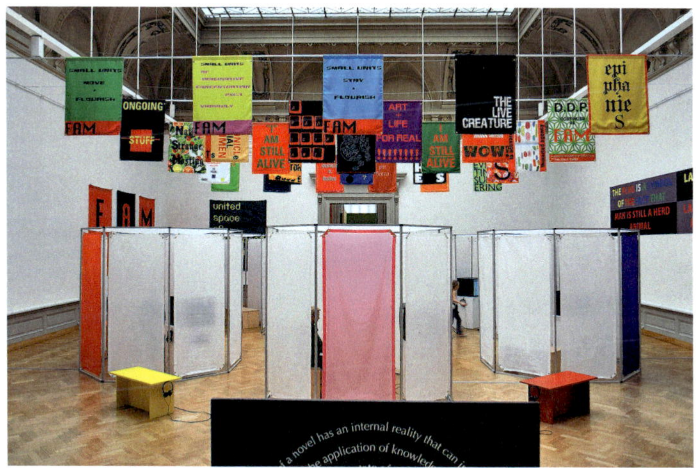

5. Palais de Rumine. *Renée Green. Ongoing Becomings*, 2009

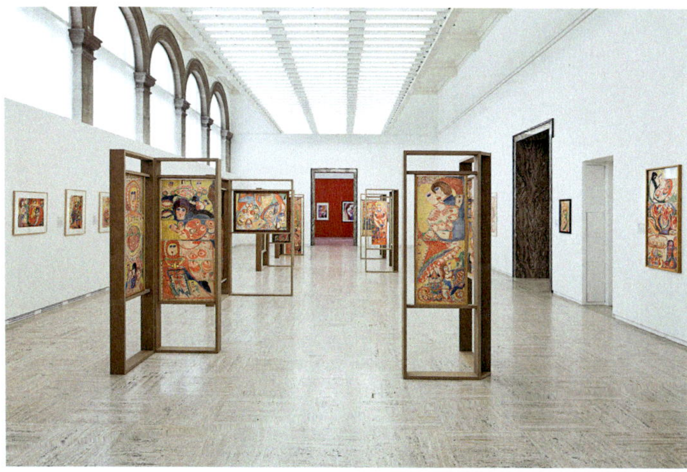

6. Palais de Rumine. *Aloïse. Le ricochet solaire*, 2012

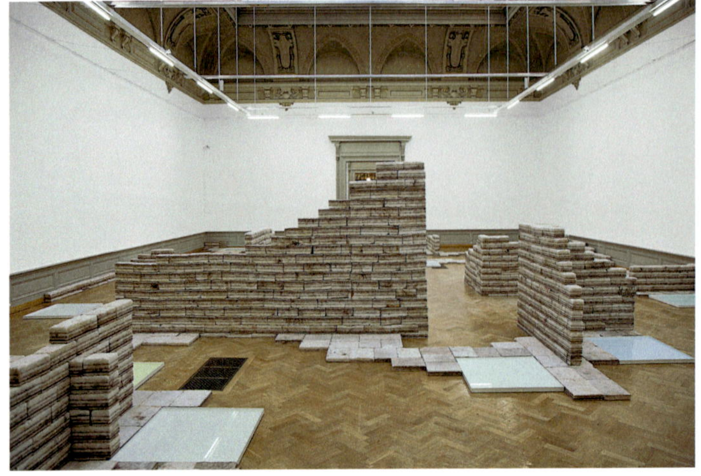

7. Palais de Rumine. *Julian Charrière. Future Fossil Spaces*, 2014

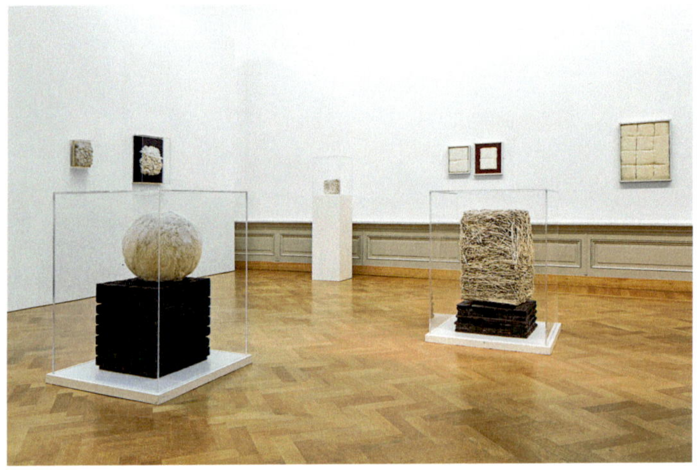

8. Palais de Rumine. *Achrome. Piero Manzoni, la peinture sans couleur*, 2016

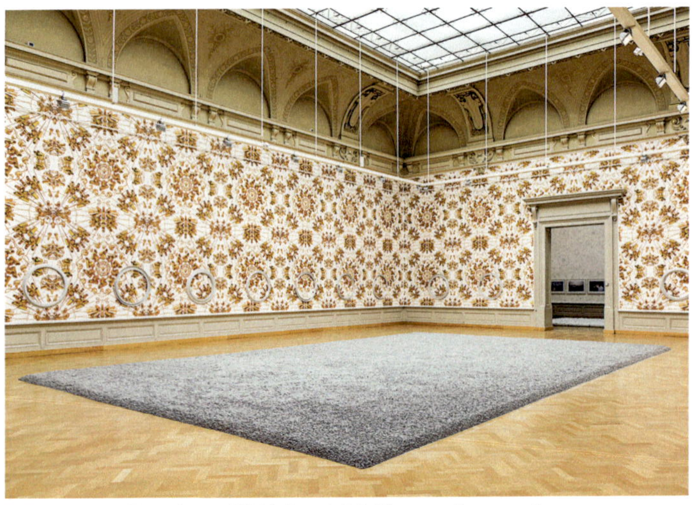

9. Palais de Rumine. *Ai Weiwei. D'ailleurs c'est toujours les autres*, 2017

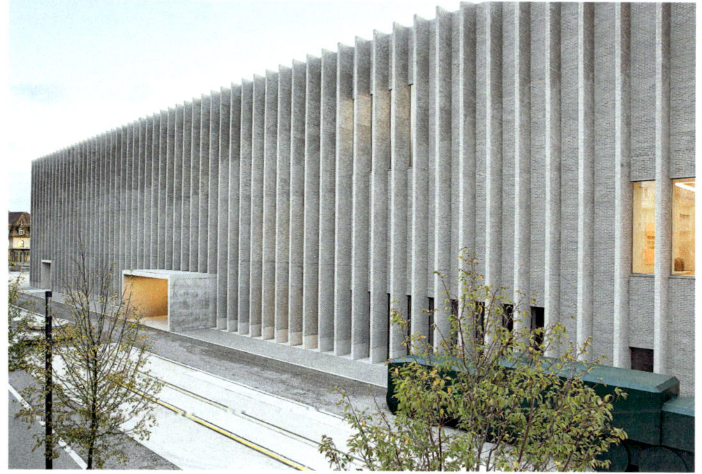

10. Le Musée cantonal des Beaux-Arts à PLATEFORME 10

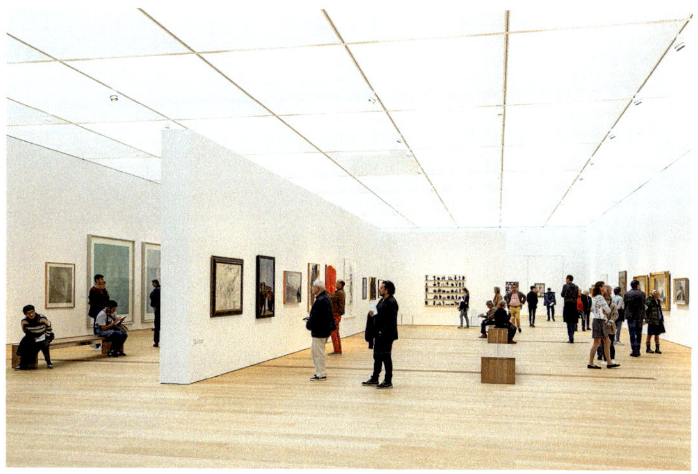

11. PLATEFORME 10. *Atlas. Cartographie du don*, 2019

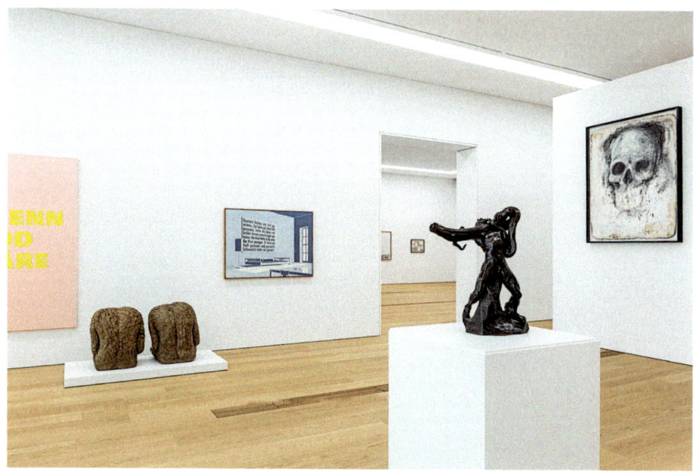

12. PLATEFORME 10. *Atlas. Cartographie du don*, 2019

Œuvres commentées

1

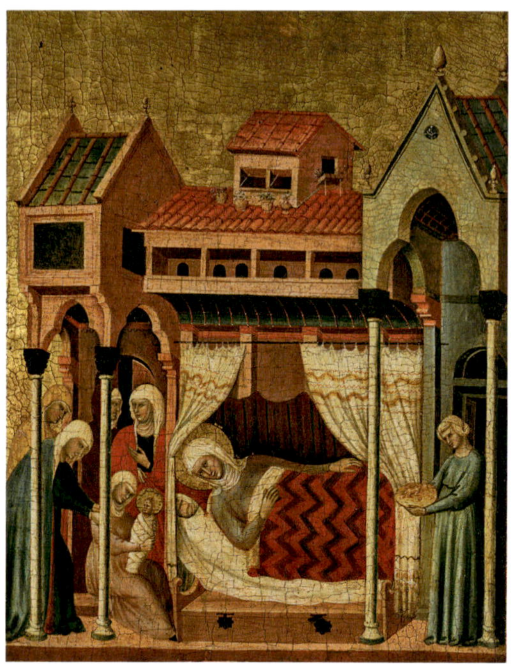

2

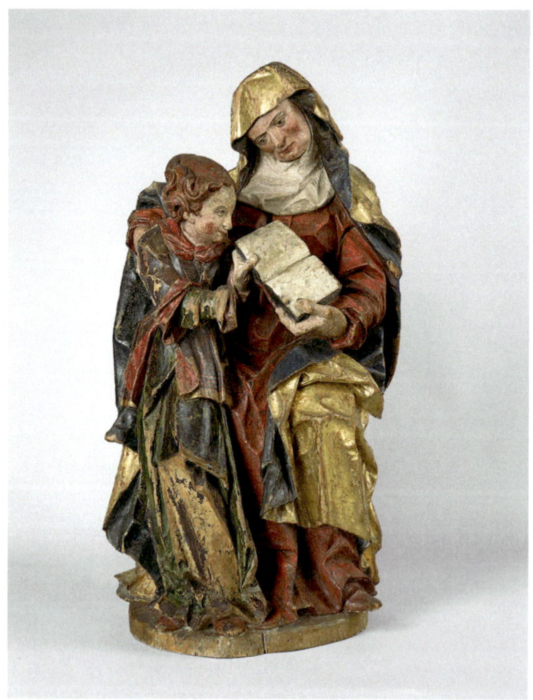

Francesco da Rimini, Naissance de la Vierge, vers 1320–1330
Inconnu, Sainte Anne enseignant la Vierge, vers 1550–1580

1

Francesco da Rimini (attesté à Rimini entre 1313 et 1348)
Naissance de la Vierge, vers 1320 – 1330
Détrempe sur bois, 46 × 37 cm
Don des exécuteurs testamentaires de Francesc Cambó, 1950. Inv. 1951-063

Cette représentation de la naissance de la Vierge baigne dans l'universalité de la présence divine manifestée par le fond d'or. Au centre, on voit sainte Anne alitée qui fixe le spectateur ; à gauche, cinq servantes voilées, dont l'une tient Marie emmaillotée ; à droite, une jeune fille apportant de la nourriture. Le souci du détail réaliste (tissus, tuiles, pots de fleurs) actualise l'épisode narré dans les récits apocryphes. La perspective est « signifiante », la taille des personnages étant proportionnelle à leur importance. L'architecture, qui mêle les registres profane et religieux, propose une analyse complexe de l'espace, un siècle avant l'invention de la perspective centrale.

Ce panneau exceptionnel faisait partie à l'origine d'un retable aujourd'hui démembré, dont le panneau central représentant la *Vierge à l'enfant avec sainte Claire et saint François* est conservé à la Fondazione Giorgio Cini à Venise, et les trois autres panneaux des deux volets latéraux (l'*Annonciation*, la *Présentation au temple* et la *Mort de la Vierge*) au Museu Nacional d'Art de Catalunya à Barcelone. Il témoigne d'une des pages marquantes de la peinture médiévale en Émilie-Romagne : l'explosion créatrice provoquée dans le milieu artistique local par le séjour à Rimini de Giotto, appelé par les Malatesta vers 1300 pour décorer l'abside de l'église Saint-François. L'identité de l'auteur du retable a été l'objet de nombreuses hypothèses. En raison de l'influence des modèles giottesques, on s'est d'abord servi de l'appellation « Ami de Giotto » puis, les parties du triptyque franciscain rassemblées, de celle de « Maître de la Madone Cini ». L'ensemble est aujourd'hui attribué à Francesco da Rimini.

Acquise en 1929 par le politicien catalan Francesc Cambó, la *Naissance de la Vierge* a été offerte au Musée en reconnaissance de l'hospitalité accordée par l'institution à une partie de sa collection pendant la Seconde Guerre mondiale. [CL]

2

Inconnu (Suisse occidentale)
Sainte Anne enseignant la Vierge, vers 1550 – 1580
Bois polychromé, 77 × 40 × 27 cm
Legs d'Henri-Auguste Widmer, 1939. Inv. 215

Absents de la Bible, Anne et Joachim, les parents de Marie, sont mentionnés dans des textes apocryphes. Le culte de sainte Anne se développe en Occident au moment des croisades, lorsque des reliques sont ramenées d'Orient où elle est vénérée depuis le VIe siècle. Dans la seconde moitié du XVIe siècle, cette vénération connaît un nouvel essor, en particulier dans le contexte de la Contre-Réforme. Anne rencontrant Joachim à la porte d'Or, ou encore enseignant les textes sacrés à Marie, sont les épisodes de sa vie les plus fréquemment commandés aux peintres et sculpteurs. L'éducation de la Vierge demeurera un thème illustré par les artistes jusqu'au XIXe siècle, où il servira à promouvoir l'instruction des filles.

Dans ce groupe en bois protobaroque, sculpture applique ou partie d'un retable, sainte Anne est représentée instruisant Marie. Le livre est tenu ouvert à la fois par l'enfant et par sa mère, qui l'entoure d'un bras protecteur. Toutes deux le tendent au fidèle, qu'elles encouragent à sa lecture, allusion aussi au rôle d'intercesseur des saints.

Cette sculpture est encore fortement marquée par le gothique tardif, notamment dans les visages arrondis, dans l'attitude raide et dans les drapés des vêtements, creusés d'ombres profondes. Toutefois, des éléments baroquisants apparaissent. Les volumes s'étoffent, donnant une plus grande assise aux figures. Les drapés commencent à dévoiler le corps par endroits, mais ils le cachent encore sous une abondance de plis cassés sur lesquels vient jouer la lumière. Un dialogue encore timide s'amorce entre les corps et les vêtements.

Cette pièce – exceptionnelle parce qu'elle a conservé en grande partie sa polychromie d'origine – était l'une des plus importantes de la collection d'Henri-Auguste Widmer. Ce médecin lausannois avait constitué au début du XXe siècle un des rares ensembles privés de statuaire médiévale de Suisse romande. [CLC]

3

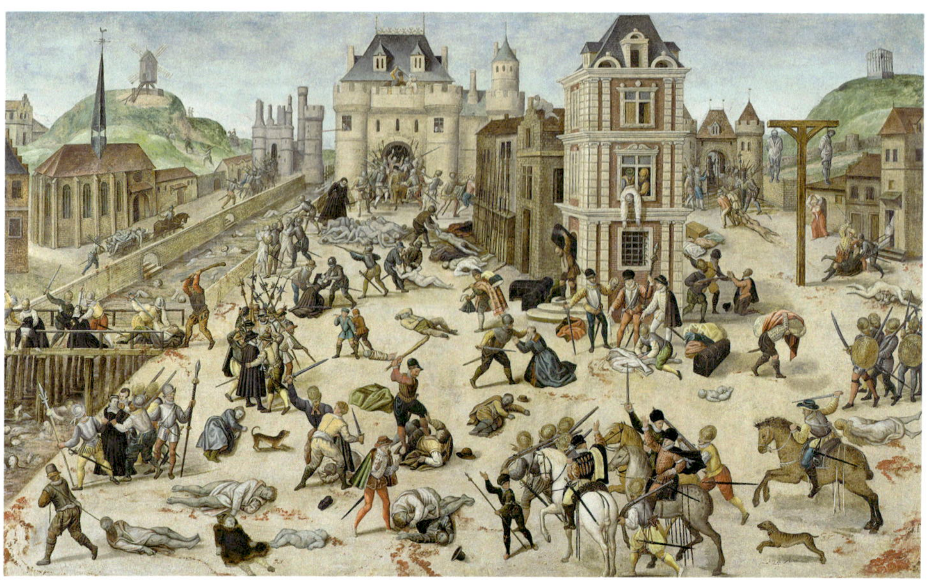

4

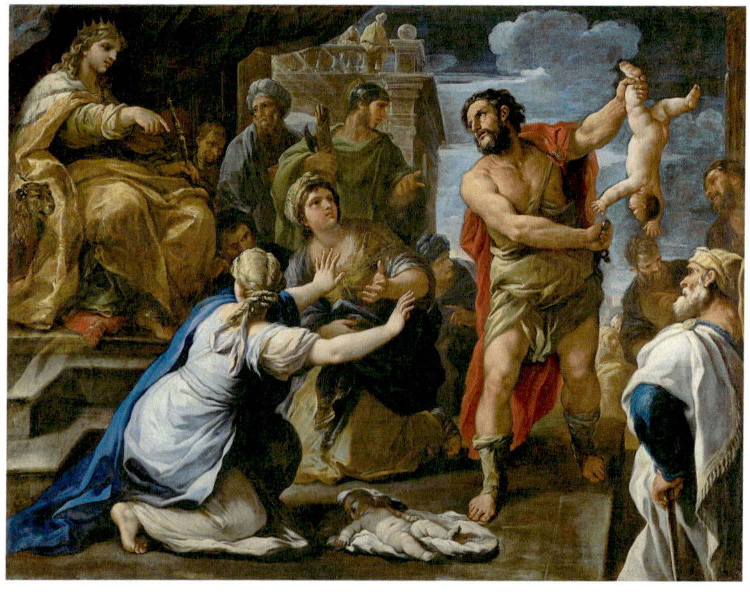

François Dubois, Le massacre de la Saint-Barthélemy, vers 1572 – 1584
Luca Giordano, Le jugement de Salomon, vers 1670 – 1685

3

François Dubois (Amiens, 1529 – Genève, 1584)
Le massacre de la Saint-Barthélemy, vers 1572 – 1584
Huile sur bois de noyer, 93,5 × 154,1 cm
Don de la Municipalité de Lausanne, 1862. Inv. 729

Ce tableau représente la tuerie des protestants déclenchée à Paris le 24 août 1572 et poursuivie pendant plusieurs jours, dite massacre de la Saint-Barthélemy. Il met en scène les principaux épisodes de cette page sanglante des guerres de Religion dans une vue saisissante de la ville de Paris.

La topographie est manipulée pour montrer les lieux principaux de cette tragédie. On reconnaît à gauche l'église du couvent des Grands-Augustins (aujourd'hui disparue) où sonna le tocsin qui déclencha le carnage, la Seine et le pont des Meuniers. Au centre, le Louvre et Catherine de Médicis, la veuve noire, considérée comme la principale instigatrice du massacre. Au premier plan, l'hôtel de Laval, où l'amiral de Coligny, chef du parti protestant, est tué avant d'être défenestré, décapité et châtré. Réunis autour de son cadavre, les chefs du parti catholique, les ducs de Guise et d'Aumale et le chevalier d'Angoulême. À droite, la porte Saint-Honoré et le gibet de Montfaucon, où le corps de l'amiral sera pendu par les pieds. Rassemblant plus de cent cinquante figures, l'œuvre est un véritable catalogue de la cruauté en période de guerre civile : femme enceinte éventrée, enfants traînant un nourrisson au bout d'une corde, homme embroché sur une pique de rôtisseur, cadavres dénudés et empilés, maisons pillées.

Ce tableau est tout à fait exceptionnel en raison de la qualité de son exécution, mais aussi parce que les représentations contemporaines de la Saint-Barthélemy sont très rares. Il porte sur la première marche du perron de l'hôtel devant lequel on assassine l'amiral de Coligny l'inscription « franciscus Sylvius Ambianus pinx[it] ». La localisation de cette inscription, signature du peintre François Dubois dont c'est la seule peinture connue à ce jour, en dit long sur les convictions de ce protestant d'Amiens réfugié à Genève après le massacre. [CL]

4

Luca Giordano (Naples, 1634 – 1705)
Le jugement de Salomon, vers 1670 – 1685
Huile sur toile, 182,2 × 242,5 cm
Don de Georges Mörikofer, 1922. Inv. 1223

Le tableau illustre un épisode de l'Ancien Testament. Deux prostituées ayant accouché au même moment se disputent la maternité du même enfant, l'autre étant mort à sa naissance. Appelé à statuer, Salomon déclare : « Partagez l'enfant vivant en deux et donnez une moitié à la première et l'autre moitié à la seconde ». Une des femmes renonce pour que l'enfant reste en vie, et le roi d'Israël reconnaît ainsi en elle la véritable mère.

L'œuvre, comme le veut la tradition classique, représente le moment culminant du récit. Dans la pénombre, le jeune monarque est assis sur un trône. Il domine la scène et sa main est éclairée pour signifier l'ordre qu'il vient de donner. À ses pieds, les deux femmes sont agenouillées autour du cadavre de l'enfant. À droite, un soldat brandit l'enfant vivant, la main sur la garde de son épée. Une mère, suppliante, se tourne vers le souverain pour arrêter le geste fatal. Autour, des courtisans assistent à la scène.

Tout concourt à rendre la dimension dramatique de l'action. La composition est serrée, ordonnée par deux diagonales qui se recoupent au point du plus fort contraste du clair-obscur. La figure du soldat, puissante, semble percer l'espace. Les gestes sont éloquents et renforcent la théâtralité de la scène. Giordano parvient à créer des effets de couleur et d'éclairage saisissants. Les blancs et les bleus au premier plan, violemment éclairés, tranchent sur la semi-pénombre dorée de l'arrière-plan, ponctuée par les rouges du coussin sur lequel reposent les pieds de Salomon, et du manteau du soldat.

L'influence de Véronèse dans la composition et la palette, qui situent le tableau après le séjour vénitien de Giordano, et les éclairages et citations, qui témoignent d'un lien étroit avec l'œuvre de maturité de Mattia Preti, permettent de dater ce *Jugement de Salomon* aux alentours de 1670 – 1685, période d'activité de Giordano à Naples et dans ses environs. [CLC]

5

6

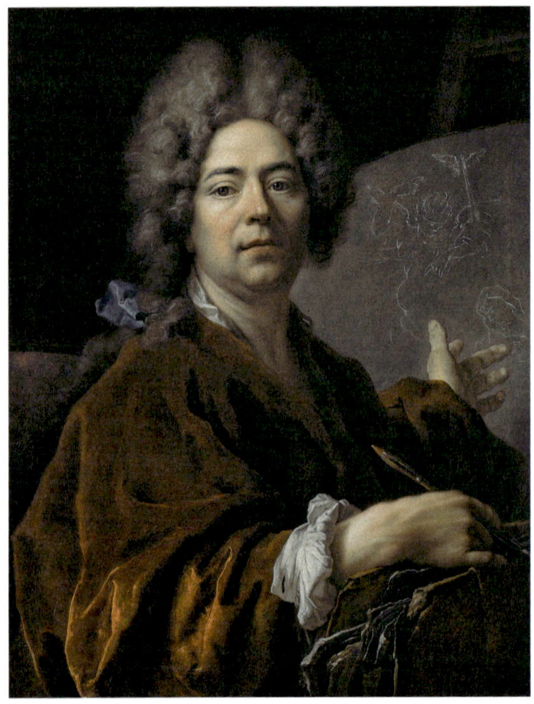

Hyacinthe Rigaud, Marie d'Orléans, duchesse de Nemours, 1705
Nicolas de Largillierre, Autoportrait, 1711

5

Hyacinthe Rigaud (Perpignan, 1659 – Paris, 1743)
Marie d'Orléans, duchesse de Nemours, 1705
Huile sur toile, 147,5 × 115 cm
Don de Germaine Sevastopoulo, 1955. Inv. 1955-003

Avec son contemporain Nicolas de Largillierre, Rigaud domine le marché du portrait d'apparat français dans les premières décennies du XVIIIe siècle. Sa notoriété est établie dès son célèbre portrait de *Louis XIV en costume de sacre* (1701, Paris, Musée du Louvre). Il affirmera ensuite dans une production abondante sa science des poses convenues, la richesse intense de son coloris, sa virtuosité dans le rendu du moiré des draperies, et s'attirera la clientèle de la noblesse et de la grande bourgeoisie française et internationale.

Ce portrait montre la duchesse de Nemours de trois quarts, assise dans un fauteuil, le visage tourné vers le spectateur. Veuve depuis plus de quarante ans, âgée ici de presque quatre-vingts ans, elle porte le deuil en noir, une mode inaugurée à la cour par Anne de Bretagne en 1498. D'une main, elle retient les pans d'une mante nouée autour du cou tandis que, de l'autre, elle touche une couronne placée en arrière-plan sur un coussin de velours cramoisi. Les tonalités rouges utilisées pour les éléments du décor installent le modèle dans un écrin au centre duquel les carnations claires de son visage et de ses mains se détachent sur la masse sombre de sa robe. Mise en valeur par un habile effet d'éclairage, l'aristocrate, une des plus riches héritières du royaume, affiche ici clairement son rang. Les fleurs de lys qui ornent la couronne posée près d'elle désignent sa qualité de princesse de sang, issue de deux maisons royales de France.

Saint-Simon écrit dans ses *Mémoires* que Marie de Nemours « avait infiniment d'esprit avec une langue éloquente et animée, à qui elle ne refusait rien ». En donnant à la vieille dame une expression narquoise, Rigaud traduit à merveille son tempérament bien trempé qui s'illustre dans le combat qu'elle entame à partir de 1674 pour revendiquer l'héritage du comté de Neuchâtel, allant jusqu'à s'opposer au Roi-Soleil. En 1694, soutenue par le peuple neuchâtelois, elle sera reconnue sa souveraine légitime. [CL]

6

Nicolas de Largillierre (Paris, 1656 – 1746)
Autoportrait, 1711
Huile sur toile, 80,5 × 63,2 cm
Don de Arlaud, 1841. Inv. 735

Ce tableau est une réplique réalisée par Largillierre d'après son *Autoportrait* de 1711 conservé au château de Versailles. L'artiste se représente ici avec les attributs de son métier de peintre. De la main droite, il tient un porte-mine chargé d'une sanguine et d'une craie blanche, ainsi qu'un portefeuille débordant de dessins. De la main gauche, il attire l'attention du spectateur sur une toile, l'ébauche à la craie blanche d'une *Annonciation* sur un fond de préparation gris. Par ce geste ample, qui désigne une œuvre d'art religieux, Largillierre semble revendiquer le statut de peintre d'histoire. On pourrait aussi considérer qu'opposant le rendu extraordinaire de son portrait au premier plan à une œuvre inachevée à l'arrière-plan, il suggère au contraire la supériorité du portraitiste, titre auquel il est reçu en 1686 à l'Académie royale de peinture et de sculpture de Paris.

Cette ambivalence dans le message délivré, la position du corps qui creuse la profondeur de l'espace, la théâtralité du geste de la main gauche, la texture picturale lisse et moelleuse excellant à traduire les carnations, mais aussi la chaleur de la palette, la somptuosité sensuelle du manteau de velours rouille, et surtout la fluidité dans l'enchaînement des plans sont autant d'éléments qui situent clairement l'œuvre dans l'esthétique rococo. En cela, elle s'oppose en tous points au célèbre *Autoportrait* peint par Poussin en 1650 (Paris, Musée du Louvre), pourtant très proche dans son iconographie, et elle offre à cette icône du classicisme une réponse digne de celui qui fut le plus grand portraitiste français de son temps avec son concurrent Hyacinthe Rigaud. Si Largillierre, formé au portrait en Angleterre, surpasse ce dernier dans la traduction de la psychologie des modèles, il s'en distingue aussi pour avoir préféré à celle de la cour une clientèle bourgeoise, dont il se plaisait à dire qu'elle était moins compliquée dans ses attentes et plus rapide dans ses paiements ! [CL]

7

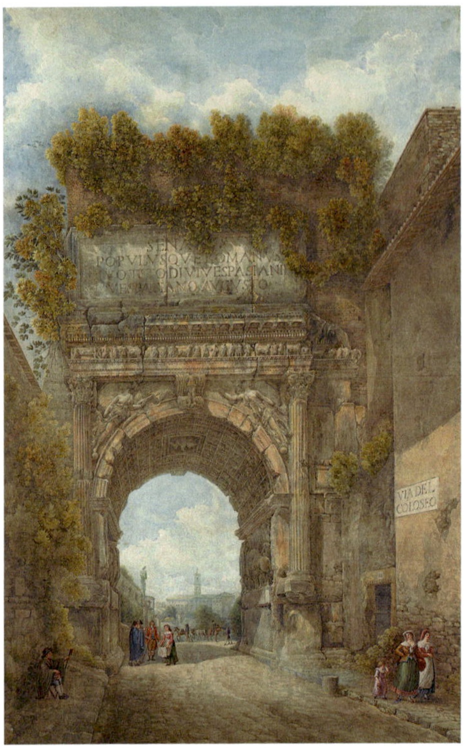

8

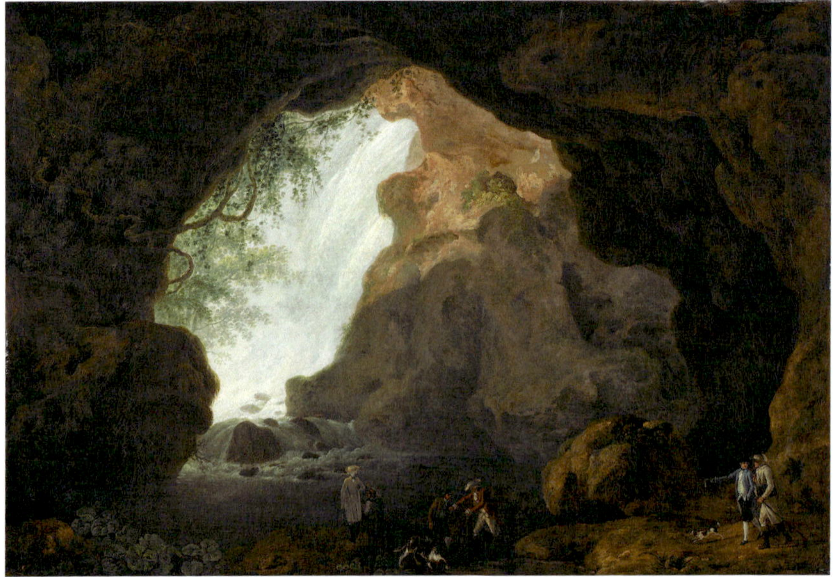

Louis Ducros, L’arc de Titus, entre 1782 et 1787
Louis Ducros, Groupe de touristes visitant la grotte de Neptune à Tivoli, vers 1782

7

Louis Ducros (Moudon, 1748 – Lausanne, 1810)
L'arc de Titus, entre 1782 et 1787
Plume et encre de Chine, aquarelle et rehauts de gouache sur papiers collés et encollés sur toile, 103 × 67 cm
Acquisition, 1816. Inv. 816

Après avoir suivi les cours de l'académie privée du peintre liégeois Nicolas-Henri-Joseph de Fassin à Genève, le Vaudois Ducros poursuit sa formation par la copie de tableaux hollandais et par la pratique de l'aquarelle devant le motif. Il a vingt-huit ans quand il arrive en 1776 à Rome, ville où il passera l'essentiel des trente années de son séjour italien. Sur place, écarté des grandes commandes d'art religieux réservées aux peintres catholiques, il comprend vite que les touristes constituent la seule clientèle pour sa production, qui se restreint au paysage. Il s'associe dès 1779 avec le graveur Giovanni Volpato et publie une série de *Vues de Rome et de ses environs*, vingt-quatre gravures au trait aquarellées.

Dans les années 1780, Ducros consolide sa réputation de spécialiste des vues topographiques des vestiges de la Rome antique, des bâtiments et des jardins de la Rome moderne, ainsi que des curiosités naturelles et des sites pittoresques des environs de la capitale. Sa clientèle compte bientôt des grands noms, parmi lesquels le roi de Suède Gustave III, le pape Pie VI ou encore le collectionneur anglais Richard Colt Hoare.

On trouve dans cette représentation de l'Arc de Titus, monument datant de la fin du Ier siècle ap. J.-C., les qualités exceptionnelles qui expliquent le succès de Ducros. Tout d'abord un format hors du commun pour l'aquarelle : l'artiste – avant Turner qui s'en inspirera vingt ans plus tard – colle ensemble plusieurs feuilles de papier ensuite marouflées sur une toile tendue sur un châssis, qui sera vitrée et encadrée. Ses œuvres peuvent ainsi rivaliser avec les tableaux peints à l'huile. À ce procédé innovant s'ajoutent la virtuosité technique, la précision dans le rendu des monuments, l'imaginaire d'une nature vigoureuse qui semble prête à engloutir les traces de l'Histoire, et la présence attrayante de figures populaires qui font le lien avec le présent. [CL]

8

Louis Ducros (Moudon, 1748 – Lausanne, 1810)
Groupe de touristes visitant la grotte de Neptune à Tivoli, vers 1782
Huile sur toile, 90 × 132,2 cm
Acquisition, 2016. Inv. 2016-055

Si Ducros s'impose à Rome à partir de 1785 avec ses grandes vues de la ville et de la campagne environnante, il le doit à ses aquarelles au format exceptionnel, qui lui permettent d'occuper une niche dans un marché du paysage dominé par Jacob Philipp Hackert. Au début des années 1780 cependant, le Suisse n'a pas encore abandonné la peinture à l'huile. Deux tableaux ambitieux aujourd'hui conservés au Palais de Pavlovsk à Saint-Pétersbourg en témoignent. Ils montrent le grand-duc Paul et son épouse Maria Feodorovna sur le Forum romain et à Tivoli. Ils ont été réalisés à l'occasion de l'escale romaine du Grand Tour d'Europe occidentale effectué *incognito* en 1781 – 1782 par le futur tsar de Russie et ils attestent la renommée naissante de Ducros.

Tout porte à croire que l'œuvre lausannoise se rattache à cet épisode russe et qu'elle retrace une excursion de la suite du grand-duc Paul. Au premier plan se déploie une cohorte de trois aristocrates accompagnés par des guides locaux et par un érudit tenant un portefeuille. L'homme vêtu d'une jaquette bleue a été identifié comme n'étant autre que le prince Nikolaï Ioussoupov, célèbre collectionneur d'art.

La scène se déroule à Tivoli, site réputé pour ses cascades et ses vestiges archéologiques. De Claude Lorrain à Hubert Robert, nombreux sont les artistes qui ont représenté ce lieu prisé par les touristes. Ducros innove en proposant un cadrage serré sur l'entrée de la grotte de Neptune. Au premier plan, des rochers noirs et escarpés. En arrière-plan, à travers l'ouverture d'une voûte, une cascade vivement éclairée par le soleil et des feuillages traversés de lumière. Ducros, paysagiste émérite, avait recours parfois à des aides pour ses figures. Il se pourrait que les personnages qui animent ce tableau aient été peints par son compatriote Jacques Sablet, son collaborateur et colocataire à la Strada della Croce en 1782. [CL]

9

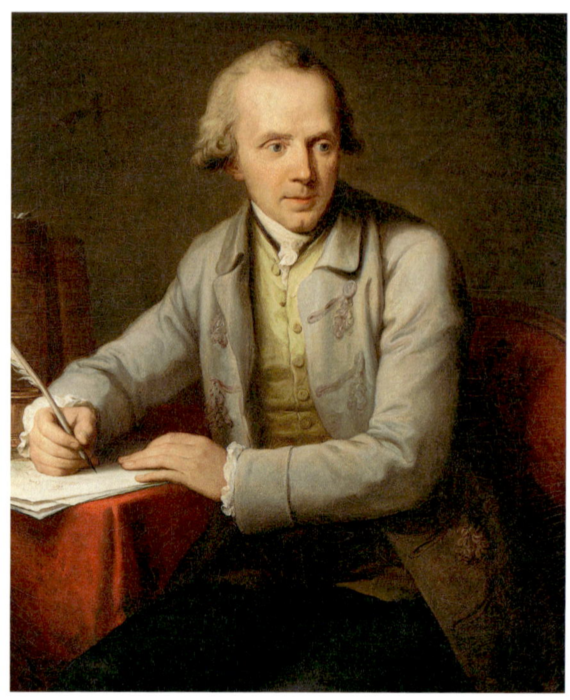

10

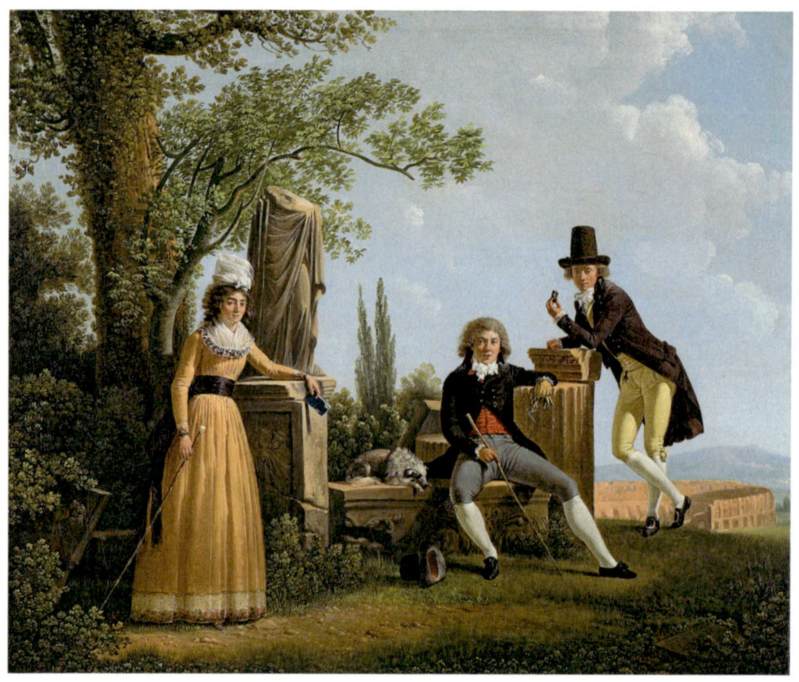

Angelika Kauffmann, Portrait du docteur Auguste Tissot, 1783
Jacques Sablet, Portrait de famille avec le Colisée, 1791

9

Angelika Kauffmann (Coire, 1741 – Rome, 1807)
Portrait du docteur Auguste Tissot, 1783
Huile sur toile, 94,6 × 79,7 cm
Acquisition avec de nombreux concours, 1928. Inv. 763

Célébré par Voltaire qu'il soigne, en correspondance régulière avec Jean-Jacques Rousseau, le médecin vaudois Auguste Tissot se fait remarquer dès 1752 par son dévouement lors d'une épidémie de variole, qui le fait surnommer le « médecin des pauvres ». Il publie plusieurs traités, notamment *L'inoculation justifiée* (1754), *L'onanisme* (1758) et surtout l'*Avis au peuple sur sa santé* (1761), qui sera lu dans l'Europe entière. Malgré de nombreuses et prestigieuses sollicitations, il demeure à Lausanne, à l'exception de quelques voyages et des quatre semestres d'enseignement qu'il donne à l'Université de Pavie (1781 – 1783). C'est à cette occasion qu'il se fait portraiturer par sa compatriote Angelika Kauffmann.

Lors de son premier séjour en Italie au début des années 1760, Kauffmann a subi l'influence de peintres tels que Pompeo Batoni, précurseur du néo-classicisme, et s'est forgé rapidement une réputation de portraitiste talentueuse. De retour en Italie vingt ans plus tard, après un long séjour à Londres, où elle est l'une des deux femmes à faire partie des membres fondateurs de la Royal Academy, l'artiste travaille à Venise, puis à Naples, et enfin à Rome où elle s'établit.

Comparé à celui de Johann Joachim Winckelmann que Kauffmann a exécuté en 1764 (Zurich, Kunsthaus), ce *Portrait du docteur Auguste Tissot*, qui en reprend les principaux éléments de la pose et du décor, manifeste dans son langage un adoucissement et un caractère onctueux caractéristiques des années 1780. La composition évacue le langage des attributs en faveur d'une approche intimiste : le regard fixe du médecin – perdu dans ses pensées – et le rai de lumière qui passe de son front à la page sur laquelle s'est arrêtée sa plume suffisent à signifier sa qualité d'homme des Lumières. Ce portrait exprime déjà une même sensibilité pré-romantique. [CL]

10

Jacques Sablet (Morges, 1749 – Paris, 1803)
Portrait de famille avec le Colisée, 1791
Huile sur toile, 60 × 72 cm
Dépôt de la Fondation Gottfried Keller, Office fédéral de la culture, Berne, 1932. Inv. 738

L'impression d'un instantané donnée par ce portrait est caractéristique des *conversation pieces*, ces portraits de groupe informels, le plus souvent en plein air, qui sont en vogue en Angleterre dès la seconde moitié du XVIIIe siècle. À Rome, Sablet s'empare de la formule au début des années 1790. Il la miniaturise et la démocratise, proposant à une clientèle en quête de plus de simplicité une alternative bienvenue au style solennel du portrait d'apparat.

Ce portrait de famille exprime le goût de l'Antiquité et l'amour de la nature de l'époque. Sablet le situe sur le Palatin, avec une vue plongeante sur le Colisée. Les trois jeunes gens et leur chien se sont installés avec nonchalance dans le cadre pittoresque des jardins Farnèse, parsemés de nombreux vestiges. Ils sont vêtus dans cette mode nouvelle qui donne plus de liberté aux corps. La jeune femme porte une toque en mousseline et une robe fourreau ceinturée ; elle tient une badine et un carnet. Ses compagnons portent l'habit dégagé : une redingote échancrée très haut sur un gilet brodé, une culotte et des bas. Ils ont les cheveux libres et légèrement poudrés. L'un exhibe les gants jaunes du dandy, l'autre un *Claude glass* (miroir noirci qui permettait de cadrer et d'unifier les tonalités du paysage).

Sablet déploie ici une science remarquable de la notation de la lumière, qui lui vaudra le surnom de peintre du soleil. Grâce à l'artifice d'une ligne d'horizon très basse, les silhouettes se détachent comme découpées au ciseau sur un fond de ciel bleu clair, subtilement modulé de nuages. La palette est claire et raffinée. Le chromatisme est efficace, reposant sur l'opposition du blanc et du noir, et sur quelques notes vivement colorées, franches et isolées. Le soleil traverse les feuillages. Le modelé des chairs est doux, attentif à rendre l'humanité des modèles. [CL]

11

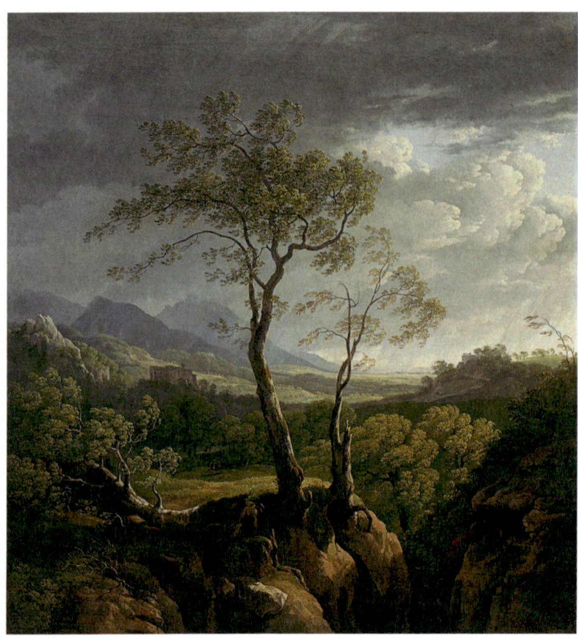

12

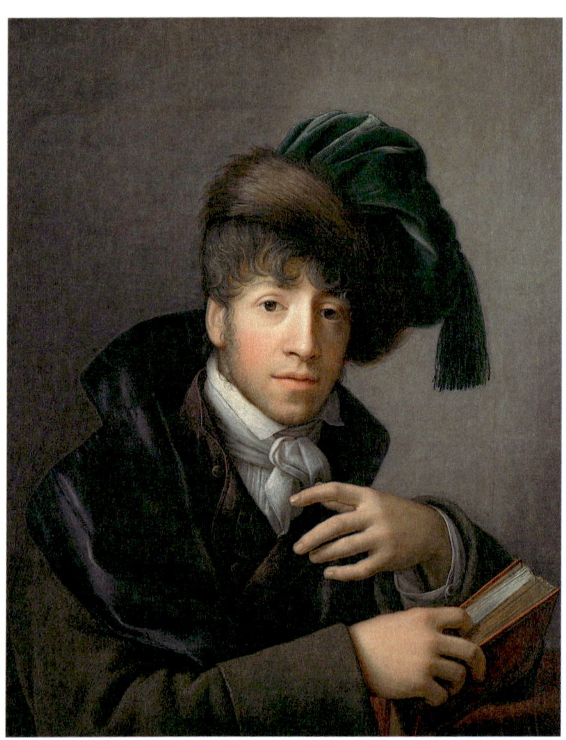

Hendrik Voogd, Campagne romaine sous un ciel d'orage, vers 1800
Johann Friedrich August Tischbein, Portrait de Nicolas Châtelain, vers 1800 – 1810

11

Hendrik Voogd (Amsterdam, 1768 – Rome, 1839)
Campagne romaine sous un ciel d'orage, vers 1800
Huile sur toile, 118,5 × 112,8 cm
Acquisition avec un crédit extraordinaire de l'État de Vaud, le soutien des Amis du Musée et de la Loterie Romande, 1999.
Inv. 1999-004

Natif d'Amsterdam où il se forme à l'Académie municipale des beaux-arts, Voogd accomplit toute sa carrière à Rome où il s'établit définitivement dès l'âge de vingt ans. Là, il fréquente les paysagistes allemand Johann Christian Reinhart et autrichien Joseph Anton Koch, et le Français Nicolas-Didier Boguet. Tout comme ces derniers, il recrute sa clientèle parmi l'aristocratie internationale de passage à Rome dans son périple du Grand Tour. Ses toiles, parfois monumentales, séduisent par une composition équilibrée en plans parallèles, par un dessin d'une grande clarté, ainsi que par une palette froide et lumineuse. Elles lui vaudront d'être surnommé « le Claude Lorrain hollandais », ce maître étant de fait un de ses principaux modèles. Très vite ses paysages de la campagne romaine se vendent à prix d'or, et l'artiste consolide sa réputation en diffusant son œuvre par la lithographie.

D'essence néo-classique, l'art de Voogd connaît autour de 1800 une évolution discrète, mais sensible, qui explique l'intérêt dont bénéficie aujourd'hui ce peintre. *Campagne romaine sous un ciel d'orage* le montre réceptif aux germes du romantisme dont l'esprit se répand dans toute l'Europe. La peinture de paysage, jusqu'alors porteuse d'une vision claire et harmonieuse de l'univers, véhicule des contenus nouveaux : elle exprime les sentiments individuels, elle traduit les grands bouleversements qui marquent une époque entraînée dans les guerres engendrées par la Révolution française. C'est de cette perte des repères, et des inquiétudes partagées par une génération désemparée que nous parle aussi ce tableau, avec les motifs de l'arrivée de l'orage, des grands arbres exposés au vent ou déracinés au sol en bordure d'un gouffre. Le ciel de l'Arcadie s'est assombri. Des nuages noirs arrivent qui cachent le soleil et plongent progressivement le premier plan dans une obscurité lourde de menaces. [CL]

12

Johann Friedrich August Tischbein (Maastricht, 1750 – Heidelberg, 1812)
Portrait de Nicolas Châtelain, vers 1800 – 1810
Huile sur papier marouflé sur toile, 68,6 × 55 cm
Legs de Joséphine Chavannes, 1918.
Inv. 1155

Nicolas Châtelain et Johann Friedrich August Tischbein – le modèle et son peintre – appartiennent à de grandes dynasties. Le premier, fils de pasteur, est issu d'une riche famille de libraires de Rotterdam que l'invasion prussienne de 1787 contraint à se réfugier dans le Pays de Vaud. Grand voyageur, il séjourne en Italie dans les années 1790 et se fera connaître par ses romans et ses pastiches littéraires. Le second, dit le Leipziger Tischbein, appartient à une lignée de peintres allemands célèbre sur trois générations. Formé à Paris et à Rome, il tourne le dos au portrait d'apparat au profit d'un néo-classicisme « sentimental ». Influencé par Élisabeth Vigée Le Brun et par les Anglais Thomas Gainsborough et George Romney, c'est le portraitiste le plus prisé d'Allemagne à la fin du XVIIIe siècle.

Deux premiers portraits de Châtelain (Munich, Neue Pinakothek) sont réalisés par Tischbein en 1791 et 1794, probablement à Rotterdam. Le jeune homme y est représenté en pied, grandeur nature, posant en jeune élégant dans un jardin, et en costume Renaissance dans un intérieur. Le portrait du Musée est réalisé quant à lui après 1800, alors que Tischbein dirige l'Académie des beaux-arts de Leipzig. Châtelain pose cette fois en homme de lettres, son doigt marquant la page d'un livre qu'il vient de refermer. En buste, devant un fond neutre, il est à l'aube de la trentaine et fixe le spectateur d'un regard mélancolique. L'étoffe noire et brillante du revers de son manteau et la mousseline blanche de sa chemise et de sa cravate offrent un écrin à son visage pâle aux joues légèrement rougies et aux belles lèvres sensuelles. Coiffé « à la Titus », Châtelain porte un couvre-chef « à la turque » de velours vert, doublé de fourrure, qui met en valeur la finesse de ses traits pour ce portrait à mi-chemin entre sévérité néo-classique et douceur romantique. [CL]

13

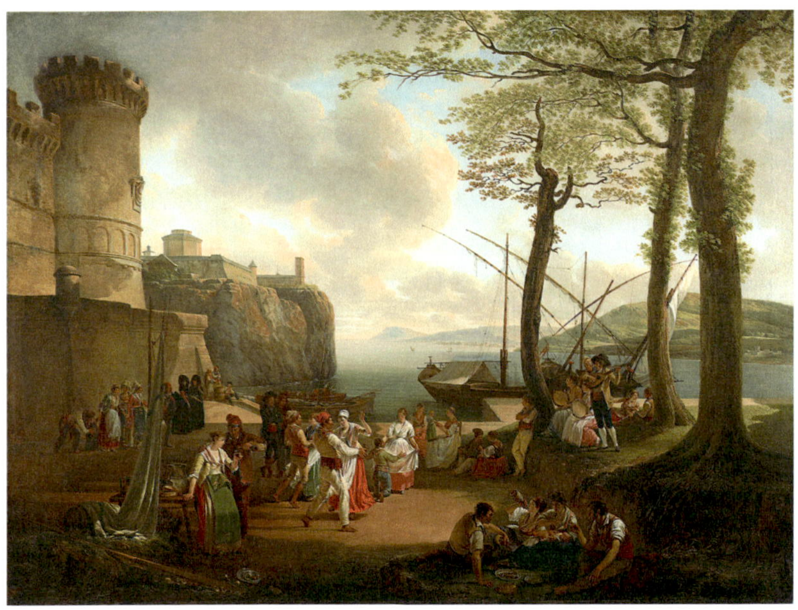

14

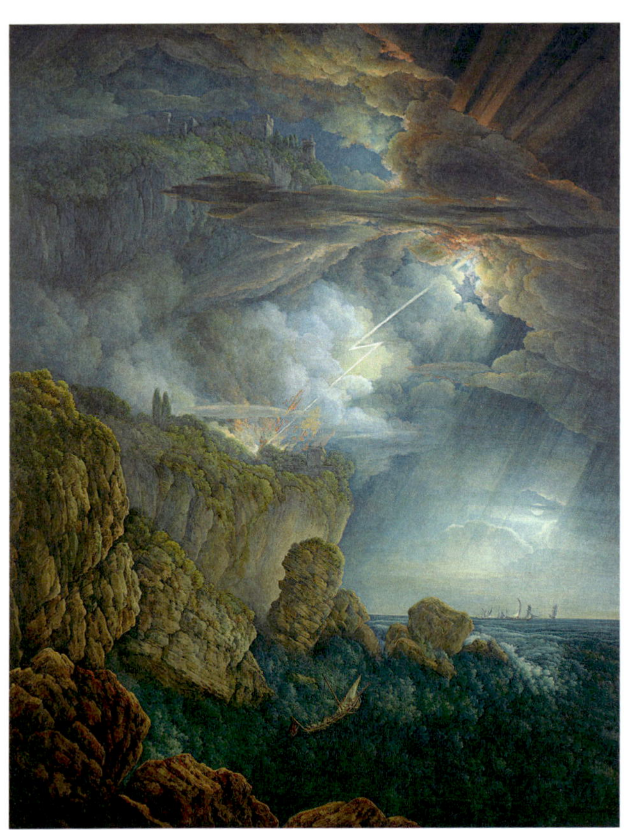

Jacques Sablet, La tarentelle, 1799
Louis Ducros, Orage nocturne à Cefalù, vers 1800 – 1805

13

Jacques Sablet (Morges, 1749 – Paris, 1803)
La tarentelle, 1799
Huile sur toile, 155 × 212 cm
Dépôt de la Fondation Gottfried Keller, Office fédéral de la culture, Berne, 2016. Inv. 2016-067

Contraint de fuir une Rome agitée par les contrecoups de la Révolution française, Sablet arrive à Paris en janvier 1794. Il est reçu à la Société populaire et républicaine des arts et expose régulièrement des scènes exotiques qui séduisent les amateurs. Au Salon de l'an V (1796), il marque un grand coup avec *Le colin-maillard* (vers 1790, conservé au Musée), fête galante transposée dans un jardin italien.

Cette *Tarentelle*, ou *Bord de mer au crépuscule avec paysans napolitains dansant la Tarantella*, est une des œuvres les plus ambitieuses et les plus abouties de la dernière période de l'artiste. Il s'agit d'une variante de la *Danse à Naples* exécutée à Rome en 1784 et acquise par le roi Gustave III de Suède (château de Drottningholm, près de Stockholm). Ici, Sablet a installé son sujet au bord de la mer, entre Rome et Naples, au pied de la forteresse de Gaeta. Une trentaine de figures sont rassemblées pour la tarentelle, cette danse populaire napolitaine accompagnée à la guitare et rythmée au son des tambourins basques. Le Suisse joue la carte qui fait sa réputation à Paris, celle de la scène de genre contemporaine, aux costumes pittoresques, traitée dans cette belle luminosité qui lui vaut le surnom de peintre du soleil.

Dès l'exposition de *La tarentelle* au Salon de l'an VII (1799), les critiques louent sa composition, son coloris, le naturel des attitudes : « Ce tableau peint bien la nature et le soleil brillant dans toute sa clarté ; le jour est pur, les ombres très justes de tons ; le paysage en est piquant et rempli de détails variés ; le groupe des musiciens est celui qui est le plus heureusement disposé. »

Grand amateur de Sablet qui fut son conseiller pour ses acquisitions, le cardinal Joseph Fesch, oncle de Napoléon Bonaparte et l'un des plus grands collectionneurs de son temps, acquiert *La tarentelle* après le décès de l'artiste, pour la somme – astronomique à l'époque – de six mille francs. [CL]

14

Louis Ducros (Moudon, 1748 – Lausanne, 1810)
Orage nocturne à Cefalù, vers 1800 – 1805
Aquarelle, gouache et huile sur papiers collés et encollés sur toile, 96 × 74 cm
Acquisition, 1816. Inv. 812

Établi depuis presque vingt ans à Rome où il a acquis une grande renommée, Ducros est victime en 1793 des mesures prises par les États pontificaux à l'encontre des Français, soupçonnés de propager des idées révolutionnaires. Expulsé, il se rend dans les Abruzzes, puis à Naples où il demeure plusieurs années mais dont il sera aussi chassé comme jacobin. Après une escale à Malte, il rentre en 1807 en Suisse, son pays natal, et s'établit à Lausanne où il mourra en 1810.

Chef-d'œuvre de l'artiste, cet *Orage nocturne à Cefalù* est mystérieux à tous points de vue. Les circonstances de sa réalisation ne sont pas connues, pas plus que n'est attesté un séjour en Sicile à cette époque. Le paysage est partagé en quatre zones superposées : en bas l'eau déchaînée qui porte le bateau vers les récifs où il va se fracasser ; puis une haute falaise où un éclair fait exploser un bâtiment ; ensuite un château, sans que l'on sache s'il se situe dans un ciel imaginaire ou sur un autre promontoire ; enfin un stratus voilant un soleil rouge de sa masse sombre. Fortement composée par cette structure étagée et par les puissantes diagonales qui zèbrent la surface, l'œuvre éblouit par la maîtrise exceptionnelle de l'aquarelle : la transparence dans la zone du ciel, mais aussi les effets d'opacité obtenus par l'adjonction de gouache, d'huile et de laque. La palette est large, depuis les tons chauds des ocres pour les rochers jusqu'aux teintes froides du bleu de Prusse dans le ciel et la mer.

Solaire et néo-classique à ses débuts, l'œuvre de Ducros devient ici ténébreuse et pré-romantique, évoquant les univers de Johann Heinrich Füssli et de John Martin. S'y conjuguent l'influence des malheurs qui frappent l'artiste, le goût de sa clientèle britannique pour le sublime et le roman gothique, ainsi qu'une nouvelle sensibilité « météorologique » où le motif de la tempête en mer ou encore celui de l'éruption volcanique traduisent un sentiment d'insécurité au temps des guerres révolutionnaires. [CL]

15

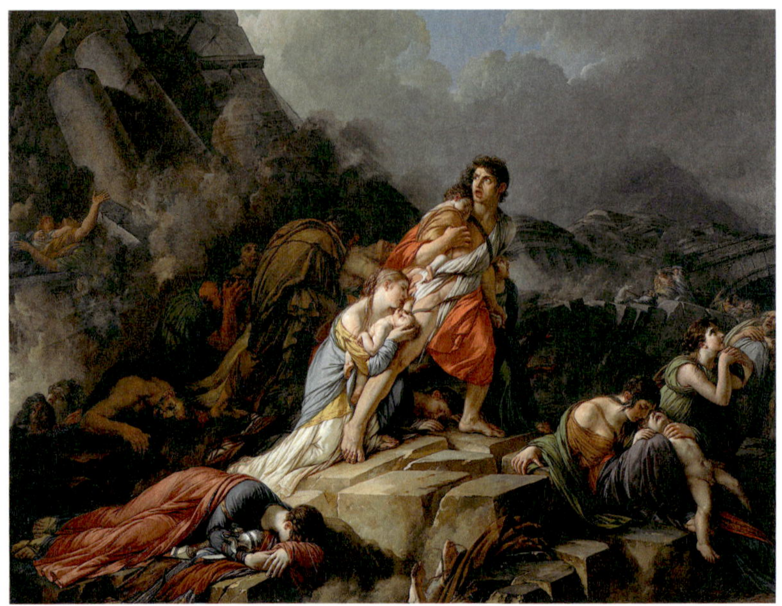

16

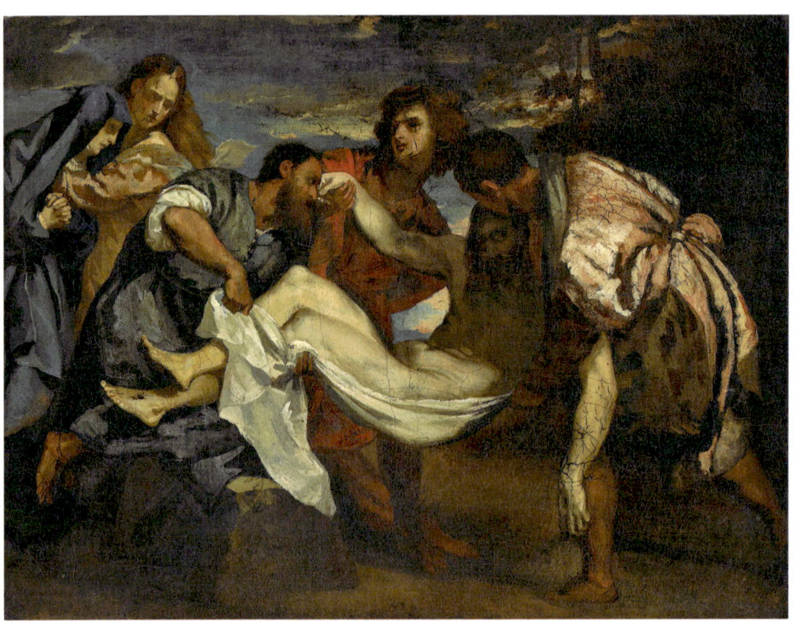

Jean-Pierre Saint-Ours, Le tremblement de terre, 1806
Théodore Géricault, La mise au tombeau, vers 1810 – 1812

15

Jean-Pierre Saint-Ours (Genève, 1752 – 1809)
Le tremblement de terre, 1806
Huile sur toile, 143,5 × 186,5 cm
Don de la famille de l'artiste, 1871. Inv. 1132

Formé à Paris dans l'atelier de Joseph-Marie Vien, établi à Rome dès 1780, Saint-Ours rentre à Genève en 1792, pour défendre ses idées de justice sociale et de démocratie dans sa patrie alors en pleine agitation politique. Jusqu'en 1806, il consacre quantité de dessins et pas moins de cinq tableaux au tremblement de terre. Le sujet lui est inspiré par la catastrophe de Messine qui, en 1783, a provoqué la destruction de la ville sicilienne et la mort de dizaines de milliers de personnes. Ce drame humain a ravivé aussi le souvenir du tremblement de terre de Lisbonne de 1755, qui avait dicté aux philosophes des Lumières leur réflexion sur le devenir de l'humanité affranchie de la notion de catastrophe comme châtiment divin. Au-delà d'une fascination pour les catastrophes naturelles qu'il partage avec son époque, Saint-Ours, par le choix de ce thème, entend décrire les effets déstabilisants d'une période agitée par les troubles révolutionnaires.

Tous les moyens plastiques concourent à renforcer le sentiment d'insécurité que doit traduire la scène. L'éclairage souligne l'isolement de la famille réfugiée sur un dernier îlot de sécurité, au milieu des cadavres, des ruines, des chariots et des nuages de cendres. Le puissant mouvement de fuite suggéré par la diagonale qui traverse la composition est comme arrêté par les postures de la mère agenouillée et de l'homme qui regarde en arrière. La facture obéit au refus néo-classique du modelé impulsif et du rehaut chatoyant qui avaient caractérisé la peinture rocaille. Saint-Ours recourt à des contours fermes, mettant en valeur la pureté de la ligne, et à des aplats de couleurs franches, contrastant avec des tonalités sombres. Les couleurs primaires (bleu, rouge et jaune) et le blanc sont réservés au groupe central et symbolisent la vie ; elles luttent contre les teintes noires qui les environnent. L'adieu à une civilisation et le terrain mouvant sur lequel il s'agit de construire les lendemains, voilà ce qu'excelle à traduire cette œuvre ! [CL]

16

Théodore Géricault (Rouen, 1791 – Paris, 1824), d'après Titien
La mise au tombeau, vers 1810 – 1812
Huile sur toile, 46,1 × 60,9 cm
Don de Max Bangerter, 1966. Inv. 1966-035

Bien qu'il soit hostile à l'art de ses maîtres, Carle Vernet et Pierre-Narcisse Guérin, et qu'il sente sa verve créatrice étouffée dans leurs ateliers, Géricault ne rompt pas pour autant avec le système traditionnel de formation, comme le montre sa pratique de la copie, un exercice alors au cœur de l'enseignement académique. Mais ce qui caractérise le jeune peintre, c'est sa sélection de peintures et de sculptures qui relève de choix personnels, ainsi qu'une grande liberté d'interprétation des œuvres qu'il prend pour modèles.

Au Musée Napoléon, futur Musée du Louvre, Géricault étudie aussi bien les antiques que Rembrandt, Rubens, les tableaux de l'École française et les maîtres italiens. Les œuvres qui suscitent son intérêt portent la marque d'une facture puissante et colorée, telle cette *Mise au tombeau* de Titien, datée vers 1520. En s'appropriant la peinture du maître vénitien dont il réalise ici une copie dans un format très réduit, Géricault cherche à expérimenter le rapport entre les valeurs, à s'exercer au rendu de la matière et à maîtriser l'art de la composition. Il construit avec la couleur plutôt qu'avec la ligne, remplace les colorations très chaudes chez Titien par des tonalités plus froides. Il étudie les effets d'une matière épaisse et d'une touche plus large. En resserrant le cadrage, en monumentalisant les figures et en accentuant les contrastes d'ombre et de lumière, l'artiste cherche à dramatiser la scène.

Plus qu'une simple copie, le tableau est une véritable réinterprétation de l'œuvre du maître italien et porte déjà en lui le coup de pinceau vigoureux, la matière sensible et tactile, la mise en page puissante des œuvres romantiques de Géricault et il témoigne des talents de coloriste du peintre.

Géricault se séparait rarement de ses copies, preuve de l'importance qu'il leur accordait dans son cheminement artistique. Celle-ci fut accrochée au mur de sa chambre jusqu'à sa mort. [CLC]

17

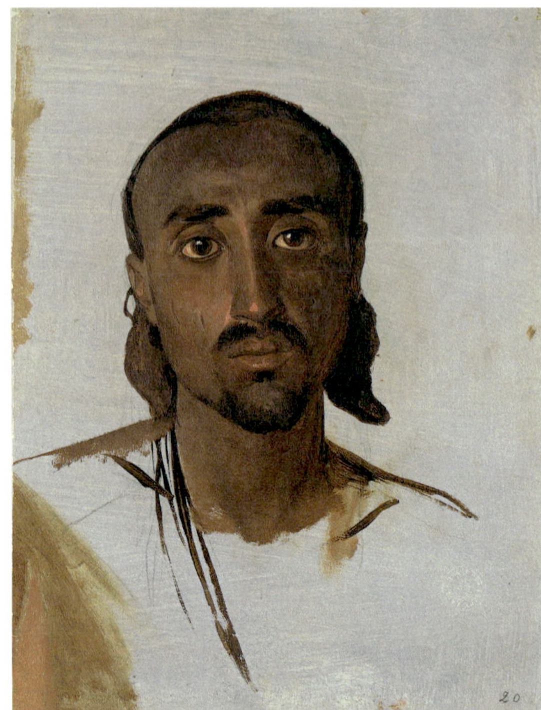

18

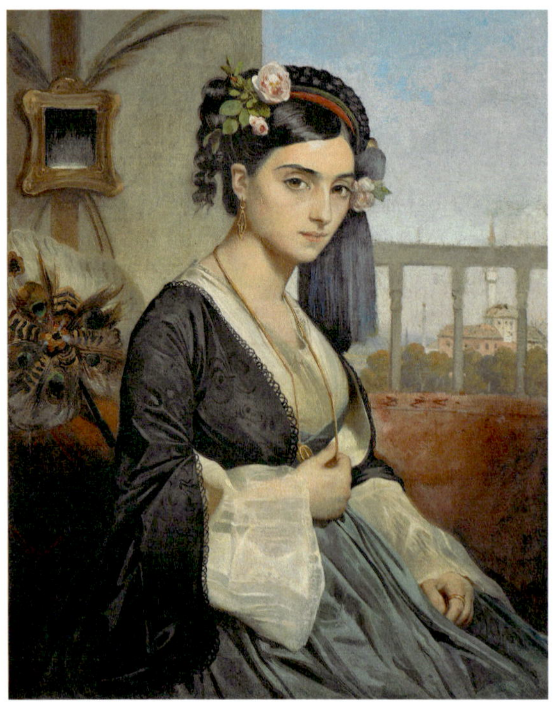

Charles Gleyre, Étude d'un Nubien, entre 1835 et 1837
Charles Gleyre, Femme turque (Dudo Narikos), 1840

17

Charles Gleyre (Chevilly, 1806 – Paris, 1874)
Étude d'un Nubien, entre 1835 et 1837
Graphite et huile sur papier, 28,2 × 22,1 cm
Acquisition, 1908. Inv. 1027

Gleyre est à Rome depuis cinq ans déjà lorsqu'au printemps 1834 se présente l'occasion de concrétiser un rêve qui habite tous les romantiques : accomplir le voyage d'Orient, partir à la découverte des monuments de l'ancienne Égypte et à la rencontre d'une population réputée pour son « exotisme ». En Italie, sa carrière s'est enlisée, et il vit d'expédients. C'est donc avec enthousiasme qu'il accepte d'être engagé en tant que dessinateur-documentaliste par John Lowell Jr., un industriel de Boston. Leur périple les mènera d'Italie en Grèce, puis en Asie Mineure, et enfin d'Égypte au Soudan. L'artiste réalisera plus de cent cinquante dessins et aquarelles, parmi lesquels nombre de relevés archéologiques. Cette aventure le marquera durablement et elle le singularise dans sa génération, peu d'artistes ayant remonté le Nil au-delà de la sixième Cataracte, depuis Alexandrie jusqu'au « pays des Noirs ».

Cette étude appartient à un ensemble d'une douzaine de peintures réalisées probablement au Sennar, province du sud de la Nubie. Peints à l'huile, ces portraits sur le vif, au cadrage serré, montrent les visages d'hommes et de femmes de différentes ethnies. Gleyre s'attache au rendu de chaque individualité, réalisant une galerie sans équivalent dans un temps où l'attention condescendante des Européens débarqués en Afrique ne retient que le pittoresque des costumes et l'étrangeté des rites. Le travail sur la lumière fait surgir du fond gris des papiers préparés le détail des épidermes, des coiffures et des parures, et nous met en présence d'êtres humains qui, de leur regard grave, semblent interroger notre perception de l'altérité.

Lorsqu'il réalise ce portrait, Gleyre vit complètement immergé dans la population locale. En novembre 1835, il s'est séparé de son commanditaire américain à Khartoum. Affaibli par les dysenteries, les ophtalmies et les fièvres, il accomplit dans la plus complète solitude la dernière étape de son voyage d'Orient, avant de rentrer en France via le Liban au printemps 1838. [CL]

18

Charles Gleyre (Chevilly, 1806 – Paris, 1874)
Femme turque (Dudo Narikos), 1840
Huile sur toile, 41 × 33 cm
Don de Mathilde Gleyre, 1911. Inv. 1347

De retour à Paris en 1838 après un long périple méditerranéen au service de l'Américain John Lowell Jr., Gleyre mise sur la vogue de la peinture orientaliste pour se créer une clientèle. Il espère tirer des études qu'il a réalisées en tant que peintre-documentaliste le même profit qu'Eugène Delacroix, pour qui les carnets de croquis ramenés de son séjour au Maroc de 1832 constituent une source d'inspiration inépuisable. Cependant, le Suisse a été contraint de remettre tout le fruit de son travail à son commanditaire. Ses aquarelles et ses dessins ont été expédiés à Boston. Il n'obtiendra qu'en 1839 qu'elles traversent l'Atlantique, afin qu'il puisse reconstituer son répertoire de motifs exotiques, une tâche qui l'occupe presque toute l'année 1840.

Femme turque est exemplaire de l'utilisation que l'artiste entend faire de son matériau oriental. Il s'agit d'une réplique à l'huile d'après une aquarelle réalisée six ans plus tôt à Smyrne, où l'artiste et Lowell avaient séjourné en automne 1834. Comme son compatriote Jean-Étienne Liotard un siècle auparavant, Gleyre avait fait moisson sur place de portraits de personnalités locales, parmi lesquelles les sœurs Annetta et Dudo Narikos. Une comparaison avec l'aquarelle originale (Boston, Museum of Fine Arts) montre les efforts de l'artiste pour séduire le marché parisien. Bien sûr, Gleyre conserve la splendeur luxuriante du costume de son modèle, ses tresses entremêlées de roses et d'une passementerie de franges bleues. Mais alors que, sur l'original, Dudo se détachait devant un mur neutre, il ajoute ici une terrasse, un ciel bleu, la mer d'Égée et un minaret blanc. Un miroir et un éventail en plumes de paon, deux accessoires convenus du vocabulaire orientaliste, font aussi leur apparition. Demeure néanmoins inchangé ce qui fait le charme de ce portrait : le regard calme de la jeune femme, toute de réserve et de grâce. [CL]

19

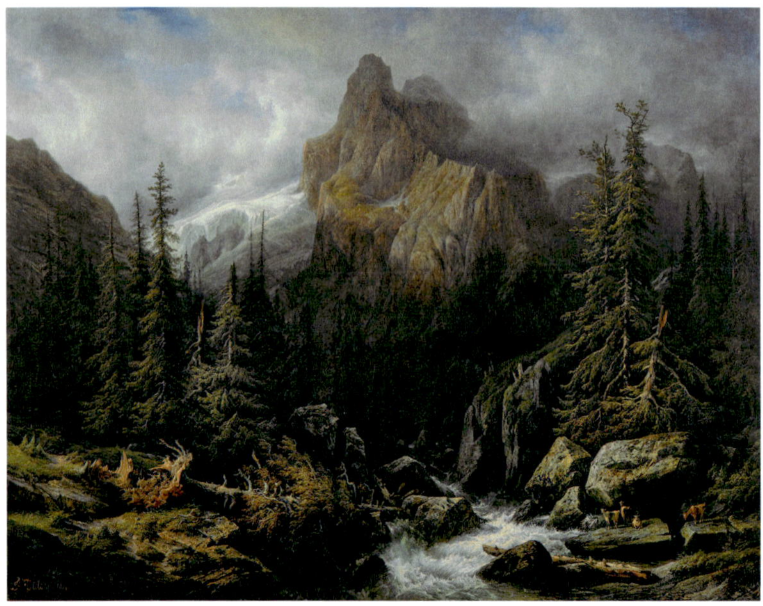

20

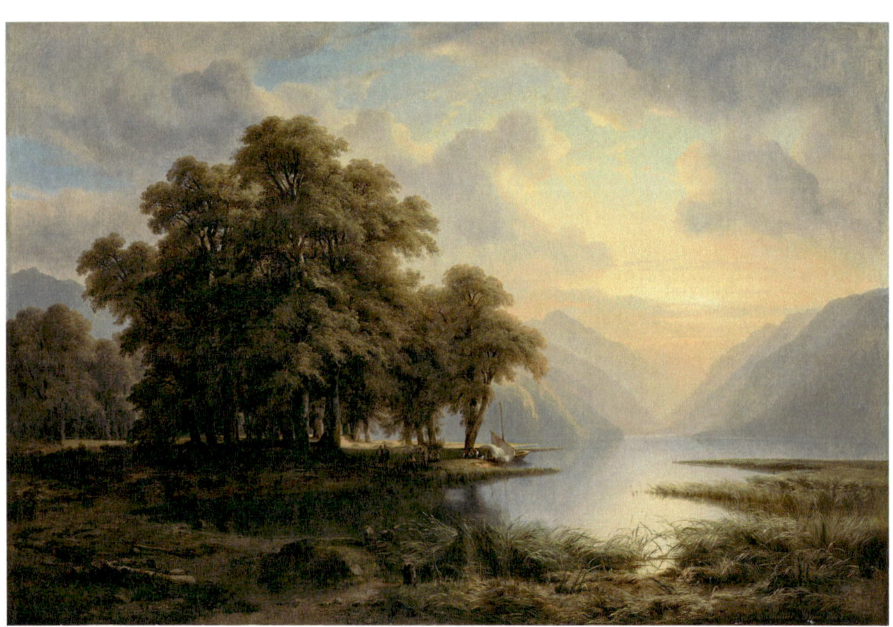

François Diday, Le glacier du Rosenlaui, 1841
Alexandre Calame, Le lac de Brienz, 1843

19

François Diday (Genève, 1802 – 1877)
Le glacier du Rosenlaui, 1841
Huile sur toile, 200 × 259 cm
Acquisition, 1842. Inv. 1079

Formé à Genève à l'école de la Société des arts, puis à Paris dans l'atelier d'Antoine-Jean Gros, Diday expose régulièrement au Salon de Paris où il présente en 1841 cette monumentale *Vue du glacier de Rosenland, dans le canton de Berne, en Suisse*. Dans la capitale française, la peinture alpestre a tout pour séduire un jury qui demande aux exposants étrangers d'exhiber les particularismes de leurs écoles nationales, notamment la spécificité de leurs paysages. Elle rencontre aussi un franc succès auprès d'un public appelé bientôt à se muer en hordes de touristes.

Diday et son élève Alexandre Calame incarneront le renouvellement de la peinture de paysage suisse tout au long de la première moitié du XIXe siècle. Dès la fin des années 1820, ils se lancent à la conquête des hautes cimes et mettent au point une formule alliant réalisme et romantisme. À partir d'études réalisées sur le motif, des toiles de grandes dimensions conçues comme des décors de théâtre sont composées à l'atelier. Réunissant description topographique et frissons sublimes, elles orchestrent savamment les éléments d'une nature grandiose dont l'homme est tenu écarté : montagnes vertigineuses, nuages menaçants, arbres pliés ou déracinés, branches arrachées, torrents déchaînés et rochers parsemés de bouquetins.

Diday a affiché très tôt sa prédilection pour les paysages bernois. Ici, il installe, au milieu d'une composition pyramidale, le sommet du Wellhorn qu'encadrent des sapins. Autres artifices du paysage classique, l'utilisation des contrastes du clair-obscur dans la succession des plans, et les coups de projecteur sur la neige et l'écume des eaux.

Au Salon de 1840, le roi Louis-Philippe acquiert *Soir dans la vallée, Oberland bernois* (détruit) de Diday. L'année suivante, lui emboîtant le pas, le canton de Vaud réserve ce *Glacier du Rosenlaui* pour son Musée des Beaux-Arts. [CLC]

20

Alexandre Calame (Vevey, 1810 – Menton, 1864)
Le lac de Brienz, 1843
Huile sur toile, 98 × 146 cm
Commande à l'artiste, 1843. Inv. 589

Calame est repéré en 1829 par le banquier Jacques-Amédée Diodati qui lui offre des leçons auprès de François Diday, maître de la peinture alpestre genevoise. La recherche de motifs emmène d'abord le peintre sur les collines avoisinantes puis, dès 1835, dans l'Oberland bernois, région célèbre pour ses cimes spectaculaires. Le jeune artiste découvre aussi la Suisse centrale où, stimulé par des situations de moyenne montagne, il fait des lacs des Quatre-Cantons et de Brienz le sujet de nombreuses toiles. Les sommets sont repoussés à l'arrière-plan au profit de vues ouvrant sur la profondeur. Ces compositions panoramiques, calmes, lumineuses et presque atemporelles offrent une alternative bienvenue au sublime et au pathos chers à Diday et seront appréciées par les amateurs.

Ce *Lac de Brienz* est exemplaire de l'influence exercée sur Calame par la peinture de paysage hollandaise du XVIIe siècle. En 1838, l'artiste s'était rendu en Hollande pour y étudier les œuvres de Meindert Hobbema et de Jacob van Ruisdael. Mais sa première initiation avait eu lieu chez les collectionneurs genevois qui, à l'académisme et à l'idéalisation des Italiens, préféraient le réalisme méticuleux et l'attachement aux vues locales des Hollandais. Calame retient leur maîtrise technique, notamment dans le rendu de la transparence de l'eau et des feuillages. De l'atmosphère claire, chaude et calme qui se dégage de ce *Lac de Brienz* émane une certaine émotion. Les variations de lumière y sont extrêmement délicates, à gauche filtrées par le groupe d'arbres créant un effet de repoussoir, à droite faisant ressortir les éléments du premier et du deuxième plans.

Au moment où Calame peint *Le lac de Brienz*, sa réputation est solidement établie. En 1839, il a connu son premier grand succès international au Salon de Paris avec *L'Orage à la Handeck*, acheté par le Musée d'art et d'histoire de Genève, et il compte les membres de la famille impériale russe et le roi de France Louis-Philippe parmi sa clientèle. [CLC]

21

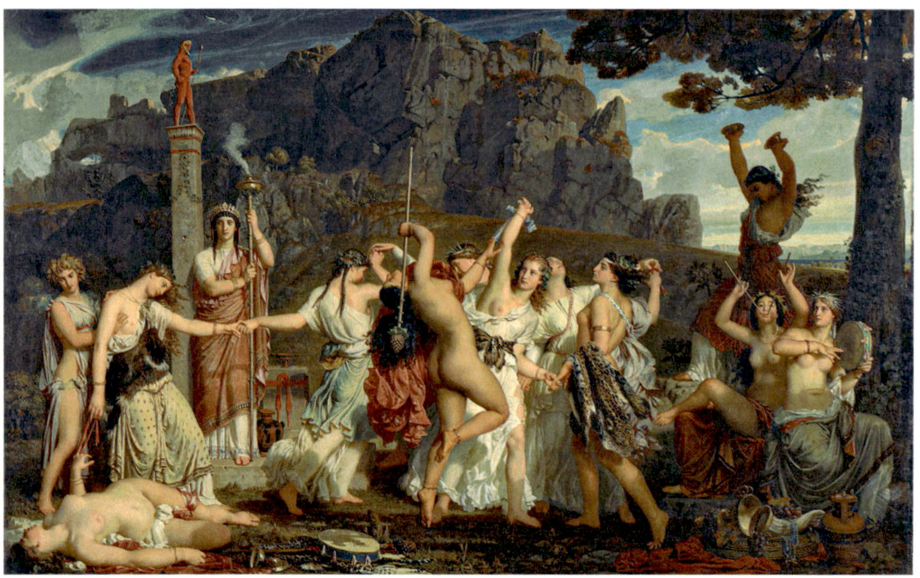

22

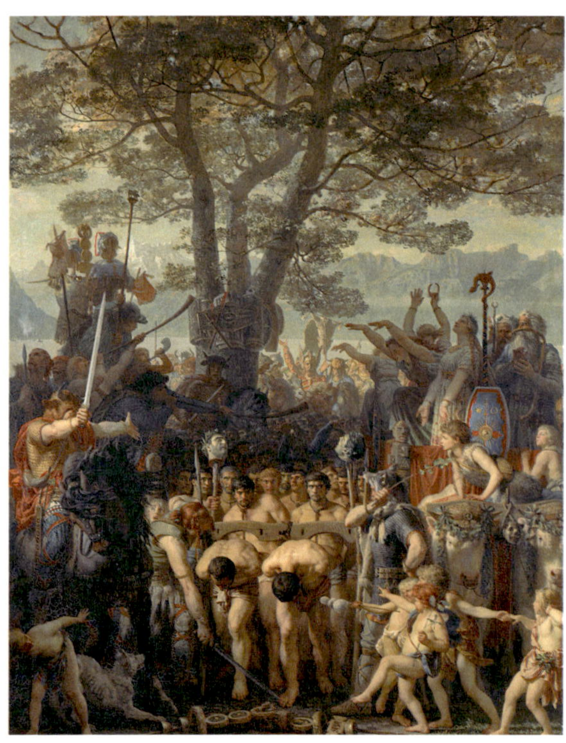

Charles Gleyre, La danse des bacchantes, 1849
Charles Gleyre, Les Romains passant sous le joug, 1858

21

Charles Gleyre (Chevilly, 1806 – Paris, 1874)
La danse des bacchantes, 1849
Huile sur toile, 147 × 243 cm
Acquisition avec un crédit extraordinaire de l'État de Vaud et la participation de la Fondation Gottfried Keller, Gonset Holding S.A., Fondation Ernst Göhner, Association des Amis du Musée, ATAG Ernst & Young, 1995. Inv. 1995-093

Exclusivement féminine, la bacchanale se déroule sous le regard impénétrable d'une prêtresse hiératique, gardienne de l'autel supportant l'étonnante statue d'un Bacchus écarlate. Alors que la *Bacchanale* de Titien (1523 – 1526, Madrid, Museo del Prado), de laquelle Gleyre tire sa figure d'une bacchante épuisée par le cérémonial dionysiaque, déborde de vie, ici un souffle glacial pétrifie les chairs. Chez le maître suisse, pas d'érotisme débridé mais des corps partiellement dénudés qui donnent à la scène une note délicatement sensuelle ; pas de sauvagerie effrénée mais un rituel sévère. Gleyre renouvelle l'iconographie en faisant de la bacchanale un moment cultuel et mystique. Une Antiquité méditative, pas assez rêveuse cependant pour ne pas s'attacher aux moindres détails archéologiques, revus à l'aune des recherches contemporaines, notamment sur la polychromie de la sculpture.

Devant la masse rocheuse d'une montagne laissant apparaître deux morceaux de ciel, l'un menaçant, l'autre serein, l'artiste déroule sa composition en un savant bas-relief. Le centre est occupé par le groupe serré de six danseuses. À gauche, deux bacchantes sont sorties du cercle, anéanties déjà par l'ivresse, l'une soutenue par une servante. À droite, trois musiciennes rythment la danse au son du tambourin, de l'aulos et des crotales. La composition s'inscrit dans une ellipse cadencée par les verticales accusées d'une colonne, d'une hampe d'encensoir, d'un thyrse brandi et des bras tendus de la musicienne perchée sur un rocher. Le passage d'une figure à l'autre se fait avec fluidité par l'entrelacement des mains que relient des rubans. Tout à droite, une nature morte avec vase, corbeille de raisins, coupe d'or, rhyton et tissu rouge fait pendant à la bacchante gisant au sol.

Acquis par François d'Assise de Bourbon, roi consort d'Espagne, ce tableau est montré au Salon à Paris en 1849. [CLC]

22

Charles Gleyre (Chevilly, 1806 – Paris, 1874)
Les Romains passant sous le joug ou
La bataille du Léman, 1858
Huile sur toile, 230,5 × 181,4 cm
Commande de l'État de Vaud, 1850.
Inv. 1392

Les convictions républicaines de Gleyre expliquent l'enthousiasme avec lequel il accepte une commande du jeune gouvernement radical du canton de Vaud, sa patrie d'origine : on lui demande de réaliser un pendant au *Major Davel* (1850, conservé au Musée), une peinture d'histoire monumentale qui suscite l'admiration générale. Après la décapitation de Jean Daniel Abraham Davel, héros qui tenta en 1723 de soulever les Vaudois contre le régime bernois, l'artiste choisit un autre épisode de la lutte des peuples pour leur indépendance. *Les Romains passant sous le joug* montre la défaite infligée en 107 av. J.-C. à la légion romaine du consul Lucius Cassius par les Helvètes, commandés par leur chef Divico. À Davel, résistant solitaire, succèdent les Celtes, un peuple en lutte contre l'envahisseur ; à une page de l'histoire locale moderne, un fait de l'Antiquité classique relaté par Jules César dans *La guerre des Gaules*. L'œuvre allait devenir une icône pour la Suisse d'après 1848, cette jeune nation à la recherche de mythes identitaires fédérateurs.

Gleyre mettra huit ans pour réaliser ce tableau. Il accumule une vaste documentation sur la culture matérielle des Celtes et multiplie les études préparatoires. Il situe la scène au bord du lac Léman (on sait aujourd'hui qu'elle se déroula en France, près d'Agen). Le moment représenté est celui de l'humiliation des Romains. L'allusion à la bataille des Fourches Caudines se double de la revendication d'une identité agraire, le peintre montrant les Latins contraints par les Helvètes à plier l'échine sous un joug réservé aux bœufs. La composition est d'une incroyable densité et complexité qui, autour du chêne tutélaire, réserve la zone supérieure au paysage et la zone inférieure à l'action. À gauche, on voit l'armée helvète conduite par Divico qui brandit le glaive ; à droite, le char des druides et des prêtresses qui font monter vers le ciel le chant de la victoire ; au centre, les prisonniers qui défilent, flagellés par les guerriers et moqués par les enfants. [CL]

23

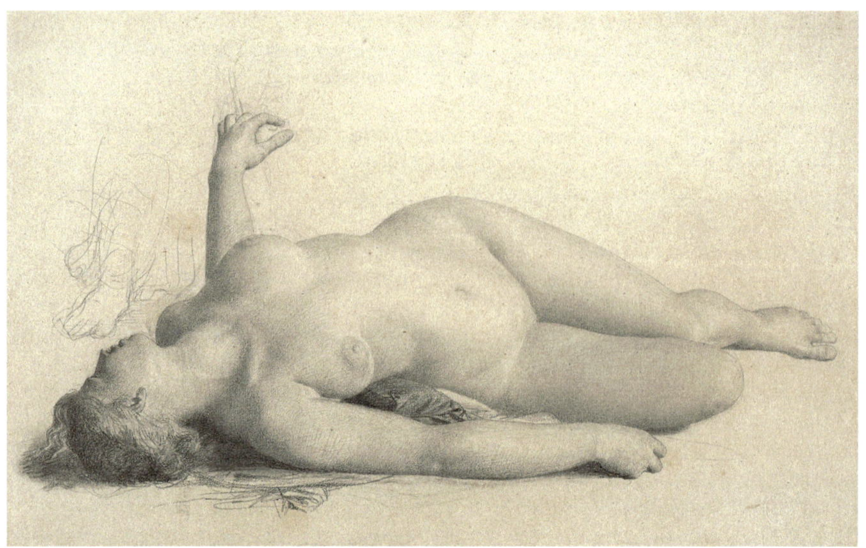

24

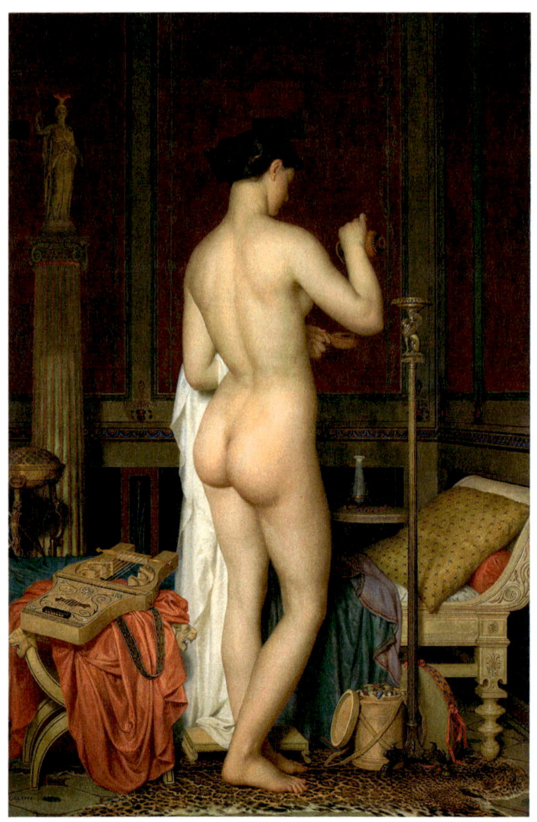

Charles Gleyre, Étude pour La danse des bacchantes, vers 1848 – 1849
Charles Gleyre, Le coucher de Sapho, 1867

23

Charles Gleyre (Chevilly, 1806 – Paris, 1874)
Étude pour La danse des bacchantes,
vers 1848 – 1849
Crayon noir sur papier, 27,7 × 44,5 cm
Acquisition, 1908. Inv. 1096

Gleyre demeura célibataire et n'eut pas de compagne. Son rapport à la femme est celui d'un refus du contact physique, dont le contrepoint est une obsession du corps dénudé qui trouve à s'exprimer dans sa peinture d'histoire. Sa première grande toile, *Les brigands romains* (1831, Paris, Musée du Louvre), met en scène un viol commis en plein jour. La crudité de ce sujet moderne ne se retrouvera plus après sa période romantique. Pour autant, le corps féminin ne disparaît pas. Telle une arrière-pensée lancinante, il pourrait avoir dicté le choix des épisodes empruntés à l'Antiquité classique et à la mythologie grecque que l'artiste illustrera dès la fin des années 1840. C'est là que s'égrène tout un catalogue de poses, des plus débridées aux plus abandonnées, plus sensuelles encore de s'être coulées dans le moule froid de l'idiome académique.

L'étude poussée d'après le modèle vivant est au cœur de l'esthétique de Gleyre. Elle favorise le retour incessant à la confrontation avec la femme, sommée de s'exhiber « pour la bonne cause ». Voyeurisme ? Oui, s'il s'agit de dire qu'une tension érotique naît de l'exercice toujours reconduit d'une observation méticuleuse de l'objet du désir maintenu à bonne distance, dans la claire conscience que seuls le crayon ou le pinceau viendront le caresser.

Cette *Étude pour La danse des bacchantes* (1849, voir cat. 21) prépare la figure tout à gauche du tableau, une femme vaincue par l'ivresse et qui gît au sol dans une complète nudité. Elle est représentative du dessin de Gleyre où un puissant éclairage frontal repousse les tons sombres vers les côtés, permettant d'accentuer les lignes de contour. Courbet a-t-il pu voir le tableau achevé ou admirer cette feuille magistrale où ventre, seins et cuisses s'offrent au regard sans retenue ? Sa *Femme au perroquet* (1866, New York, Metropolitan Museum of Art) semble citer le motif presque littéralement, n'ajoutant qu'un oiseau qui vient se poser sur le bras levé. [CL]

24

Charles Gleyre (Chevilly, 1806 – Paris, 1874)
Le coucher de Sapho ou *Jeune fille dans un intérieur pompéien*, 1867
Huile sur toile, 108 × 72 cm
Dépôt de la Fondation Gottfried Keller, Office fédéral de la culture, Berne, 1909.
Inv. 1332

Dans la seconde moitié du XIXe siècle, des peintres trouvent dans la représentation de la vie quotidienne à l'époque gréco-romaine une voie de réconciliation entre les héritages néo-classique et romantique. Les Néo-Grecs, des jeunes gens passés comme Jean-Léon Gérôme ou Jean-Louis Hamon par l'atelier de Gleyre, se détournent des hauts faits héroïques au profit de scènes sentimentales et anecdotiques, traitées dans des grands formats. L'imaginaire de cette nouvelle génération est nourri par les fouilles menées à Pompéi et en Grèce, où l'exhumation d'objets modestes fournit les accessoires nécessaires à une évocation plus intimiste du passé.

Avec cette jeune femme occupée à remplir une lampe à huile au moment de la toilette du soir, Gleyre participe à cette vogue. Pygmalion moderne, il donne vie à un marbre antique, une Vénus callipyge qu'il a copiée à Naples en 1834, et l'installe dans une chambre peinte des rouges et des noirs qu'il a pu observer à Pompéi. Autour du corps dévêtu s'accumule toute une panoplie « antique » lui faisant un écrin : flacon en verre, corbeille à parchemins, lyre et tambourin, descente de lit en peau de léopard. Un lion ornant une chaise en bois sculpté qui s'apprête à croquer le mollet de la belle est l'occasion d'une allusion caustique au voyeurisme des bourgeois qui se rincent l'œil devant les nus des salons de peinture.

Si Gleyre explore lui aussi une Antiquité plus familière, on ne saurait lui attribuer le titre donné à cette toile après sa mort. En croyant reconnaître ici un *Coucher de Sapho*, ses contemporains ne font que témoigner du nouvel intérêt porté à la muse de Mytilène, chantée par Charles Baudelaire (*Lesbos*, 1857) et Paul Verlaine (*Sappho*, 1867). Un anachronisme aussi patent et consistant à planter une poétesse qui vécut en Grèce au VIIe siècle av. J.-C. dans un décor inspiré par Pompéi, ville de Campanie détruite par une éruption du Vésuve en août 79, ne saurait avoir été commis par un artiste aussi féru d'archéologie ! [CL]

25

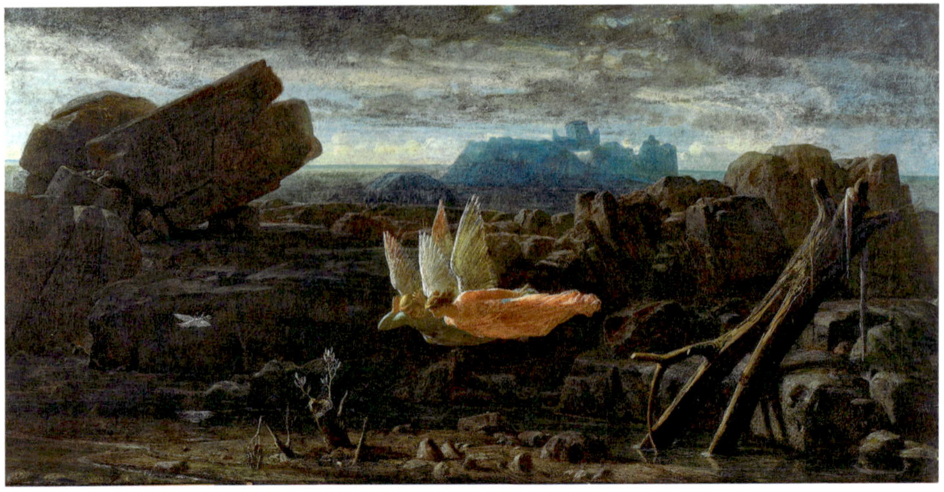

26

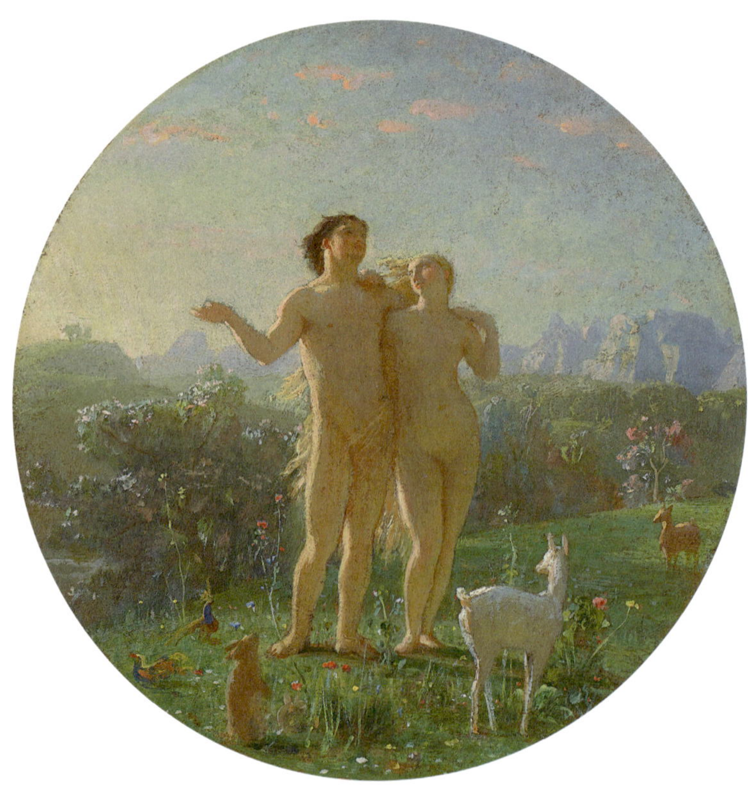

Charles Gleyre, Le Déluge, 1856
Charles Gleyre, Esquisse pour Le paradis terrestre ou Le matin, entre 1869 et 1874

25

Charles Gleyre (Chevilly, 1806 – Paris, 1874)
Le Déluge, 1856
Huile et pastel sur toile, 99,5 × 197 cm
Acquisition par souscription publique, 1899. Inv. 1243

Gleyre innove pour cette représentation du Déluge, mythe biblique qui raconte l'origine de la nouvelle humanité. Contrairement à ses prédécesseurs, il ne décrit ni le moment de l'inondation, ni le destin des survivants au cataclysme ordonné par Dieu pour punir la descendance d'Adam de ses péchés. Pas de cadavres flottants à la surface des eaux ni de rescapés accrochés à des arbres, pas non plus d'animaux débarquant de l'arche. L'artiste propose un grand paysage de format panoramique, plongé dans une semi-obscurité rythmée par des rochers aux formes étranges, illuminé en arrière-plan par la lumière intense d'une aube naissante. Se manifeste ici une attirance pour les étendues désertiques, constante chez Gleyre depuis son voyage en Orient des années 1830.

Le tableau montre le nouveau visage de la Terre après le retrait des eaux. Au loin, l'arche est arrêtée au sommet du mont Ararat ; pour ouvrir ses portes, elle attend le retour de la colombe qui plane au premier plan. À droite, la dépouille du serpent enroulé autour d'un tronc symbolise la victoire sur le mal. Le centre de la composition est occupé par deux anges superbes, immobilisés en plein vol, et comme stupéfaits de voir ressurgir la vie dans les frais rameaux d'olivier jaillis d'une souche. La luminosité surnaturelle de cette apparition est obtenue par une technique inédite : des rehauts au pastel appliqués sur la surface de l'huile.

Plus que les anges de *La Justice et la Vengeance divine poursuivant le Crime* de Pierre-Paul Prud'hon (1808, Paris, Musée du Louvre), qu'on a parfois cités comme source d'inspiration de Gleyre, ces douces créatures ailées évoquent les fresques ingénues des Primitifs italiens. Comment interpréter leur présence dont le récit biblique ne fait aucune mention ? Le peintre a pu s'inspirer du Livre d'Hénoch, un texte de la littérature apocalyptique qui donne pour cause véritable au déluge les amours interdites de certains anges avec des mortelles – une belle métaphore de la création artistique ! [CL]

26

Charles Gleyre (Chevilly, 1806 – Paris, 1874)
Esquisse pour Le paradis terrestre ou *Le matin*, entre 1869 et 1874
Huile sur bois, 24 cm (diam.)
Acquisition, 1908. Inv. 1366

Dès son séjour en Égypte au milieu des années 1830, Gleyre rumine un projet complexe, où plusieurs tableaux opposant les heures de la journée, les âges de la vie, le déclin et la renaissance des peuples offriraient la quintessence de ses réflexions sur l'histoire de l'humanité. Trois œuvres majeures se rattachent à cette ambition jamais assouvie : *Le soir* ou *Les illusions perdues* (Paris, Musée du Louvre), son grand succès au Salon de Paris de 1843, qui évoque la fin des civilisations ; *Le Déluge* (1856, voir ci-contre), où une colombe survolant la Terre dévastée annonce l'espoir d'un renouveau ; ce *Paradis terrestre* enfin, dernière œuvre à laquelle l'artiste travaille au moment de sa mort survenue en 1874.

Malgré le titre que lui a donné la postérité, *Le paradis terrestre* n'est pas une simple illustration de l'épisode biblique. Certes ce tondo, esquisse pour une œuvre monumentale, convoque le souvenir des figures d'Adam et d'Ève pour symboliser l'enfance de l'humanité. Mais l'artiste revient à Ovide pour la description de ce *locus amœnus*, et à Rousseau pour la « sentimentalité » qui unit le couple tendrement enlacé. Ève est une citation presque littérale de la *Naissance de Vénus* de Sandro Botticelli (vers 1484 – 1485, Florence, Galerie des Offices). Un lapin, des chevreaux et des poules faisanes sont disposés en cercle autour du couple avançant à contre-jour dans le soleil levant. L'arbre du fruit défendu est absent, tout au plus évoqué par un pommier en fleurs disparaissant dans une nature bucolique avec, au premier plan, une prairie semée de coquelicots et de renoncules, au second plan, une rivière, et à l'arrière-plan, une chaîne montagneuse enneigée qui rappelle les contreforts du Jura, terre natale de l'artiste.

Avec *Le paradis terrestre*, Gleyre retrouve le plaisir de la couleur. Il dit aussi son espoir d'un âge d'or à venir, une attente partagée par nombre d'artistes du XIXe siècle, d'Ingres à Pierre Puvis de Chavannes. [CL]

27

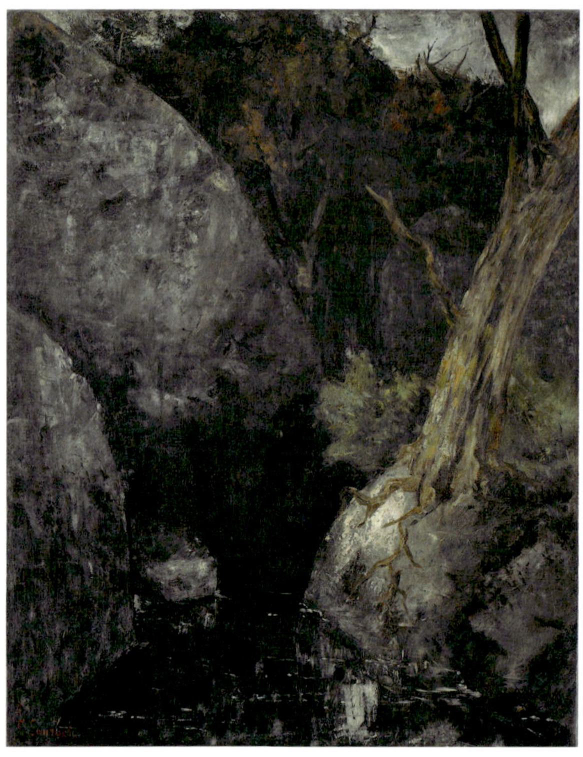

28

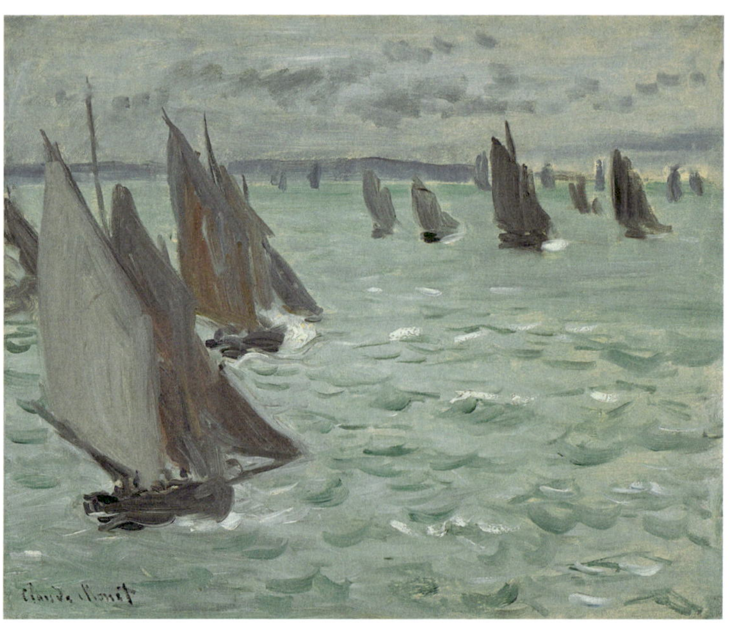

Gustave Courbet, Le vieil arbre dans la gorge, 1871
Claude Monet, Voiliers en mer, 1868

27

Gustave Courbet (Ornans, 1819 – La Tour-de-Peilz, 1877)
Le vieil arbre dans la gorge, 1871
Huile sur toile, 92 × 73 cm
Legs d'Henri-Auguste Widmer, 1939. Inv. 324

Dès le début des années 1840, les tableaux de Courbet expriment tout à la fois les aléas de l'histoire collective et les tourments intimes de l'artiste. Ses paysages et ses natures mortes en particulier en disent plus que l'apparente banalité de la réalité observée. Les dernières années de sa vie, ses représentations de truites encore vivantes mais captives ou de pommes rouges mais rongées par les vers traduisent tant les rêves avortés de la Commune de Paris que le tour tragique qu'a pris sa destinée personnelle.

C'est que, dès 1871, sa situation s'est faite précaire. Socialiste et démocrate convaincu, Courbet a participé à la Commune de Paris aux côtés de ses amis proudhoniens. Arrêté en juin, il a été condamné à l'incarcération pour avoir incité à la destruction de la colonne Vendôme. En 1873, on exige qu'il paie les frais de rétablissement du monument, et il n'aura d'autre choix que de s'exiler en Suisse.

Peint probablement dans sa Franche-Comté natale ou d'après un souvenir de celle-ci, ce *Vieil arbre dans la gorge* se fait l'écho de cette époque tourmentée, à l'instar des arbres menacés par la tempête d'Honoré Daumier et de Jean-François Millet. Ici, un ruisseau stagne au fond d'une gorge sombre et étroite. Au bord de son eau noire, un arbre noueux survit aux intempéries en s'agrippant à un rocher. C'est sur ses racines desséchées que tombe la lumière argentée qui vient transpercer ce paysage presque nocturne. On ne peut s'empêcher de penser que Courbet s'identifie à cet arbre décharné, tout comme, quelques années auparavant, au vigoureux *Chêne de Flagey* (1864, Ornans, Musée Courbet). La gorge, jusqu'alors Arcadie rafraîchissante, n'est plus qu'un ravin étroit éclairé par les dernières lueurs d'un jour d'orage. L'emploi de tons sombres appliqués au couteau à palette et une touche âpre accentuent le caractère dramatique de ce morceau de nature. [CLC]

28

Claude Monet (Paris, 1840 – Giverny, 1926)
Voiliers en mer, 1868
Huile sur toile, 50 × 61 cm
Legs d'Edwige Guyot, 2006. Inv. 2006-001

À l'été 1862, Monet est de retour au Havre pour quelques mois, après plusieurs années passées à Paris. Avec Johan Barthold Jongkind, il part peindre la côte normande, observer les falaises accidentées et le spectacle mouvementé de la mer. En mai 1864, il s'installe avec le peintre Frédéric Bazille de l'autre côté de l'estuaire, à la ferme Saint-Siméon à Honfleur, endroit apprécié de nombreux artistes paysagistes, parmi lesquels Corot, Charles-François Daubigny et Courbet.

Chaque année, à la belle saison, entre Honfleur et Le Havre, Monet réalise de nombreuses études sur le motif, et commence ses tableaux en plein air. Il compose aussi des sujets à l'atelier à partir de ses études, s'inscrivant dans une tradition du paysage composé qui remonte au XVIIe siècle. La mer et son rivage constituent ses motifs de prédilection.

À la fin de l'année 1868, alors qu'il vit à Étretat, Monet peint trois tableaux représentant des bateaux de pêche partant en mer. L'artiste s'attache à rendre les reflets fugitifs de la lumière sur les vagues, à observer les effets du vent qui vient animer la surface de l'eau, accélérer la course des nuages, gonfler les voiles des bateaux. La vitesse des embarcations sur l'eau trouve un écho dans la rapidité d'exécution. L'horizon, placé très haut, trahit l'influence des estampes japonaises sur ses marines des années 1860, tandis que la construction par larges touches dans des camaïeux de bleu-gris et de brun rapproche son art de celui de Manet à la même époque. L'artiste construit les formes par la couleur et non par la ligne et le modelé. Les coups de pinceau rapides donnent une impression de spontanéité. La facture est à la fois libre et entièrement contrôlée, la toile est préparée par une série d'études au crayon des différentes formes d'embarcations, précisément dessinées. [CLC]

29

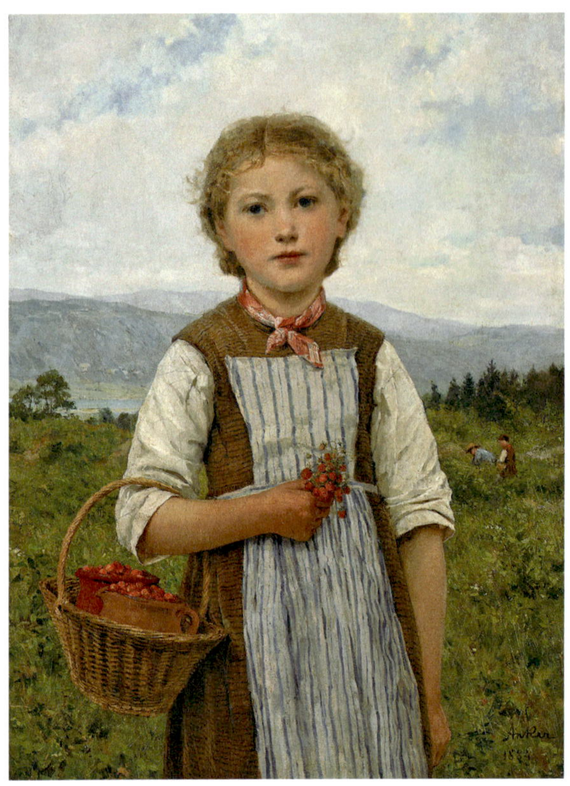

30

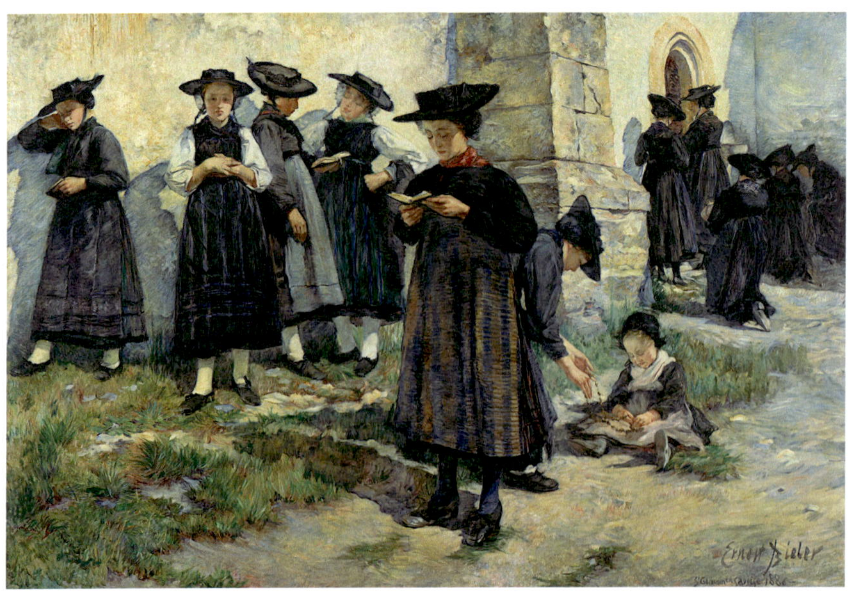

Albert Anker, La Mariette aux fraises, 1884
Ernest Biéler, Devant l'église de Saint-Germain à Savièse, 1886

29

Albert Anker (Anet, 1831 – 1910)
La Mariette aux fraises, 1884
Huile sur toile, 81 × 60 cm
Don de Bertha Bovon, en souvenir de sa sœur Elisa Spühler, 1939. Inv. 691

Après une jeunesse passée entre Anet, Neuchâtel et Berne, Anker mettra à profit son bilinguisme pour s'imposer sur les marchés de l'art suisse et français. De l'automne au printemps, il vit à Paris où il expose au Salon ; l'été, il se retire à Anet, dans sa maison paysanne du Seeland bernois. C'est là qu'il peint ce portrait représentatif de l'univers auquel on l'identifie aujourd'hui encore : la vie paisible au village, les mondes de l'enfance et de la vieillesse, les activités sociales et éducatives garantes de l'esprit de démocratie.

Intitulée « La fillette avec des fraises (chaperon) » par le peintre dans son livre de vente, la toile est popularisée sous le nom de *La Mariette aux fraises* (*Das Erdbeeri-Mareili*). C'est le titre d'une nouvelle de l'écrivain bernois Jeremias Gotthelf, publiée en 1852 et illustrée plus tard par Anker, sans qu'aucun de ses dessins ne se rapproche de ce tableau.

Pour incarner sa cueilleuse de fraises, Anker a choisi une fillette de son village, Rosa Zesiger. Âgée de dix ans, elle porte ici une blouse, une robe et un tablier coupés dans des tissus frustes, de production locale. Le foulard imprimé noué autour du cou, produit typique de l'industrie textile de la Suisse orientale, anime l'ensemble par sa couleur rouge reprise par les fraises, la bouche du modèle et le vêtement d'une autre petite fille en arrière-plan. Les pots émaillés, présents dans chaque cuisine bernoise au XIXe siècle, ainsi que le paysage du lac de Bienne et des hauteurs du Jura parachèvent le réalisme et le caractère parfaitement helvétique de la scène. L'air rêveur et le regard vague de la fillette trahissent cependant l'ennui des heures de pose préalables à ce portrait qui voudrait se donner pour un instantané ; ils confirment l'impression de collage sur une toile de fond donnée par la silhouette qui se découpe devant une prairie parsemée de fleurs. [CL]

30

Ernest Biéler (Rolle, 1863 – Lausanne, 1948)
Devant l'église de Saint-Germain à Savièse, 1886
Huile sur toile, 204 × 302 cm
Acquisition, 1886. Inv. 556

Installé à Paris au début des années 1880, le Vaudois Biéler est présent en Suisse épisodiquement. Il découvre le village valaisan de Savièse en été 1884. Séduit par les mœurs et les costumes d'une population encore attachée à un mode de vie traditionnel, et aussi par une lumière éclatante et un air limpide, l'artiste revient à l'automne et réalise plusieurs esquisses pour *Devant l'église de Saint-Germain*, une œuvre ambitieuse. L'été suivant, il fait transporter un grand châssis sur place. Terminé dans l'atelier parisien, le tableau est repéré par le conseiller d'État vaudois Eugène Ruffy qui en fait l'acquisition pour le Musée. Biéler sera autorisé à le garder le temps de le présenter à Paris au Salon de 1887.

Pour de nombreux peintres du tournant du siècle, la vie rurale et les pratiques religieuses incarnent la stabilité d'un monde en voie de disparition à l'heure de la désertification des campagnes et de l'extinction des croyances populaires. Ces traditions se muent en valeurs refuges à l'ère industrielle et Biéler – comme Jean-François Millet et Jules Breton avant lui – en donne ici une vision universalisante. En effet, plutôt qu'un village précisément localisé ou un rite catholique particulier, l'artiste montre des activités simples et intemporelles : une église banale, avec sa pile massive et sa porte en plein cintre, des femmes rassemblées en silence dans la chaleur d'une belle journée d'été. Vêtues du costume dominical bleu sombre, certaines suivent la messe depuis l'extérieur, d'autres lisent leur missel ou s'occupent d'un enfant.

Par sa composition et sa facture, l'œuvre ne pouvait que susciter l'intérêt des milieux d'avant-garde : les figures monumentalisées par le cadrage serré, les plis des vêtements renvoyant l'intense luminosité et les ombres bleutées reportées à larges touches sur le mur sont autant de leçons prises chez les impressionnistes. [CL]

31

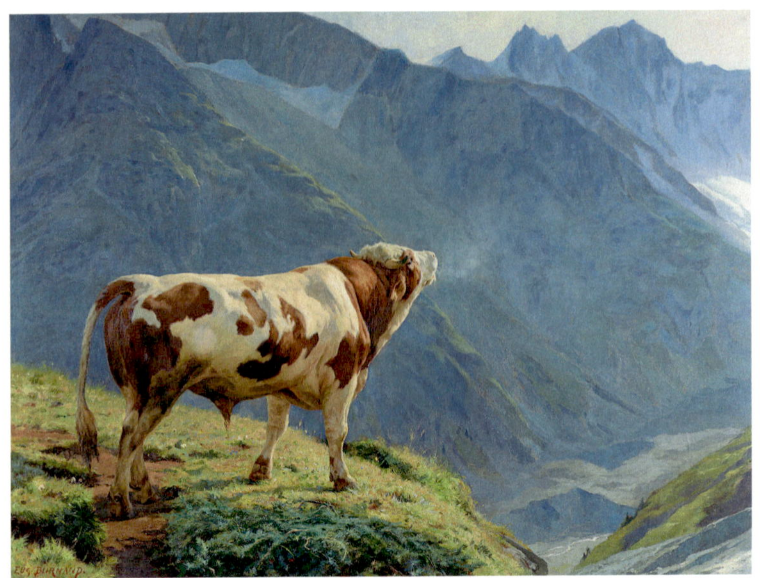

32

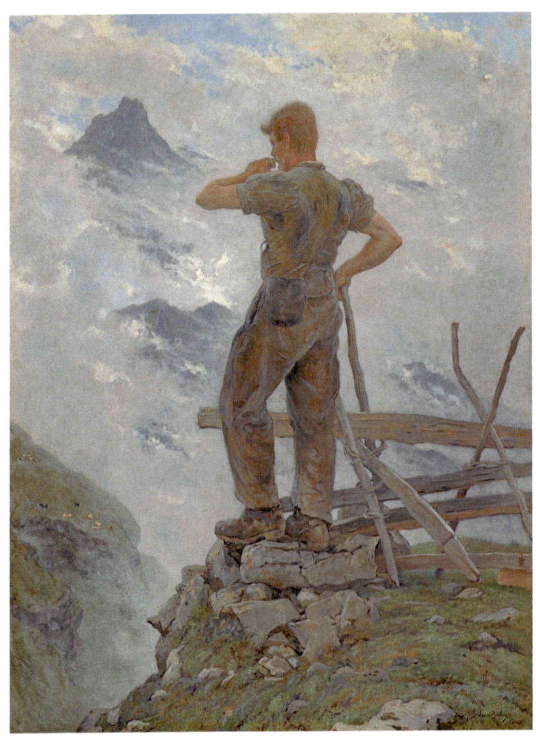

Eugène Burnand, Taureau dans les Alpes, 1884
Auguste Baud-Bovy, Lioba ! Berger de l’Oberland bernois rappelant son troupeau, 1886

31

Eugène Burnand (Moudon, 1850 – Paris, 1921)
Taureau dans les Alpes, 1884
Huile sur toile, 200 × 270 cm
Acquisition par souscription avec un crédit spécial du Conseil d'État vaudois, le concours de divers particuliers et de la Société vaudoise des beaux-arts, 1884. Inv. 535

Le Vaudois Burnand s'installe en 1872 à Paris où il est l'élève de Jean-Léon Gérôme. Dès le début des années 1880, il s'inscrit dans le grand courant naturaliste qui traverse toute l'Europe et il se spécialise dans les scènes de genre paysannes et animalières traitées dans des formats traditionnellement réservés à la peinture d'histoire.

En séjour en Suisse durant l'été 1884, l'artiste réalise en deux mois ce *Taureau dans les Alpes*, une œuvre monumentale qu'il considère comme un manifeste. Sur les traces de ses prédécesseurs de l'École hollandaise, et en rivalité avec le Zurichois Rudolf Koller, il s'attaque au portrait bovin et produit une image au fort potentiel identitaire pour ses compatriotes, mais susceptible aussi de le positionner en France comme un des grands tenants du réalisme moderne.

Le tableau résulte de l'étude d'un paysage valaisan observé depuis Arolla et de croquis réalisés d'après la tête décapitée d'un taureau dans la maison familiale de Seppey, dans le canton de Vaud. Le morceau est spectaculaire, le coloris franc, le rendu virtuose. La belle bête de la race Simmental à la robe fauve tachée de blanc domine la vallée du sommet d'un pâturage. La buée qui s'échappe de son mufle signale la fraîcheur matinale de l'air en haute altitude. Le tapis d'herbe fleurie accueille le soleil et donne la note estivale. Le traitement atmosphérique des montagnes couvertes de neiges salies par la fonte traduit leur éloignement et la profondeur du val d'Hérens.

Présenté au Salon de Paris en 1885, ce *Taureau dans les Alpes* est montré en avant-première à Lausanne en novembre 1884 et tout aussitôt acquis par souscription pour le Musée. Il sera encore envoyé à l'Exposition universelle de Paris en 1889 où l'artiste reçoit une médaille d'or. Le paysagiste français Jules Breton voit désormais en Burnand le rénovateur de l'école helvétique : « Voilà la Suisse, vous serez le révélateur de ce pays-là [...] ». [CL]

32

Auguste Baud-Bovy (Genève, 1848 – Davos, 1899)
Lioba ! Berger de l'Oberland bernois rappelant son troupeau, 1886
Huile sur toile, 130 × 98 cm
Acquisition, 1900. Inv. 1058

En 1882, Baud-Bovy quitte Genève pour rejoindre à Paris ses amis communards et les artistes de la colonie suisse romande. Séjour de brève durée, le temps de s'éprendre de la palette de Corot, d'abandonner la matière sombre et épaisse qui caractérisait ses portraits. En 1888 déjà, il reviendra en Suisse et s'établira à Aeschi, petit village de l'Oberland bernois.

Lioba ! annonce ce retour au pays natal dicté par la nostalgie d'une vie en pleine nature. La toile fait partie d'une série de six tableaux de grand format illustrant les *Gestes héroïques du berger*, entreprise entre 1886 et 1890. Elle s'inspire de croquis réalisés durant l'été 1885 à la Bundalp, dans la vallée du Kiental. L'œuvre est peinte dans une matière maigre, déclinaison de gris clairs et de verts tendres réchauffés par des ocres mêlés de rouge. L'accent est mis sur la noble assurance du berger solitaire dont la silhouette imposante, au contrapposto donatellien, domine la vallée et le minuscule troupeau de vaches.

Peint près de septante ans après le *Promeneur au-dessus d'une mer de brouillard* de Caspar David Friedrich (vers 1817, Hambourg, Kunsthalle), cette toile en offre une surprenante reformulation. Les deux tableaux partagent un format en hauteur, un homme de dos au sommet d'un promontoire rocheux la main droite posée sur la hanche, des montagnes à l'horizon et des nuées montant de la plaine. Cependant, d'une œuvre à l'autre, la relation au paysage diffère. Alors que l'icône du romantisme allemand confrontait un citadin à l'immensité d'une nature vierge et invitait à une réflexion sur l'insignifiance de l'épisode humain dans l'histoire de la Terre, la scène de genre estivale de Baud-Bovy célèbre la relation harmonieuse entre la civilisation primitive des bergers et la haute montagne. Le titre du tableau, qui se réfère au cri traditionnel du rappel des troupeaux et à son écho renvoyé par les contreforts, souligne cette osmose. [CL]

33

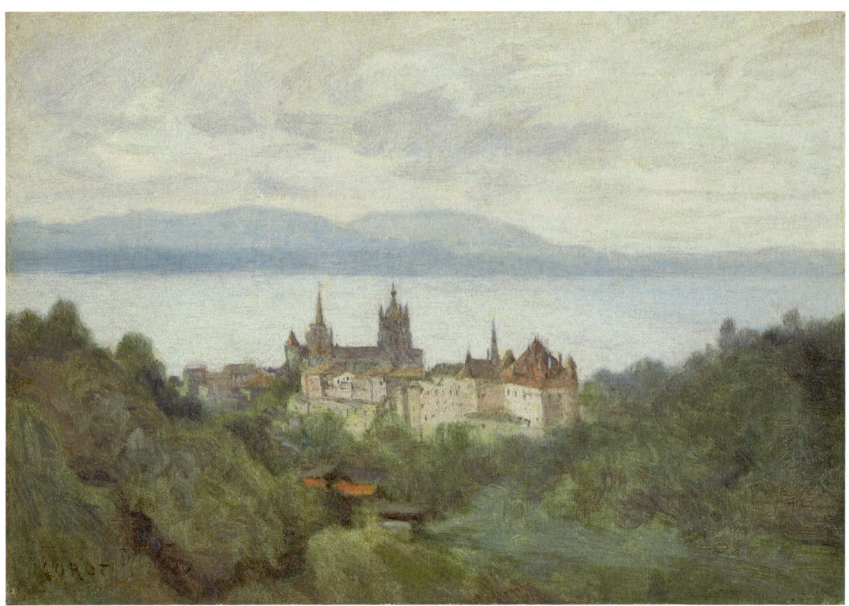

34

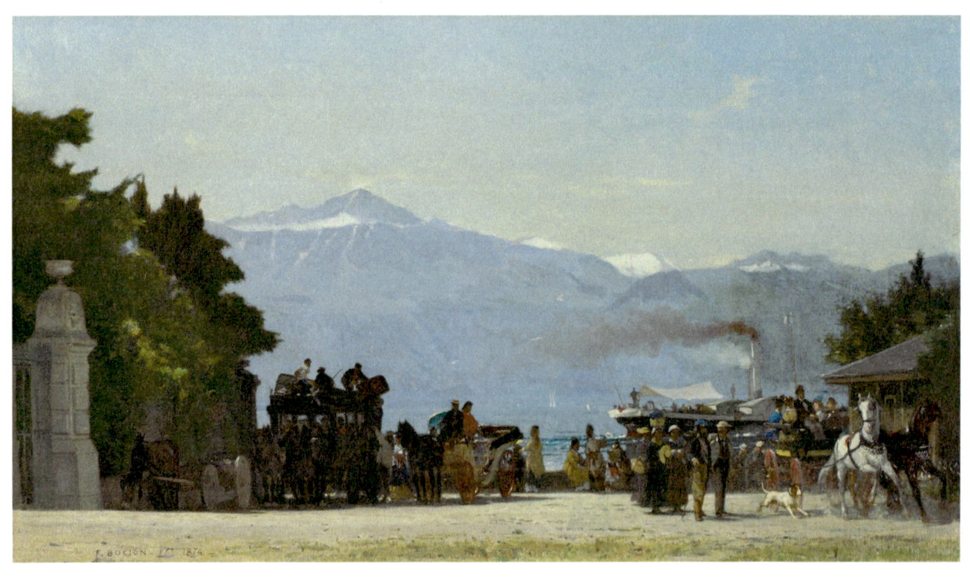

Jean-Baptiste Camille Corot, Lausanne et le lac Léman, 1842
François Bocion, À Ouchy en 1874, 1874

33

Jean-Baptiste Camille Corot (Paris, 1796 – 1875)
Lausanne et le lac Léman, 1842
Huile sur toile, 25 × 36 cm
Don d'Alfred Strölin, 1955. Inv. 1955-016

Si ses trois voyages en Italie sont les plus connus des séjours de Corot au-delà des frontières de la France, c'est en Suisse qu'il se rend le plus fréquemment. Le peintre, d'origine fribourgeoise par sa mère, y réside souvent. Il cultive des amitiés avec nombre d'artistes locaux, notamment Barthélemy Menn qui promeut sa peinture dans les expositions genevoises. Avec ce dernier, il se rend au château de Gruyères, propriété de la famille Bovy, et participe à la décoration de son salon par la réalisation de quatre paysages en médaillon (1853 – 1857).

En octobre 1825, en route pour Rome, Corot s'arrête à Lausanne et réalise une première vue en surplomb du lac Léman depuis le vallon du Flon, non loin de la propriété de l'Hermitage (coll. privée), un point de vue adopté par les peintres voyageurs dès la fin du XVIIIe siècle. Dans les années 1840, l'artiste reprend le même motif dans deux nouvelles toiles, dont *Lausanne et le lac Léman*.

Ici, il adopte un point de vue sensiblement plus éloigné que dans la version de 1825, un cadrage lui permettant d'ouvrir sa composition sur davantage de nature : les frondaisons indéfinies envahissent le tiers inférieur et enchâssent la ville ; les toits de la Cité se détachent sur la surface calme du lac ; enfin, au loin, le relief des Alpes se confond avec les nuages. La silhouette de la cathédrale a légèrement changé, après que la tour-lanterne, incendiée par la foudre, a été reconstruite en 1827. Le premier plan est brossé à la manière d'une pochade, en de rapides coups de pinceaux enchevêtrés, dans une gamme étendue de verts. Lac, montagnes et ciel à l'arrière-plan se confondent dans une atmosphère brumeuse, peints dans des tons vert argenté et gris bleuté, en des touches allongées qui accentuent l'horizontalité du cadrage. Au centre, les teintes rouges des toits animent quelque peu le tableau. [CLC]

34

François Bocion (Lausanne, 1828 – 1890)
À Ouchy en 1874, 1874
Huile sur toile, 34 × 61 cm
Acquisition, 1941. Inv. 246

Bocion est un des premiers peintres vaudois à choisir une carrière locale après une formation à Paris où il a rêvé comme tant d'autres de s'illustrer dans la peinture d'histoire. Son art repose sur une observation directe de la nature, à contre-courant de la vision romantique tourmentée caractéristique de la génération précédente. Son souci d'actualité, comme de modernité, en fait ainsi un chroniqueur de son temps. On voit sur cette composition une diligence, plusieurs voitures avec chevaux, un bateau à vapeur, autant de témoins d'une civilisation toujours plus mobile. Il règne ici une animation dense, due aussi bien au labeur qu'à l'oisiveté, le tourisme connaissant un grand essor. Les voyageurs arrivés par bateau montent dans la diligence pour rejoindre le centre de Lausanne.

L'année 1874 est celle de la mort de Gleyre, le maître académique de Bocion à Paris, et aussi celle de la première exposition des impressionnistes à Paris. Si on a souvent rapproché l'Helvète de ces derniers en raison de sa pratique de la peinture de plein air et de son attrait pour la retranscription des variations atmosphériques, il est aussi le peintre de compositions très étudiées, caractéristiques de la peinture d'atelier. C'est le cas de ce tableau à la répartition très théâtrale de la lumière avec, à gauche, un second plan maintenu dans l'ombre.

Ce souci de la représentation de la vie moderne dans un style réaliste évoque aussi Courbet. Ce dernier vit exilé à La Tour-de-Peilz à partir de juillet 1873 et le lac Léman à toutes les heures du jour devient, comme pour Bocion, son sujet favori.
On ne sait pas si le Suisse et le Français ont peint côte à côte sur le motif, mais il est possible qu'ils se soient fréquentés. À la mort de Courbet en 1877, c'est à Bocion que l'on confie la tâche de dresser l'inventaire de son atelier. [YG]

35

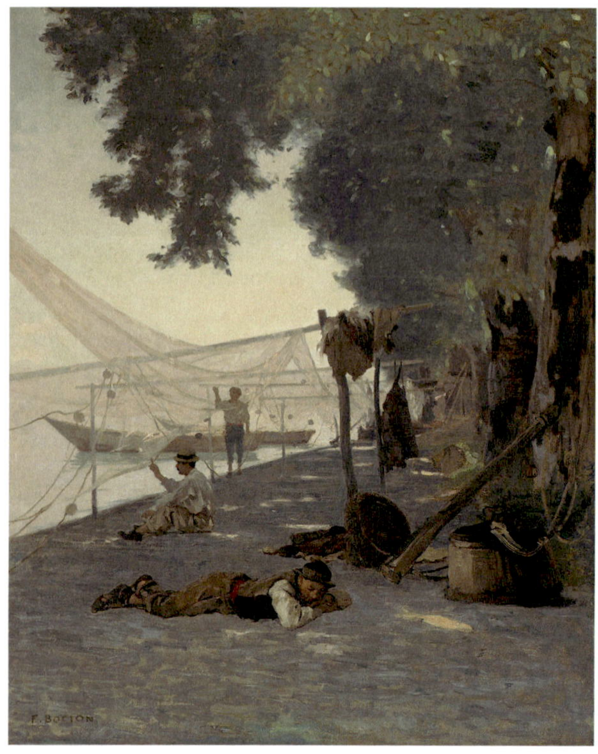

36

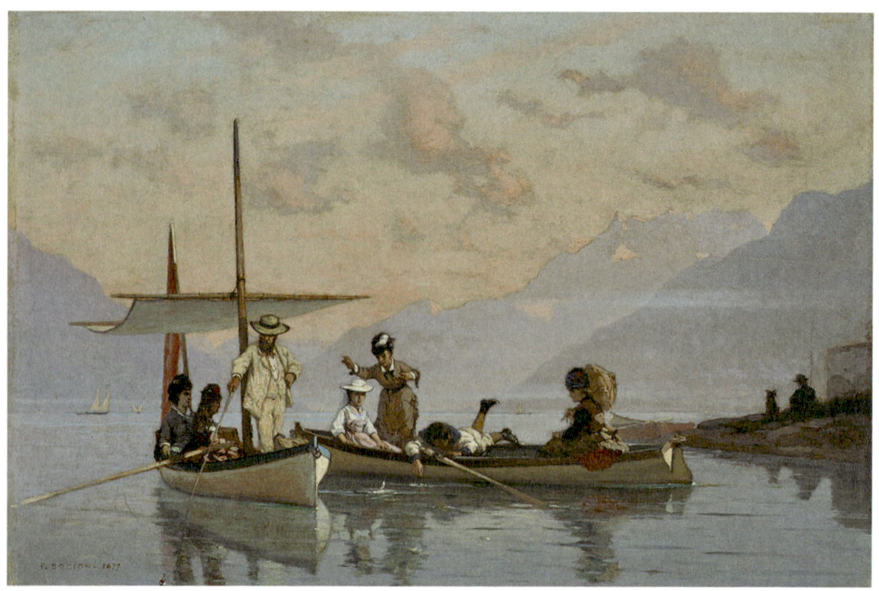

François Bocion, Filets et pêcheurs, vers 1877
François Bocion, Bocion et sa famille à la pêche, 1877

35

François Bocion (Lausanne, 1828 – 1890)
Filets et pêcheurs, vers 1877
Huile sur toile, 61 × 50 cm
Acquisition, 1913. Inv. 247

Bocion représente ici une scène du quotidien des pêcheurs, thématique récurrente dans son œuvre dès les années 1860. Allongé sur la jetée au retour d'une sortie sur le lac, un jeune pêcheur s'est endormi dans la chaleur d'une belle journée estivale. À l'arrière-plan, deux autres pêcheurs sont occupés à l'entretien des filets. Comme on le voit ici, au XIXe siècle ceux-ci sont encore fabriqués en fibres naturelles et étendus sur des perches en plein air pour sécher ; on repère ainsi les déchirures à réparer, occupation à laquelle s'adonne l'homme assis au plan moyen qui tient une navette ou aiguille à ramender dans la main.

Si nombreux sont les peintres naturalistes qui à la même époque, de Jules Breton en Bretagne à Peder Severin Krøyer au Danemark, livrent un témoignage sur le quotidien des pêcheurs des lacs et des mers, Bocion se distingue de ses confrères régionalistes par une approche de sensibilité impressionniste, se préoccupant plus de la saisie d'une atmosphère que de la caractérisation d'un labeur. Le cadrage serré met en valeur la jetée ombragée : les filets semi-transparents masquent la profondeur du lac, la chaîne des montagnes et une partie du ciel alors que les grands arbres fermant la composition à droite et au bord supérieur contribuent à ramener l'attention vers la grève, mouchetée par quelques rayons de soleil qui ont transpercé les feuillages.

Trois variantes de ce motif, conservées au Musée d'art et d'histoire de Genève, au Kunst Museum Winterthur / Reinhart am Stadtgarten et au Musée Jenisch Vevey, permettent de dater la scène et de la situer sur les rives françaises du lac Léman, probablement dans la région de Tourronde où Bocion se rendait régulièrement. [CdA]

36

François Bocion (Lausanne, 1828 – 1890)
Bocion et sa famille à la pêche, 1877
Huile sur bois, 32 × 48,5 cm
Acquisition, 1939. Inv. 250

Cette œuvre dépeint une scène de navigation de plaisance, activité encore rarement pratiquée dans les années 1870 où elle est réservée à un cercle d'initiés et où ne s'aventurent encore sur le lac Léman que les pêcheurs, les remorqueurs et d'autres transporteurs. La relative proximité des montagnes situe la scène près de Vevey, région dont la famille maternelle de Bocion est originaire, et où il passe une partie de son enfance. Le début de sa scolarité se déroule d'ailleurs non loin de là, à Montreux, chez un grand-père qui lui aurait transmis sa passion pour la navigation sur le lac.

Rien sur le bord inférieur du tableau ne rappelle la terre ferme, un artifice qui place le spectateur en proximité immédiate, comme sur une autre embarcation. La ligne d'horizon basse produit un effet d'amplitude souligné à gauche par la rame et à droite par la bande de terre, tandis que le bleuté des montagnes creuse la profondeur du paysage. Les reflets dans l'eau, magistralement rendus, la luminosité, et le traitement des figures féminines en particulier, où le noir appuyé écrit les silhouettes, ne sont pas sans évoquer Manet.

Debout dans l'embarcation de gauche, on reconnaît Bocion, tout de blanc vêtu, affectant une pose qui rappelle celle de Louis XIV pour son célèbre portrait par Hyacinthe Rigaud (1701, Paris, Musée du Louvre), canne royale et dais d'apparat compris. Dans l'autre barque, une femme s'abritant sous une ombrelle pourrait être l'épouse de l'artiste, la Zurichoise Anna-Barbara Furrer. La composition, qui montre le peintre et sa famille répartis sur deux embarcations, se révèle plus ambitieuse que ne le laisseraient supposer ses dimensions modestes. Elle a pour particularité de se placer au point de rencontre de la peinture de genre, du paysage et de l'autoportrait. [CL]

37

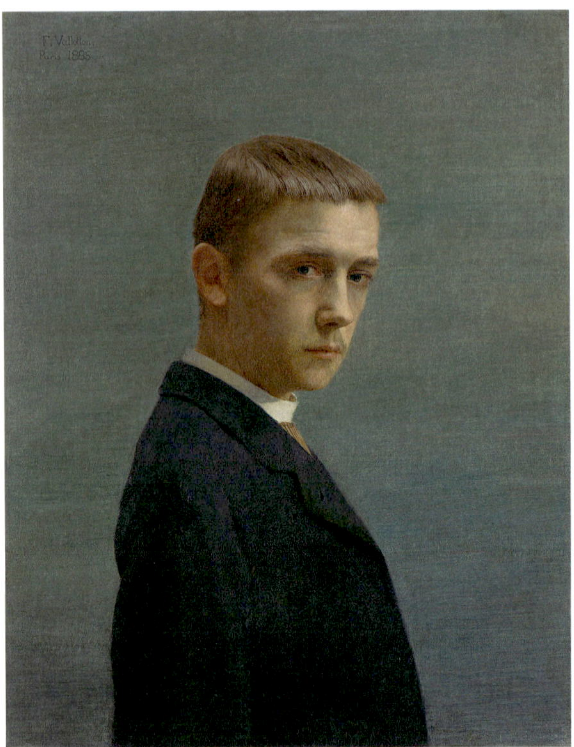

38

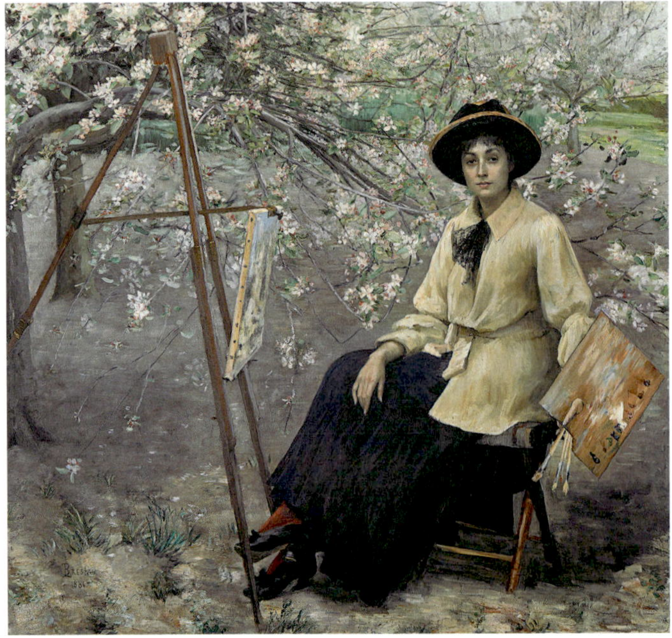

Félix Vallotton, Autoportrait à l'âge de vingt ans, 1885
Louise Breslau, Portrait de Mlle Julie Feurgard, 1886

37

Félix Vallotton (Lausanne, 1865 – Paris, 1925)
Autoportrait à l'âge de vingt ans, 1885
Huile sur toile, 70 × 55,2 cm
Acquisition, 1896. Inv. 620

Arrivé à Paris à l'âge de seize ans, le Lausannois Vallotton fréquente les cours de l'Académie Julian. Très tôt, il cherche ses références dans l'objectivité incisive des grands représentants historiques du réalisme, au Nord chez Cranach l'Ancien, Dürer et Holbein, en France du côté de Poussin et Ingres. Probité et honnêteté sont ses maîtres mots, héritage de l'éthique protestante qui a marqué sa jeunesse, mais aussi programme pour les années à venir où il s'affirmera comme un critique virulent de l'oppression des petits et de l'hypocrisie de la bourgeoisie. Le portrait, genre qui l'occupe à ses débuts, lui offre l'occasion d'exercer ce refus de l'idéalisation par l'observation sans indulgence de ses modèles, qu'il s'agisse des membres de sa famille, ou de son propre reflet dans le miroir.

En 1885, Vallotton entre dans sa vingtième année. Il expose pour la première fois au Salon des artistes français et commence à tenir la liste de ses œuvres. « Il n'a pas été fait pour le public, mais pour moi, les artistes seuls peuvent y découvrir quelques qualités, mais les bourgeois ne le trouveront sans doute pas agréable, mais je m'en fous ! », écrit-il en 1886 à propos de cet autoportrait.

Vallotton en effet s'est représenté sans concession. Flottant dans une veste sombre et un col blanc empesé qui lui donne des allures de clergyman, il se montre le corps de profil, son pâle visage tourné vers le spectateur, les yeux cernés et bordés de rouge, les lèvres ombrées d'un modeste duvet. Tableau manifeste, l'œuvre ne déroule pas la panoplie attendue des attributs du peintre. Le message est ailleurs : dans le regard froid et calme qui scrute avec sévérité, et dans l'immense masse bleue en arrière-fond. Observée avec attention, celle-ci se révèle subtilement modulée de traits horizontaux : Vallotton s'est représenté devant le lac Léman, ce lac qu'il a contemplé si souvent enfant, et dont il s'est arraché pour monter à l'assaut de la capitale. [CL]

38

Louise Breslau (Munich, 1856 – Neuilly-sur-Seine, 1927)
Portrait de Mlle Julie Feurgard ou *Sous les pommiers*, 1886
Huile sur toile, 171,5 × 186,5 cm
Acquisition, 1889. Inv. 1082

Ce portrait est réalisé alors que la Zurichoise Breslau traverse, depuis plus de deux ans déjà, une crise existentielle et artistique. À Paris depuis 1876, elle a suivi la formation dispensée aux femmes par l'Académie Julian, et son talent a été repéré par ses professeurs. Influencée par Degas et par le naturalisme de Jules Breton dès 1880, elle a déjà à son actif quelques portraits remarquables, parmi lesquels *Chez soi* (1885, Rouen, Musée des beaux-arts). Mais le doute la tenaille : « Si je ne peux donner une nouvelle et certaine preuve de ma valeur – je suis perdue », écrit-elle en janvier 1885.

Pour relever le défi d'un premier sujet de plein air en format monumental, Breslau se rend alors à la campagne. À Sannois, dans le jardin d'une camarade d'atelier, elle réalise les études pour ce tableau qu'elle exposera au Salon de Paris de 1886. La presse la range tout aussitôt parmi les disciples de l'impressionnisme : « Voulez-vous du plein air ? En voici par Mlle Breslau : le portrait d'une sienne compagne-ès-arts picturaux, assise dans un jardin, ce qui va, comme bien vous pensez, la teindre en vert et, par conséquence, la rendre affreuse, picturalement parlant. » De fait, l'œuvre, qui fait montre d'une vigueur exceptionnelle dans la conduite du pinceau, enregistre les effets changeants de la lumière et la peintre n'hésite pas à ternir le visage de son modèle dans l'ombre du chapeau.

Le tableau représentera l'artiste à l'Exposition universelle de Paris en 1889 où le jury lui attribuera une médaille d'or. Il sera acquis l'année même par le Musée. Avec cette représentation grandeur nature d'une consœur peignant en plein air et fixant résolument le spectateur, Breslau poursuit son combat pour la reconnaissance des femmes peintres à une époque où les portes de l'Académie des beaux-arts de Paris leur sont encore fermées. [CL]

39

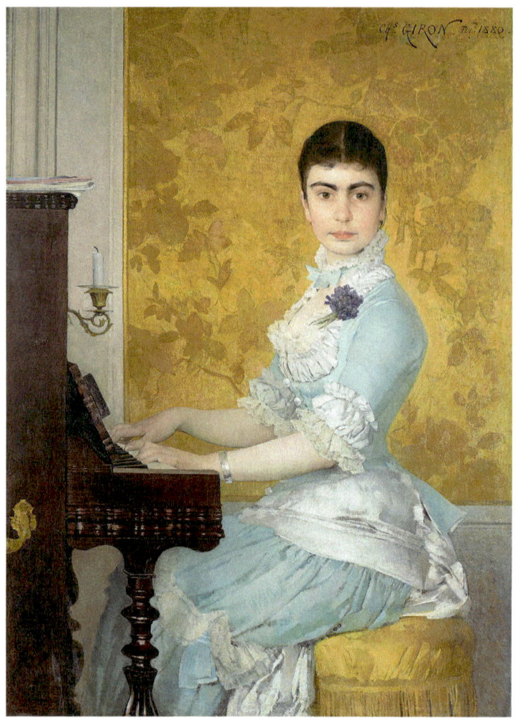

40

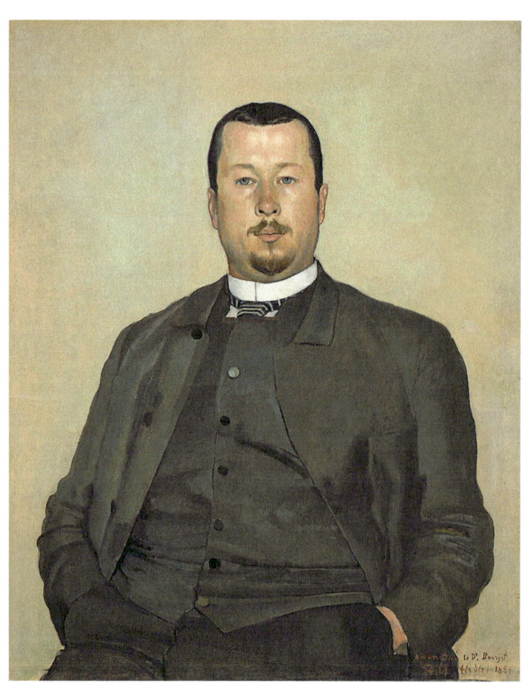

Charles Giron, Jeune femme au piano, 1880
Ferdinand Hodler, Portrait du Dr Louis Bourget, 1889

39

Charles Giron (Genève, 1850 – Genthod, 1914)
Jeune femme au piano ou *Portrait de Mlle Maguie D.*, 1880
Huile sur toile, 124 × 90 cm
Acquisition, 2017. Inv. 2017-015

Pour les Suisses, l'œuvre la plus emblématique de Giron est sans conteste *Le berceau de la Confédération* (1901), gigantesque paysage alpestre ornant l'une des salles du Palais fédéral à Berne. Pour les Français, le nom de Giron évoque *La Parisienne* (1883, Paris, Petit Palais), un grand portrait mondain, quintessence de la grâce féminine à la Belle Époque. Ces deux tableaux offrent un résumé de la carrière contrastée du peintre genevois, qui vit et expose à Paris dès 1876 et ne reviendra s'installer définitivement en Suisse qu'en 1896.

Dans les années 1880, Giron partage son temps entre des séjours estivaux dans les montagnes helvètes, où il se voue à la peinture de genre et au paysage, et Paris, où le portrait lui fournit une clientèle issue de la haute bourgeoise et de l'aristocratie. Auréolé d'une renommée acquise à l'étranger, il revient aussi régulièrement à Genève et y reçoit des commandes, ainsi ce tableau pour lequel pose Jeanne-Marguerite Dominicé, jeune fille de la bourgeoisie locale. Âgée de vingt ans, celle que l'on surnomme Maguie est représentée assise très droite sur un pouf, les mains gracieusement posées sur le clavier d'un piano droit.

Avec sa série intitulée *Symphonies en blanc*, James Abbott McNeill Whistler avait lancé dans les années 1860 la vogue des portraits « musicaux », où une palette réduite sonnait comme un accord plaqué sur lequel venaient se détacher les visages de femmes mélancoliques. Ici, Giron propose un accord arpégé en jaune, noir, bleu et blanc. Sur la note sourde et austère d'une tapisserie à décor floral évoquant les fonds d'or des Primitifs italiens, il installe le feu d'artifice acidulé d'une robe de soie turquoise au corsage piqué d'un bouquet de violettes parme. Ce contraste se répète entre l'apparente docilité du modèle – qui se plie à l'exercice social convenu du piano – et la force sauvage d'un visage aux sourcils épais, crânement tourné vers le spectateur, au regard d'une étrange et inquiétante placidité. [CL]

40

Ferdinand Hodler (Berne, 1853 – Genève, 1918)
Portrait du Dr Louis Bourget, 1889
Huile sur toile, 83 × 67 cm
Don de Louis Bourget, 1910. Inv. 713

À la fin des années 1880, Hodler voue un intérêt tout particulier au portrait comme l'atteste son idée de lui consacrer un cours, une proposition qu'il fait à l'Université de Genève et qui se voit refusée. D'une pratique inspirée par le clair-obscur des XVIe et XVIIe siècles où l'incarnat des visages se détachait sur des fonds sombres, il a évolué vers un éclaircissement de sa palette et une concentration sur le rendu du regard qui l'amène à privilégier les poses frontales. Alors que ses premiers modèles étaient des hommes du peuple, artisans ou journaliers, et des proches, il est en voie de s'imposer comme un des peintres les plus sollicités par la bourgeoisie et les élites politiques suisses pour des portraits de commande.

Ici, la silhouette replète de Louis Bourget se détache sur un arrière-plan vert clair, subtilement animé de rouge. La précision chirurgicale de la ligne de contour rend manifeste l'importance du dessin. L'homme, à l'aube de la trentaine, pose le visage de face, mais le corps légèrement désaxé. Son teint vivement coloré contraste avec la blancheur du col empesé, égayé d'une régate, et la masse sombre du costume trois-pièces. Bourget incarne l'assurance des classes bourgeoises, dans une attitude toute de décontraction, les mains dans les poches, le regard tranquillement fixé sur l'artiste.

Louis Bourget, médecin, est privat-docent à l'Université de Genève en 1887. Il sera aussi l'auteur de poèmes et l'illustrateur d'ouvrages qui témoignent de sa passion pour les oiseaux. Proche de Hodler dès sa jeunesse, il l'entourera de ses conseils lorsque sa compagne, Valentine Godé-Darel, tombera malade en 1912. Il commande ce portrait à l'artiste sans doute pour l'aider dans ses difficultés financières. Achevée en 1889, l'œuvre est offerte au Musée par le médecin en 1910, après qu'il l'a retournée à Hodler pour signature, l'occasion d'une dédicace affectueuse : « À mon Ami le Dr. Bourget ». [CL]

41

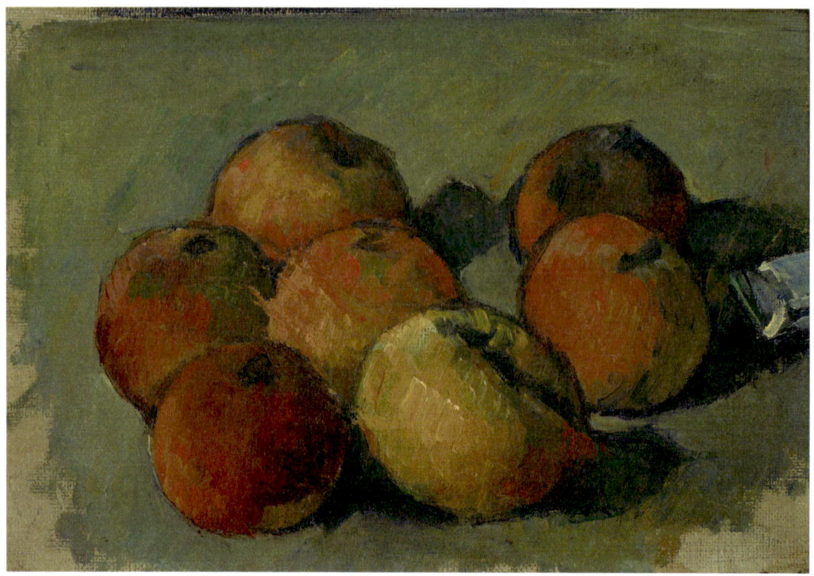

42

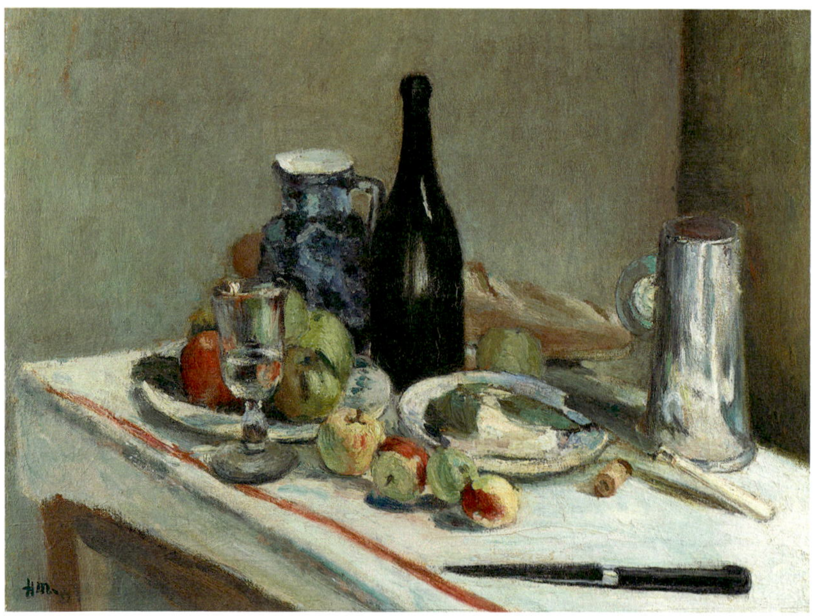

Paul Cézanne, Nature morte aux sept pommes et tube de couleur, 1878–1879
Henri Matisse, Nature morte au couteau noir, 1896

41

Paul Cézanne (Aix-en-Provence, 1839 – 1906)
Nature morte aux sept pommes et tube de couleur, 1878 – 1879
Huile sur toile, 17,2 × 24 cm
Legs d'Henri-Auguste Widmer, 1936.
Inv. 311

Absentes jusqu'alors de ses natures mortes, les pommes apparaissent dans les tableaux de Cézanne dans les années 1870. Amoncelées dans un compotier, savamment répandues sur une nappe ou, comme ici, saisies sur un coin de table, elles deviennent un motif familier. C'est avec cet humble fruit que l'artiste entend réinterroger les fondamentaux de la peinture académique et conquérir la capitale. Il déclarera vouloir « étonner Paris avec une pomme ».

Nature morte aux sept pommes et tube de couleur fait partie de ces toiles de petit format où Cézanne se concentre sur le fruit, observant sa forme, analysant ses couleurs et le saisissant sous toutes ses facettes – autant d'études dans lesquelles il fait ses gammes avant la réalisation de compositions plus ambitieuses. Jalon vers le cubisme, cette œuvre est peinte par l'artiste au sortir de sa période impressionniste. Elle est encore marquée dans son analyse de la lumière et de l'ombre portée par la leçon pleinairiste de Camille Pissarro. Cependant, la recherche d'effets atmosphériques fait place à des préoccupations formelles et plastiques qui l'emportent : le peintre concentre son attention sur l'agencement des objets, sur les rapports qu'ils entretiennent entre eux, sur le traitement de l'espace et sur l'incidence de la lumière.

Cézanne, qui reprochait à l'impressionnisme sa facture trop impulsive, structure fortement sa composition et opte pour une touche constructive, serrée, précise et méthodique. Ici, les pommes, sept sphères isolées par un cerne noir, reçoivent leur volume des brèves notations obliques du pinceau, par la seule modulation de la couleur qui les fait comme enfler de l'intérieur. Le tube de couleur, blanc, rompt l'accord chaud de la complémentarité dominante, le rouge des pommes et le vert-ocre du fond. Coupé par le cadrage, ce tube engage à s'interroger sur un « au-dehors » du tableau. Il est aussi et surtout un plaidoyer anti-illusionniste : ces pommes sont à l'huile ! [CL]

42

Henri Matisse (Le Cateau-Cambrésis, 1869 – Nice, 1954)
Nature morte au couteau noir, 1896
Huile sur toile, 59 × 81 cm
Legs d'Henri-Auguste Widmer, 1939.
Inv. 370

Sur les conseils de Gustave Moreau, son professeur à l'École des beaux-arts, Matisse passe de longues heures au Musée du Louvre à copier les maîtres. Ses natures mortes de jeunesse révèlent l'influence de Jean Siméon Chardin, dont il a tant admiré l'œuvre. Dans cette *Nature morte au couteau noir*, quelques morceaux de bravoure, tels les reflets dans le verre et le pot en étain, témoignent aussi de son intérêt pour les natures mortes hollandaises du XVIIe siècle.

Vaisselle et victuailles sont disposées ici de manière compacte. L'arrondi des fruits et les courbes des objets viennent contrebalancer la dynamique diagonale de la table qui disparaît dans l'angle en bas à droite du tableau. Le noir trace les axes fondamentaux – basés sur l'orthogonalité – de la composition : couteau disposé parallèlement au bord inférieur du tableau, bouteille déterminant une verticale en son centre. Le blanc est attribué à l'oblique : nappe et second couteau au bord de la table. Sur cette trame se déclinent les couleurs principales, en différentes tonalités de rouge, jaune, vert et bleu.

Matisse se plaît à rendre la diversité des matières, le tissu de la nappe blanche, la céramique des assiettes, la faïence du pot bleu, l'étain du pichet, le verre de la bouteille, le métal des lames de couteau. La lumière latérale se répand sur la surface des objets en autant de reflets qui viennent les unir dans une même harmonie chromatique.

Nature morte au couteau noir est un jalon important sur le chemin parcouru par le peintre des valeurs tonales à la couleur pure dans les années 1895 – 1900. Prélevant des touches grasses dans une palette pâteuse, Matisse libère la couleur qui gagne en autonomie. Rouges, verts et jaunes, encore discrets, annoncent l'explosion chromatique des années suivantes. [BF]

43

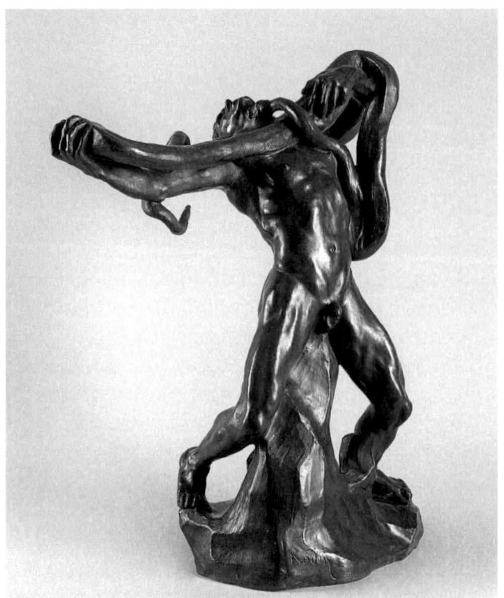

44

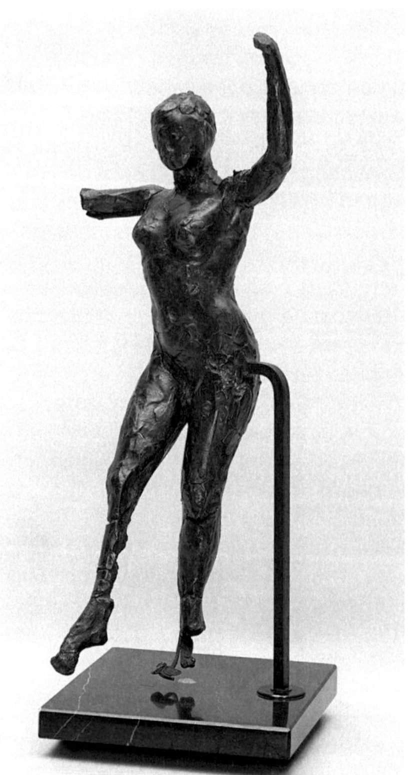

Auguste Rodin, L'homme au serpent, 1887
Edgar Degas, Danseuse s'avançant, les bras levés, jambe droite en avant (deuxième étude), vers 1885 – 1890

43

Auguste Rodin (Paris, 1840 – Meudon, 1917)
L'homme au serpent, 1887
Bronze, 69,5 × 55 × 29 cm
Don anonyme, 2015. Inv. 2015-028

Cette sculpture pourrait avoir été inspirée à Rodin par les combats des damnés contre les serpents décrits par Dante. Au chant XXV de l'Enfer, on lit : « Les trois ombres étaient toujours devant moi, lorsqu'un serpent qui rampait sur six pieds s'élance vers l'un des coupables, et s'attache tout entier à lui. »

L'œuvre frappe par le rendu impeccable d'une anatomie masculine, par l'expression dramatique d'un homme luttant contre un animal, et par le modelé puissant et sensible d'un corps renversé en arrière, qui en fait un exemple frappant de l'influence de Michel-Ange. L'Antiquité est convoquée dans la référence manifeste au groupe hellénistique du Laocoon. Surtout, le sujet est indissociable des deux cents figures et groupes élaborés au fil des ans par Rodin pour sa *Porte de l'Enfer*, une commande passée en 1880 par l'État français et demeurée inachevée. Au sein de ce véritable vivier, dans lequel l'artiste puise inlassablement pour de nouvelles créations, *L'homme au serpent* est à rapprocher de *L'homme qui tombe* (vers 1883), une figure accrochée au linteau de cette *Porte* dans la version en bronze coulée après sa mort.

Le plâtre de *L'homme au serpent* (vers 1882 – 1883, Williamstown, Clark Art Institute) est repéré par le collectionneur Antony Roux dans l'atelier de Rodin en 1885. Ce fervent admirateur a pour habitude d'exiger d'être le propriétaire exclusif de ses acquisitions. Le 28 janvier 1887, il écrit au maître : « Vous m'avez demandé deux mille francs pour l'homme au serpent, poussé et coulé en bronze. J'accepte [à la condition] que je resterai seul possesseur de ce groupe l'homme luttant contre le serpent. Vous vous réservez le droit d'utiliser la figure de l'homme mais avec des modifications dans la pose et sans le serpent. » Rodin accepte, raison pour laquelle ce bronze fondu par François Rudier n'existe qu'en un unique exemplaire, et constitue dès lors une œuvre tout à fait exceptionnelle. [CL]

44

Edgar Degas (Paris, 1834 – 1917)
Danseuse s'avançant, les bras levés, jambe droite en avant (deuxième étude),
vers 1885 – 1890
Bronze, 65 × 25,5 × 22 cm
Legs d'Henri-Auguste Widmer, 1936.
Inv. 58

Les ballerines à l'exercice, au repos ou sur scène sont un motif majeur de l'œuvre de Degas dès le début des années 1870 et jusqu'à sa mort. L'artiste se rend régulièrement à l'Opéra de Paris pour les étudier, et il est admis plus tard dans les coulisses du Ballet. Mais c'est à l'atelier, à l'abri des regards, qu'il va pousser plus loin ses observations, faisant danser ses modèles, mimant la danse lui-même, et analysant les mystères du mouvement sur les photographies d'Eadweard Muybridge (*Animal Locomotion*, 1884 – 1886) et sur celles qu'il réalise lui-même avec son Eastman Kodak.

Si la danse lui inspire nombre de dessins et de pastels, Degas l'affirme avec force en 1897 : « La vérité vous ne l'obtiendrez qu'à l'aide du modelage, parce qu'il exerce sur l'artiste une contrainte qui le force à ne rien négliger de ce qui compte. » À la mort de l'artiste, on trouva dans son atelier cent cinquante sculptures en cire ou en terre, dont de nombreuses danseuses aux attitudes variées. Coulées plus tard en bronze, toutes témoignent de sa quête inlassable de la traduction en trois dimensions du corps en mouvement. Parmi celles-ci, cette *Danseuse s'avançant*, où la ballerine demeure aérienne, tout le poids de son corps ne reposant que sur une pointe.

Degas n'a exposé qu'une seule sculpture de son vivant, la *Petite danseuse de 14 ans*, à la sixième exposition impressionniste de 1881. Il éprouva alors le besoin d'en colorer la cire, de la coiffer de vrais cheveux noués d'un ruban de satin rose, de la revêtir de chaussons et d'un tutu en tulle ; puis, pour affirmer son statut d'œuvre d'art à part entière, il l'installa dans une cage en verre. Le réalisme de la sculpture n'en fit pas moins scandale. On la jugea simiesque. Nues, les danseuses de Degas ne pouvaient que choquer la morale bourgeoise fin-de-siècle, car elles sont femmes complètes, faites à la fois de nature (corps animal) et de culture (corps chorégraphié). [CL]

45

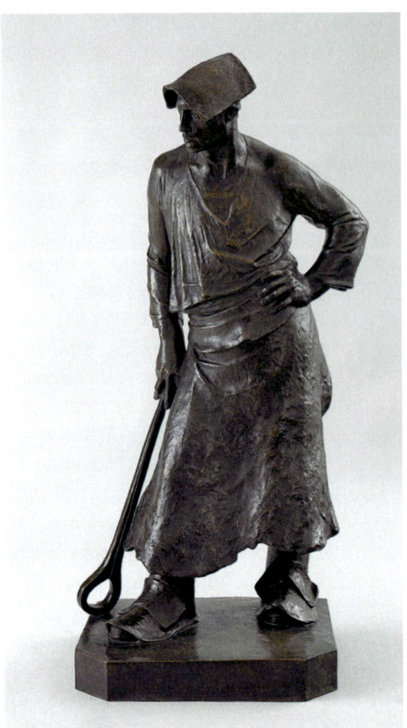

46

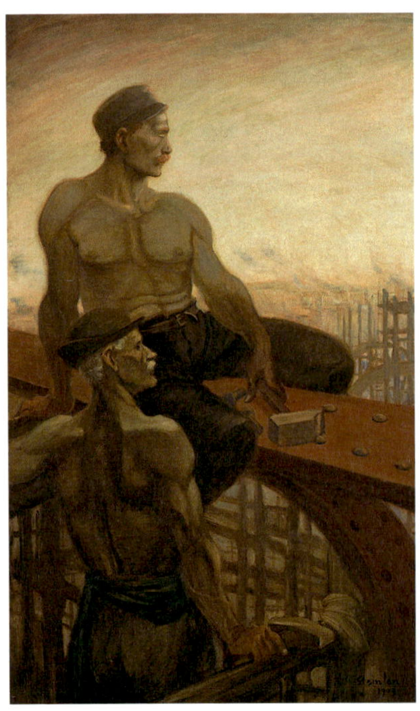

Constantin Meunier, Le marteleur, 1886
Théophile-Alexandre Steinlen, L’aurore, 1903

45

Constantin Meunier (Etterbeek, 1831 – Ixelles, 1905)
Le marteleur, 1886
Bronze, 117,5 × 60 × 43,5 cm
Legs d'Henri-Auguste Widmer, 1936. Inv. 74

Après une formation académique, Meunier fréquente la classe du sculpteur belge Louis Jéhotte, un féru d'art grec, avant de se tourner vers la peinture, selon lui moins embourbée dans l'académisme, plus ou verte au grand mouvement de rénovation des arts. Il ne reviendra à la sculpture qu'en 1884, quand il entreverra « la grandeur plastique de l'ouvrier industriel ».

Le marteleur est contemporain de l'insurrection wallonne de 1886, une vague de grèves ouvrières dont la répression fut féroce. Meunier traite son sujet dans une veine réaliste propre à traduire le caractère pénible d'un travail demandant force et dextérité, à proximité de la chaleur suffocante des grands fours, et exposé aux dangers de la manipulation des matériaux en fusion. Le corps, le geste et l'attitude du marteleur au repos bénéficient de ses observations sur le vif dans la fonderie d'acier Cockerill à Seraing, tout comme le vêtement caractéristique avec la visière, le grand tablier en cuir, les couvre-chaussures et les tenailles. En associant ce réalisme à une posture du répertoire classique, le contrapposto, main gauche posée sur la hanche et pied droit en avant, Meunier élève l'ouvrier métallurgiste à la dignité d'un héros des temps modernes.

Le plâtre grandeur nature du *Marteleur* est exposé à Paris en 1886, au Salon des artistes français. L'œuvre, dont le Musée conserve un tirage grandeur petite nature, vaut à l'artiste sa première consécration. Elle reçoit les éloges du critique d'art Octave Mirbeau qui salue cette réponse moderne aux traditionnelles allégories où des femmes drapées à l'antique contemplent les attributs du travail : « Meunier a rencontré cet ouvrier puissant et superbe dans le Borinage, et il l'a fait tel qu'il l'a vu et tel qu'il est [...] ». Placé dans la lignée d'un Jean-François Millet ou d'un Charles de Groux, Meunier sera désormais considéré comme un des représentants majeurs de l'art social en Belgique. [CL]

46

Théophile-Alexandre Steinlen (Lausanne, 1859 – Paris, 1923)
L'aurore, 1903
Huile sur toile, 182 × 111,1 cm
Acquisition, 1903. Inv. 47

En 1903 s'ouvre à Paris une grande exposition-vente de cent une œuvres de Steinlen. Dans le catalogue, l'écrivain Anatole France insiste sur la singularité de l'événement. Si l'artiste « est trop célèbre pour qu'on songe à le faire connaître », il ménage une surprise à un public déjà conquis par ses dessins et ses estampes en lui dévoilant son œuvre pictural. Il présente notamment les quelque quarante tableaux qu'il a réalisés l'année même et, pour la première fois, des « grandes figures » qui trahissent une nouvelle ambition.

L'aurore frappe par son format étroit et allongé. La toile montre deux ouvriers contemplant le lever du soleil du haut d'une charpente. Perchés sur des piles, ils vont œuvrer à l'assemblage des pièces métalliques par des rivets posés à chaud et écrasés à la masse. L'édifice en construction rappelle des chantiers parisiens récents, comme ceux de la Tour Eiffel et du Sacré-Cœur. Steinlen ajoute ici une page à sa fresque du monde du travail, cette « apocalypse de la misère » sociale qui le touche au plus profond, selon Anatole France. La palette chaude, en camaïeu de bruns et d'oranges, évoque Honoré Daumier. La dimension symbolique de l'œuvre, comme le signifie son titre, fait le pari d'un avenir meilleur ; elle est portée par le traitement héroïsant des anatomies qui emprunte au modelé affirmé des sculpteurs naturalistes, à Jules Dalou, mais aussi à Constantin Meunier, autre chantre de la condition prolétaire. Le charpentier âgé est placé en bas, de dos et dans l'ombre, alors que son camarade plus jeune, de face et en pleine lumière, incarne la nouvelle génération et le combat à mener.

Steinlen accorde à *L'aurore* une importance telle qu'il a fait placer une interprétation réduite du sujet en couverture du catalogue de son exposition. Lorsque le Musée de Lausanne, sa ville natale, acquiert l'œuvre, c'est à sa demande expresse : il aurait vu de mauvaise grâce, rapporte le conservateur de l'époque, que Lausanne achète ses *Chats* ou ses *Midinettes.* [CL]

47

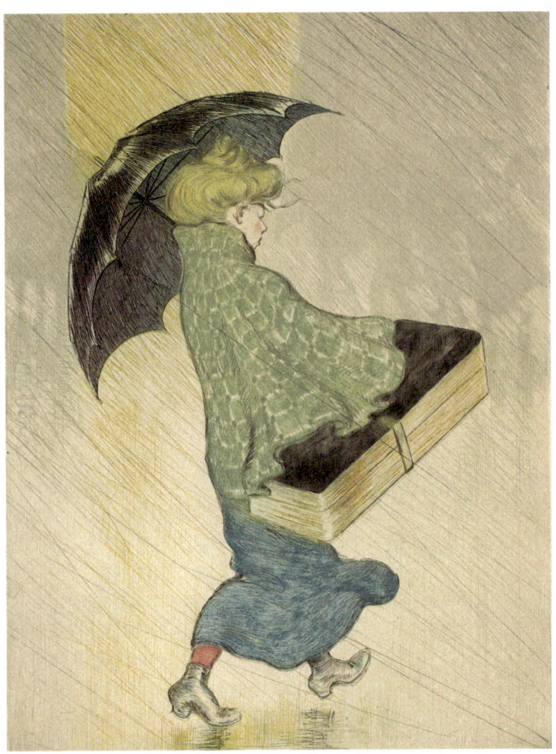

48

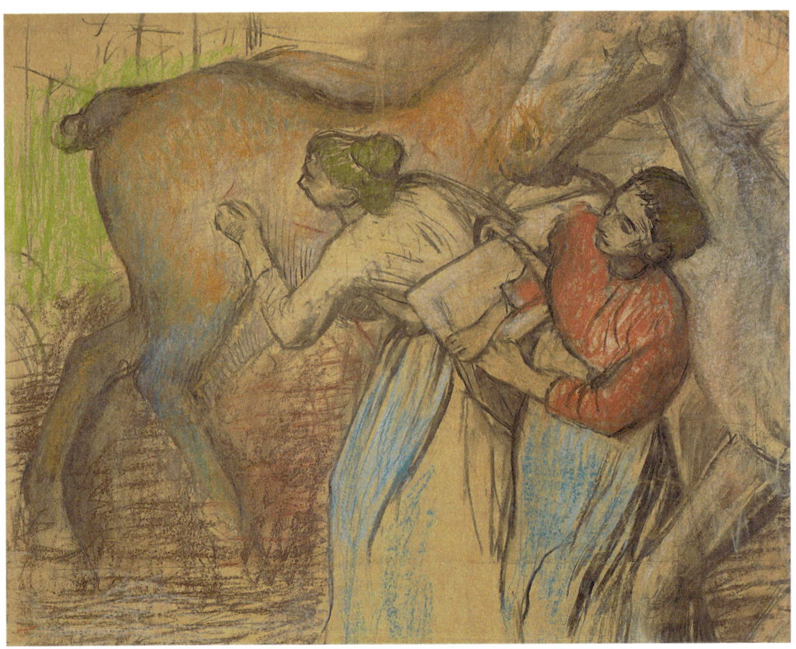

Théophile-Alexandre Steinlen, Trottin sous la pluie, 1898
Edgar Degas, Blanchisseuses et chevaux, vers 1904

47

Théophile-Alexandre Steinlen (Lausanne, 1859 – Paris, 1923)
Trottin sous la pluie, 1898
Eau-forte et pointe-sèche sur zinc en couleurs sur papier, 36×27 cm, I/12 E. E.
Donation de Paul et Tina Stohler, 2018.
Inv. 2018-046

Pour les quelque quatre mille numéros qui forment le corpus de ses œuvres imprimées, Steinlen utilise tous les procédés de reproduction de son temps, qu'ils soient mécaniques ou photomécaniques. Ses compositions sont destinées en grande majorité à des revues, des chansons ou des couvertures de journaux. En marge de ces illustrations, qui constituent son gagne-pain, l'artiste conçoit aussi des œuvres indépendantes, destinées au marché des amateurs d'estampes. Là, les tirages sont limités, les papiers de meilleure qualité, les encrages plus soignés.

Tiré à trente-deux épreuves, *Trottin sous la pluie* relève de cette seconde catégorie. Cette feuille, une épreuve d'essai, a appartenu au grand collectionneur de gravures Alfred II Beurdeley. L'œuvre date de 1898, année où Steinlen réalise ses toutes premières eaux-fortes, sans doute sur le conseil d'Eugène Delâtre, célèbre imprimeur et promoteur de la taille-douce. L'artiste réalisera cent cinquante gravures dans cette technique, s'adonnant à toutes sortes d'expérimentations sur le cuivre et le zinc, à la pointe-sèche, à l'eau-forte, parfois à l'aide du vernis mou et de l'aquatinte. Il recourt aussi à la couleur, une mode qui se répand dans les années 1890, au grand dam des puristes attachés à la tradition de l'impression dans les seules valeurs du noir.

Steinlen raconte comment, dès son arrivée à Paris, il a été séduit « par le monde de la rue », s'attachant à croquer sur le vif les « ouvriers et trottins, blanchisseuses et miséreux ». Ici, il montre l'employée d'une modiste ou d'une couturière, chargée de livrer une commande. L'artiste excelle à rendre le mouvement de cette figure typiquement parisienne qui avance chargée d'un grand panier, poussée par le vent sous une pluie battante. Pour ses débuts dans l'eau-forte, il traduit avec une virtuosité déjà éblouissante l'animation discrète du second plan : presque entièrement absorbée par la brume et le crachin, une foule dense passe devant une vitrine qui projette des reflets jaunes sur le macadam inondé. [CL]

48

Edgar Degas (Paris, 1834 – 1917)
Blanchisseuses et chevaux, vers 1904
Pastel, fusain et estompe sur papier-calque collé sur carton, 84,2×107,4 cm
Legs d'Henri-Auguste Widmer, 1936.
Inv. 333

Deux blanchisseuses sont en route pour la livraison du linge à un client. Mais pourquoi se faufilent-elles entre deux chevaux dans une cour d'écurie boueuse ? Pourquoi l'une d'entre elles semble-t-elle étriller une croupe au passage ? Cette situation incongrue est moins le fruit d'une imagination narrative que la preuve que Degas, à septante ans, se préoccupe moins de témoigner du réel que d'explorer des questions formelles. Tout à la fin des années 1850, il se met à remplir des carnets de chevaux croqués sur le vif. On a expliqué cette prédilection pour les équidés par ses nombreux séjours dans l'Orne, département français réputé pour ses haras et ses champs de course. Quant aux blanchisseuses, Degas observe et note leurs attitudes à la fin des années 1870. Au même moment apparaît dans son œuvre la pratique de la reprise d'éléments et de la variation autour d'un même motif, ainsi que du collage de deux sujets observés séparément.

Ce pastel et fusain réalisé vers 1904 rappelle une huile sur toile de 1879, *Blanchisseuses portant du linge* (coll. privée), et plusieurs dessins au fusain. Plutôt qu'un récit, c'est la recherche d'un équilibre dynamique dans la composition et d'une élégance sculpturale dans les formes qui guide Degas. Grâce notamment aux traits de fusain énergiques, amples et répétés, cette œuvre acquiert une monumentalité qui évoque les frises du Parthénon. La surface lisse du papier-calque, parcourue de lignes, hachures, zigzags et tourbillons de pastel, favorise des expériences colorées très libres, caractéristiques des travaux tardifs de l'artiste.

La combinaison de deux motifs de nature différente, la modification du format en cours de travail, qui a été obtenue ici non pas par l'habituel ajout d'une bande de papier mais en dépliant la partie inférieure de la feuille, ainsi que ses très grandes dimensions font de ce pastel une œuvre exceptionnelle. [CLC]

49

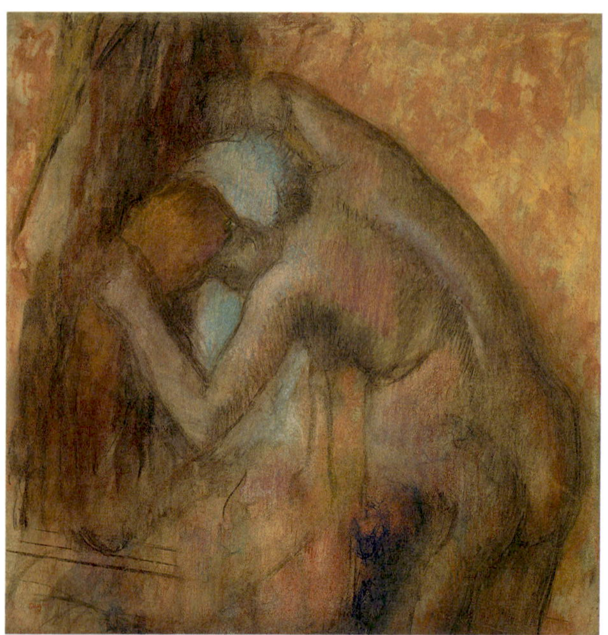

50

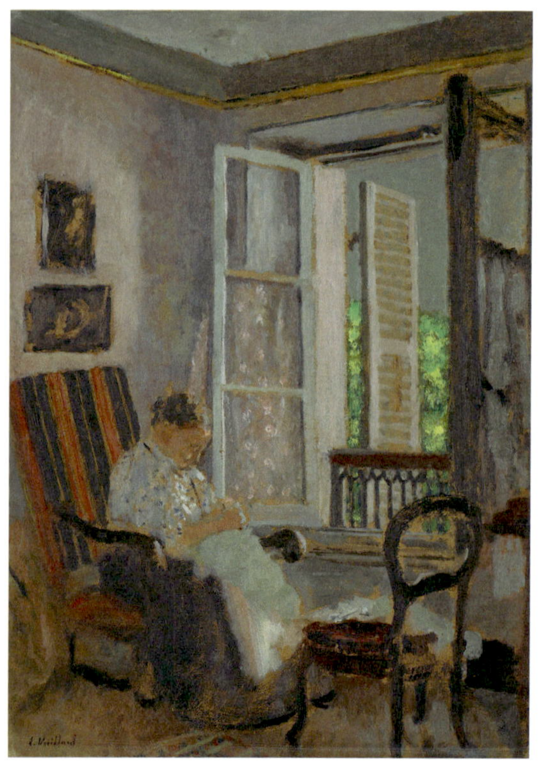

Edgar Degas, Femme s’essuyant la nuque, vers 1903
Édouard Vuillard, Madame Vuillard cousant, rue Truffaut, vers 1900

49

Edgar Degas (Paris, 1834 – 1917)
Femme s'essuyant la nuque, vers 1903
Fusain et pastel sur papier-calque, 76,7 × 76,1 cm
Legs d'Henri-Auguste Widmer, 1939.
Inv. 1032

Degas consacre quelque deux cents pastels au thème de la femme à sa toilette. L'accent est mis sur le geste lui-même : la figure est vue en gros plan et le cadrage laisse peu de place à l'espace environnant. L'artiste représente ici une femme nue s'essuyant la nuque. Debout, le torse penché en avant, la tête baissée, elle écarte sa longue chevelure pour mieux pouvoir répéter de sa main droite un geste court et énergique.

Au fur et à mesure qu'il construit son dessin, Degas ajoute et superpose les couleurs, faisant fusionner la nouvelle charge de pastel avec celle déjà posée. Pour en adoucir la texture et le velouté, ou pour mieux mélanger les teintes, il procède par frottage du bout du doigt ou avec du papier. Ailleurs, il ajoute des coups nets, appuyés, qui déposent sur la feuille de véritables morceaux de matière. Alors que d'autres œuvres de Degas sur le même sujet jouent sur des teintes froides ou développent des combinaisons complémentaires d'orangés et de verts, ou encore de rouges et de violets, *Femme s'essuyant la nuque*, en dehors de la serviette bleu glacé, développe un mélange de tonalités chaudes. L'espace est envahi d'un rouge-orangé qui prolonge et diffuse les roses de la carnation et la rousseur de la chevelure.

Parallèlement, Degas travaille avec le fusain qui ne vient pas seulement fixer la composition mais dialogue avec le pastel. Le trait est appliqué vigoureusement, par coups superposés et répétés qui précisent les formes et leur confèrent une certaine monumentalité. Le fusain noir et les plages de couleurs lumineuses du pastel s'amalgament. Par un réseau complexe de hachures et de stries verticales et horizontales, les deux médiums construisent la figure dans son épaisseur charnelle.

Les pastels tardifs de Degas resteront dans son atelier jusqu'à sa mort. Ils seront découverts en 1918 et révéleront chez lui une liberté artistique insoupçonnée. [CLC]

50

Édouard Vuillard (Cuiseaux, 1868 – La Baule, 1940)
Madame Vuillard cousant, rue Truffaut, vers 1900
Huile sur carton, 50 × 37 cm
Legs d'Henri-Auguste Widmer, 1936.
Inv. 401

Réalisée sur un carton de petit format, cette peinture date de la fin de la période nabie de l'artiste. Elle a pour cadre le salon de l'appartement-atelier loué par Vuillard de 1899 à 1904 au 28 de la rue Truffaut à Paris. La mère du peintre est représentée assise dans un fauteuil Louis XIII recouvert d'un tissu aux larges bandes brunes et rouges. Occupée à coudre (ou assoupie ?), elle reçoit la chaleur d'un rayon de soleil pénétrant dans la pièce sombre par une fenêtre dont les persiennes et les vantaux ont été largement ouverts. En résulte un jeu sophistiqué entre parties irradiées par la lumière traitées dans une palette fraîche de blancs, de verts et de jaunes, et zones à l'ombre rendues dans des gris, bruns et rouges chaleureux.

La matière est maigre et mate. La facture est rapide et notationnelle : petites touches juxtaposées laissant apparaître la couleur du carton en réserve, et dessin gravé dans la matière au pinceau sec. Les tissus (corsage, rideaux de dentelles aux fenêtres) recueillent les oppositions les plus vigoureuses, transparents et mouchetés de blanc lorsqu'ils sont touchés par la lumière, opaques et gris lorsqu'ils sont à l'ombre.

« Aucun artiste n'a su rendre à ce degré l'âme d'un intérieur », déclare le critique Julius Meier-Graefe en 1904 à propos de Vuillard. De fait, avec ses amis nabis, l'artiste participe au tournant du XIXe siècle à l'élévation de l'intérieur au rang de genre à part entière. Sous son pinceau, les figures et les objets se dissolvent dans une interprétation de la forme par la couleur, qui manifeste un sens très personnel des tons et des valeurs rapprochées, une prédilection pour le gris. Vuillard s'attache à la transposition sur un mode décoratif, mais il articule aussi clairement les repères de l'espace et suggère la dimension temporelle par l'évocation d'une action. À ce titre, son œuvre annonce les intérieurs décoratifs de Matisse, mais aussi les natures mortes des cubistes. [CL]

51

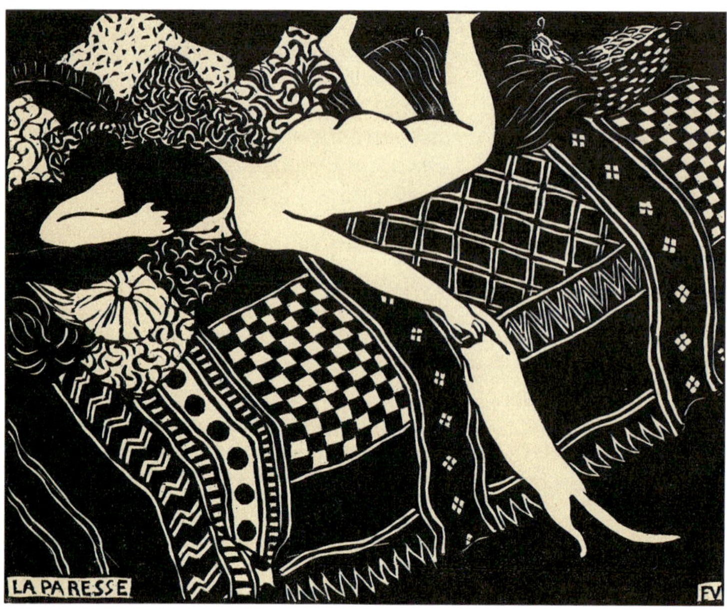

52

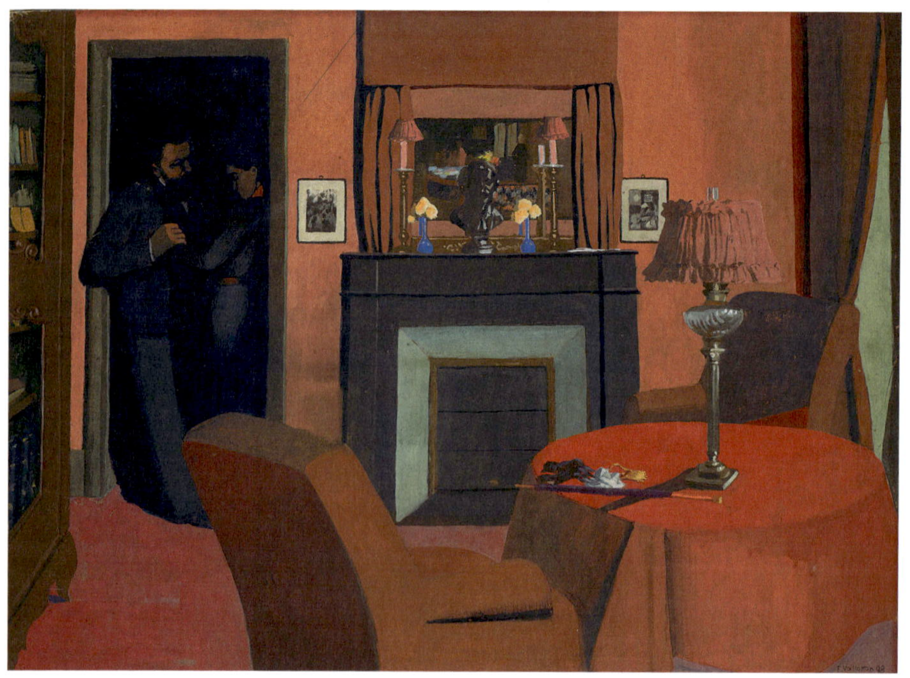

Félix Vallotton, La paresse, 1896
Félix Vallotton, La chambre rouge, 1898

51

Félix Vallotton (Lausanne, 1865 – Paris, 1925)
La paresse, 1896
Xylographie en noir sur papier, 17,7 × 22,2 cm, éd. 18 (sur un tirage d'environ 180)
Acquisition, 1903. Inv. 1188

Autour de 1900, Vallotton est considéré à Paris comme un des acteurs majeurs de la renaissance de l'estampe originale. Il a réalisé des pointes-sèches et des eaux-fortes dès 1887, mais sa notoriété s'affirme quelques années plus tard, lorsqu'il devient le principal illustrateur de *La Revue blanche*. Il triomphe alors avec ses gravures sur bois, une pratique qu'il inaugure en 1891 et poursuivra avec assiduité jusqu'en 1899, avant de se consacrer pleinement à la peinture.

Plusieurs facteurs expliquent le succès de Vallotton. Il y a d'abord le choix de la xylographie, délaissée par les artistes après avoir connu son heure de gloire à la Renaissance. Grand admirateur de Dürer, le Lausannois va réhabiliter les potentiels du medium : travaillant sur du bois de fil, il l'attaque au canif, dégageant de grandes surfaces aux contours nets et renonçant ainsi aux effets de dégradé. Un autre choix radical est celui de la monochromie. À l'heure des affiches bariolées et des estampes en couleurs qu'affectionneront ses amis nabis, Vallotton mise sur le noir profond qui contraste avec la blancheur du papier. Enfin, ces partis pris sont au service d'un langage synthétique, graphique, influencé par l'estampe japonaise. La profondeur est rabattue sur un seul plan et l'expressivité est déléguée à la ligne, arabesque souple qui délimite les grandes plages noires, trait précis qui les anime de motifs décoratifs.

La paresse montre Vallotton au sommet de son art. Ici, il fait surgir de l'obscurité le corps nu d'une femme allongée sur le ventre : un modèle ou peut-être une prostituée attendant le client ? Les jambes en l'air, elle batifole sur un sofa couvert de tissus aux ornements géométriques et agace un chat dressé sur ses pattes arrière. Unis par la blancheur de leurs corps, les deux partenaires de jeu incarnent la liberté nonchalante des êtres qui, à l'instar des artistes, ne se laissent ni apprivoiser ni conformer aux normes de la morale bourgeoise. [CL]

52

Félix Vallotton (Lausanne, 1865 – Paris, 1925)
La chambre rouge, 1898
Tempera sur carton, 50 × 68,5 cm
Acquisition, 1983. Inv. 1983-067

Vallotton obtient la reconnaissance dans les années 1890 grâce à ses gravures sur bois, en particulier avec la série des *Intimités*, dix scènes de la vie du couple moderne. Pour une exposition commune avec le groupe des Nabis en 1899 à la galerie Durand-Ruel, le Suisse propose une nouvelle série d'« Intimités », mais en peinture cette fois-ci. Chromatisme virulent, découpage des formes clinique, sujets étrangement inquiétants : ces six *Intérieurs avec figures* sont la quintessence de son art au tournant du siècle.

La chambre rouge est l'œuvre initiale de la série. Elle en donne la clef. Le titre est descriptif, mais il pourrait se référer au roman d'August Strindberg (1879), attaque mordante contre l'hypocrisie de la vie bourgeoise. Car Vallotton (qui s'apprête à convoler !) stigmatise ici l'adultère, l'envers de l'institution sacro-sainte du mariage.

Le tableau est un gros plan sur un décor de théâtre dont la couleur vermillon symbolise la violence du désir masculin. À l'ombre d'une embrasure, un homme cherche à forcer une femme éplorée. Chaque objet se fait indice du crime, à commencer par les rideaux qui dessinent un sexe féminin entrouvert. Sur la table, des gants entremêlés d'un mouchoir qui aura séché des larmes, une bourse impliquant quelque transaction financière, une ombrelle désignant un coupable. Sur la cheminée, un curieux retable : un buste de Vallotton entre des estampes japonaises et des lampes modernes, flanqué de pimpants bouquets jaunes. Derrière celui-ci, « dans son dos », un miroir protégé par des rideaux rouges et reflétant – sans l'inverser – une œuvre d'Édouard Vuillard. Et quelle œuvre ! Le *Grand intérieur aux six personnages* (1897, Zurich, Kunsthaus), mise en accusation devant le cercle familial du couple adultérin formé par le peintre Ker-Xavier Roussel et l'épouse de l'artiste Paul Ranson. À gauche enfin, une bibliothèque, allusion ironique à la littérature censée, comme la peinture, élever l'homme au-dessus de l'animal. [CL]

53

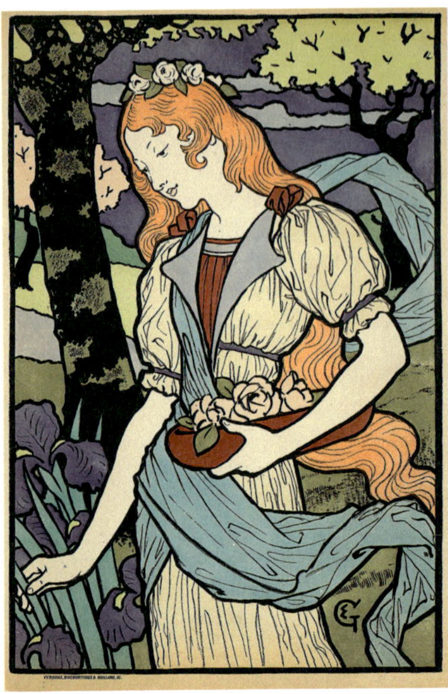

54

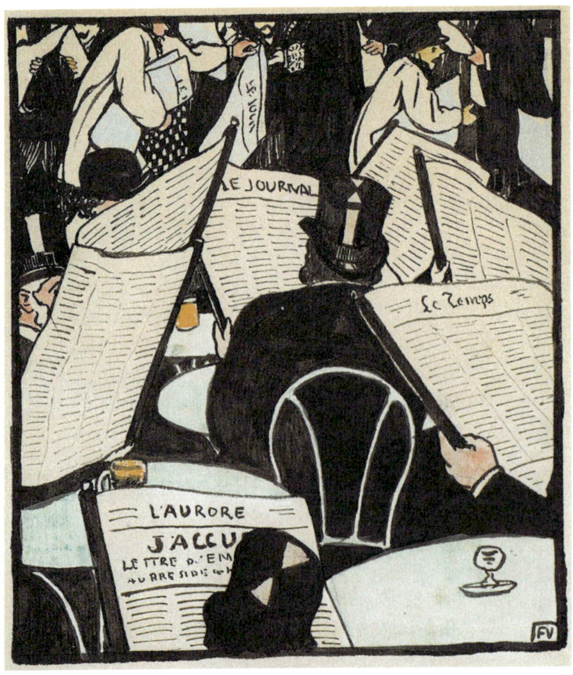

Eugène Grasset, Affiche pour une exposition d'art décoratif français, 1893
Félix Vallotton, L'âge du papier, 1898

53

Eugène Grasset (Lausanne, 1845 – Sceaux, 1917)
Affiche pour une exposition d'art décoratif français à la Grafton Gallery de Londres, 1893
Chromolithographie sur papier, 66,4 × 45 cm
Acquisition, 1909. Inv. 304

Le milieu des années 1880 marque les débuts de Grasset dans l'affiche où il acquerra bientôt une grande réputation, travaillant aussi bien pour le commerce que pour la librairie, pour les expositions d'art et le théâtre. Ses premières compositions puisent encore dans le registre néo-médiéval et témoignent d'une approche picturale. Mais dès le début des années 1890 son langage formel, influencé par l'estampe japonaise, gagne en limpidité et en monumentalité. Le dessin est largement cerné, les aplats de couleurs dégagent des effets d'une grande luminosité. Cependant, Grasset conserve un ton sévère et il ne se plie pas aux injonctions racoleuses de la publicité. Il mise sur la richesse ornementale et chromatique. Ses femmes atemporelles ont le caractère solennel des allégories classiques.

Dans son extrême simplification des formes et sa très grande fraîcheur tonale, ses larges plages de couleurs délimitées par des lignes de contour noires, cette affiche pour une exposition d'art décoratif français à la Grafton Gallery de Londres met en œuvre tout l'enseignement tiré par Grasset de sa pratique du vitrail. La jeune femme drapée, sa longue chevelure rousse dénouée, est représentée en plan moyen, de trois quarts et légèrement décentrée. Songeuse, elle tient une corbeille de roses et s'apprête à cueillir une fleur dans le parterre d'iris du premier plan, inspiré des gravures de Hiroshige et de Hokusai.

Le type néo-botticellien de la jardinière et les correspondances que l'artiste suggère entre la nature et le tempérament féminin trouvèrent un large écho parmi ses contemporains. Ils inspirèrent aux symbolistes des descriptions qui témoignent d'une réception des œuvres de Grasset très éloignée de celle d'aujourd'hui. Ainsi, en 1894, le Suisse William Ritter décrit cette affiche dans les termes suivants : « Une vision qu'on n'oublie pas, où l'anémie et la chlorose décadentes s'unissent à l'éclat profond et intense du vitrail. » [CL]

54

Félix Vallotton (Lausanne, 1865 – Paris, 1925)
L'âge du papier. Dessin pour Le Cri de Paris, 1898
Plume et encre de Chine, rehauts d'aquarelle sur papier, 19,5 × 17,2 cm
Acquisition, 2016. Inv. 2016-029

Vallotton se fait connaître dans les années 1890 par ses bois gravés, mais aussi par ses dessins pour la presse illustrée, un secteur d'activité en plein essor. L'artiste suisse établi à Paris débute dans ce domaine en 1894, au *Rire*, au *Courrier français*, et surtout à *La Revue blanche*, dont il sera l'illustrateur attitré jusqu'en 1902.

Le Cri de Paris est un hebdomadaire de seize pages imprimé en noir dont Vallotton occupera la couverture plus de septante fois. Il est lancé en 1897 comme une sorte de petit frère de *La Revue blanche*, pour « combattre les abus » de toutes sortes, sur le terrain politique et par la satire. Dès le départ, le ton est donné avec des prises de position anticolonialistes. Mais le combat le plus acharné du magazine est celui en faveur de la révision du procès du capitaine Alfred Dreyfus, une affaire qui agite la France des années durant, et sera l'occasion de prises de position qui contribueront à l'émergence de la figure de l'intellectuel et de l'artiste engagé dans sa définition moderne.

Il faut voir dans ce dessin (aquarellé ultérieurement par l'artiste) qui paraît en couverture du *Cri de Paris* le 23 janvier 1898 une réaction de soutien à chaud au *J'accuse* d'Émile Zola. Dans ce pamphlet publié par *L'Aurore* dix jours plus tôt, l'écrivain accusait les militaires d'avoir commis un crime de « lèse-justice », mais aussi d'antisémitisme, en condamnant Dreyfus à l'emprisonnement pour trahison. *L'âge du papier* met l'accent sur le pouvoir de la presse que Vallotton – qui l'utilise – traduit par un flot de journaux déployés (*L'Aurore*, *Le Temps*, *Le Journal* et *Le Soir*), lus à la table des cafés et vendus à la criée dans la rue. Le papier du dessinateur se transforme ici littéralement en papier journal. Le cadrage très serré organise en une marée de protestations les pages imprimées qui semblent se multiplier à l'infini. *L'âge du papier* proclame aussi l'avènement du dessinateur de presse ! [CL]

55

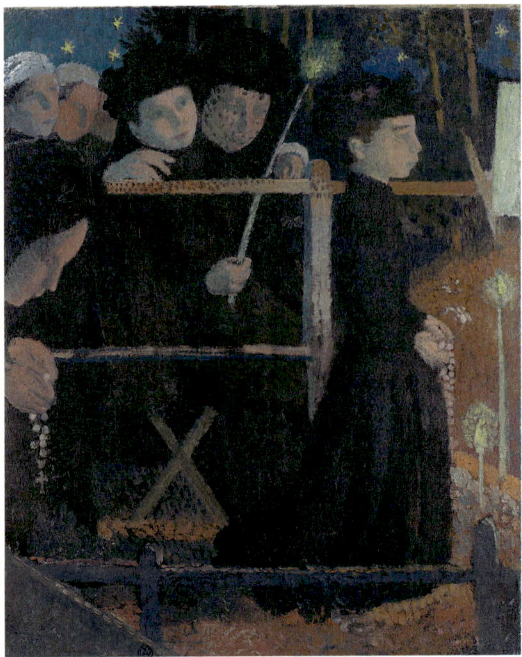

56

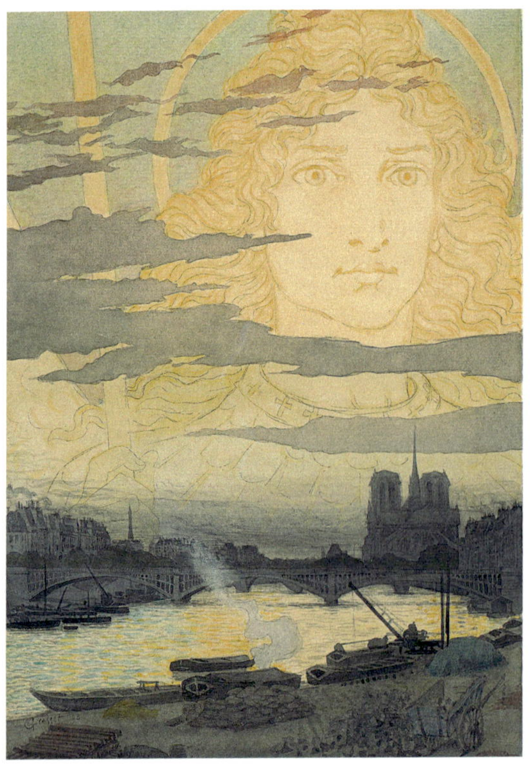

Maurice Denis, Le chapelet, vers 1890
Eugène Grasset, Apparition d’un visage nimbé dans le ciel au-dessus de Paris, 1898

55

Maurice Denis (Granville, 1870 – Paris, 1943)
Le chapelet, vers 1890
Huile sur toile, 73 × 60 cm
Acquisition, 2018. Inv. 2018-151

Très tôt, Denis associe vocation artistique et foi catholique : « Oui, il faut que je sois peintre chrétien [...] » ! (*Journal*, 22 mai 1885). Ce tableau montre une procession de la fête du Saint-Rosaire, le 7 octobre. À la lumière des étoiles et des cierges, des jeunes filles agenouillées récitent le chapelet. Tout à gauche, on reconnaît le profil de « Jeanne la Douce », une apprentie modiste dont Denis s'est épris et qui apparaît dans ses tableaux autour de 1890, dans *Audi filia* (coll. privée), où elle symbolise la vocation religieuse, ou encore dans les différentes versions du *Mystère catholique*, où elle prête ses traits à la Vierge.

L'été 1889, Denis visite l'exposition du groupe impressionniste et synthétiste organisée à Paris au Café Volpini. Gauguin, de retour de Pont-Aven, y présente ses dernières œuvres. Pour le jeune homme et pour ses amis nabis, c'est une révélation !

Hiératique, mystique, nocturne, *Le chapelet* partage nombre de partis pris avec *La vision après le sermon*, une œuvre symboliste célèbre de Gauguin (1888, Édimbourg, Scottish National Gallery) : l'installation d'une scène religieuse dans un paysage naturel où s'abolit la frontière entre réalité et songe ; le gros plan coupé par le cadrage ; la composition s'ouvrant à gauche sur le profil d'une adolescente aux mains jointes ; le déploiement d'une frise serrée de jeunes filles en prière ; le synthétisme des formes. Inspiré comme Gauguin par les Primitifs italiens et l'estampe japonaise, Denis opère une rupture décisive avec le naturalisme. Il renonce à l'illusionnisme et à la profondeur de l'espace au profit d'une organisation ornementale de la surface peinte, fragmentée ici par les horizontales et les verticales des barrières. Le « Nabi aux belles icônes » se singularise cependant par une touche pointillée sensible, qui se matérialise dans les chapelets ou la voilette. Sa palette aussi est caractéristique, qui témoigne dans les carnations de son goût pour les teintes nacrées, rosées et délicates. [CL]

56

Eugène Grasset (Lausanne, 1845 – Sceaux, 1917)
Apparition d'un visage nimbé dans le ciel au-dessus de Paris, 1898
Mine de plomb et aquarelle sur papier, 45,3 × 31,8 cm
Acquisition, 2018. Inv. 2018-023

Cette feuille fait partie des sujets imaginés par Grasset qui expliquent l'intérêt que les milieux idéalistes portent à son œuvre dès le début des années 1890. Sensible comme eux au sacré, au mystère et au rêve, l'artiste partage aussi le goût des symbolistes et des décadents pour les figures angéliques, légendaires et musiciennes, et pour les récits héroïques médiévaux.

Ici, un visage nimbé se dessine, immense et surréel, dans le ciel nocturne de Paris. Cette épiphanie atemporelle forme un contraste saisissant avec la représentation d'un paysage moderne des bords de Seine, situé par le pont Sully et les tours de la cathédrale Notre-Dame. Ce contraste se répète dans le registre des couleurs entre le jaune cadmium de la face éthérée et le bleu mêlé de noir du fleuve qui serpente entre les quais. Il se poursuit entre le traitement naturaliste du premier plan et la stylisation décorative des nuages zébrant le ciel, un des motifs favoris de Grasset depuis *Jeanne d'Arc*, sa célèbre affiche de 1889 pour un spectacle de Sarah Bernhardt.

C'est précisément Jeanne d'Arc que l'on pourrait reconnaître dans cette adolescente androgyne, juvénile et sévère, au regard fixe, revêtue d'une cotte de mailles et tenant la hampe d'une bannière. Comme Ingres dont il se souvient sans doute (*Jeanne d'Arc au sacre du roi Charles VII*, 1854, Paris, Musée du Louvre), Grasset la dote d'un nimbe, et ce au moment même où l'Église ouvre son procès en canonisation (1897). L'artiste a souvent manifesté son attachement à cette héroïne de l'histoire de France, dont sa mère porte le prénom. Outre l'affiche déjà citée, il retrace les épisodes de l'épopée de la Pucelle dans les dix verrières de la cathédrale Sainte-Croix d'Orléans pour un concours lancé en 1893. Ici, il lui donne l'apparence d'un nouvel astre dont l'éclat viendrait réveiller les consciences d'une ville endormie. [CL]

57

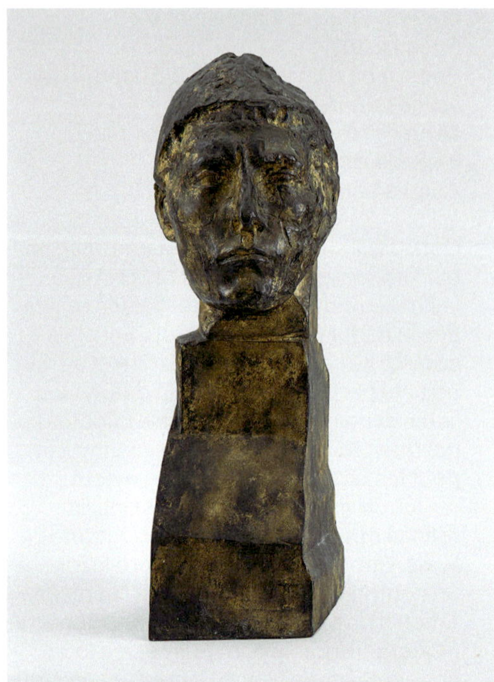

58

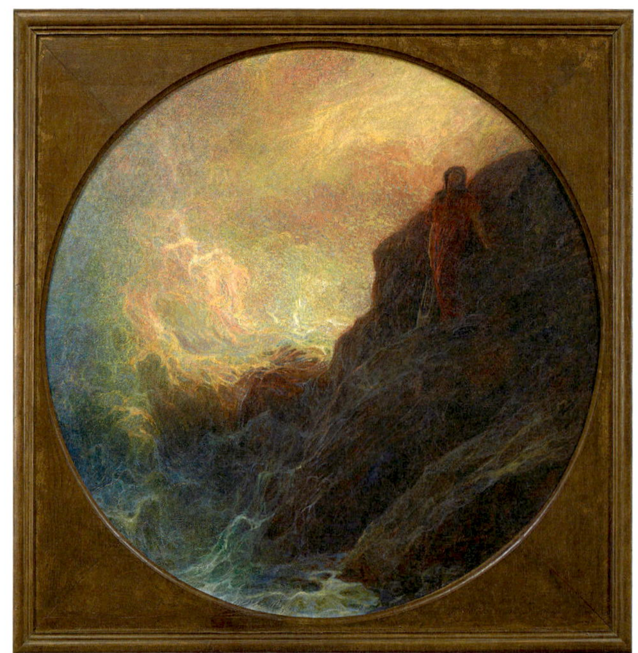

Émile-Antoine Bourdelle, Tête d'Apollon, entre 1900 et 1909
Plinio Nomellini, Polifonia, 1905

57

Émile-Antoine Bourdelle (Montauban, 1861 – Le Vésinet, 1929)
Tête d'Apollon, entre 1900 et 1909
Bronze partiellement doré, 67×23×30 cm
Legs d'Henri-Auguste Widmer, 1939. Inv. 50

Bourdelle, qui étudie l'art grec avec ardeur, s'inspire de sujets antiques pour de nombreuses œuvres. Parmi celles-ci cette *Tête d'Apollon* qui est modelée en terre vers 1898 alors que l'artiste est encore exécutant dans l'atelier de Rodin, puis délaissée. En 1900, le sculpteur revient vers cette pièce. Abandonnée près de deux ans à l'atelier, elle est marquée par le passage du temps. Il fait alors le choix d'exploiter ces traces – entailles, anfractuosités, mutilations – pour lui donner un sens nouveau.

Par l'acceptation de ces imperfections, Bourdelle rompt à la fois avec le goût classique pour les carnations marmoréennes et avec le goût romantique pour la virtuosité. À partir de moulages en plâtre, il retravaille la tête jusqu'en 1909. Le modelé rugueux et nerveux, la vigueur des traits associés à la conservation des altérations subies, le choix d'un dépouillement de la forme plutôt que d'une sensualité du modelé, marquent une prise de distance avec l'art de Rodin. Bourdelle se dégage ainsi de l'influence de son maître et cherche sa propre voie. Il synthétise, construit la forme en la simplifiant et s'oriente vers un style plus architecturé. C'est peut-être cette nouvelle radicalité qui lui fera dire à ses élèves : « Ici, nous enlevons la peau du modèle et nous regardons en dedans », ou encore : « Quand une sculpture est faite comme je vous dis, ce n'est pas de la ressemblance que vous obtenez, c'est de la présence » (Cours des 19 et 26 mai 1910).

La disposition de la tête sur un socle facetté et asymétrique annonce aussi une nouvelle ère. La base revêt autant d'importance que le visage qu'elle dégage et qu'elle met en valeur par ses décrochements successifs et rythmés. D'autres exemplaires de la *Tête d'Apollon* sont conservés au Musée Bourdelle et au Musée d'Orsay à Paris, ainsi qu'au Nationalmuseum de Stockholm. [CLC]

58

Plinio Nomellini (Livourne, 1866 – Florence, 1943)
Polifonia, 1905
Huile sur toile, 125 cm (diam.)
Acquisition, 2015. Inv. 2015-177

Durant ses études à l'Institut des Beaux-Arts de Florence auprès du peintre Giovanni Fattori, Nomellini est initié au rendu de la lumière. Sous l'influence de l'impressionnisme français, il adopte rapidement les coups de pinceau brefs. Après sa rencontre avec Giuseppe Pellizza da Volpedo en 1888, le jeune peintre met au point une technique divisionniste toute personnelle, alliant touches en virgule et points de couleur. Ce procédé distingue ses œuvres de celles des autres artistes de sa génération lancés comme lui dans la quête d'une rénovation de l'art italien.

Alors que dans les années 1890 Nomellini, proche des milieux de la gauche radicale à Gênes, est l'un des artistes les plus engagés de la peinture sociale italienne, dès les premières années du XXe siècle, en grand lecteur de Gabriele d'Annunzio, il se tourne vers un symbolisme onirique. Il développe alors un vocabulaire allégorique teinté de références à l'Antiquité.

L'œuvre montre la poétesse grecque Sappho qui a déposé sa lyre à ses pieds et s'apprête à se jeter du rocher de Leucade, un thème en vogue au XIXe siècle, de Théodore Chassériau à Gustave Moreau. Son titre, *Polifonia*, met l'accent sur le lien que Nomellini souhaite tisser entre la musique et la peinture, sur sa volonté d'élaborer un langage réunissant les arts. Ici, les coups de pinceau ardents et rapides jouent la musique de la nature, le fracas des vagues s'écrasant sur les rochers et le sifflement du vent tourbillonnant. L'explosion chromatique participe de cette polyphonie, tout à la fois phosphorescente, acide et électrique. À la recherche d'effets lumineux encore plus intenses, le peintre épaissit sa matière et remplace la touche en virgule qu'il utilisait jusqu'alors par un tissu de filaments colorés, ajoutant du sable à sa pâte colorée afin de multiplier les zones d'accroche de la lumière. Ces expérimentations marqueront la nouvelle génération des futuristes, qui découvrent le tableau à la Biennale de Venise de 1905. [CLC]

59

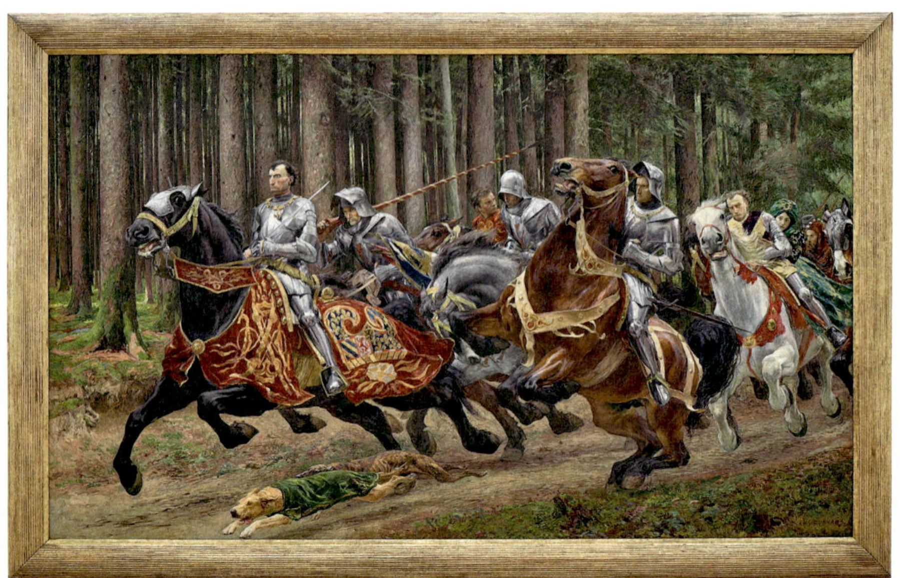

60

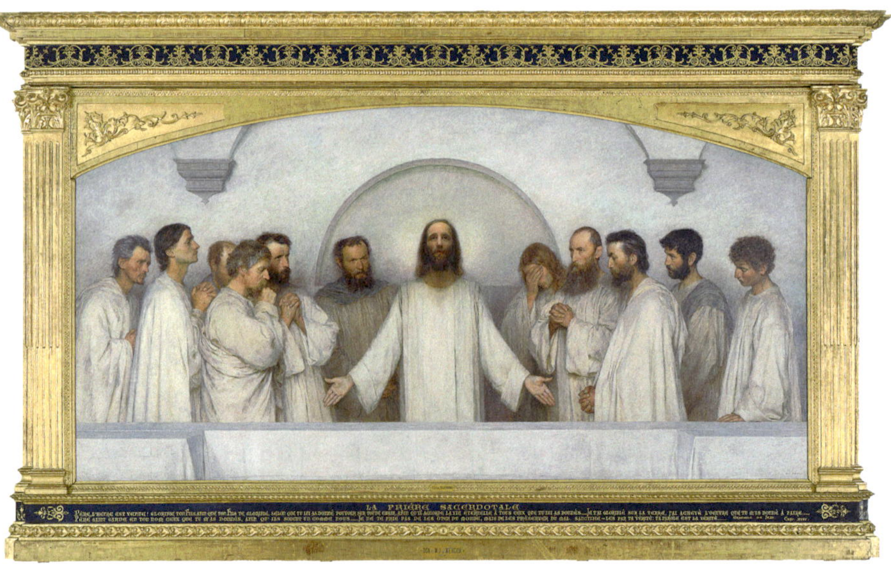

Eugène Burnand, La fuite de Charles le Téméraire, 1894 – 1895
Eugène Burnand, La prière sacerdotale, 1900 – 1918

59

Eugène Burnand (Moudon, 1850 – Paris, 1921)
La fuite de Charles le Téméraire, 1894 – 1895
Huile sur toile, 320 × 540 cm
Dépôt de la Confédération suisse, Office fédéral de la culture, Berne, 1896. Inv. 814

Avec cette toile monumentale, Burnand entend s'illustrer dans la peinture d'histoire après avoir abordé avec succès les registres rural et animalier. Le Suisse admire le Français Ernest Meissonier, peintre d'histoire militaire, dont il partage le souci de véracité. Mais il a aussi à l'esprit ses compatriotes : Gleyre qui, un demi-siècle plus tôt, a peint *Les Romains passant sous le joug* (1858, cat. 22), icône de la lutte des Suisses pour leur indépendance ; et Hodler qui, en 1898, inaugurera sa représentation édifiante des batailles de Morat et de Marignan dans la Salle d'armes du Musée national suisse à Zurich. Comme Gleyre, il ne juge dignes d'être représentées que des « scènes ayant une haute portée dramatique ou morale, au sens héroïque ou légendaire ». Comme Hodler, il arrête son choix sur la bataille de Morat, cet épisode des guerres de Bourgogne où, en 1476, les Confédérés victorieux assirent leur réputation de bravoure et la supériorité du système de l'armée de milice : « Outre que [Charles le Téméraire] est connu de tous, sa fuite éperdue, l'effondrement de sa grandeur ont une signification morale et sociale qui dépasse le fait immédiat et est de nature à donner à l'œuvre d'art [...] un caractère général, typique et humain. »

Pour réaliser son grand projet naturaliste, Burnand, obsédé par l'exactitude et l'authenticité, lit les historiens. Il se rend dans les musées pour copier des bijoux, des tissus et des armures d'époque. Il reconstitue devant la verrière de son atelier une forêt de sapins et fait poser ses modèles habillés de costumes cousus par son épouse : un colporteur italien pour le duc bourguignon et des habitants de son village de Seppey pour les autres figurants. Plus que par cette cavalcade stupéfiante et merveilleuse, on est finalement frappé par le rôle que Burnand attribue à la nature, à cette sombre forêt du Jorat qui absorbe un bref instant de terreur dans l'épaisseur de son mystère et l'éternité de son silence. [CL]

60

Eugène Burnand (Moudon, 1850 – Paris, 1921)
La prière sacerdotale, 1900 – 1918
Huile sur toile, 190 × 370 cm
Don de Jean-Jacques Mercier-de Molin, 1904. Inv. 201

Lorsque Burnand rêve au tournant du XIXe siècle d'exceller dans le grand art, c'est à l'art religieux qu'il pense. Alors que Maurice Denis se fait le champion d'un nouvel art décoratif au service du catholicisme, l'Helvète promeut un art naturaliste protestant, porteur d'un message spirituel contemporain. La peinture qu'il envisage est nourrie d'une théologie réformée insistant sur l'existence toute matérielle du Christ : « Jésus a vécu historiquement, corporellement parmi les hommes ; il a revêtu notre forme humaine [...], a travaillé, mangé, souffert, pleuré », écrit-il. Un postulat en accord avec l'esthétique qu'il défend : ne peindre que ce que l'on voit, prêter au Christ des traits non pas idéalisés, mais reproduisant fidèlement ceux d'un homme incarné.

La genèse de *La prière sacerdotale* révèle cependant toute l'ambiguïté du credo de Burnand. Lui qui exècre les iconographies saint-sulpiciennes et les visions fantastiques des symbolistes, se décrit littéralement victime d'une hallucination lorsque lui apparaît son sujet, un épisode de l'Évangile de Jean : « Il y a véritablement du surnaturel dans ce jet soudain qui fait apparaître l'œuvre entière en une claire vision [...] ». Quant au modèle, son choix aurait été déterminé par une « intervention providentielle de Dieu », qui place sur son chemin un Florentin tout désigné.

L'œuvre, qui adopte une composition en frise répartissant les disciples de part et d'autre de Jésus dans un subtil camaïeu de blancs bleutés, est exposée en Angleterre et en Allemagne sitôt achevée. Mais le peintre n'est toujours pas satisfait. En 1904, il rencontre un tapissier à Neuchâtel et corrige le portrait : « J'ai mon Christ ! » Présenté la même année à l'Exposition nationale suisse des beaux-arts à Lausanne, le tableau est offert au Musée, puis ramené plusieurs fois par l'artiste dans son atelier de Seppey. C'est son fils Franz, pasteur, qui incarnera le Sauveur dans la cinquième et ultime version de 1918. [CL]

61

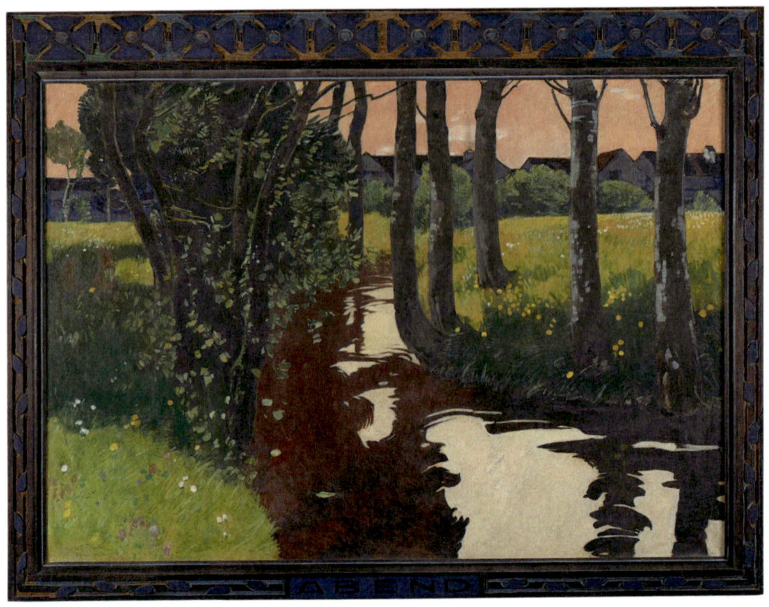

62

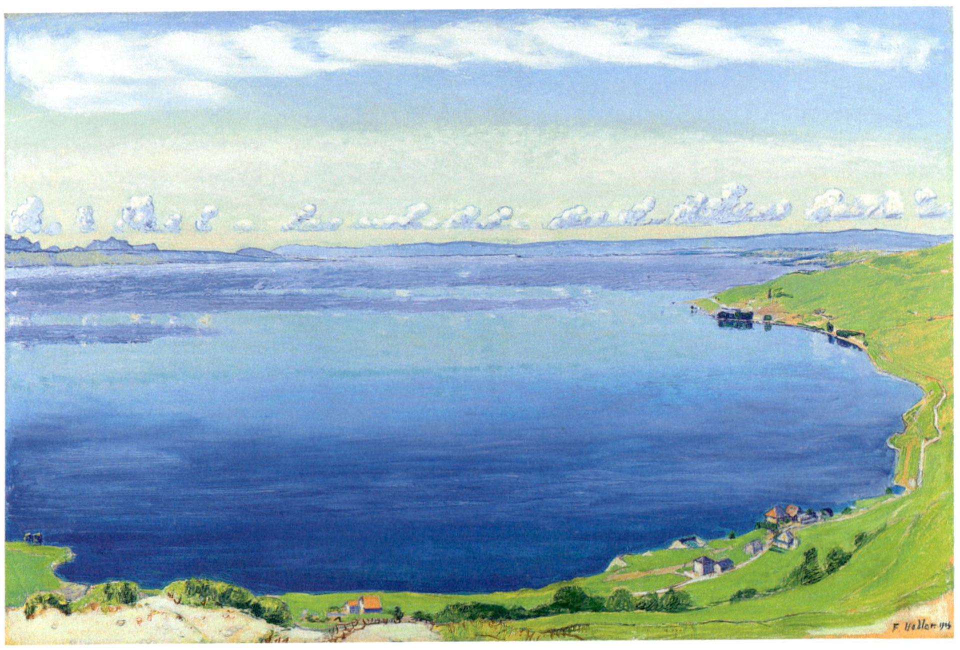

Hans Sandreuter, Abend, 1900
Ferdinand Hodler, Le lac Léman vu de Chexbres, 1904

61

Hans Sandreuter (Bâle, 1850 – Riehen, 1901)
Abend, 1900
Huile sur toile, 124 × 180 cm
Acquisition, 2016. Inv. 2016-047

Sandreuter acquiert une formation académique à Munich où il se rend en 1873 sur la recommandation de son compatriote Arnold Böcklin. Il suit ensuite ce peintre à Florence puis, en 1885, revient s'établir définitivement à Bâle. L'influence du grand maître symboliste se ressentira longtemps dans ses compositions allégoriques. Son œuvre le plus personnel s'affirme tardivement dans le paysage pur ; dès les années 1890, ses grandes toiles réalisées devant le motif tendent à la monumentalisation et à la stylisation, tout en conservant – et c'est là leur originalité – la fraîcheur et la spontanéité de l'observation sur le vif.

Abend (Le soir) a été peint à Riehen, dans la campagne bâloise, où Sandreuter construit en 1898 une maison dont il conçoit toute la décoration. Exécutée peu avant la mort de l'artiste, cette œuvre au titre prémonitoire peut être rangée parmi les « paysages de l'âme », dont les origines remontent au romantisme. Ce genre, au cœur de l'imaginaire symboliste, se manifeste aussi bien dans la poésie que dans la peinture ou la sculpture : soit, dans le portrait, l'âme est décrite comme un paysage (elle est forêt obscure, océan déchaîné) ; soit, dans le paysage, la nature se fait le miroir de l'inconscient et accueille ses projections (elle favorise la rêverie, elle suggère le mystère).

Ce tableau, de grand format, place la ligne d'horizon très haut. Il retient une ambiance entre chien et loup, où la lumière du couchant refroidit le ciel rose, illumine encore une prairie fleurie et, filtrée par de grands arbres, projette leurs reflets à la surface d'une rivière qui serpente. Une tension naît entre la stylisation décorative, qui accentue le parallélisme des troncs et synthétise les formes planes des ombres sur l'eau d'une part, et le naturalisme qui traque les détails et affirme le tempérament par la gestualité d'autre part. Le cadre a été sculpté par Sandreuter et peint dans le bleu caractéristique de ses travaux dans le domaine des arts appliqués. [CL]

62

Ferdinand Hodler (Berne, 1853 – Genève, 1918)
Le lac Léman vu de Chexbres, 1904
Huile sur toile, 70,5 × 108,3 cm
Acquisition, 1904. Inv. 715

Le voyageur qui arrive de Suisse allemande à Lausanne par le train découvre brusquement le spectacle époustouflant offert depuis les hauteurs de Chexbres par l'apparition du lac Léman et des Alpes savoyardes. Effectuant de fréquents allers et retours entre sa Berne natale et Genève où il s'est établi en 1872, Hodler – pour qui l'émotion est déterminante dans le choix d'un motif – est durablement marqué par cette vue imprenable qu'il représente pour la première fois en 1895 (*Le Léman vu de Chexbres, le soir*, Zurich, Kunsthaus).

Près de dix ans plus tard, rentré de Vienne où son exposition à la Sécession de 1904 a assis sa réputation sur le plan européen, l'artiste revient à Chexbres. Il s'installe à la fin du mois d'avril à l'hôtel Bellevue pour une quinzaine de jours. Là, il entame une nouvelle série de paysages inaugurée par ce *Lac Léman vu de Chexbres*. Tous reprennent le même motif : la vue plongeante sur les vignobles en terrasses de Lavaux, la découpe caractéristique du rivage entre les hauteurs de Puidoux à gauche et le village de Cully en bas à droite, la chaîne du Jura au loin et le ciel strié de nuages.

Ici, le point de vue est élevé, le format de la toile allongé, le coloris virulent, et le traitement des formes synthétique et ornemental. La grande masse bleue du lac – qui plaque l'accord principal – est contenue dans la ligne de contour d'une large ellipse, clairement dessinée. Dans la bande horizontale supérieure, une mélodie s'esquisse avec le staccato des nuages qui se reflètent dans l'eau. Au caractère fugitif de la peinture impressionniste, Hodler substitue une organisation rythmique susceptible de révéler celle, atemporelle, de la nature.

En 1894, le Musée avait été la première institution publique à acquérir un paysage de Hodler (*Au pied du Salève*, 1888). En 1904, il fait entrer dans sa collection ce *Lac Léman vu de Chexbres* l'année même de son exécution. [CL]

63

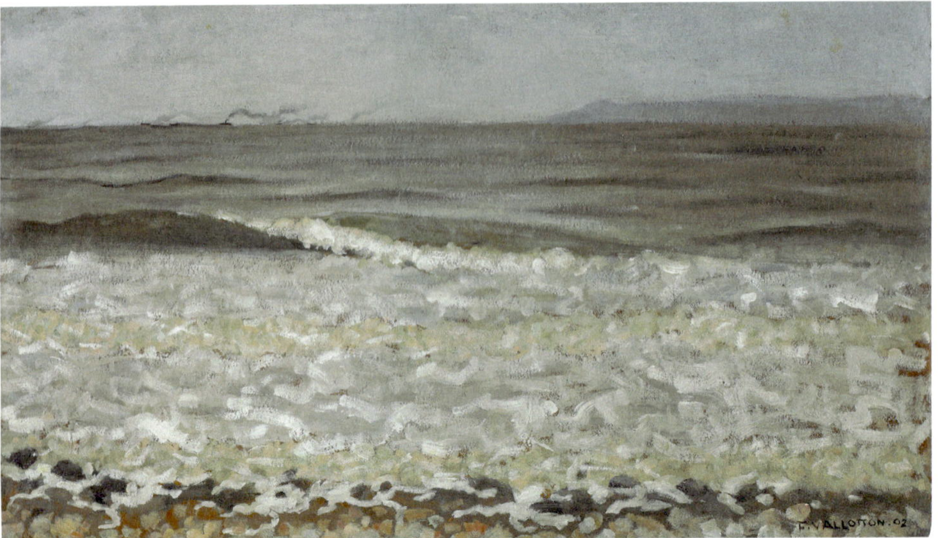

64

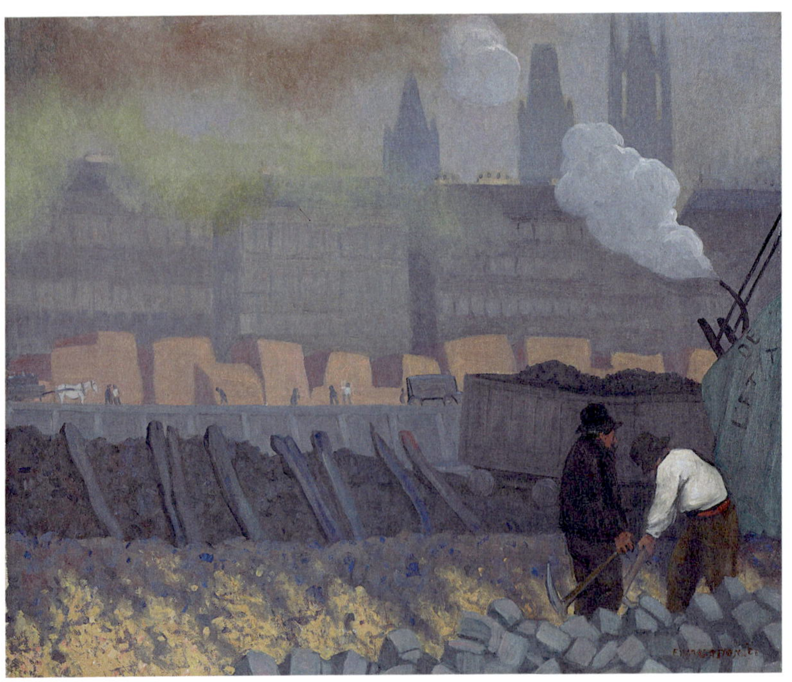

Félix Vallotton, Mer haute, Villerville, 1902
Félix Vallotton, Le port de Rouen, 1901

63

Félix Vallotton (Lausanne, 1865 – Paris, 1925)
Mer haute, Villerville, 1902
Huile sur carton, 34 × 59,5 cm
Dépôt à long terme de la Collection du Dr Marcel Bahro, 2015. Inv. 2015-030

Après avoir acquis la célébrité en tant que graveur, Vallotton déclare en 1898 qu'il entend consacrer désormais tout son temps à la peinture. À partir du tournant du siècle, il accorde au paysage la même importance qu'aux portraits et aux intérieurs. L'année 1900 est féconde, avec de nombreuses vues des quais de Seine et des hauteurs du lac Léman croquées depuis Romanel. En 1901 débutent ses séjours estivaux dans les environs de Honfleur et en Bretagne.

Charles-François Daubigny et Eugène Boudin avaient déjà peint l'étroite plage de galets de Villerville, village de pêcheurs situé entre Honfleur et Trouville. Alors qu'ils s'étaient intéressés aux nuages tourmentés et aux jeux de lumière dramatiques, Vallotton observe ici la mer en contreplongée et il décompose le paysage en bandes horizontales parallèles. Cette œuvre s'inscrit par sa radicalité dans la continuité de Caspar David Friedrich qui, dans *Moine au bord de la mer* (1808–1810, Berlin, Alte Nationalgalerie), avait réduit le paysage à trois bandes de couleur et dilaté la perception de l'espace jusqu'à l'infini en supprimant tout élément marginal. Vallotton recourt à un chromatisme minimal et sombre de gris réchauffés d'ocre, de jaune et de blancs salis. La mer apparaît comme un ruban de plomb. La lame, qui forme un lien subtil – un ourlet – avec la moitié inférieure du tableau, rappelle les vues frontales de vagues de Courbet. L'écume jouit d'un traitement pictural d'une étonnante liberté. Seule animation verticale, les panaches de fumée noire des bateaux signalent la proximité du port du Havre.

Mer haute, Villerville appartient à une série de quatre peintures, toutes consacrées en 1902 au même motif. Vallotton y varie tant les supports que l'orientation des formats. *Les galets, Villerville* (aussi conservé au Musée) montre une vue en hauteur de la longue plage normande. [BF]

64

Félix Vallotton (Lausanne, 1865 – Paris, 1925)
Le port de Rouen, 1901
Huile sur toile, 54 × 65,2 cm
Dation succession Jean-Claude Givel, 2018. Inv. 2018-001

À l'aube du XXe siècle, Rouen est l'un des plus grands ports fluviaux de France. C'est aussi une destination prisée par les peintres. Camille Pissarro y parcourt pour la première fois les quais de la Seine en automne 1883 ; Gauguin y peint les rues du centre-ville et la campagne environnante en 1884 ; quant à Monet, il consacre une série de toiles à la façade de la cathédrale Notre-Dame, entre 1892 et 1894.

Vallotton séjourne fréquemment en Normandie, mais il ne consacrera qu'un seul tableau à sa capitale. En 1901, c'est le port de Honfleur qu'il privilégie, avec ses bateaux de pêche, ses quais pittoresques bordés de maisons aux façades colorées. Rouen apparaît ici au contraire grise et minérale. La rive droite aux immeubles élégants peine à s'extraire de la grisaille, et la cathédrale, réduite à une ombre fantomatique, privée de la flèche qui, habituellement, lui offre sa silhouette élancée, est engloutie par un nuage de soufre. Nous sommes face à un port sans eau et où l'activité fluviale n'est évoquée qu'indirectement : à droite et coupée par le bord du tableau, par une grue à vapeur servant au chargement et déchargement des péniches ; au second plan, par des tas de marchandises prenant une coloration rosée au soleil. Le peintre s'intéresse aux travaux de terrassement entrepris sur la rive gauche, et aux deux ouvriers qui s'affirment au premier plan par le blanc lumineux d'une chemise.

Alors que ses vues de chantiers des bords de Seine à Paris – peintes la même année – sont animées par de puissantes diagonales, Vallotton propose ici une construction en bandes horizontales. Certains traits stylistiques, tels les aplats de couleurs, rattachent cette œuvre à sa période nabie. Le retour au volume, notamment dans les tas de marchandises, les volutes de fumée et le scintillement doré du talus, annonce quant à lui les paysages composés d'après 1909. [CLC]

65

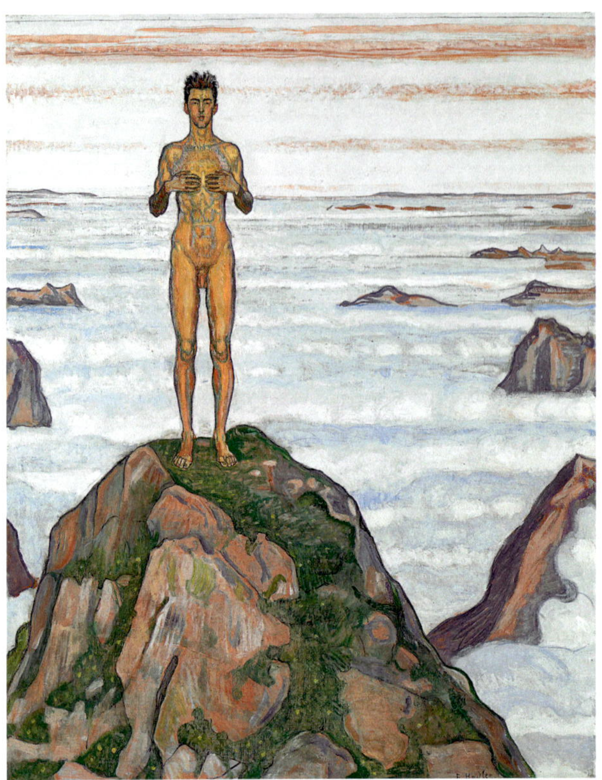

66

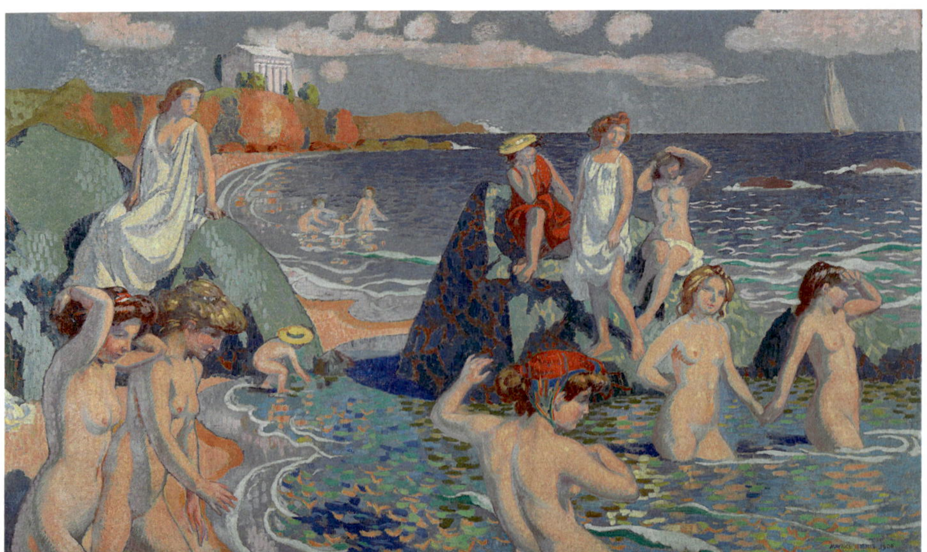

Ferdinand Hodler, Blick ins Unendliche, 1903/1904
Maurice Denis, Baigneuses ou Plage au petit temple, 1906

65

Ferdinand Hodler (Berne, 1853 – Genève, 1918)
Blick ins Unendliche, 1903/1904
Huile sur toile, 100 × 80 cm
Acquisition, 1994. Inv. 1994-032

À Vienne au début de l'année 1903, Hodler rencontre Gustav Klimt et de nombreux artistes et collectionneurs de la capitale austro-hongroise. Âgé de cinquante ans, le peintre suisse a acquis un renom international et on l'invite pour l'année suivante comme hôte d'honneur de la XIXe exposition de la Sécession viennoise. Il enverra trente et une œuvres à cette manifestation qui marquera un tournant dans sa carrière. *Blick ins Unendliche* (Regard dans l'infini), qui porte le numéro 28 du catalogue, est conçu dans cette perspective stimulante.

Le tableau montre au premier plan un jeune homme nu, dressé au sommet d'un promontoire rocheux. Cette figure verticale, dérivée de la représentation traditionnelle des stylites (ermites au sommet d'une colonne), vient briser le parallélisme du paysage, les strates horizontales d'une mer de nuages et d'un ciel stylisés. Les coloris sont harmonisés, bleu froid pour l'air en altitude et rose chaud pour le soleil levant nimbant le décor. La figure pour laquelle pose Hector, le fils de Hodler alors âgé de quinze ans, symbolise le regard surplombant et dominant de l'artiste. Ses mains croisées sur la poitrine traduisent la force et l'intériorité d'une communion physique et mystique avec les forces cosmiques. Hodler imagine ici un véritable hymne à la beauté de la jeunesse, aussi éternelle, pure et vierge que la nature alpine.

Après son exposition à Vienne en 1904, le tableau, bien que tout aussitôt acheté par l'industriel et collectionneur d'art autrichien Carl Reininghaus, est réclamé par Hodler qui veut lui apporter « quelques retouches ». Il le retravaillera à Genève pour lui donner finalement son état actuel. L'œuvre marque un jalon important dans la représentation de l'imaginaire paradisiaque. À l'aube du XXe siècle, on assiste en effet à une reformulation du motif du jardin édénique, lequel, ici, se voit transposé en haute montagne, dans un lieu inaccessible à la civilisation moderne. [CL]

66

Maurice Denis (Granville, 1870 – Paris, 1943)
Baigneuses ou *Plage au petit temple*, 1906
Huile sur toile, 114 × 196 cm
Acquisition avec la participation de l'Association des Amis du Musée, 1996. Inv. 1996-051

Présentée en 1906 au Salon de la Société nationale des beaux-arts et acquise en 1907 par la peintre et mécène belge Anna Boch, cette toile de grand format est l'une des plus complexes de la série des plages inaugurée en 1898 par Denis avec *Baigneuses, Perros* (New York, The Museum of Modern Art). Elle s'inscrit dans le « moment classique » de l'artiste, période qui suit sa découverte des œuvres de Raphaël à Rome. Ses couleurs se font alors plus lumineuses, acides, électriques, et ses compositions plus strictes. Un soleil éblouissant vient brûler ses vues de la Bretagne, sa terre d'élection dès ses années nabies.

Baigneuses représente le site des Grands Sables, au Pouldu, dans le Finistère. Parmi les plages peintes par Denis, celle-ci désigne l'océan moins comme un lieu maternel qui aurait donné naissance à la civilisation que comme le théâtre d'une union spirituelle avec la nature, ritualisée par la plongée dans les flots. Tout ici est tourné en direction de l'océan : la côte, largement ouverte et terminée par un temple grec ; la cohorte de femmes nues et d'enfants qui la contemplent par triades ; le bateau qui s'élance sur ses flots.

L'œuvre est syncrétique par son mélange d'éléments antiques mais aussi modernes, jusqu'à la présence de Marthe, l'épouse du peintre, modèle du nu tout à gauche. De part et d'autre des deux figures installées dans l'axe médian – renforcé par le rouge d'une robe et d'un bonnet –, les corps nus et drapés alternent, affichant une plasticité proche des sculptures d'Aristide Maillol. Décorative dans son rythme et dans les arabesques de l'écume, recourant à la touche pointillée, *Baigneuses* intègre la vivacité de la palette fauve d'un Matisse en calmant le jeu. Elle digère dans sa composition l'art tempéré des *Grandes Baigneuses* de Cézanne (1900 – 1906, Philadelphie, Museum of Art). [CL]

67

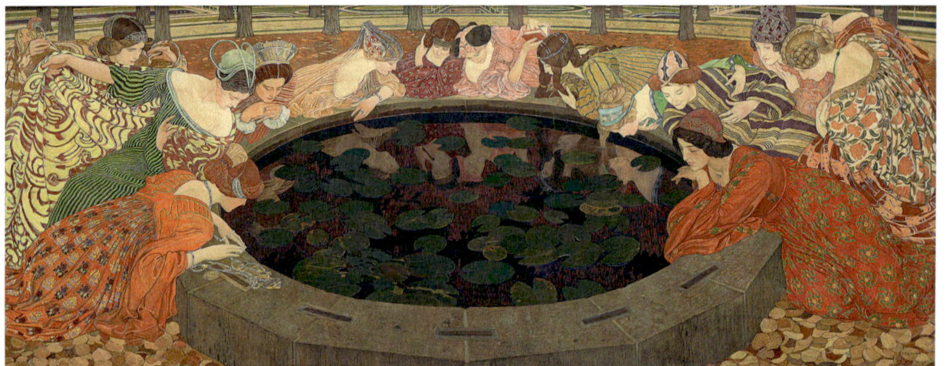

68

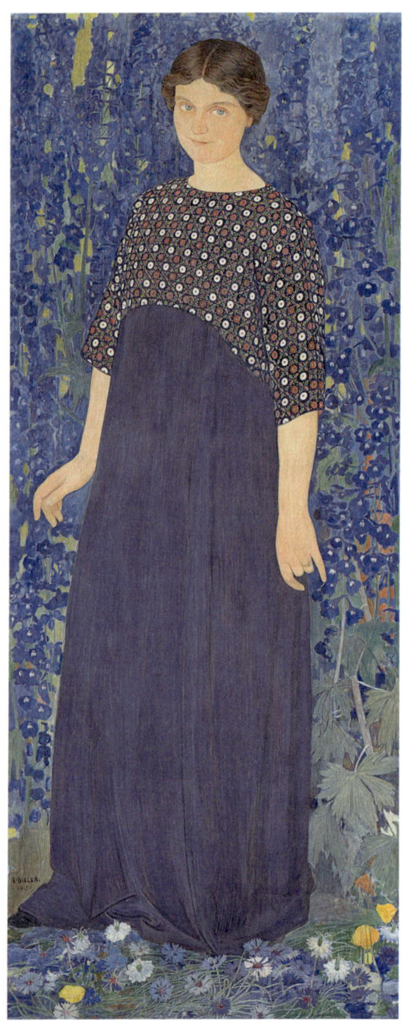

Ernest Biéler, L’eau mystérieuse, 1911
Ernest Biéler, Femme en bleu, 1913

67

Ernest Biéler (Rolle, 1863 – Lausanne, 1948)
L'eau mystérieuse, 1911
Tempera sur papier marouflé sur toile, 146,3 × 376,4 cm
Dépôt de la Fondation Gottfried Keller, Office fédéral de la culture, Berne, 1913. Inv. 555

De 1908 à 1911, Biéler travaille sans relâche à *L'eau mystérieuse*. Ce tableau est conçu d'emblée comme un manifeste d'Art nouveau destiné à établir à Paris la suprématie d'un style, le graphisme, et d'une technique, la détrempe à l'œuf.

De dimensions monumentales, l'œuvre prolonge la série des panneaux à thématiques symbolistes inaugurée par l'artiste avec *Les feuilles mortes* et *Les sources* (respectivement 1899 et 1900, Berne, Kunstmuseum). Elle est peinte sur des feuilles de papier marouflées sur toile et enchâssée dans un large cadre en bois. Son format étroit et long renvoie à la tradition italienne des *cassone*, remis à la mode par le préraphaélite anglais Edward Burne-Jones. Le coloris unifié – une harmonie en jaune, brun et rouge – tend au monochrome. À la note tenue du groupe des treize femmes qui se déploient en éventail au premier plan répond le staccato des arbres en arrière-fond. La vue en forte plongée accentue l'impression de rabattement des éléments sur un seul plan. Le bassin occupe presque la moitié de la surface peinte.

La scène se déroule en automne dans un jardin à la française. Les jeunes femmes se mirent dans une eau sombre, sur laquelle flottent des feuilles de nénuphars. Leurs costumes somptueux retiennent des éléments historicisants et orientalisants, mais empruntent aussi à la mode contemporaine d'un Paul Poiret. Agenouillées et figées dans des poses théâtrales, les princesses sont dans la fascination mélancolique de leur propre reflet, où se mêle l'inquiétude du vieillissement et la prise de conscience des bornes étroites de leurs existences. Elles ont renoncé aux richesses matérielles, à la nature et à la culture, symbolisées par trois femmes se détournant ostensiblement d'un collier, d'un œillet et d'un livre. Le thème, qui réactive le mythe ovidien de Narcisse, s'inscrit dans le goût du merveilleux et de la féminisation des héros, en vogue au tournant du siècle dans les milieux symbolistes et décadents. [CL]

68

Ernest Biéler (Rolle, 1863 – Lausanne, 1948)
Femme en bleu, 1913
Tempera sur bois, 190 × 77 cm
Acquisition, 1981. Inv. 1981-086

Contraint de quitter Paris en 1892 en raison d'une situation financière désespérée, Biéler n'est heureux nulle part. Genève où il s'établit à son retour, Lausanne où son origine vaudoise lui procure des appuis dans les milieux artistiques, Zurich où des amis lui fournissent des commandes de portraits, et enfin Savièse en Valais où il se fait construire un atelier en 1901, sont les points de chute d'une errance continuelle. Ce malaise s'augmente d'une souffrance intime, l'artiste étant encore à la recherche d'une femme qui partagerait sa vie à quarante ans passés. En 1909, il se décide enfin : il revient s'établir dans la capitale française et se marie avec Michelle Vimont-Laronde, une jeune enseignante de dessin parisienne.

Femme en bleu, portrait grandeur nature peint quatre ans plus tard, évoque les préraphaélites anglais et Gustav Klimt. Michelle y est représentée comme une personne au caractère bien affirmé, comme l'intellectuelle qui, en février 1911, signe un manifeste talentueux en faveur du style de son époux, intitulé « Le graphisme dans la peinture ». Les carnations pâles et délicates du visage, les bras et la main où brille l'alliance, sont mis en valeur par la masse des bleus du vêtement et de l'environnement floral, qui fait écho à la couleur des yeux de la jeune femme. La robe qu'elle porte fait la promotion d'une mode avant-gardiste, lancée à Paris par les couturiers Paul Poiret et Madeleine Vionnet, qui libère le corps féminin du corset en proposant des coupes droites et des matières souples.

Biéler rattache aussi son épouse parisienne à son pays natal par le choix des grandes fleurs qui l'entourent, des pieds-d'alouette élevés, une vivace des prairies alpines. La relation bientôt orageuse entre l'artiste et sa femme, qui aboutira à leur divorce en 1921, serait-elle annoncée par la toxicité de cette plante, que les paysans suisses tiennent pour responsable de l'empoisonnement du bétail ? [CL]

69

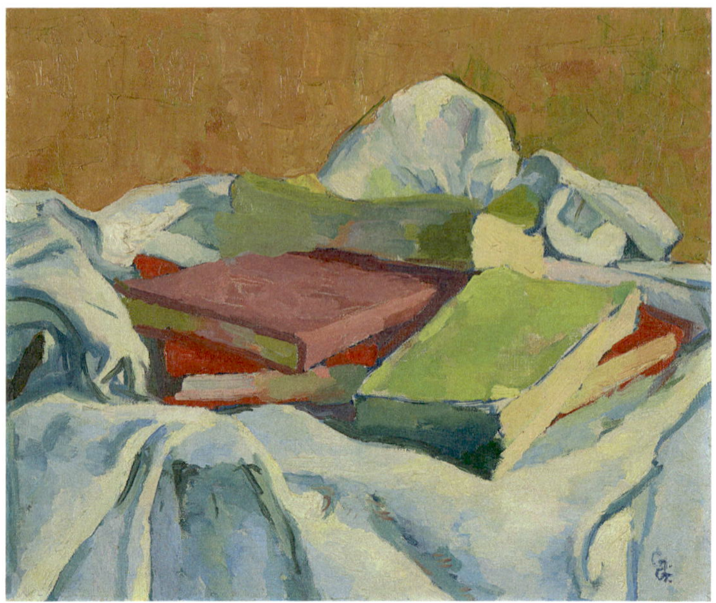

70

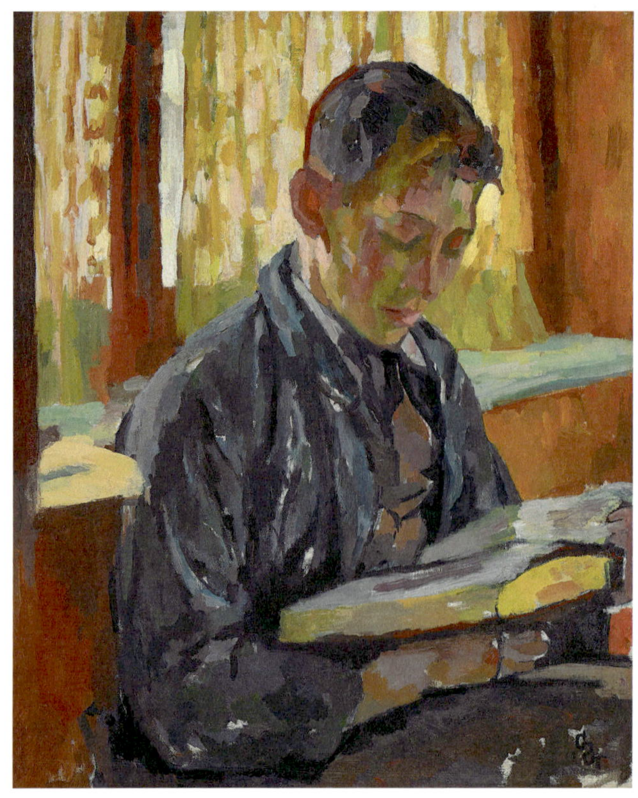

Giovanni Giacometti, Nature morte aux livres, vers 1907 – 1908
Giovanni Giacometti, Alberto che legge, vers 1915

69

Giovanni Giacometti (Stampa, 1868 – Glion-sur-Montreux, 1933)
Nature morte aux livres, vers 1907 – 1908
Huile sur toile, 38,3 × 46,3 cm
Dation succession Jean-Claude Givel, 2018. Inv. 2018-004

Après une formation à l'École des arts appliqués de Munich, Giacometti part en 1888 poursuivre ses études à Paris, accompagné de son ami Cuno Amiet. Là, sa peinture, pourtant au contact de la scène artistique moderne, se cantonne aux conventions pré-impressionnistes. Si un bref séjour en Italie en 1893 l'amène à éclaircir son coloris et l'enrichir de nuances, la rencontre capitale sera, l'année suivante, celle de Giovanni Segantini, dont il s'approprie la thématique alpestre et la technique divisionniste.

Depuis les Grisons où il s'établit définitivement, Giacometti se tient au courant de l'évolution de la scène artistique française. À la mi-octobre 1907, il se rend à Paris pour voir la rétrospective Cézanne au Salon d'automne. Subjugué, il écrit le 27 octobre à Hedy Hahnloser-Bühler : « Le voyage à Paris a été pleinement récompensé par la merveille qu'était l'exposition Cézanne. C'est l'un des artistes les plus purs qui aient jamais existé. [...] On est complètement épaté par sa grande simplicité. Au début, on se demande, surpris : c'est tout ? Néanmoins, en y regardant de plus près, la nature morte la plus simple éveille en nous la sensation de l'infini. »

Cette *Nature morte aux livres* semble avoir été arrangée pour évoquer aussi un paysage alpestre. Stylistiquement, elle porte la marque de Cézanne, perceptible d'emblée dans la composition, avec la nappe qui vient recouvrir la table, et les livres en déséquilibre, comme l'étaient souvent les pommes du maître d'Aix. Giacometti reprend la touche constructive de Cézanne, aussi bien dans les objets que pour le fond ocre-jaune, et il intègre la modulation des couleurs par aplats. Il va plus loin encore que son modèle dans la retranscription des effets de la lumière sur la coloration, s'autorisant des contrastes forts, avec le vert, le violet et le rouge des livres et la coloration bleu-vert de la nappe. Cette vigueur, il l'emprunte à Gauguin et à Van Gogh, deux maîtres qui exercent une influence décisive sur son art. [CLC]

70

Giovanni Giacometti (Stampa, 1868 – Glion-sur-Montreux, 1933)
Alberto che legge, vers 1915
Huile sur toile, 46 × 38 cm
Dépôt à long terme de la Collection du Dr Marcel Bahro, 2011. Inv. 2011-016

Ce portrait peint à Stampa évoque le cadre dans lequel se déroulèrent les quarante dernières années de la vie de Giacometti. Lorsqu'Alberto, le premier de ses quatre enfants, naît en 1901, il est déjà revenu s'installer définitivement dans sa région natale des Grisons, après une formation académique à l'étranger. Sa rencontre avec l'artiste symboliste Giovanni Segantini à Maloja en 1894 l'a convaincu qu'une vie en altitude, au milieu d'une nature hostile mais sublime, dans un quotidien immuable, non seulement n'est pas un obstacle, mais lui permettra de se concentrer sur l'essentiel. Sa femme Annetta et ses enfants dans la maison, les montagnes du Val Bregaglia et les lacs de la Haute-Engadine à l'extérieur suffisent à lui fournir les motifs qui relancent sa traque des jeux de la lumière, sa poursuite de l'atmosphère colorée. En 1909, il écrit : « Le peintre ne voit que des couleurs dans la nature ; or ces couleurs ne restent pas inertes les unes à côté des autres, elles vivent, elles vibrent. »

Ici, Alberto est représenté en buste, plongé dans sa lecture. Vu à contre-jour devant une fenêtre voilée par un rideau derrière lequel on devine un paysage lumineux, son corps et la peau de son visage sont travaillés dans le style de la maturité de Giacometti : ne recherchant désormais que la juste transcription de la sensation visuelle, le peintre s'en tient aux faits observés, à la notation de la couleur locale dans une palette intense et stridente.

Giacometti a repéré très tôt les dons de son fils Alberto. À l'époque de ce portrait, l'adolescent vient de réaliser sa première peinture à l'huile, une nature morte aux pommes, et sa première sculpture, un buste de son frère Diego. Son père lui épargne les corvées, guide son évolution, et il dessine à ses côtés. C'est de ce regard affectueux et exigeant sur un être qui s'engage dans la voie difficile de la création artistique que témoigne ce portrait. [CL]

71

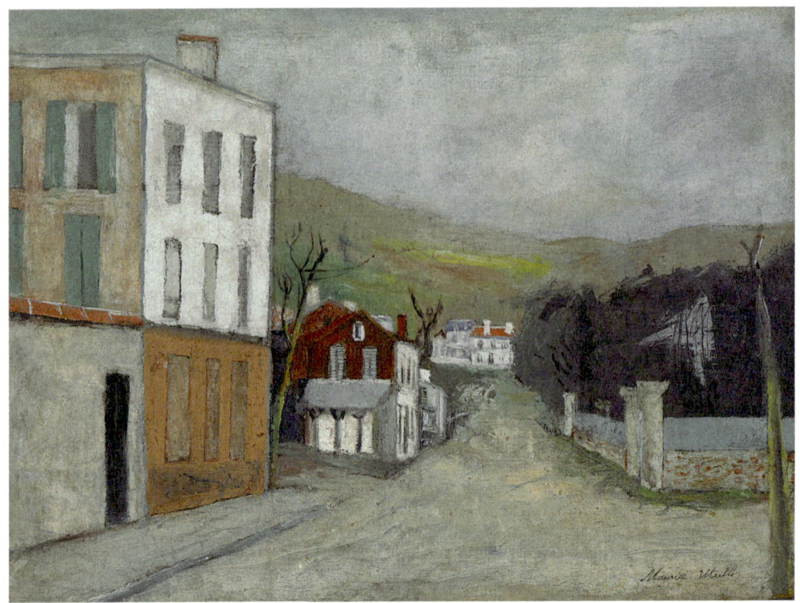

72

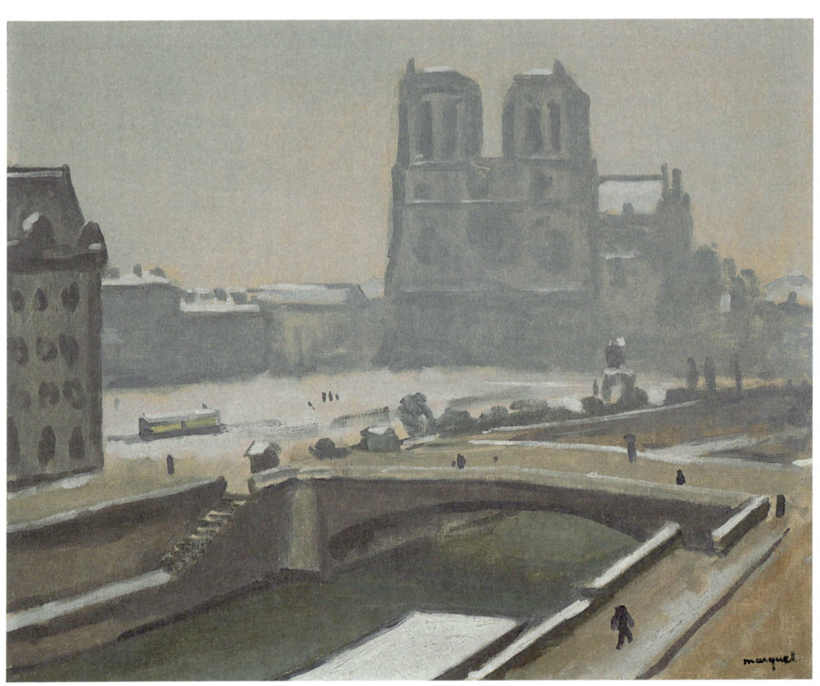

Maurice Utrillo, Paysage, Corse, 1913
Albert Marquet, Notre-Dame, temps de neige, vers 1914

71

Maurice Utrillo (Paris, 1883 – Dax, 1955)
Paysage, Corse, 1913
Huile sur toile, 54 × 73 cm
Dépôt à long terme de Max Bangerter, 1962. Inv. 1962-020

Fils de Suzanne Valadon, modèle et artiste autodidacte, Utrillo est encouragé à peindre dès l'adolescence. Cette injonction maternelle – d'abord thérapie pour calmer ses accès de violence et combattre son alcoolisme précoce – révèle son talent. Dès les années 1920, il rencontre un grand succès avec ses vues des rues désertes et des façades colorées de Montmartre. Alors que ses prédécesseurs, à l'instar de Toulouse-Lautrec, avaient montré le brouhaha des cafés et la vie de bohème sur la Butte, ses paysages urbains frappent par leur austérité et par le sentiment de solitude qui s'en dégage.

Après des débuts caractérisés par une matière épaisse, posée par empâtements, et par des couleurs sombres, s'ouvre au début des années 1910 la « période blanche » d'Utrillo. Sa palette s'éclaircit. Aux ocres verts et bleus, l'artiste préfère désormais le blanc de zinc, posé au couteau, parfois mélangé à du plâtre. À cette époque, il ne quitte Montmartre que pour se rendre à Sannois, en banlieue parisienne, où il est soigné par le docteur Revertégat. Quelques voyages avec sa mère et son beau-père André Utter viennent seuls rompre cette monotonie. À l'automne 1913, le trio se rend en Corse. Taciturne, Utrillo ne se laisse pas bouleverser par l'Île de Beauté. Partout il tourne le dos à la mer, lui préférant les rues de Corte ou de Belgodère. Là, il poursuit sa quête des façades aux couleurs minérales qu'animent, comme ici, quelques persiennes vertes ou grises. Certes, davantage qu'à Paris, ses blancs contrastent avec des tons plus méridionaux faits de bruns et d'ocres, mais le soleil du Sud ne ravive pas son chromatisme qui se maintient dans une gamme assourdie.

En Corse comme à Paris, Utrillo fuit l'agitation, l'anecdote et la narration, pour se réfugier dans la contemplation rêveuse d'architectures anonymes et sans âme. Rues vides et volets clos contribuent, ici, une fois encore à laisser s'exprimer cette mélancolie profonde qui fait en partie son tempérament. [CLC]

72

Albert Marquet (Bordeaux, 1875 – Paris, 1947)
Notre-Dame, temps de neige, vers 1914
Huile sur toile, 65 × 81 cm
Legs d'Henri-Auguste Widmer, 1936. Inv. 326

Dès janvier 1908, Marquet est installé au cinquième étage du 19, quai Saint-Michel. À Paris comme ailleurs, il appréhende le paysage dans sa globalité, privilégiant les vues plongeantes. De la fenêtre de son atelier, il multiplie les vues de Notre-Dame, comme le fit aussi son voisin Matisse, avec un cadrage toujours changeant.

La tonalité sourde contrastant avec les plages de blanc de *Notre-Dame, temps de neige* témoigne de l'adoption par Marquet d'une palette plus réduite, passé sa période fauve. Le peintre abandonne les distorsions et les couleurs pures – jaunes, bleus et vermillons – prisées par ses collègues André Derain ou Maurice de Vlaminck. Il privilégie la synthèse ainsi que la recherche d'une certaine harmonie. La neige lui permet d'ailleurs d'abolir toute profondeur et de peindre presque en noir et blanc.

Cette vue urbaine des bords de Seine est caractéristique de la manière dont Marquet construit ses toiles. Un réseau de lignes épaisses, tracées comme des cernes, constitue l'armature du paysage. Associés à celles-ci, de larges touches, parfois quelques aplats ou zones laissées en réserve, viennent former les éléments essentiels de la composition. Pas de détails superflus. Seules quelques touches rapides animent l'espace du tableau. Le peintre rend avec poésie cette atmosphère d'un Paris ralenti par les intempéries. La péniche figée par un épais manteau neigeux fait écho à la cathédrale sombre et massive. Seules quelques personnes, rendues par de courtes touches noires, se sont risquées à sortir.

S'il voyage beaucoup, Marquet revient régulièrement jusqu'en 1931 peindre la Seine, les ponts et l'Île de la Cité depuis la fenêtre de son appartement. Il a choisi un cadrage identique pour plusieurs toiles, peintes comme ici par temps de neige, mais aussi par temps ensoleillé ou pluvieux. [CLC]

73

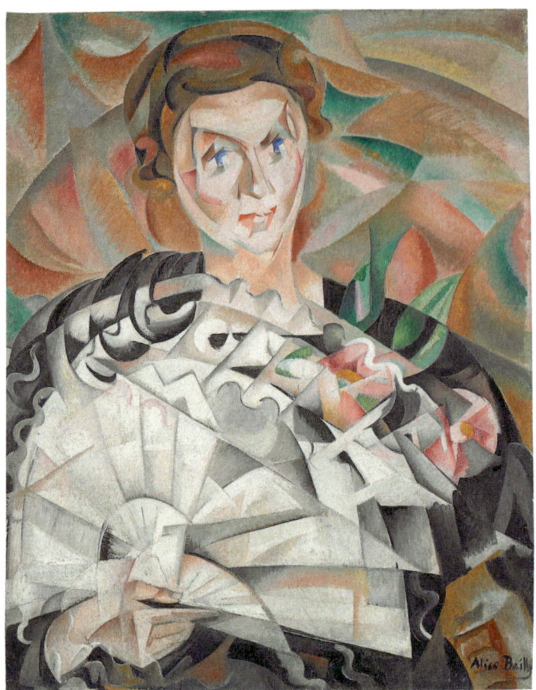

74

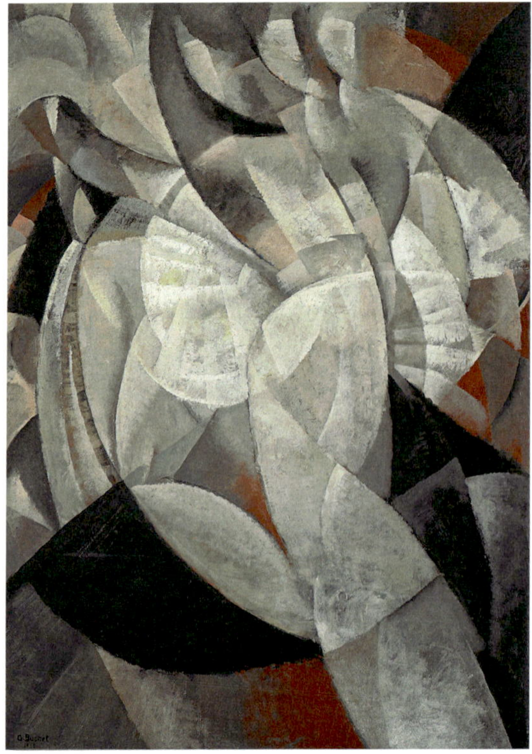

Alice Bailly, Jeu d’éventail ou Femme à l’éventail, 1913
Gustave Buchet, Danseuse en mouvement, 1918

73

Alice Bailly (Genève, 1872 – Lausanne, 1938)
Jeu d'éventail ou *Femme à l'éventail*, 1913
Huile sur toile, 92 × 73 cm
Acquisition, 1997. Inv. 1997-093

Formée à Genève et établie à Paris depuis 1906, Bailly s'éprend tout d'abord du fauvisme. Déjà s'affirme l'extrême vivacité de ses couleurs qui deviendra la caractéristique de son art. L'année 1912 est celle de sa rencontre avec le futurisme. Mais aussi de son adhésion à l'abstraction cubiste après la découverte des œuvres exposées au Salon de la Section d'or et la lecture du manifeste *Du « cubisme »* d'Albert Gleizes et Jean Metzinger. Très vite, sous ces influences conjuguées, et celle de l'orphisme de Robert Delaunay, son style évolue, en particulier vers la transcription du mouvement par l'affirmation des lignes de force et l'interpénétration des plans et des volumes, l'une et l'autre servies par un coloris qui gagne en transparence.

En 1913, année où elle peint ce *Jeu d'éventail*, Bailly est remarquée au Salon des Indépendants par Guillaume Apollinaire : « Mlle Alice Bailly s'est entièrement renouvelée. Son cubisme nuancé est une des nouveautés intéressantes de ce salon. » Remplie d'une belle énergie, persuadée de percer enfin, l'artiste s'attaque à tous les genres, dont celui du portrait qu'elle avait délaissé depuis plusieurs années.

Pour ce tableau, probablement peint durant un séjour à Genève, Bailly fait poser sa sœur Louisa. On songe ici bien sûr à la *Femme à l'éventail* de Renoir (1881, Saint-Pétersbourg, Musée de l'Ermitage), mais aussi, plus proche, à la *Femme à l'éventail* de Jean Metzinger (1912, New York, Solomon R. Guggenheim Museum). Bailly cependant se distingue en cela qu'elle exploite le sujet en se focalisant sur le rythme induit dans l'agencement des formes par le mouvement de l'éventail : chez elle, il bat l'air au point d'entraîner tout son environnement dans son va-et-vient. La scène pourrait se dérouler en plein air, comme le suggèrent les tonalités plus chaudes et le vert en arrière-plan, qui contrastent avec la gamme des gris, blancs et roses au premier plan. [CL]

74

Gustave Buchet (Etoy, 1888 – Lausanne, 1963)
Danseuse en mouvement, 1918
Huile sur toile, 148 × 107 cm
Acquisition, 1958. Inv. 1959-005

Formé à l'École des beaux-arts de Genève, Buchet séjourne pour la première fois à Paris à l'hiver 1910 – 1911. En 1915, il est cofondateur, à Genève, du groupe Le Falot, qui affirme une position anti-hodlérienne. À l'occasion d'un deuxieme séjour parisien en 1916 – 1917, le peintre, dont la préoccupation première est alors la représentation du mouvement, s'intéresse tout particulièrement au futurisme : de retour en Suisse, il poursuit ses recherches et opte, dès 1918, pour le principe de la « continuité de l'espace », qui rapproche et fait s'interpénétrer personnages et environnement.

Dans les années 1910, la danse est au cœur de nombreuses recherches artistiques vouées à l'exploration de nouvelles modalités perceptives. Lorsqu'il peint cette toile, Buchet recourt à la spirale, élément éminemment dynamique. Marqué par l'orphisme de Robert et Sonia Delaunay, qui s'intéresse au rythme et aux contrastes et cherche à retranscrire la sensation du mouvement, Buchet échafaude sa composition par plans colorés que délimitent des courbes et contre-courbes. Cet assemblage de formes semi-circulaires anime la toile d'un véritable tourbillonnement d'un blanc éblouissant qui rend parfaitement sensible le déplacement énergique de la danseuse à travers l'espace. Cet espace est comme contaminé et soumis aux ondes créées par les mouvements du corps et se disloque en autant de formes géométriques.

Exposé avec d'autres œuvres futuristes à Genève en 1918, *Danseuse en mouvement* reçoit les commentaires enthousiastes du sculpteur Alexander Archipenko mais ne convainc ni le public ni la critique. Dès le printemps 1920, alors qu'il vient de s'établir de nouveau à Paris – où il restera vingt ans – Buchet abandonne le futurisme au profit d'une peinture plane et géométrique. L'artiste poursuit sa quête dans le sillage de l'avant-garde, mais cette fois sous l'égide d'un « retour à l'ordre », celui de la règle et de la rigueur, prôné par le purisme de Le Corbusier et Amédée Ozenfant. [CLC]

75

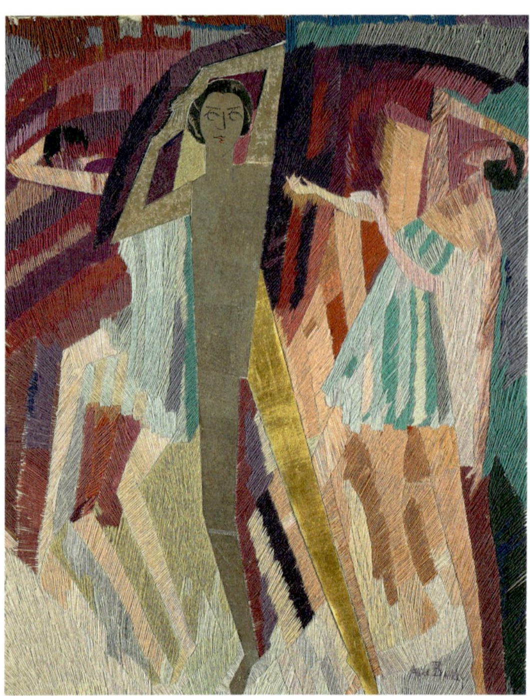

76

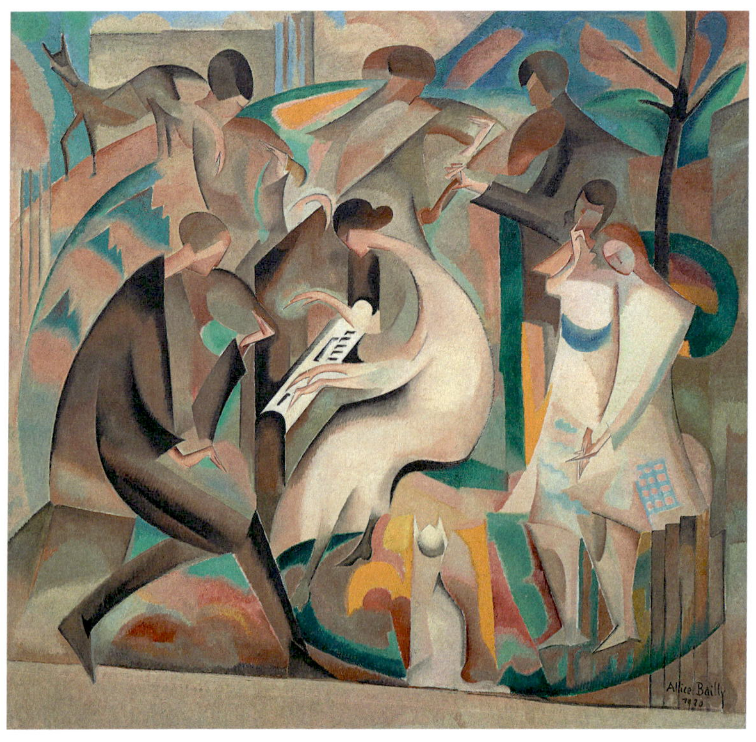

Alice Bailly, Les rythmiciennes, 1918 – 1919
Alice Bailly, Le concert dans le jardin, 1920

75

Alice Bailly (Genève, 1872 – Lausanne, 1938)
Les rythmiciennes, 1918 – 1919
Laine, soie, papiers collés et encre sur toile, 82 × 66,5 cm
Don du Comité de la Fondation Alice Bailly, 1957. Inv. 1957-006

Publiée en 1918 par Albert Rheinwald, la première monographie consacrée à Bailly insiste sur l'originalité de ses travaux les plus récents : « [...] la laine devient sous nos yeux matière précieuse, expressive et vivante à l'égal de l'huile, du pastel, du marbre ou de l'or. » Bailly n'admet aucune hiérarchie entre ses peintures à l'huile et ses « tableaux-laine » : à ses yeux, cette technique novatrice ne fait qu'étendre le registre de ses moyens d'expression. « Qu'on ne vienne donc pas nous parler d'art appliqué ! », insiste Rheinwald qui mesure le risque pris par l'artiste lorsqu'elle expose ses travaux à l'aiguille, elle qui a tant bataillé pour s'imposer au même titre que les hommes dans le milieu des beaux-arts.

Bailly réalise ses premiers tableaux-laine en 1916 à Genève. *Les rythmiciennes* montre un spectacle de danse violemment éclairé au premier plan. En arrière-plan, deux danseuses aux jupes et coiffures courtes déploient un éventail de mouvements expressifs inspirés des chorégraphies du Genevois Émile Jaques-Dalcroze, le promoteur de la rythmique. L'essentiel de la surface est interprété en fils de couleurs sourdes et pastel. La laine mate est réservée aux costumes et aux décors, la soie brillante aux parties dénudées des jambes et des bras. Pour la danseuse principale, Bailly recourt aussi au collage avec les papiers doré et argenté du justaucorps ; son visage est précisé à l'encre noire, le tracé de ses yeux et de son nez imitant le point de surjet !

Pour cette composition, Bailly s'est inspirée d'un spectacle de Lucienne Rouché, fille du directeur de l'Opéra de Paris Jacques Rouché, épouse du peintre Valdo Barbey. L'œuvre offre un nouveau témoignage de l'intérêt constant de l'artiste pour la danse, depuis le portrait de Jacqueline Marval au Bal Van Dongen (1914, coll. privée) jusqu'à ses dernières grandes peintures pour le foyer du Théâtre municipal de Lausanne (1936). [CL]

76

Alice Bailly (Genève, 1872 – Lausanne, 1938)
Le concert dans le jardin, 1920
Huile sur toile, 94,5 × 99,5 cm
Acquisition, 2017. Inv. 2017-030

Pendant la Première Guerre mondiale qui l'a contrainte à quitter Paris en raison de sa nationalité suisse, Bailly se démène depuis Genève pour survivre. La majorité de ses amateurs sont en Suisse allemande. À Winterthour, où des collectionneurs intéressés à l'art moderne sont à l'origine de la création d'un nouveau musée en 1916, elle rencontre le mécène Werner Reinhart qui la soutiendra sa vie durant. Elle fait aussi la connaissance d'Arthur et Hedy Hahnloser, qu'elle fréquente de 1918 à 1920, et qui l'invitent à la Villa Flora où se déploie leur riche collection d'art contemporain.

Le concert dans le jardin fait partie des œuvres inspirées à Bailly par ses visites à la Flora où elle assiste aux spectacles en plein air organisés par les Hahnloser, qui partagent sa passion pour la musique. Après des croquis réalisés à Winterthour, la peinture est exécutée à Paris où l'artiste revient s'établir en 1920. Un jeune homme, deux adolescentes, un chat et une chèvre sont rassemblés autour d'un quatuor avec piano. Une des violonistes a été dessinée d'après la belle-sœur du collectionneur Richard Bühler. La pianiste, Maria de Senger, est reprise d'un tableau de 1918, *La Sonate à Dukas* (Collection Crédit Suisse Group).

Après s'être approprié les leçons du fauvisme, du cubisme et du futurisme, Bailly évolue en ce début des années 1920 vers une nouvelle forme de stylisation, sans rien lâcher de sa vigueur coloristique. Sur cette toile presque carrée, les courbes qui organisent le tourbillon de la composition se développent avec ampleur et souplesse autour du clavier du piano dont elles semblent émaner. La vitesse de l'exécution musicale est rendue par les mains qui se multiplient. Les formes tubulaires et ombrées, les tonalités complémentaires des verts et des oranges s'imbriquent et fusionnent sur un espace plat qui, portion d'une réalité filtrée par une sensibilité exaltée, exprime la croyance en la force du dynamisme universel. [CL]

77

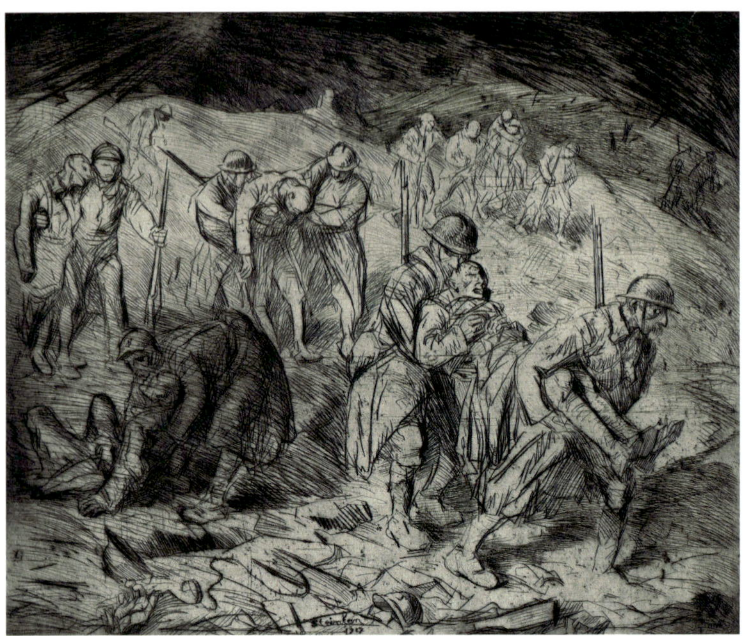

78

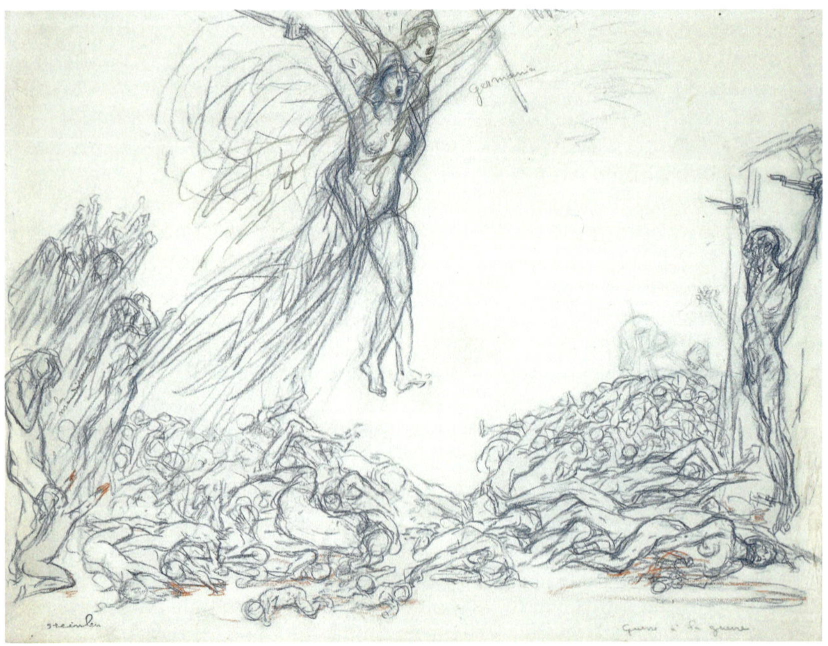

Théophile-Alexandre Steinlen, Les échappés de l'enfer II, 1917
Théophile-Alexandre Steinlen, Guerre à la guerre, entre 1916 et 1920

77

Théophile-Alexandre Steinlen
(Lausanne, 1859 – Paris, 1923)
Les échappés de l'enfer II, 1917
Eau-forte et aquatinte en noir sur papier, 49,3 × 59,7 cm, éd. 4/12
Ancienne collection Jacques Christophe. Acquisition avec le soutien de la Loterie Romande, de l'Association des Amis du Musée et de Pierre Gonset, 2008.
Inv. 2008-060

Steinlen est âgé de cinquante-cinq ans lorsque, le 3 août 1914, l'Allemagne déclare la guerre à la France et que le XXe siècle bascule dans l'horreur. Le conflit mondial se soldera par la mort de près de dix millions de soldats, presque autant de civils, la destruction des villes et des campagnes européennes. En réaction à ce désastre total, l'artiste va produire un immense œuvre de guerre. Convaincu qu'il faut atteindre le plus grand nombre de personnes, il réalise plus de deux cents estampes.

Steinlen est antimilitariste et socialiste. Il n'en contribue pas moins à l'« Union sacrée », ce mouvement de rapprochement face à l'adversité, toutes tendances politiques confondues. Dans ses lithographies à grand tirage et à large diffusion, il exprime sa compassion pour les soldats (poilus en permission esseulés, départs au front dans les grandes gares) et sa solidarité avec les civils demeurés comme lui à Paris (familles dispersées, veuves et orphelins).

En parallèle, l'artiste réalise de somptueuses eaux-fortes, éditées à quelques épreuves seulement. Là, il dénonce la violence des affrontements, les soldats piégés sous les déflagrations d'obus. Il décrit la nuit dans laquelle sont plongés les hommes terrés dans les tranchées, condamnés à l'immobilité. Lorsqu'il grave ces *Échappés de l'enfer*, Steinlen – qui a sollicité une mission artistique aux armées dès 1916 – s'est rapproché du front deux fois déjà par ses propres moyens. Cette vision bouleversante s'inspire sans doute aussi des photographies de la presse illustrée. L'artiste adopte une veine nocturne et rembranesque pour montrer les survivants sortis du charnier et portés à dos d'homme par leurs camarades. La référence explicite à la représentation traditionnelle de la mise au tombeau du Christ au premier plan confère une portée universelle à cette scène de transport des corps martyrisés. [CL]

78

Théophile-Alexandre Steinlen
(Lausanne, 1859 – Paris, 1923)
Guerre à la guerre, entre 1916 et 1920
Crayons bleu, gris et rouge sur papier, 48,1 × 63,2 cm
Donation de Paul et Tina Stohler, 2018.
Inv. 2018-043

Ce dessin est une reformulation poignante de deux œuvres qui inspirent Steinlen tout au long de sa vie : *La Liberté guidant le peuple* du peintre Eugène Delacroix (1830, Paris, Musée du Louvre) et *La Marseillaise* du sculpteur François Rude (1833 – 1836, Paris, Arc de Triomphe). Ces deux icônes du romantisme français ont en commun de montrer une allégorie féminine coiffée du bonnet phrygien qui, armée, entraîne le peuple vers la victoire. Dès la fin des années 1890, Steinlen s'en inspire pour développer une iconographie de l'humanité en lutte contre le capitalisme.

Au début de la Première Guerre mondiale, l'antimilitarisme viscéral de l'artiste est mis à rude épreuve. Steinlen apporte son soutien au moral des troupes, voire, après les atrocités commises lors de l'invasion de la Belgique et de la Serbie, participe à l'antigermanisme ambiant. La Libératrice prend alors de nouvelles apparences. Dans *La Marseillaise*, une eau-forte de 1915, elle vole dans le ciel de Paris pour guider la foule qui envahit les rues pavoisées. Dans *La Poilue*, une lithographie de 1916, nue et menaçante, les cheveux au vent, elle incarne la résistance à l'envahisseur.

Avec *Guerre à la guerre*, Steinlen revient à son pacifisme radical. Il ne s'agit plus de vaincre l'ennemi allemand, mais de combattre la guerre elle-même où, écrit-il en 1916, « des millions d'hommes [...] crèvent comme de misérables bêtes ». Ces victimes, l'artiste les montre ici comme un amas de cadavres empilés, un charnier où l'on distingue des enfants, des corps éventrés, un homme crucifié sur une porte. À gauche, des femmes supplient la Libératrice transformée en une « Germania » de mettre un terme aux crimes féroces perpétrés contre les civils. Le crayon bleu de Steinlen atteint la virulence du burin de Goya dans sa suite gravée des *Désastres de la guerre* (1810 – 1815). [CL]

79

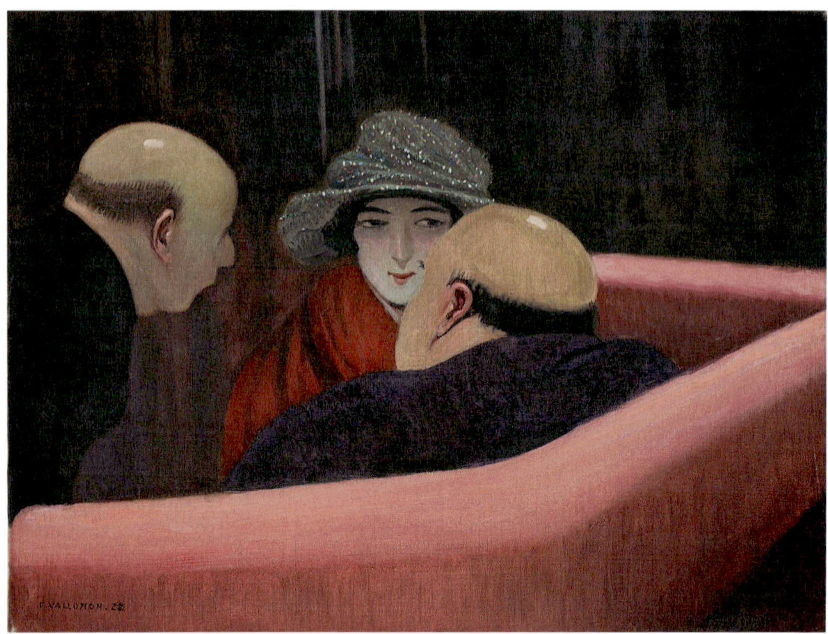

80

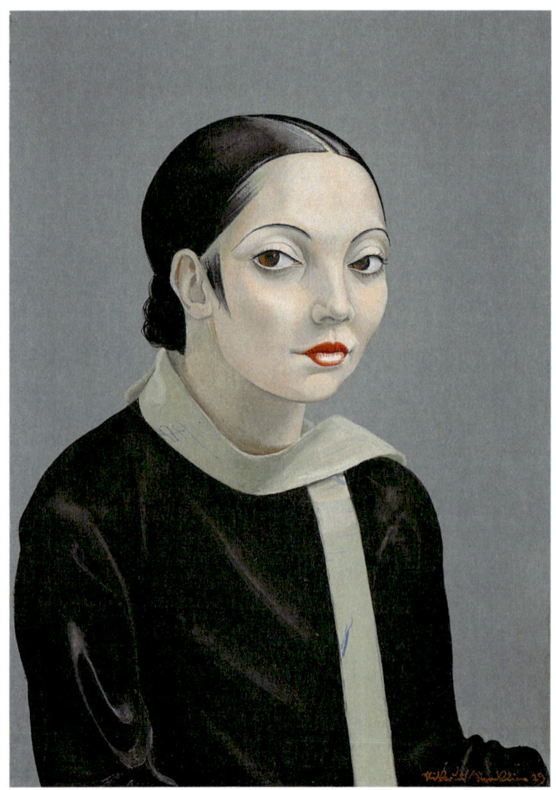

Félix Vallotton, La chaste Suzanne, 1922
Niklaus Stoecklin, Portrait de Tatjana Barbakoff, 1929

79

Félix Vallotton (Lausanne, 1865 – Paris, 1925)
La chaste Suzanne, 1922
Huile sur toile, 54 × 73 cm
Acquisition en copropriété avec la Fondation Gottfried Keller, Office fédéral de la culture, Berne, un crédit extraordinaire de l'État de Vaud et un don de l'Association des Amis du Musée, 1993. Inv. 1993-017

L'acte de voir – de ses éblouissements aux dangers qu'il fait encourir à la raison – est le fil conducteur du récit biblique auquel Vallotton, âgé de près de soixante ans, se réfère ici ironiquement. Parce qu'ils « voient » Suzanne, deux anciens du peuple juif désobéissent aux commandements divins et convoitent cette femme mariée, qu'ils épient nue alors qu'elle se baigne. Et parce qu'ils mentent en prétendant l'avoir surprise avec un amant, ils seront jugés et exécutés.

Que reste-t-il dans ce tableau moderne d'un sujet si souvent traité en peinture par le passé, d'Albrecht Altdorfer à Pierre Paul Rubens, d'Artemisia Gentileschi à Rembrandt ? Le décor interlope hésite entre une arrière-salle de café et une baignoire de théâtre. Le divan rose chair, le manteau rouge sang et le chapeau scintillant comme un vol de lucioles revêtent une importance étrange que l'on ne rencontre que dans les songes ou dans les réminiscences de certaines images honteuses. Le regard de la femme trahit une assurance professionnelle et un pouvoir confinant au sadisme. Celui des deux hommes d'âge mûr demeure caché derrière leurs oreilles rosies de plaisir et leurs crânes luisants, tendus vers l'objet désiré.

Cette *Chaste Suzanne*, plus qu'un morceau d'histoire à valeur moralisante, est une invitation à plonger dans l'inconscient. Comme chez Georges Bataille (*L'Histoire de l'œil*, 1928), ou encore chez Luis Buñuel et Salvador Dalí (*Un chien andalou*, 1929), la représentation de la pulsion scopique (dialectique entre « regarder » et « être regardé ») y tient lieu de représentation de l'acte sexuel. Seul contact charnel suggéré par le raccourci, le sourcil d'un des deux hommes vient effleurer le visage de la femme et y déposer comme une mouche, évoquant là encore une phrase du récit de Bataille : « La caresse de l'œil est d'une douceur excessive. » [CL]

80

Niklaus Stoecklin (Bâle, 1896 – 1982)
Portrait de Tatjana Barbakoff, 1929
Huile sur toile marouflée sur carton, 55 × 40 cm
Acquisition, 2000. Inv. 2000-031

Pour le Suisse Stoecklin comme pour la Lettone Tatjana Barbakoff, l'année 1925 est celle des débuts sur la scène internationale. Le peintre est le seul artiste non allemand à faire partie de l'exposition fondatrice de la Neue Sachlichkeit (Nouvelle Objectivité) à la Kunsthalle de Mannheim. Quant à la danseuse juive, elle présente pour la première fois un programme personnel à Berlin, point de départ d'une carrière couronnée de succès dans l'aire germanophone ; suivront son exil à Paris en 1933, son arrestation par la Gestapo à Nice en 1944 et sa déportation à Auschwitz où elle mourra la même année dans les chambres à gaz.

Le portrait réunit deux tempéraments apparemment aux antipodes l'un de l'autre. Barbakoff a élaboré un art d'essence expressionniste, plus proche de la pantomime que de la danse. Ses spectacles déclinent une suite de tableaux décoratifs, mais aussi de parodies satiriques du monde de l'art contemporain (*Dadaismus*, *Wege zu Kraft und Schönheit*), où les costumes asiatiques et les masques – qu'elle conçoit elle-même – jouent un rôle central. Dans les années 1920, l'art de Stoecklin s'inscrit dans la réaction à l'expressionnisme, adoptant une forme de réalisme magique caractérisée par un vérisme symboliste, dénué de critique sociale.

Barbakoff donne une représentation très remarquée à Zurich en novembre 1929. La dimension proprement picturale de ses poses et la grande plasticité de son visage inspirent ce portrait à Stoecklin et plusieurs estampes à Gregor Rabinovitch. Ils viennent grossir le flot des artistes et des photographes qui prennent la danseuse pour modèle : dès 1924, les membres du groupe Das Junge Rheinland réunis autour de Johanna Ey, puis de très nombreux peintres et sculpteurs expressionnistes, parmi lesquels son compagnon Gert Heinrich Wollheim, Waldemar Flaig, Helen Dahm et Christian Rohlfs chez qui elle séjourne à Ascona en 1931 et qui lui consacre un vaste cycle de dessins. [CL]

81

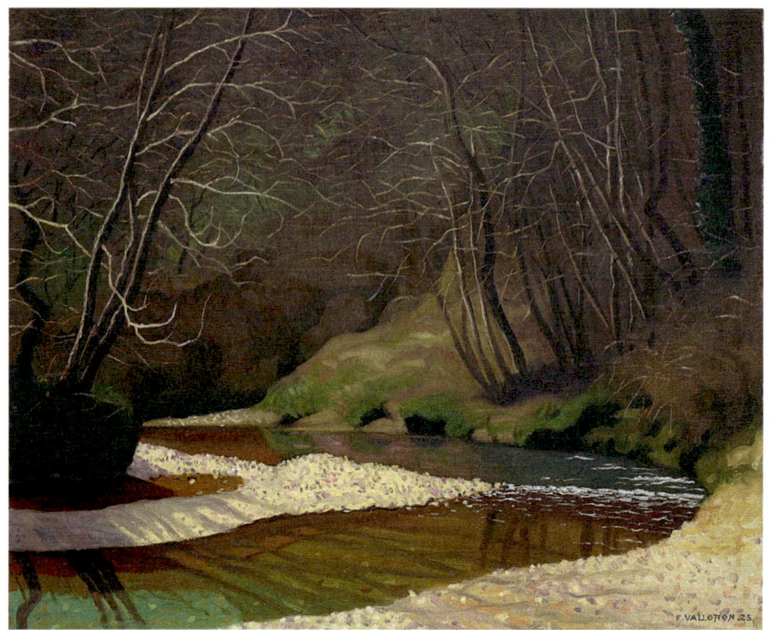

82

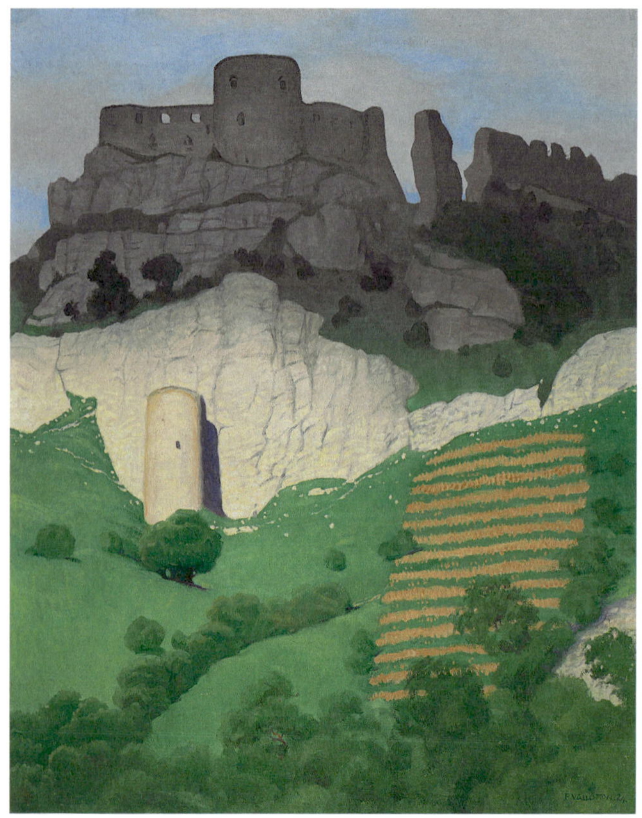

Félix Vallotton, Ruisseau rouille et galets blancs, 1921
Félix Vallotton, Le château Gaillard, 1924

81

Félix Vallotton (Lausanne, 1865 – Paris, 1925)
Ruisseau rouille et galets blancs, 1921
Huile sur toile, 60,5 × 73,5 cm
Acquisition, 2017. Inv. 2017-016

Souffrant d'une sciatique depuis 1916, Vallotton décide à la fin de l'automne 1920 d'aller passer les mois de la saison froide dans le sud de la France. L'artiste et son épouse Gabrielle arrivent à Cagnes le 24 novembre 1920 et logent dans une pension au sommet du village. Ils y séjournent les hivers jusqu'à ce qu'en 1924, Vallotton se porte acquéreur d'une vieille bergerie. Habitué aux ciels bas et gris de la Normandie, le peintre est d'abord surpris par l'intensité du soleil hivernal du midi. Dans une lettre à son frère Paul, datée du 26 décembre 1920, il écrit : « J'ai enfin commencé à travailler mais le résultat ne me satisfait pas du tout ; je suis un peu désorienté par tant de lumière [...] je ne me reconnais plus dans ma palette. »

Vallotton s'habitue toutefois très vite à cette nouvelle luminosité. Il opte alors pour des teintes qu'il n'avait pas encore utilisées jusque-là : des bleus intenses, des roux, des orangés et des mauves, des verts chauds et des jaunes dont l'éclat est souligné par le contraste avec des ombres colorées fortement accentuées. Mais plus que la lumière du Sud, c'est l'audace qui guide ses choix, lui fait accuser les valeurs, exagérer les contrastes.

Ici, l'épaisse forêt qui se déploie au second plan est comme contaminée par la luminosité presque irréelle du ruisseau. Au blanc des petites vagues répond l'enchevêtrement des branches effeuillées qui forme un réseau de longs filaments illuminant la moitié supérieure du tableau. Arabesques des berges, vibrations à la surface du cours d'eau et galets chatoyant sous les rayons du soleil transperçant la végétation, sont autant de preuves que l'héritage de la période nabie est encore vif dans les paysages vallottoniens des années 1920. Le ruisseau, tapis d'eau multicolore, ressort métamorphosé de l'opération de synthèse formelle et chromatique à laquelle le peintre le soumet. [CLC]

82

Félix Vallotton (Lausanne, 1865 – Paris, 1925)
Le château Gaillard, 1924
Huile sur toile, 80,5 × 65 cm
Acquisition, 1940. Inv. 625

En 1924, en route pour Honfleur où il a sa résidence d'été depuis 1909, Vallotton fait étape aux Andelys, un village des bords de Seine, dominé par les ruines du Château-Gaillard.

Pour ce tableau représentant la forteresse érigée en 1196 par Richard Cœur de Lion, roi d'Angleterre et duc de Normandie, Vallotton étudie scrupuleusement sa composition, réalisant d'abord un croquis détaillé au crayon, aujourd'hui conservé dans la collection du Musée.

La vue en contre-plongée exagérément accusée, le cadrage qui isole le château de son environnement moderne, la synthèse des formes, leurs lignes souples et leurs extrémités arrondies – caractéristiques des œuvres des années 1920 –, ainsi que les forts contrastes d'ombre et de lumière, contribuent à donner une image à la fois mystérieuse et irréelle du site. En maintenant dans l'ombre la partie supérieure du château construit en pierre calcaire blanche, et en rabattant ciel, ruine et colline sur un seul plan, Vallotton déroule devant le spectateur une tapisserie sonore, aux couleurs stridentes.

Les ruines fascinent le peintre, parce qu'elles témoignent de la disparition des civilisations anciennes (« Les ruines antiques sont impressionnantes », écrit-il à son frère Paul en mai 1907) ou contemporaines, ainsi celles de la Première Guerre mondiale. Celles des Andelys lui offrent un site exemplaire. Mais la bourgade exerce sur lui un attrait supplémentaire : c'est elle qui a vu naître Poussin en 1594. Le maître du classicisme avait élevé la peinture de paysage à la hauteur de la peinture d'histoire en se distançant de la vue observée au profit d'une composition recréée par la pensée et l'imagination. Vallotton marche sur ses traces. En 1916, année où il se rend aux Andelys pour la première fois, il convoque dans son *Journal* la notion de « paysage historique », centrale désormais dans son art et indissociable de la figure de Poussin. [CLC]

83

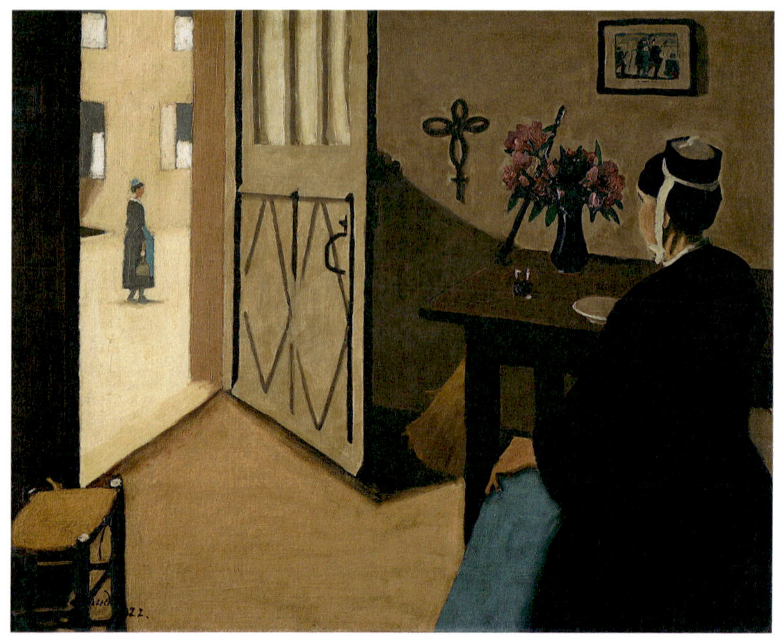

84

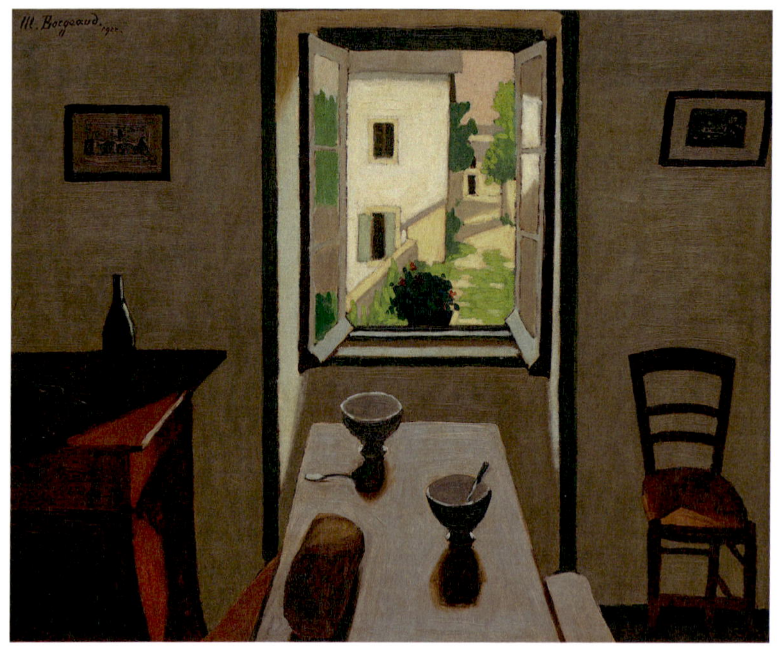

Marius Borgeaud, La Bretonne qui passe, 1922
Marius Borgeaud, La table et les deux bols, 1922

83

Marius Borgeaud (Lausanne, 1861 – Paris, 1924)
La Bretonne qui passe, 1922
Huile sur toile, 65,5 × 81,5 cm
Acquisition, 1954. Inv. 1954-011

Lausannois installé à Paris, Borgeaud découvre la Bretagne en 1908 et y résidera désormais plusieurs mois par an jusqu'à la fin de sa vie. *La Bretonne qui passe* est peinte au Faouët, dans le Morbihan, où l'artiste séjourne entre 1920 et 1922.

Dans un intérieur modeste, une femme assise semble avoir interrompu ses tâches quotidiennes le temps d'un repas. Son costume traditionnel forme une imposante masse noire dépourvue de tout modelé, de laquelle s'échappe un pan de vêtement bleu tranchant avec la palette chromatique restreinte utilisée par l'artiste. Comme souvent dans les intérieurs peints par Borgeaud, une porte ou une fenêtre ouvertes permettent d'échapper à un sentiment de claustration en créant un lien avec le monde extérieur. Malgré l'impression d'un basculement des objets vers le spectateur due à l'effacement de la perspective et au point de vue élevé choisi par l'artiste, la position de la femme, tournée en direction de la porte, guide le regard hors de la pièce. Une seconde femme, tenant un panier à la main, apparaît dans l'encadrement de la porte. Sa silhouette se détache sur le fond clair et lumineux de la rue, contrastant avec l'intérieur sombre. Immobiles et silencieuses, toutes deux semblent enfermées dans leur solitude respective.

Contrairement à de nombreux artistes parcourant la Bretagne à la recherche de sujets nouveaux, Borgeaud ne semble pas intéressé par les scènes pittoresques ni par les monuments locaux. Il s'attache à représenter les décors de la vie quotidienne, empreints de régionalisme. Le crucifix, présent sur de nombreuses toiles de l'artiste, témoigne d'une piété encore très vive dans la région. De même, accrochée au mur, l'estampe *Un des héros de Beauséjour* tirée de la série *La Grande Guerre* (1915) d'Eduardo Garcia Benito rappelle les gravures populaires ornant les établissements publics bretons, mais aussi les demeures privées. [CdA]

84

Marius Borgeaud (Lausanne, 1861 – Paris, 1924)
La table et les deux bols, 1922
Huile sur toile, 65,5 × 81 cm
Acquisition, 1942. Inv. 513

Cette œuvre fait partie de celles qui, parmi les quelque trois cents toiles peintes par Borgeaud, réalisent la quintessence de son esthétique. Ici, son univers aux sujets déjà très restreints et inlassablement explorés – natures mortes, scènes de la vie bretonne, intérieurs – atteint le plus grand dépouillement, son art la plus grande synthèse.

Peinte deux ans avant le décès de l'artiste, *La table et les deux bols* montre l'intérieur d'une maison au Faouët, en Bretagne. Au premier plan, on voit une miche de pain, deux bols et deux cuillères qui projettent sur une table de grandes ombres, gages de leur matérialité. De part et d'autre, on découvre une chambre plongée dans l'obscurité, dont les lignes de fuite convergent vers une fenêtre aux vitres réfléchissant la nature environnante. Au mur sont accrochées deux estampes, images dans l'image. Enfin, au centre de la composition, est posé un pot de fleurs, qu'un violent contre-jour réduit à une masse d'un vert obscur, dont s'échappent cependant quelques fleurs rouges éclairées par le soleil.

Le tableau est empreint d'une sévérité qui fait songer aux plus austères des peintures de vanités, celles qui dans la France du XVIIe siècle accompagnent les méditations jansénistes sur la mort et la fragilité de la condition humaine. La panoplie des objets réunis par Borgeaud se révèle cependant pauvre en symboles : un pain à peine entamé et des bols vides, qui signalent tout au plus une absence. Aussi le coup de force réside-t-il dans l'ouverture en arrière-fond sur un paysage inondé de lumière, qui place la nature morte très précisément au point de rencontre entre intérieur et paysage. Celle-ci devient ainsi la métaphore de la force vivifiante du soleil, d'une forme de renaissance éprouvée par Borgeaud lors de ses nombreux séjours dans des régions (l'Algérie, Séville, la Bretagne) où les forts contrastes entre ombre et lumière rejouent au quotidien le combat de la vie et de la mort. [CL]

85

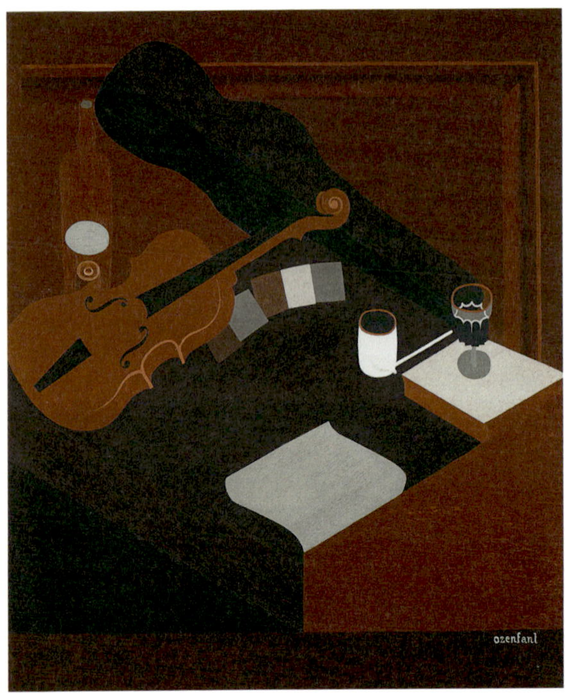

86

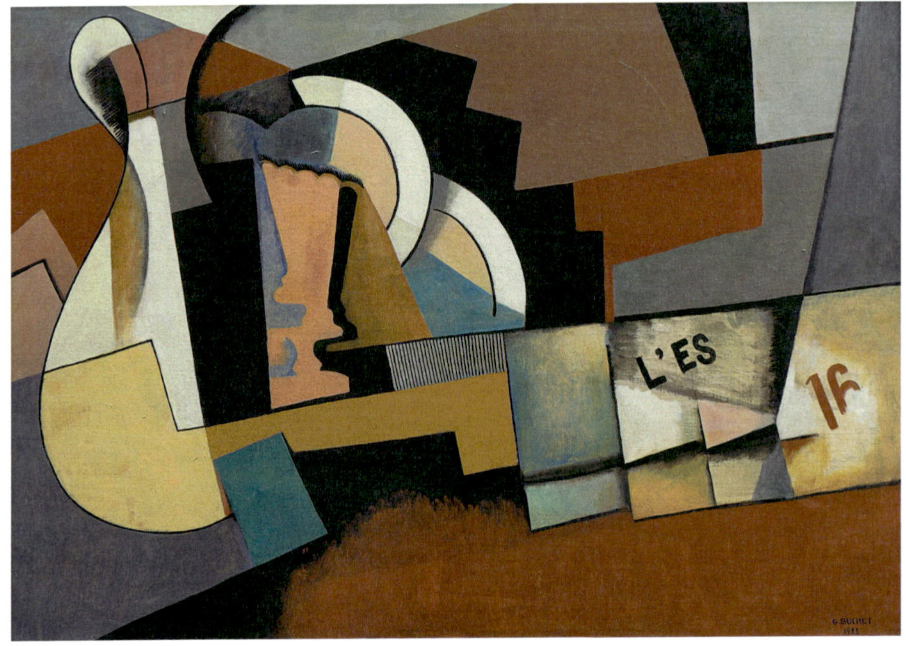

Amédée Ozenfant, Le violon rouge, 1919–1929
Gustave Buchet, L'Esprit nouveau, 1925/1928

85

Amédée Ozenfant (Saint-Quentin, 1886 – Cannes, 1966)
Le violon rouge, 1919 – 1929
Huile sur toile, 53 × 44,3 cm
Acquisition, 1995. Inv. 1995-193

Au lendemain de la Première Guerre mondiale, Ozenfant et Charles-Édouard Jeanneret (Le Corbusier) cosignent *Après le cubisme* (1918). Ce manifeste du purisme promeut le refus de toute représentation désordonnée, qu'elle intègre la dimension temporelle comme l'impressionnisme ou le futurisme, l'imaginaire débridé comme le dadaïsme, ou encore les dérives décoratives des épigones du cubisme. Le nouveau langage entend se calquer sur la civilisation industrielle : les tableaux obéiront désormais à des « schémas d'objets prototypes ayant atteint un haut degré d'invariabilité ».

Dans *Le violon rouge*, réplique réduite de moitié d'une œuvre de 1918 – 1919, Ozenfant convoque allusivement le cubisme : au lieu d'un objet produit en série, l'artiste réintroduit ici le violon, objet artisanal, et motif prisé au début des années 1910 par Braque et Picasso.

Si le purisme prône la représentation frontale des objets dans un espace quasi abstrait, l'artiste tempère ici son intransigeance. Il opte pour un point de vue surélevé et fonde sa composition sur des obliques qui réintroduisent un léger sentiment de profondeur. Les objets de sa nature morte sont disposés sur les quatre côtés d'un losange : une table, un violon et son étui, une bouteille, des cartes à jouer, un verre à pied cannelé, une pipe, un livre et une feuille de papier. Ce ne sont plus les ombres portées qui renforcent les relations spatiales entre les objets, mais le croisement à angle droit de leurs lignes de contour : sans ancrage univoque, ils semblent échapper à l'attraction terrestre. La bande horizontale au bas du tableau – moderne prédelle qui accueille la signature – et le panneau d'une boiserie encadrent et stabilisent l'ensemble. Les rimes plastiques entre la feuille de papier, le galbe du violon et ses ouïes, entre le fond de la bouteille et les volutes de l'instrument animent ce tableau maintenu dans « la grande gamme » des rouges, terre, blanc et noir définie par les puristes. [CL]

86

Gustave Buchet (Etoy, 1888 – Lausanne, 1963)
L'Esprit nouveau, 1925/1928
Huile sur toile, 81 × 116 cm
Acquisition, 2011. Inv. 2011-207

Les titres des premiers chapitres d'*Après le cubisme* (1918) disent les interrogations de Le Corbusier et d'Ozenfant au sortir de la Première Guerre mondiale : « Où en est la peinture ? », « Où en est la vie moderne ? ». Le purisme, dont ils se font les promoteurs, ouvre des voies nouvelles en s'inspirant de la mécanisation et en intégrant la standardisation, l'exactitude et l'économie dans le processus de création. Ordre et rigueur sont les maîtres mots. Les œuvres sont conçues comme des « équations » où s'imposent règle, rythme et précision. Afin de diffuser leurs idées, Ozenfant et Le Corbusier fondent en 1920, avec l'écrivain et critique littéraire belge Paul Dermée, la revue internationale *L'Esprit nouveau*.

Par son titre, l'œuvre de Buchet rend hommage à la publication éponyme et marque le ralliement de l'artiste à l'esthétique puriste. Les lettres et le chiffre font référence à la 16e livraison de *L'Esprit nouveau* ; ils rappellent aussi le rôle joué par les signes typographiques dans l'espace cubiste. La dynamique des formes, née du télescopage de lignes droites et courbes, s'inscrit, elle, dans le prolongement de la réflexion sur le mouvement amorcée par Buchet dès sa confrontation avec le futurisme. Cette dynamique vient tempérer la sévérité et l'austérité puriste, tout comme la palette harmonieuse de tons roux et gris, nuancée de roses, verts et blancs. Le pinceau se fait par endroits moins rigoureux, la ligne ne vient plus systématiquement cerner les formes, et le passage d'une couleur à une autre est parfois traité en dégradé. Ce retour de nuance et d'élégance contribue à singulariser l'œuvre de Buchet.

Cette œuvre est présentée lors de la première exposition personnelle de Buchet à Paris en 1926, chez Colette Weil, Galerie Mantelet, et figure sur le carton d'invitation. Retravaillée après l'exposition, elle sera datée « 1928 » par l'artiste. [CLC]

87

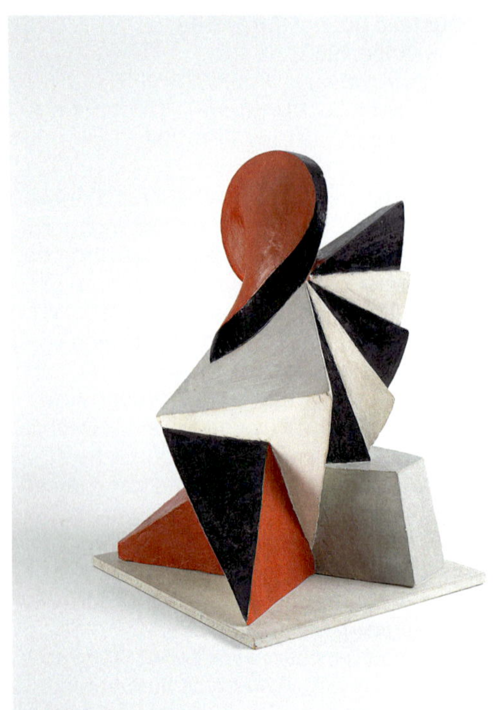

88

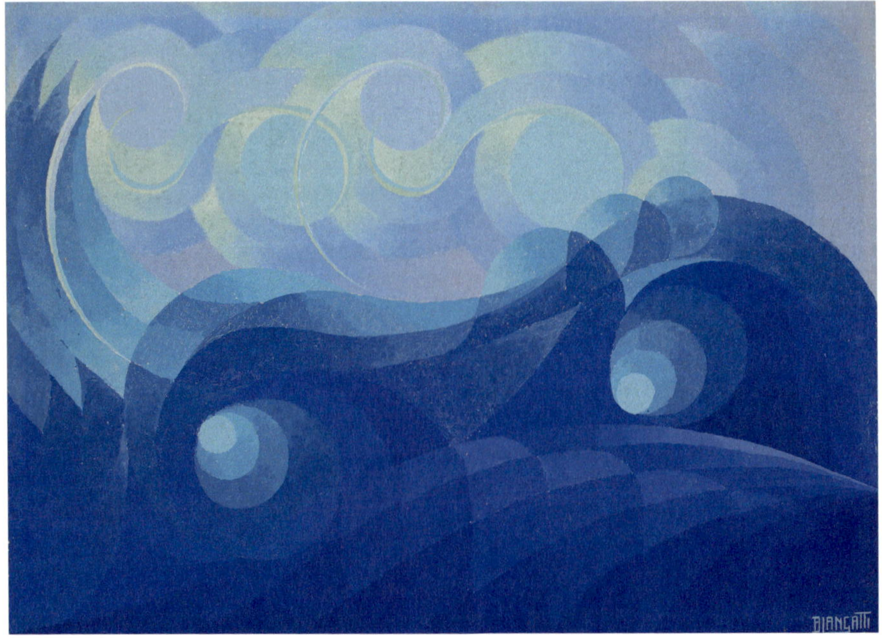

Gustave Buchet, Sculpto-peinture – abstraite –, 1923 – 1924
Charles Blanc-Gatti, Suite bergamasque de Debussy, vers 1930

87

Gustave Buchet (Etoy, 1888 – Lausanne, 1963)
Sculpto-peinture – abstraite –, 1923 – 1924
Plâtre, peinture à l'huile, 43,8 × 27,5 × 27,5 cm
Don de Georgette Buchet, 1970. Inv. 1970-020

Au début des années 1920, Buchet peint quelques toiles géométriques, dont certaines tendent vers l'abstraction. Parallèlement, il développe des projets dans les arts appliqués (ouverture d'une maison de couture), le théâtre (création de costumes) et la sculpture, qui le ramènent à la tridimensionnalité.

En 1923 et 1924, l'artiste suisse crée plusieurs « sculpto-peintures » en plâtre et peintes à l'huile, dont trois sont parvenues jusqu'à nous. D'autres n'existent plus que par une mention qui les fait connaître ou sont restées à l'état de projet. Certaines sont abstraites, alors que d'autres représentent des objets (maisons, bateaux, arbres) et des paysages fortement stylisés.

Avec *Sculpto-peinture – abstraite –*, Buchet s'approche au plus près de l'abstraction géométrique. Il propose une traduction tridimensionnelle des principes défendus par la Section d'Or et le purisme de Le Corbusier et Amédée Ozenfant : composition rigoureuse, austère et épurée, géométrisation des formes, application plane de la peinture et palette réduite au blanc, noir et rouge. L'artiste représente une spirale qui se développe en éventail. Volume projeté et surface peinte participent simultanément à cet effet de déploiement dans l'espace, chaque « facette » étant associée à une seule couleur. Ces couleurs, bien que très différentes, s'accordent subtilement entre elles. L'association de formes arrondies et de formes aux arêtes droites atteint un équilibre parfait. L'œuvre de Buchet oscille ici entre rationalisme et élégance, ordre et harmonie.

En 1919, Buchet avait fait la rencontre d'Alexander Archipenko qui exposait alors à la librairie Kündig à Genève. S'il a pu voir plusieurs « sculpto-peintures » de l'Ukrainien à cette occasion, ses œuvres s'inscrivent davantage à la suite de la sculpture cubiste d'Henri Laurens. Ce dernier offrait déjà dans les années 1910 des visées constructives à la couleur, l'utilisant comme élément structurant, la couleur contribuant au même titre que la forme à délimiter les plans, à distribuer et à dicter la lumière. [CLC]

88

Charles Blanc-Gatti (Lausanne, 1890 – Riex, 1966)
Suite bergamasque de Debussy, vers 1930
Huile sur pavatex, 32,5 × 46 cm
Acquisition avec l'aide de l'Association des Amis de Blanc-Gatti, 1955.
Inv. 1955-023

En 1911, Blanc-Gatti s'installe à Paris, ville alors en pleine effervescence artistique, où il travaille comme dessinateur-technicien. Après avoir été dessinateur de mode à Lausanne entre 1919 et 1922, le Suisse revient dans la capitale française. Il s'intéresse alors au musicalisme, cette théorie moderne des équivalences de sensations et de valeurs entre la peinture et la musique. Amorcé par le Français Henry Valensi, alimenté par les progrès de la physique et de la psychologie expérimentale, le musicalisme prend le relais de l'intérêt porté au XIXe siècle aux synesthésies, ces analogies entre les différentes perceptions sensorielles explorées par Charles Baudelaire dans son poème des *Correspondances* (1857).

En 1931, les musicalistes se réunissent au sein d'une association dont Blanc-Gatti est un des membres fondateurs. Avec Valensi, Gustave Bourgogne et Vito Stracquadaini, le Lausannois publie un manifeste en avril 1932 : « [...] Nous prenons conscience, ici, que du point de vue esthétique, l'esprit musical prédomine notre époque et que, pour continuer traditionnellement de traduire notre vie, "l'Art doit se musicaliser". » Exhortant à la transposition dynamique de la musique et à la traduction de la morphologie sonore, les signataires affirment vouloir « œuvrer en obéissant aux lois d'inspiration et de composition de la musique ».

Blanc-Gatti cherche à établir des concordances entre les vibrations sonores et les vibrations lumineuses, à retranscrire les ondes sonores, leur longueur, leur fréquence et leur mouvement. Il s'attaque aux œuvres de compositeurs variés, de Bach à Saint-Saëns ou Rimsky-Korsakov. Ici, le peintre a exécuté une interprétation picturale de la *Suite bergamasque* pour piano (1905) de Debussy, probablement de son troisième mouvement, *Clair de lune*. Dans une déclinaison de bleus, il déploie un répertoire de formes dérivant du cercle. Les arabesques, les lignes ondulantes, les spirales et les volutes s'enchaînent, s'enchevêtrent et irradient. [CLC]

89

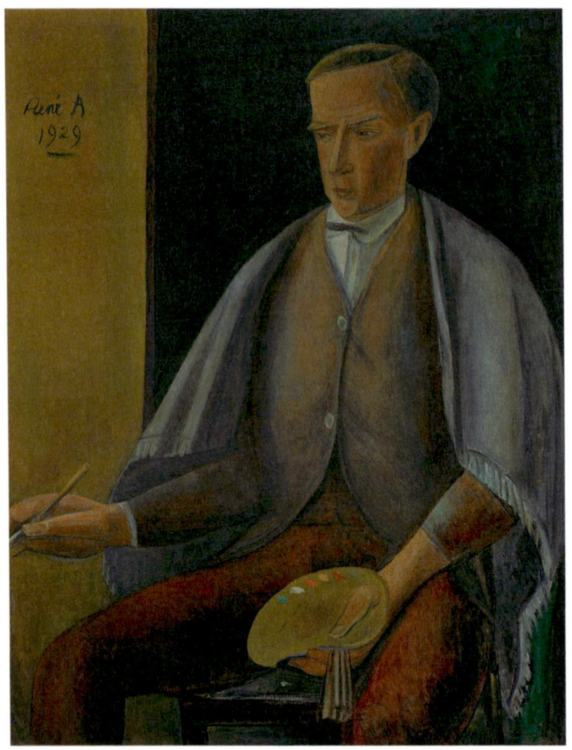

90

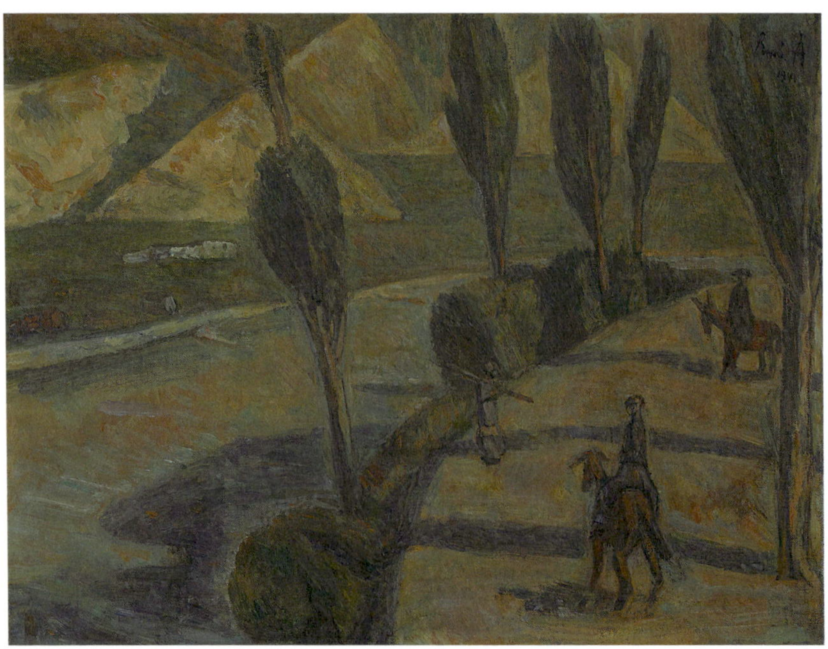

René Auberjonois, Autoportrait, 1929
René Auberjonois, La route valaisanne, 1940 – 1941

89

René Auberjonois (Lausanne, 1872 – 1957)
Autoportrait, 1929
Huile sur toile, 105 × 82 cm
Acquisition, 1931. Inv. 609

Auberjonois s'est souvent attelé à l'exercice de l'autoportrait. Il en sait les difficultés. Il écrit en 1916 : « C'est une rude épreuve que ce dialogue silencieux qu'est une peinture de soi-même. » Il déplore aussi que la confrontation avec le miroir provoque chez les artistes « le désir d'une attitude ». À cette époque déjà, il n'est question pour lui que de « chercher [s]on équilibre dans un cadre ». Ce parti pris de la forme et de la composition au détriment de l'originalité d'une pose ou d'un décor est au cœur de son esthétique. Pour lui, ce qui importera toujours, c'est « la tenue », la tenue de la toile, la tenue du corps, et jusqu'à la tenue vestimentaire.

L'*Autoportrait* de 1929 offre un exemple accompli de cette austérité. À commencer par les habits du peintre, qui ne se montre pas en tenue de travail, mais en veston et gilet boutonnés, en chemise blanche et nœud papillon. Seule dérogation à cette mise stricte, une couverture à franges, qui renvoie au large manteau posé sur les épaules de Cézanne dans son célèbre portrait gravé par Camille Pissarro (1874), discret hommage d'Auberjonois à l'un de ses maîtres.

Ici, assis très droit sur un tabouret, le peintre tient une palette où sont posées des couleurs pures. Elles attirent l'attention sur les éléments fondamentaux du métier, tout comme les mains gigantesques et la concentration de son regard. La construction du tableau est simple et sévère. L'arrière-plan est occupé aux trois quarts par un large panneau vert foncé. Derrière la main qui tient le pinceau, une bande brune fait la transition avec un plan clair – un mur ou une surface à peindre ? Le cadrage serré qui repousse le chevalet hors-champ joue avec cette ambiguïté.

Dans cette représentation de lui-même qu'il destine à une exposition rassemblant les autoportraits de toute la scène artistique suisse romande à Genève en mars 1929, Auberjonois affiche clairement son refus de toute compromission. [CL]

90

René Auberjonois (Lausanne, 1872 – 1957)
La route valaisanne, 1940 – 1941
Huile sur toile, 35 × 45 cm
Acquisition avec le soutien de l'Association des Amis du Musée, 1994. Inv. 1994-039

Dès un premier séjour en 1902, Auberjonois s'émerveille du « grand spectacle des paysages valaisans ». Très tôt, ses déplacements accusent un mouvement de pendule entre Paris, où il mène une vie mondaine et suit l'actualité artistique, et un ailleurs exotique, qu'il trouve dans la plaine du Rhône et le village haut perché de Lens. Son ami l'écrivain C. F. Ramuz dira en 1943 ce qui, dans le Valais, les séduisit tous deux : la permanence de l'immuable, la simplicité des mœurs et surtout « la nature, mais ce qu'elle a fait des hommes qui y vivent ».

En 1940, Auberjonois prépare une exposition personnelle à la Kunsthalle de Bâle. Il fait de longs séjours en Valais, en janvier à Lens, puis en septembre à Sion où il peint une douzaine de toiles dont cette *Route valaisanne*. L'importance pour lui du lien étroit entre l'humain et son milieu explique le statut ambigu de cette vue, ni paysage, ni scène de genre, plutôt une sorte de « paysage de chambre », qui résoudrait sa difficulté à dissocier peinture de plein air et peinture d'intérieur.

Ici, la vue sur une berge du Rhône aplatit sur un même écran des réalités que l'on ressent comme consubstantielles : les paysans montés sur leurs mulets et les peupliers penchés sur l'eau, dont les ombres se mêlent et s'entrecroisent sur le chemin et dans le fleuve ; la lumière dure du soleil qui découpe des triangles clairs sur les contreforts des montagnes. Exemplaires de l'œuvre tardif du peintre, l'austérité de la palette très serrée et la stylisation expressive presque caricaturale disent le peu d'intérêt de l'artiste pour la couleur et pour le rendu naturaliste. Sa formule, Auberjonois la trouve dans un formalisme qui se préoccupe essentiellement de l'équilibre et de l'ordonnance de la composition. En digne héritier de Cézanne, c'est là qu'il trouve son chemin, loin des déliquescences de l'impressionnisme et dans le refus de la voie vers l'abstraction ouverte par le cubisme. [CL]

91

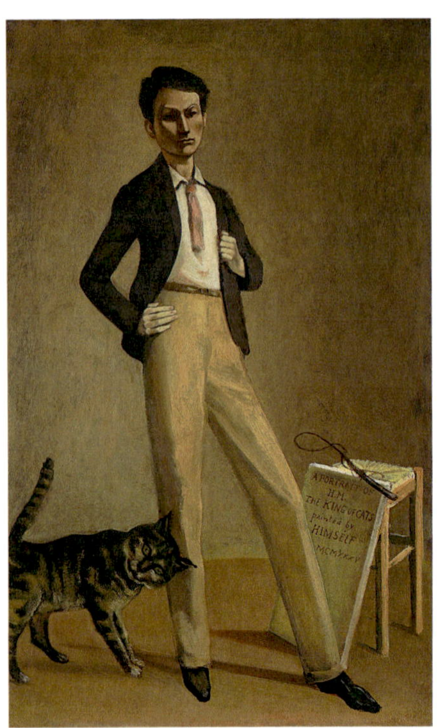

92

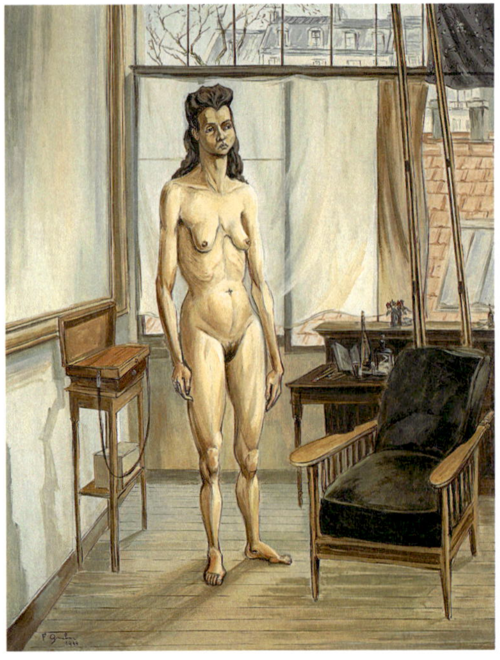

Balthus, Le Roi des chats, 1935
Francis Gruber, Nu dans l’atelier, 1944

91

Balthus (Balthasar Klossowski de Rola, dit) (Paris, 1908 – Rossinière, 2001)
Le Roi des chats, 1935
Huile sur toile, 78 × 49,7 cm
Don de la Fondation Balthus Klossowski de Rola, 2016. Inv. 2016-048

Dans ses autoportraits, Balthus revêt une succession d'identités sans jamais laisser tomber le masque. En 1935, il se représente ainsi debout, élégamment vêtu, une main accrochée au revers du veston, l'autre posée sur la hanche. Un chat tigré se frotte contre sa jambe. L'étroitesse de l'espace et la dureté de la lumière comme tombée d'une lucarne évoquent un cachot. Cette chambre aux murs nus n'est meublée que d'un tabouret, d'un fouet et d'une toile sur laquelle figure une inscription en lettres majuscules qui lève en partie le mystère dont l'œuvre est imprégnée : « A Portrait of H. M. The King of Cats, painted by Himself ». L'autoportrait est donc celui d'un monarque-peintre, à la tête d'un royaume peuplé de félins.

Avec *Mitsou* (1921) – l'histoire en images d'un chat trouvé et aussitôt perdu –, Balthus entame très jeune une relation de toute une vie avec cette bête qui, entre le fauve et l'animal domestiqué, incarne dès le romantisme la liberté, mais aussi la vie intérieure des créateurs. L'année où il peint ce portrait, l'artiste s'attribue le titre de « King of Cats » dont il signe ses lettres à sa future épouse Antoinette de Watteville après avoir triomphé d'un rival. Victorieux, il règne désormais sur les créatures qui lui ressemblent. « Très tôt j'avais compris mon appartenance secrète, mystérieuse au monde des chats. Je ressentais leur même souci d'indépendance », écrira-t-il dans ses *Mémoires*. Ici, un de ses sujets lui manifeste sa déférence, mais le fouet, qui n'est pas loin, transforme la scène de genre en une allégorie du Moi sauvage qu'il s'agit de dompter au quotidien.

La composition et le style ascétique, la palette sourde et la facture épaisse de cet autoportrait doivent beaucoup au *Portrait de Théodore Duret* de Manet (1868, Paris, Petit Palais). S'y ajoute une note fanfaronne à l'anglaise, clin d'œil au *swagger portrait*. [CLC]

92

Francis Gruber (Nancy, 1912 – Paris, 1948)
Nu dans l'atelier, 1944
Huile sur toile, 116 × 88,5 cm
Acquisition, 2016. Inv. 2016-028

En 1944, le doute persiste à Paris quant à l'issue de la Seconde Guerre mondiale. Cette année-là, Gruber peint une toile où Étiennette, son modèle favori, apparaît debout, les bras ballants, nue et maigre, affaiblie peut-être par les privations. Sa peau tendue révèle la musculature et l'ossature d'un corps dépourvu de toute sensualité. Son regard est absent, les coins de sa bouche sont affaissés. L'espace qu'elle occupe, fortement structuré par les murs, les plinthes, les lames du parquet et les montants des fenêtres, est oppressant : il semble la piéger au centre d'un encombrement de meubles frustes, comme contaminés en retour par son immobilité. Les points de fuite multidirectionnels et les proportions faussées augmentent le sentiment de malaise qui s'installe, tout comme la dureté de la lumière, la matière sèche et fluide, les tonalités sombres et sourdes, les harmonies froides du coloris, le trait sec et dur.

Le temps s'est arrêté sur cet atelier de peintre, tout à la fois nature morte et paysage désolé. Les rideaux tirés aux fenêtres nous ramènent au face-à-face avec la réalité d'un corps féminin qui se contente d'être là, exposé à la vue. Figure-mannequin, immobilité, espace irréaliste, importance accordée au vide, l'œuvre de Gruber évoque l'univers métaphysique de Giorgio de Chirico sans en partager ni l'atemporalité, ni l'atmosphère d'inquiétude et de nostalgie. Une violence sourde et contenue règne ici qui est celle de la Nouvelle Objectivité, dont ce tableau n'adopte toutefois pas la froideur mécanique.

La peinture de Gruber est un engagement à la fois personnel et public : c'est celle d'un homme physiquement inapte à aller au front comme celle d'un artiste qui défend une « utilité sociale de l'art ». C'est dans les deux cas une peinture pleinement ancrée dans la réalité du présent et dans la dureté de l'existence humaine. [CLC]

93

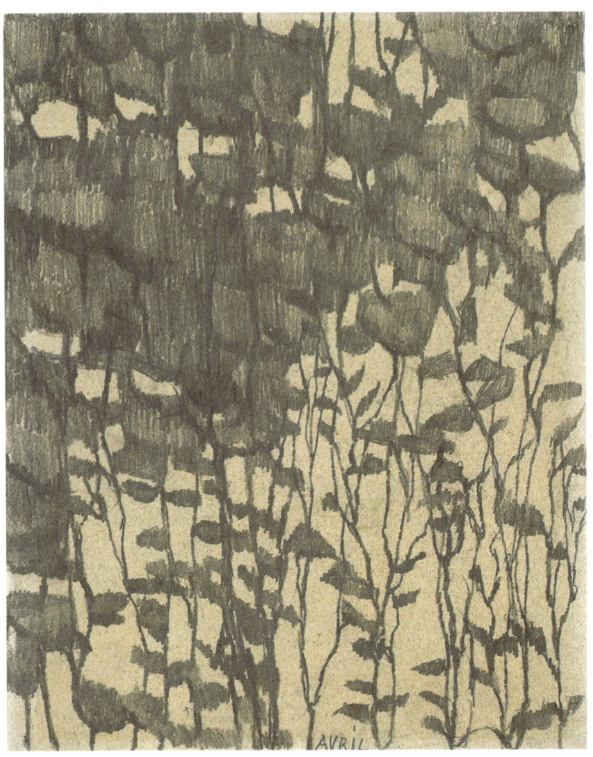

94

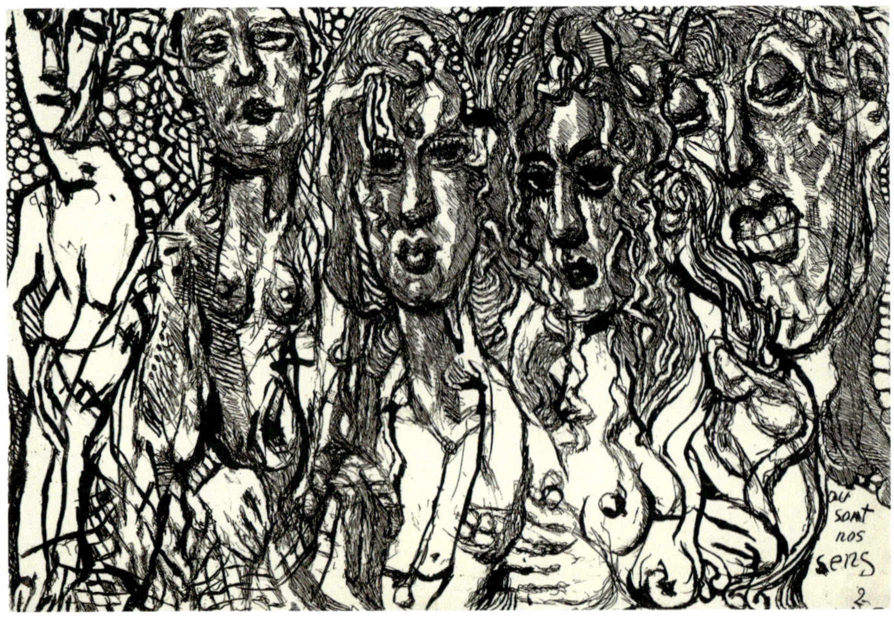

Louis Soutter, Avril, entre 1923 et 1930
Louis Soutter, Où sont nos sens ?, entre 1930 et 1937

93

Louis Soutter (Morges, 1871 – Ballaigues, 1942)
Avril, entre 1923 et 1930
Crayon sur papier, 21,9 × 17,6 cm
Acquisition, 1956. Inv. 342

Lorsque Soutter est interné contre son gré en 1923, il est âgé de 52 ans. C'est un homme mûr et de vaste culture, un artiste déjà accompli qui s'apprête à réaliser un œuvre considéré aujourd'hui comme un des événements marquants de l'histoire de l'art moderne. Les dessins qu'il exécutera jusqu'à mort survenue vingt ans plus tard (quelque trois mille nous sont parvenus) témoignent d'une sensibilité poétique et d'une force créatrice à nulle autre comparable.

Avant sa réclusion, Soutter étudie le dessin, la peinture et l'architecture à Lausanne, Genève et Paris. À Bruxelles, il est l'élève du célèbre violoniste Eugène Ysaÿe. Aux États-Unis, il dirige le département des beaux-arts du Colorado College et se marie avec Madge Fursman dont il divorce en 1903, année de son retour en Suisse. C'est à cette époque qu'apparaissent les premiers symptômes d'une mélancolie profonde, d'une fragilité physique et psychologique qui iront s'aggravant. Soutter entre dans l'Orchestre symphonique de Lausanne en 1908, puis, lente dérive, s'en va sur les routes, jouant du violon dans des hôtels et des cinémas. Son train de vie dispendieux et son comportement excentrique amènent sa famille à le faire placer dans l'hospice pour vieillards de Ballaigues, petit village du Jura vaudois.

Les premières années de son séjour à l'asile, Soutter dessine au crayon gris et à l'encre de Chine sur des cahiers d'écolier, seuls supports à sa disposition. Les pages sont utilisées au recto et au verso et recouvertes de bout en bout de compositions figuratives ou ornementales, denses et tracées d'un seul jet. Les cahiers, souvent démembrés par la suite pour être vendus ou exposés, sont organisés par thèmes et portent des titres, tel *L'Âme qui s'en va du seuil des fleurs au cycle des pierres noires* (couverture conservée au Musée). *Avril* témoigne d'une des sources d'inspiration essentielles de l'artiste : la nature, dont l'organisation et le foisonnement sont à l'unisson de son extraordinaire vision du monde. [CL]

94

Louis Soutter (Morges, 1871 – Ballaigues, 1942)
Où sont nos sens ?, entre 1930 et 1937
Plume et encre de Chine sur papier, 33,9 × 51 cm
Acquisition, 1955. Inv. 409

À Ballaigues où il est interné, Soutter souffre cruellement des bornes étroites entre lesquelles son existence se déroule. Il s'impose une vie ascétique, pratique le jeûne et la marche forcée. Il s'évade par l'imagination, échafaudant mille plans pour reconquérir son autonomie : « Je veux rentrer dans la vie de tous [...] et gagner avec ma musique et mes dessins mon honnête subsistance », écrit-il à son frère vers 1924. La rencontre avec son cousin Le Corbusier, vers 1927, qui se déclare ébloui par ses dessins, lui consacre un article dans la revue d'avant-garde *Minotaure* en 1936, et organise une exposition de ses œuvres aux États-Unis, sera déterminante. Avec l'attention que vont lui porter bientôt un petit cercle d'amis (Yvonne Walter-du Martheray), des peintres (René Auberjonois, Marcel Poncet), des écrivains (Jean Giono, C. F. Ramuz), des éditeurs (Henry-Louis Mermod) et des galeristes lausannois (Claude et Maxime Vallotton), Soutter reprend confiance et sa création en subit une évolution sensible.

Les œuvres réalisées par Soutter à cette époque sont dites « maniéristes ». Elles se caractérisent par une expressivité nouvelle et par des distorsions formelles. L'artiste dessine à l'encre de Chine, désormais sur des feuilles de plus grand format. *Où sont nos sens ?* appartient à une série peuplée de créatures séductrices et souffrantes, inspirées des résidents observés à l'asile. Soutter les appelle les « Sans Dieu » : « [...] des êtres douloureux, une caste pure, surélevée par le mal torturant de l'isolement. » Les femmes sont nues, parées seulement d'un collier et d'une immense chevelure ; elles montrent leurs dents et leurs lèvres fardées ; leurs mains tour à tour cachent ou caressent leur sexe ; elles prennent des poses lascives ; elles aguichent les hommes qui rivalisent pour attirer leur attention. À Ballaigues, ces dessins qui disent la solitude affective et la détresse sexuelle de l'artiste vaudront à Soutter le surnom de « fou pornographe ». [CL]

95

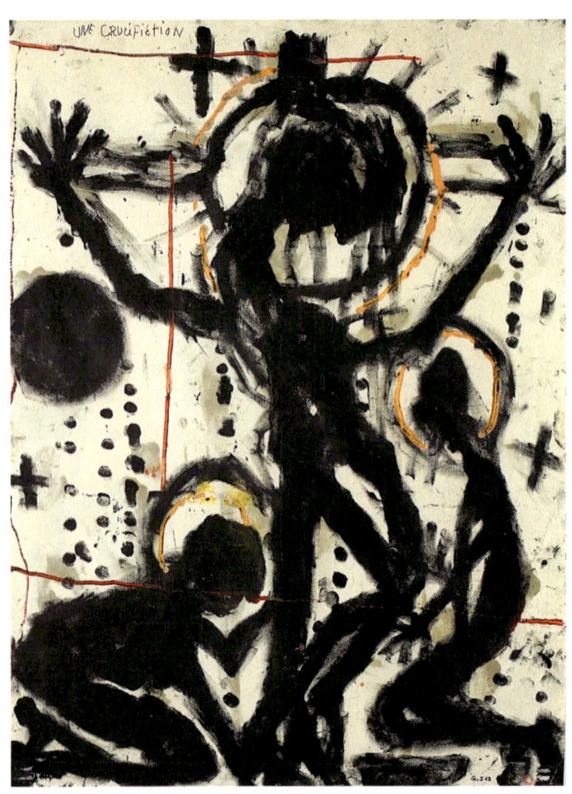

96

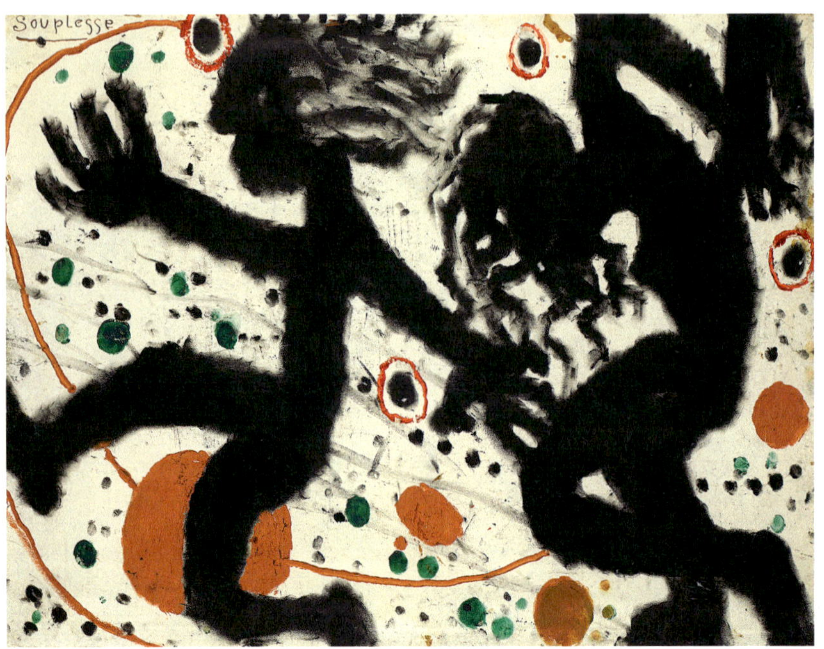

Louis Soutter, Une Crucifiction, entre 1937 et 1942
Louis Soutter, Souplesse, 1939

95

Louis Soutter (Morges, 1871 – Ballaigues, 1942)
Une Crucifiction, entre 1937 et 1942
Peinture au doigt sur papier, 68,4 × 51 cm
Acquisition, 1961. Inv. 512

Après 1936, Soutter, qui souffre d'une arthrose des mains et d'une baisse de la vue, explore des voies nouvelles. Travaillant au sol, parfois dévêtu, il engage le mouvement de tout son corps dans la réalisation de grandes peintures, appliquant la couleur directement avec ses doigts. Outre l'encre de Chine, il utilise l'encre d'imprimerie, le cirage, l'huile, la laque – parfois même du dentifrice. Son œuvre – qui avait témoigné jusqu'alors d'une forme d'*horror vacui* – travaille désormais avec le vide ménagé entre les formes. Commentant le blanc du papier entre ses figures noires, il déclare à cette époque au peintre Henri Noverraz : « Voyez les ombres et les lumières sur ce papier : je ne fais que les interpréter pour réaliser mon dessin. » Si son cousin Le Corbusier accueille ce tournant avec scepticisme, les peintures dites au doigt de la dernière période de Soutter sont celles qui fascineront la postérité et les artistes, d'Arnulf Rainer à Christian Boltanski.

Les peintures au doigt déroulent des sarabandes de personnages parcourant l'espace parallèlement au plan, toujours en mouvement, occupés à quantité d'activités. *Une Crucifiction* appartient à une série plus statique, habitée d'une force vibrante, où dominent les images christiques, en premier lieu celles de la Passion. Élevé dans une famille protestante, Soutter est confronté quotidiennement à l'asile à cette forme rigoriste du calvinisme qu'est le darbysme, bien implanté à Ballaigues et qui se traduit par un ressassement de la Bible, des incitations à l'humilité et des mesures vexatoires. Sur cette feuille, il représente le Christ en croix entouré de deux figures agenouillées qui, nimbées elles aussi, pourraient être identifiées à Marie et à Jean. Un astre noir rappelle que le ciel s'est obscurci ce jour-là sur Jérusalem, et les croix balisant l'espace que Jésus est l'alpha et l'oméga dans la tradition chrétienne. Nul doute que Soutter s'est identifié à Celui qui, à ses yeux, incarnait l'innocence martyrisée. [CL]

96

Louis Soutter (Morges, 1871 – Ballaigues, 1942)
Souplesse, 1939
Peinture au doigt sur papier, 44 × 58 cm
Acquisition, 1957. Inv. 418

Deux silhouettes échevelées traversent l'espace parallèlement au plan, de droite à gauche. De leurs pieds elles martèlent un rythme constamment répété ; de leurs bras elles engagent tout le corps dans une danse aux mouvements élémentaires. La mélodie de la musique qui les entraîne semble répétitive, son tempo invariable, son thème aussi insistant que celui du *Boléro* de Maurice Ravel. On croit assister à un rituel célébrant l'union de l'homme et du cosmos, à une cérémonie du sacre d'un printemps, ou à une fête du solstice d'un été. Plongés dans un état de transe, les danseurs paraissent avoir atteint une apothéose où leur ronde s'est accordée à celle des planètes que l'on voit tourner en orbite autour de leurs soleils.

Souplesse est une des œuvres les plus connues de Soutter. En plus du noir dans lequel il trace ses grandes silhouettes courant sur le blanc du papier, l'artiste, à la fin de sa vie, recourt fréquemment à des couleurs, essentiellement le jaune, le rouge et le bleu, parfois aussi le vert et l'orange comme ici. Ces tonalités vives relient entre elles les formes déjà peintes en noir, les renforcent en les cernant d'une ligne, et surtout les situent dans l'espace.

Les sujets dramatiques (crimes, avortements, crucifixion) abondent dans l'œuvre de Soutter après son internement à Ballaigues. Faisant écho à sa propre situation, ils racontent l'épopée d'une humanité chassée du paradis, qui avance dans l'obscurité, chargée du poids de sa culpabilité, guidée vers le néant par une pulsion funeste. Mais il est aussi des dessins et des peintures qui, comme *Souplesse*, expriment de manière presque euphorique la nostalgie de l'Éden perdu. Là, des hommes dansent et jouent, arrachés aux contingences du temps historique, en harmonie avec la nature et le cosmos. Une société se reforme qui traverse le monde sans l'abîmer de son empreinte. Un peuple vit loin des regards, et ne trahit sa présence que par des ombres portées sur le grand écran de l'univers. [CL]

97

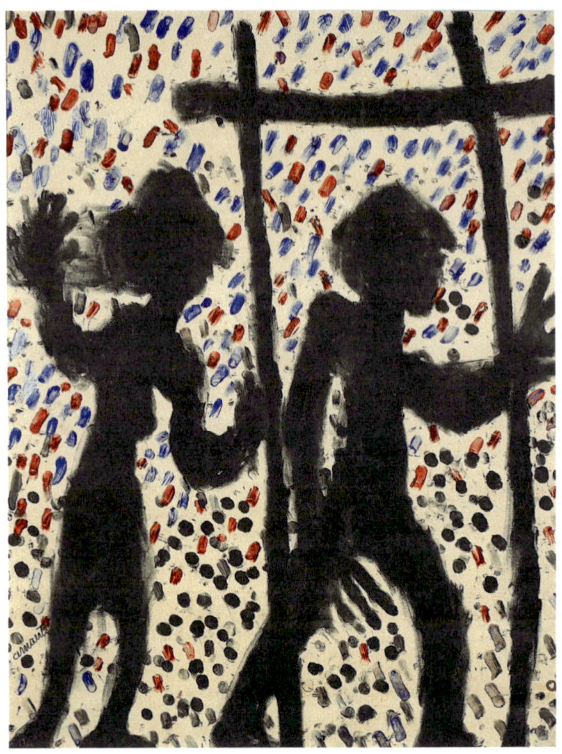

98

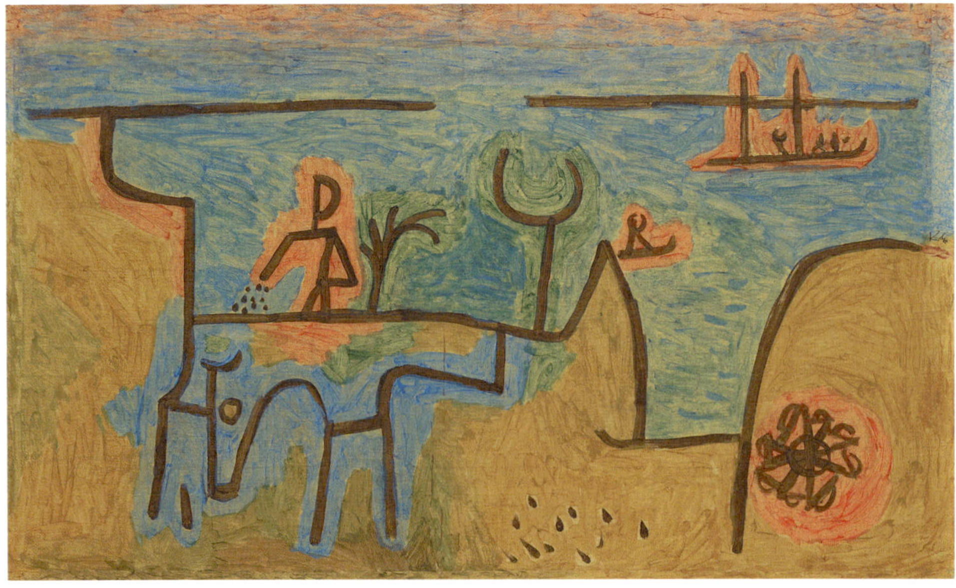

Louis Soutter, Amants. Aurons-nous ? un logis d’hiver, entre 1937 et 1942
Paul Klee, Am Nil, 1939

97

Louis Soutter (Morges, 1871 – Ballaigues, 1942)
Amants. Aurons-nous ? un logis d'hiver, entre 1937 et 1942
Peinture au doigt sur papier, 64,5 × 50 cm
Dation succession Jean-Claude Givel, 2018. Inv. 2018-005

Soutter prélève des images dans un mouvement qu'elles arrêtent pour un temps qui s'éternise. Ce mouvement est celui du flux incessant de silhouettes noires livrées à l'errance, condamnées à avancer et à agir dans un monde où, après le péché originel, nul désir ne saurait être assouvi, nul repos ne saurait être trouvé. Alors que dans sa période maniériste, l'artiste avait dépeint les femmes comme des figures menaçantes, castratrices, et les hommes comme leurs victimes terrorisées, les peintures au doigt les réunissent ensemble dans une société humaine primitive, livrée au même destin pitoyable, assujettie aux mêmes peurs, et mue par les mêmes instincts.

Amants. Aurons-nous ? un logis d'hiver montre un couple en route vers nulle part à la recherche d'un abri, dans le froid de la neige qui tombe. L'homme, de profil, marche devant et s'est engagé sous un portique ; la femme, de face, le suit mais elle s'est arrêtée sur le seuil et semble hésiter à entrer, le bras levé comme pour donner l'alerte.

Cette peinture est révélatrice de la nouvelle syntaxe plastique mise en œuvre par Soutter à la fin de sa vie. Il a abandonné la saturation du plan par un réseau linéaire reliant les figures et les ornements de proche en proche. Désormais, des corps compacts à peine dégrossis s'inscrivent dans un espace balisé par quelques signes élémentaires : les lignes qui se coupent à angle droit, et couvrent parfois toute la surface comme un grillage ; les arabesques, qui ploient et entraînent les personnages dans leur mouvement ondulatoire ; les points, noirs ou en couleurs, empreintes posées du bout du doigt qui s'organisent en chaînes, ou en un dense semis venant combler les vides. À la fin des années 1930, Soutter poursuit à l'instar d'autres peintres de la modernité, et en particulier son contemporain Paul Klee, l'utopie de la réactivation d'un langage graphique universel remontant aux origines de l'humanité. [CL]

98

Paul Klee (Münchenbuchsee, 1879 – Muralto, 1940)
Am Nil, 1939
Peinture à la colle sur papier marouflé sur toile de jute, 75 × 125 cm
Don anonyme, 2011. Inv. 2011-200

En quatre petites semaines, du 17 décembre 1928 au 17 janvier 1929, Klee parcourt l'Égypte, visitant Alexandrie, Le Caire, Louxor et Assouan. Il n'en rapporte que deux dessins répertoriés, mais recueille une foison d'impressions auxquelles il donnera forme bien plus tard, entre 1937 et 1940, année de sa mort. Tout comme son voyage en Tunisie en 1914 avec August Macke et Louis Moilliet, ce court périple égyptien le marque profondément.

Sur fond de contrastes de couleurs chaudes et froides – bleu-vert boueux et ocre sombre –, d'interpénétration d'eau et de terre, *Am Nil* (Au bord du Nil) déploie des pseudo-hiéroglyphes noirs en une ligne continue, sous deux barres en guise d'une ligne d'horizon qui serait placée très haut. Ces signes figurent un bœuf, un semeur, un papyrus, deux barques et la roue à aubes d'une noria, cette pompe hydraulique primitive avec sa fourche caractéristique à laquelle est attachée un bœuf qui fait tourner la roue. L'œuvre est une des plus grandes peintures que Klee ait jamais réalisées, ce qui atteste l'importance à la fois « épique » et personnelle que l'artiste lui accorde.

Rentré à Berne pour fuir les nazis et rongé dès 1936 par une sclérodermie qui lui sera fatale, Klee se lance dans une production frénétique culminant en 1939 avec la création de mille deux cent cinquante-trois œuvres où les réminiscences égyptiennes servent à sublimer l'angoisse de la mort. Les motifs développés dans *Am Nil* s'inspirent en effet du symbolisme du *Livre des morts* de l'Égypte antique : la barque préfigure le passage « de l'autre côté », vers un jour nouveau, la roue à aubes et la semence promettent l'éternel retour. Klee – dont les initiales sont cachées partout dans ce tableau – écrit son propre *Livre des morts*. [BF]

99

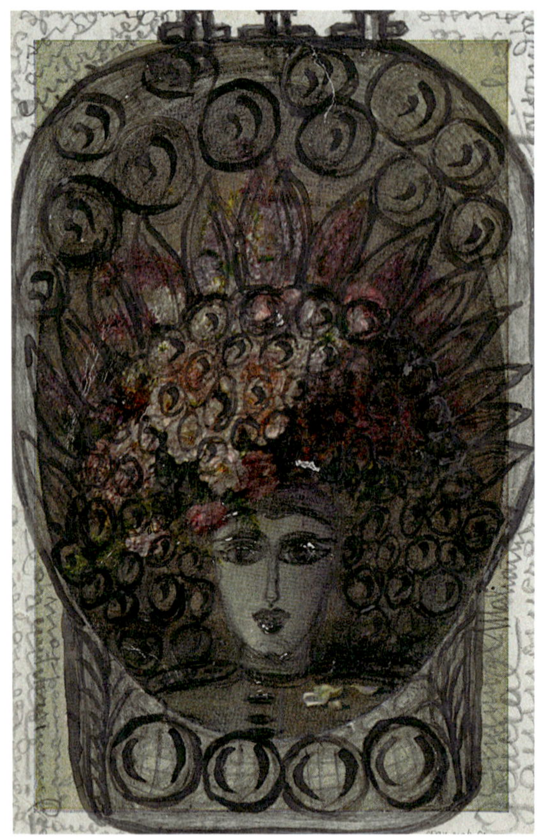

100

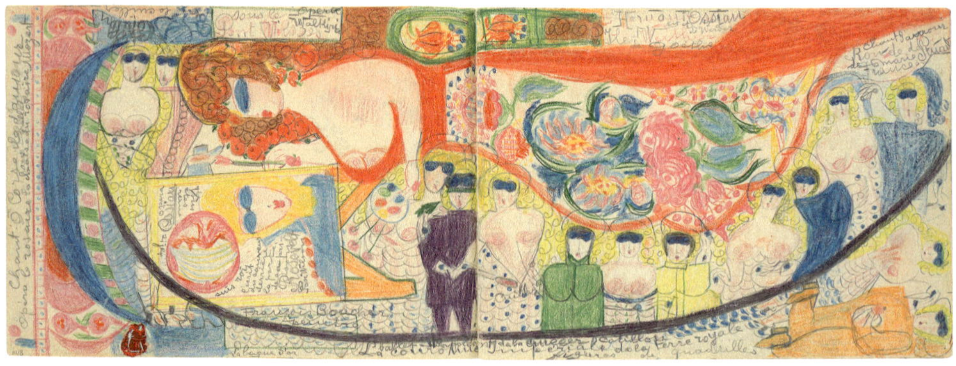

Aloïse, Materdolorosa, 1922
Aloïse, La Couronne Impériale de la terre royale, 1943

99

Aloïse (Aloïse Corbaz, dite) (Lausanne, 1886 – Gimel, 1964)
Materdolorosa, 1922
Mine de plomb, encre, crayons de couleur sur carte postale, 14,3×9,4 cm
Succession Aloïse Corbaz, 1966.
En prêt à long terme à la Collection de l'Art Brut, Lausanne. Inv. 2011-032

La Lausannoise Aloïse Corbaz est gouvernante d'enfants, profession qu'elle exercera un temps en Allemagne, à la cour de l'empereur Guillaume II. De retour en Suisse en 1913, ses propos religieux exaltés et antimilitaristes, et son comportement agité, conduisent à son internement à l'hôpital psychiatrique de Cery, près de Lausanne, en 1918. Transférée à l'asile de La Rosière à Gimel en 1920, elle y demeure jusqu'à la fin de sa vie.

En cachette d'abord, Aloïse réalise ses premiers dessins au crayon et à l'encre, sur des supports de fortune de petites dimensions. Ici, elle a récupéré une carte postale imprimée qu'elle a réinterprétée pour un portrait où une immense couronne végétale enserre un petit visage féminin. La structure rayonnante du diadème renvoie à l'une de ses sculptures préférées, *La Liberté éclairant le monde* (1886) de Frédéric Auguste Bartholdi. L'ensemble prend la forme d'une grenade, fruit ou arme prête à être dégoupillée.

Aloïse comble le moindre vide du papier par des images et des mots. Au recto et au verso de cette carte se déroule un texte difficile à réorganiser, signé « Lulu », son surnom, et « Materdolorosa », référence à la douleur de perdre un enfant. Sont aussi évoquées des figures d'autorité de l'asile : ainsi, « Pape des protestants » renvoie à Gabriel Chamorel, pasteur lausannois charismatique pour lequel elle éprouva une violente passion. Le traumatisme de la guerre de 14 – 18 la poursuit (« l'armée anglaise à Genève »). Les métaphores renvoient à la couronne fleurie et à la lumière solaire (« la toison d'or », « essieux de l'unique roue du soleil », « tiare astrale »), mais aussi aux roses qui inspirent à la résidente de l'asile de La Rosière (!) des associations religieuses (« Rosaire », « Materdolo-rosa »). Enfin, il est question de son inspiration : Aloïse se décrit comme une « mappemonde en univers », un corps frappé par un rayon solaire qui, ricochant sur sa surface, provoque un jaillissement d'images. [CL]

100

Aloïse (Aloïse Corbaz, dite) (Lausanne, 1886 – Gimel, 1964)
La Couronne Impériale de la terre royale.
Cahier Pâques 1943, 1943
Mine de plomb et crayons de couleur sur papier, 24,5×66 cm
Dation de l'hoirie Jacqueline Porret-Forel, 2016. Inv. 2016-070

Aloïse est âgée de cinquante-sept ans et internée à l'asile de Gimel depuis vingt-trois ans lorsqu'elle illustre les vingt pages de ce cahier de dessin, support qu'elle utilise régulièrement dès la fin des années 1930. Toujours à la recherche de plus grands formats, elle travaille ici sur une double page, à la mine de plomb et aux crayons de couleur qu'elle mouille de sa salive pour obtenir une pâte couvrante.

Ce dessin a été réalisé à Pâques, une des fêtes préférées d'Aloïse. Comme le plus souvent, les thèmes abordés mêlent souvenirs personnels et culture savante, le tout disant ses joies et ses chagrins, et surtout révélant cette vie parallèle au quotidien de l'asile, où elle construit au fil des ans un univers certes fantasmatique, mais d'une grande complexité et d'une forte cohérence.

Le sujet a été travaillé horizontalement et verticalement. Sur la hauteur se déploie le corps regorgeant de fleurs d'une femme rousse vêtue d'une robe à longue traîne rouge et agenouillée sur un coussin. Ses yeux, comme ceux de tous les personnages, sont masqués de bleu, couleur qu'Aloïse associe au théâtre. Cette « impératrice » tient une palette de peintre où les couleurs sont des œufs de Pâques multicolores. Devant elle, un tableau sur un chevalet montre le buste d'un beau roi blond et une mappemonde irisée. Lu sur sa largeur, le dessin porte la mention : « Ô Corse île d'amour », succès du chanteur de charme Tino Rossi. Le corps de la femme s'est transformé en couvercle d'une grande barque dont la figure de proue est une sirène et où sont rassemblés nombre de petits couples en tenue de gala, prêts à danser un quadrille. Le texte évoque le jeu de la bague d'or. Il convoque de grands présidents et généraux (Napoléon, Roosevelt, Wilson), un écrivain (Goethe), un peintre rococo (Boucher) et, surtout, la musique classique (Mozart, les opéras *Ossian*, *La Walkyrie* et *Marie Stuart*), Aloïse ayant rêvé dans sa jeunesse de devenir cantatrice. [CL]

101

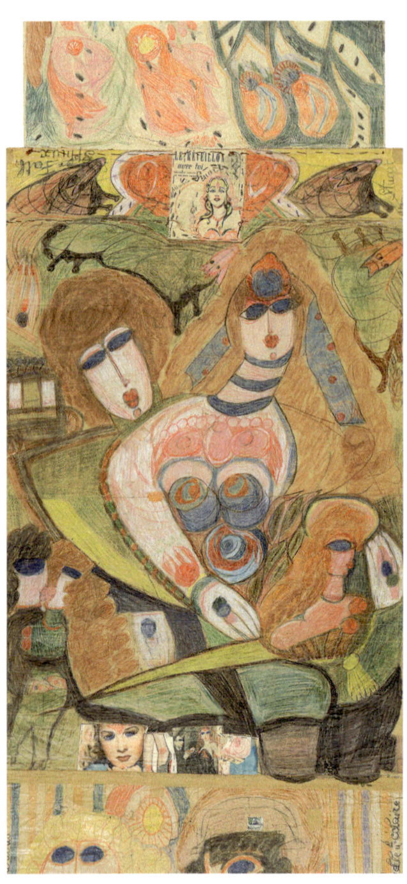

102

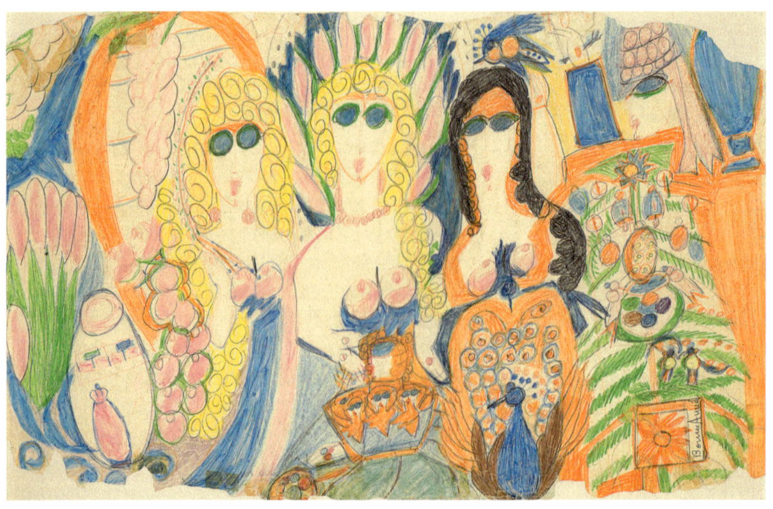

Aloïse, Sphinx Fath – Marie Stuart, 1950
Aloïse, Bonne année, entre 1951 et 1960

101

Aloïse (Aloïse Corbaz, dite) (Lausanne, 1886 – Gimel, 1964)
Sphinx Fath – Marie Stuart. Feuille du rouleau double face *Le Réveillon avec toi*, 1950
Mine de plomb, crayons de couleur et papiers cousus sur papier d'emballage, 688 × 91 cm
Don du professeur Hans Steck, 1975.
Inv. 1975-500

Sa vie durant, Aloïse est une passionnée du fil et de l'aiguille. Formée à l'École professionnelle de couture à Lausanne et réputée pour son élégance, elle confectionne elle-même ses robes. Après son internement à l'asile de Gimel, elle se propose spontanément pour repriser et repasser le linge de la maison, une occupation qui lui permet de s'isoler dans une petite pièce où elle réalise aussi ses dessins. C'est là qu'elle garde son matériel : crayons de couleur, pétales de géranium et pâte dentifrice.

Dès le début des années 1940, Aloïse confectionne des rouleaux de plusieurs mètres avec des emballages récupérés de paquets ou de cadeaux, qu'elle repasse et raccommode, puis colle ou coud ensemble. Ces formats agrandis lui permettent de raconter des histoires en épisodes, poursuivies au recto et au verso du support. Elle y intègre aussi des illustrations découpées dans les journaux, des timbres-poste et des vignettes.

Ce dessin fait partie du rouleau *Le Réveillon avec toi*, sept mètres de feuilles cousues ensemble avec des brins de laine, puis renforcées au papier adhésif. Tout en haut et tout en bas, Aloïse a intégré des images publicitaires. Le mot « Fath », associé à celui de « Sphinx », fait référence à Jacques Fath, grand couturier français de l'après-guerre. Au centre, un couple d'amoureux est installé sous un baldaquin orné d'une couronne royale. Leurs visages sont blanchis, leurs yeux aveuglés de bleu. Ils sont emportés dans un carrosse attelé de quatre petits chevaux disposés dans les angles. Cet élan est celui d'un érotisme qui se manifeste par les seins fleuris de roses de la femme, et surtout – surgi de l'uniforme de son amant – par le grand sabre d'or qu'elle effleure d'une de ses mains baguées. L'artiste fait preuve ici d'un sens exceptionnel de la « suture », faisant tenir ensemble des supports et des images par ses talents de « bricoleuse » et par la force de sa vision. [CL]

102

Aloïse (Aloïse Corbaz, dite) (Lausanne, 1886 – Gimel, 1964)
Bonne année, entre 1951 et 1960
Crayons de couleur partiellement aquarellés sur papier, 52,8 × 84,1 cm
Don du professeur Hans Steck, 1971.
Inv. 1971-041

Aloïse ne se considère pas comme une artiste, mais comme un scribe : « Je copie ce que j'entends », écrit-elle. À l'asile, pendant plus de quarante ans, c'est cet univers révélé qu'elle va représenter. Elle dit y accéder par une « grande lunette à vision » qui lui permet de « plaquer des grands tableaux ». Certains de ses personnages lui apparaissent en songe, et elle dialogue avec eux à haute voix en les dessinant : « Mlle [?], vous n'êtes pas du tout comme je vous ai vue cette nuit. »

Les compositions d'Aloïse reposent sur un vaste répertoire de personnages, d'animaux et de lieux, issus d'une culture savante et populaire, littéraire, musicale, philosophique et alchimique, dont on se demande comment elle l'a acquise. Ressemblances formelles, jeux de mots ou assonances tissent un réseau où l'on repère rapidement des constantes qui balisent le territoire de sa pensée.

On retrouve sur ce dessin tous les procédés figuratifs de l'artiste : saturation de l'espace, imbrication serrée des formes simples, contours appuyés, grands aplats de couleurs vives et fraîches, absence de profondeur, hiératisme, échelle dictée par l'importance des personnages. Trois femmes au buste dénudé et un pape coiffé d'une tiare aux longs fanons émergent d'un décor fait de feuillages, de fleurs, de grappes de raisin et d'oiseaux. Les associations proposées fonctionnent par une relance du « c'est comme… ». Ainsi, les seins des femmes, c'est comme des camélias, comme des grains de raisin. La palette d'un peintre, c'est comme le nid d'œufs multicolores qui décore le sapin de Noël, comme les ocelles de la roue du paon, ou encore comme les aigrettes des oiseaux. Le thème central de la peinture est rendu plus explicite encore par le pinceau que tient le pape, et surtout par la palette du petit homme agenouillé au centre, qui baise la main de la plus merveilleuse des trois déesses. [CL]

103

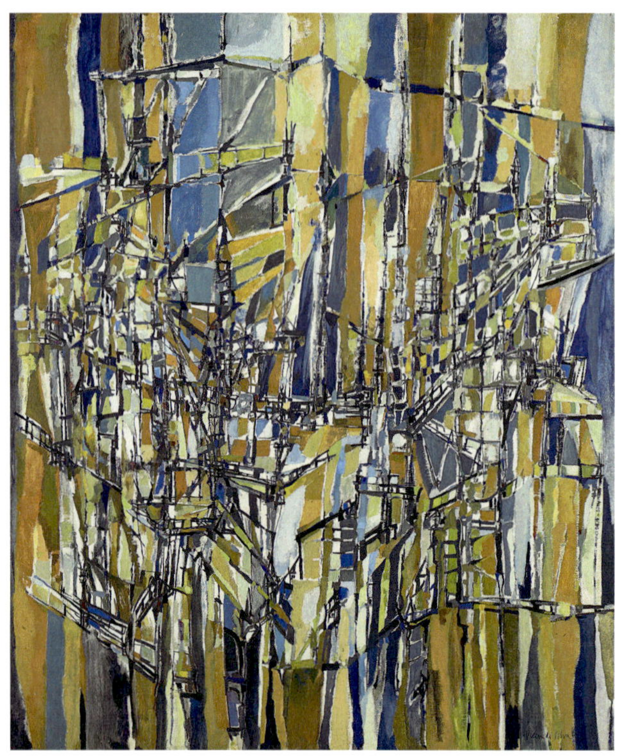

104

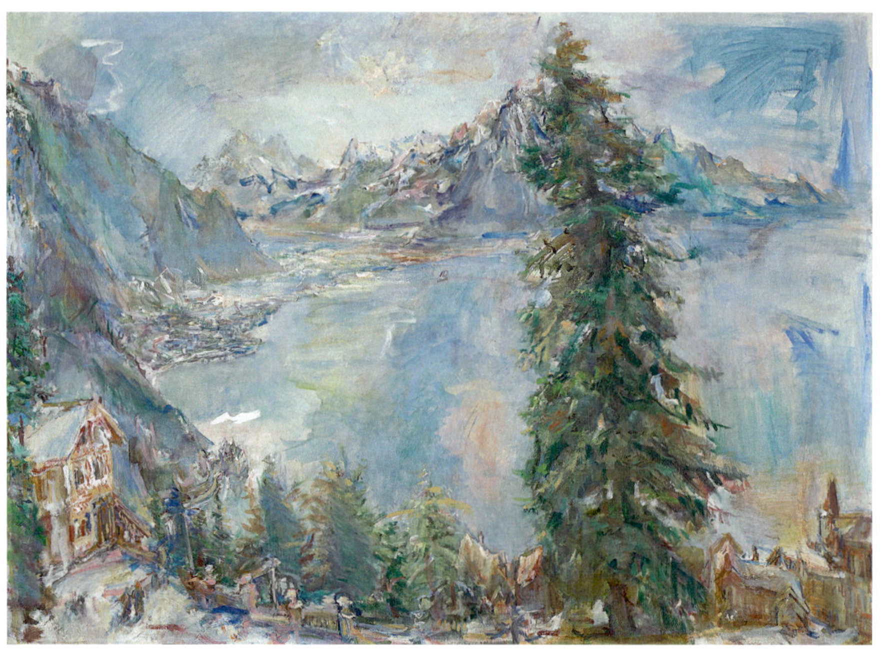

Maria Helena Vieira da Silva, La ville suspendue, 1952
Oskar Kokoschka, Glion, vue sur le lac Léman, 1956

103

Maria Helena Vieira da Silva (Lisbonne, 1908 – Paris, 1992)
La ville suspendue, 1952
Huile sur toile, 137 × 115 cm
Acquisition, 1952. Inv. 1952-015

Vieira da Silva fait partie de la Seconde École de Paris, un mouvement disparate de l'après-guerre, dont les plus éminents représentants sont Jean Bazaine, Roger Bissière, Maurice Estève et Alfred Manessier. Ces artistes pratiquent une forme d'abstraction expressive basée sur des éléments du monde réel. Leur cœur balance entre l'affirmation d'une certaine figuration (« figuration allusive ») et le refus de l'abstraction pure (« paysagisme abstrait »).

Vers la fin des années 1940, Vieira da Silva débute un ensemble d'œuvres représentant des bibliothèques, des gares, des rues et des villes, lieux de passage que Michel Foucault appellera des « hétérotopies ». Ces espaces intérieurs ou extérieurs proliférants et labyrinthiques sont des tours de Babel aux perspectives impossibles et à la gamme chromatique réduite. Cette *Ville suspendue* possède ces caractéristiques et pourrait être Lisbonne. La ville natale de l'artiste se distingue en effet par les étagements et les imbrications des maisons. Elle a probablement influencé tout l'œuvre de Vieira da Silva, qui la quitte à l'âge de vingt ans pour « monter » à Paris. Sur fond de bandes verticales jaune-ocre et bleues, un enchevêtrement complexe de lignes et de plans éclatés en facettes occupe le centre de cette toile comme un miroir brisé en mille morceaux ou comme un vitrail (genre très prisé par l'École de Paris) cloisonné au pinceau gris-bleu.

Œuvre majeure du début des années 1950, *La ville suspendue* a été réalisée à l'aube de la reconnaissance internationale de l'artiste. Cette toile a été l'une des premières œuvres de Vieira da Silva à entrer dans les collections d'un musée européen. Le Musée l'a acquise en 1952, suite à sa présentation dans le cadre de l'exposition *Rythmes et couleurs*, une manifestation dédiée aux grandes heures de l'art français de la première moitié du XXe siècle. [BF]

104

Oskar Kokoschka (Pöchlarn, 1886 – Montreux, 1980)
Glion, vue sur le lac Léman, 1956
Huile sur toile, 81 × 114 cm
Acquisition grâce à une contribution importante d'un mécène anonyme, 2010. Inv. 2010-008

Le lac Léman fascine Kokoschka depuis qu'il le découvre à l'âge de vingt-quatre ans, lorsqu'il accompagne Adolf Loos en Suisse, où l'architecte viennois rend visite à son amie la danseuse Bessie Bruce en convalescence aux Avants, au-dessus de Montreux. Kokoschka peint alors *Les Dents du Midi* ainsi que plusieurs portraits, notamment celui d'Auguste Forel à Yvorne. Lors de son deuxième voyage en Suisse, en 1923, il réalise pour la première fois deux vues du Léman depuis Blonay. La vue du lac le marque au point qu'il décidera en 1951 d'acquérir une propriété sur les hauteurs de Villeneuve et de s'y installer deux ans plus tard. Il mourra à l'âge de nonante-quatre ans à Montreux et aura donc passé vingt-sept ans – presque un tiers de sa vie – en pays vaudois.

Dans les années 1955 – 1957, Kokoschka réalise pour la dernière fois des grandes vues du Léman depuis Glion et Villeneuve, dont celle-ci. L'incroyable profondeur de champ s'explique par le recours à un schéma de composition elliptique avec deux points de vue. Kokoschka préfère en effet la vue bifocale à la perspective cavalière, selon lui très réductrice, car « l'homme a deux yeux ». L'arbre qui cache le sommet de la montagne sert de repoussoir. Nos yeux embrassent l'étendue du paysage comme si la vision périphérique, devenue nette, y avait été incorporée. Il semble que l'œil pourrait contourner l'arbre pour découvrir ce qui se trouve derrière. Ce paysage somptueux et tourmenté doit beaucoup à Rubens, pour qui un drame se joue dans chaque paysage. Kokoschka capte le paysage dans ses derniers instants d'inviolabilité. Ce qui l'intéresse, ce n'est pas l'idylle, mais la nature à l'état sauvage, indomptée, appelée à disparaître dans les années 1960. *Glion, vue sur le lac Léman* est un sombre pressentiment des défigurations que subira le paysage lémanique. [BF]

105

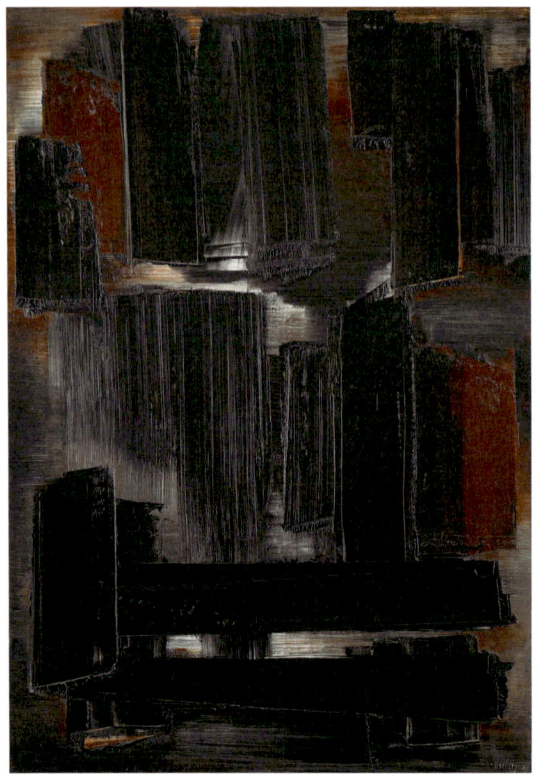

106

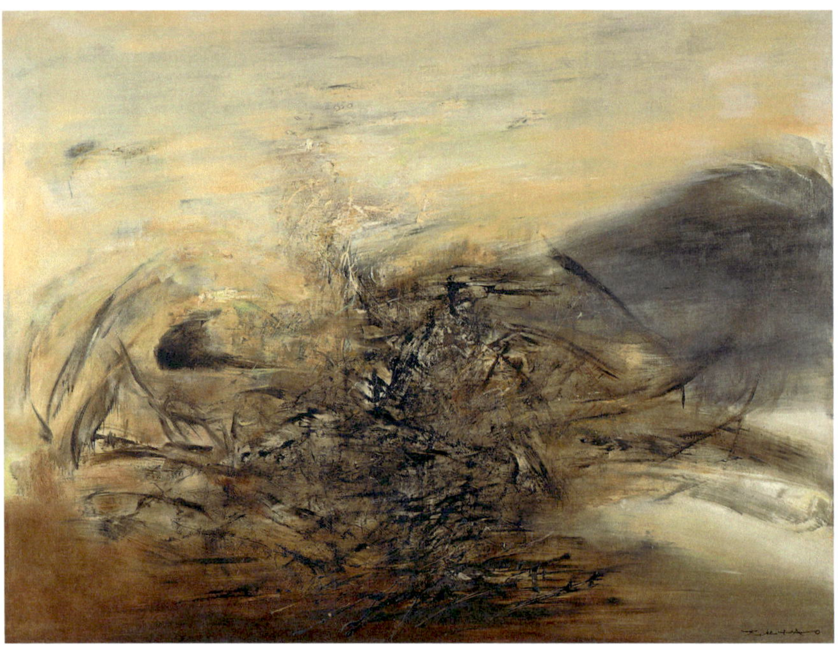

Pierre Soulages, Peinture, 1956
Zao Wou-Ki, Hommage à Edgar Varèse – 15.10.64, 1964

105

Pierre Soulages (Rodez, 1919)
Peinture, 1956
Huile sur toile, 162 × 114 cm
Donation d'Alice Pauli, 2016. Inv. 2017-005

Après avoir renoncé à suivre l'enseignement de l'École nationale supérieure des Beaux-Arts de Paris où il est admis en 1937, Soulages revient dans la capitale en 1946 et se consacre pleinement à la peinture. Ses toiles, déjà abstraites et sombres, tranchent avec certains courants de l'après-guerre, notamment issus d'Abstraction-Création, où la couleur et la géométrie dominent.

Cette *Peinture*, importante dans l'œuvre de Soulages, apparaît après la période des brous de noix sur papier, avec des bruns et des noirs riches « à la fois de transparence et d'opacité, d'une grande intensité dans le sombre », comme il les décrit lui-même, et des compositions proches de la calligraphie chinoise. Vers 1955, les « signes » tendent à disparaître au profit de larges bandes de couleurs rouille et noire tantôt horizontales tantôt verticales, qui laissent percer ici et là des pans de fond blanc. Soulages crée dans la seconde moitié des années 1950 un langage qui ouvre sur les « outre-noirs », une peinture à la matérialité bien affirmée – parallèlement, la toile remplace le support papier –, mais simplifiée à l'extrême avec une réduction chromatique et des coups de brosse croisés ou juxtaposés.

Cette œuvre de belles dimensions, réalisée justement durant cette période charnière, crée des effets de lumière non seulement en raison de la transparence du support mais également grâce aux reflets sur la peinture elle-même. En effet, la lumière semble surgir du fond de la composition, qui est brossé à l'horizontale ; elle se développe cependant aussi sur les bandes noires les plus charnues, le roux formant une zone intermédiaire conférant à l'ensemble un effet dramatique d'obédience expressionniste : un véritable terrain de conflits ! Dans la partie inférieure, deux bandes horizontales arrêtent la « chute » des lames dressées sur deux niveaux. [BF]

106

Zao Wou-Ki (Pékin, 1920 – Nyon, 2013)
Hommage à Edgar Varèse – 15.10.64, 1964
Huile sur toile, 255 × 345 cm
Don de Françoise Marquet, 2015.
Inv. 2015-002

D'origine chinoise, Zao Wou-Ki est l'une des figures de proue de l'abstraction lyrique depuis la fin des années 1950. Il s'établit en France en 1948 et se lie d'amitié avec Hans Hartung, Alfred Manessier, Henri Michaux, Maria Helena Vieira da Silva et Pierre Soulages, sans faire formellement partie de la Seconde École de Paris.

Grand amateur d'opéra et de musique contemporaine, Zao Wou-Ki rencontre Edgar Varèse en octobre 1954, grâce à Michaux. Il assiste peu après à la création de *Déserts* au Théâtre des Champs-Élysées, partition intégrant des sons électroniques – un des plus grands scandales de l'histoire de la musique. Varèse est l'un des pionniers d'une musique fondée principalement sur le son, c'est-à-dire le timbre, au détriment de la note, et qui dès lors intègre également le « bruit ». Lors d'un entretien radiophonique en 1955, il définit sa musique comme un « mouvement de plans et de masses sonores, variant en intensité et en densité. Quand ces sons entrent en collision, il en résulte des phénomènes de pénétration, ou de répulsion. »

Zao Wou-Ki peint *Hommage à Edgar Varèse* un an avant la mort du compositeur. C'est une œuvre charnière qui inaugure la série des grands formats qu'il réalise à partir des années 1960. Comme le musicien, l'artiste joue avec des tensions dynamiques et rythmées, ainsi que des mouvements de masses colorées créant des espaces qui s'interpénètrent et s'ouvrent au mystère. Recourant aux techniques les plus diverses (larges coups de brosse, empâtements, coulures, éclaboussures, *sgraffito*, etc.), il met en scène un drame pictural épique, un tourbillon figurant le combat des ténèbres et de la lumière.

Varèse séjourne au Nouveau-Mexique à deux reprises entre 1936 et 1937. Il y découvre les déserts américains. Pour lui, le désert est un « tourbillon brûlant [...] qui transcende l'attitude de l'homme ». Le tableau de Zao Wou-Ki apparaît comme une interprétation lyrique de cette vision. [BF]

107

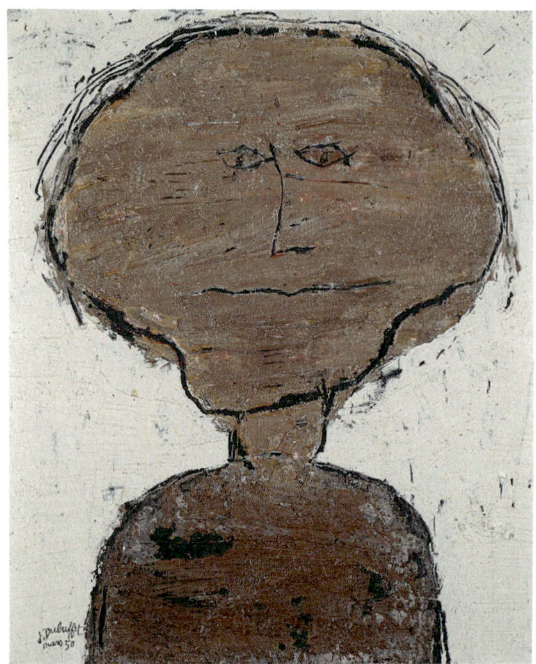

108

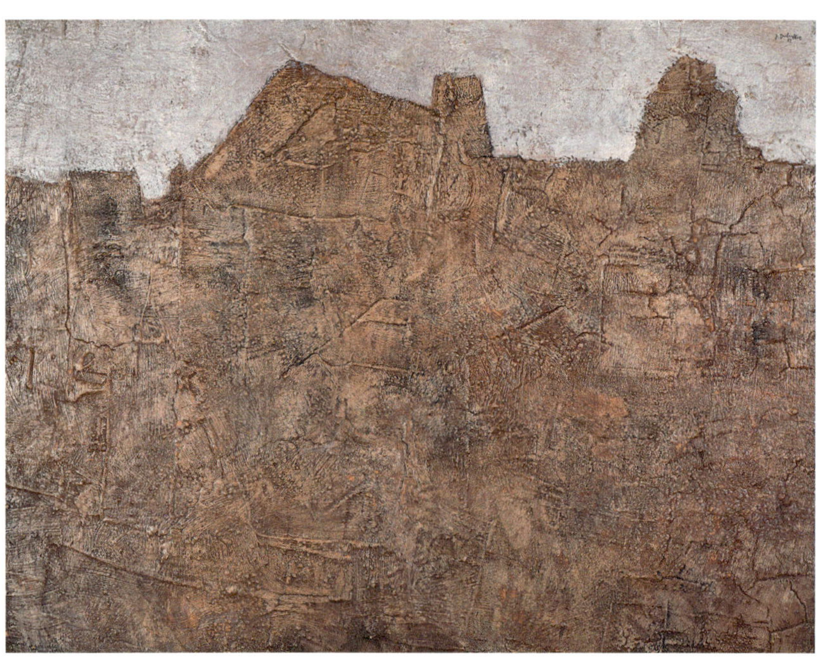

Jean Dubuffet, Petit portrait d'Antonin Artaud, 1950
Jean Dubuffet, Paysage aux murailles, 1952

107

Jean Dubuffet (Le Havre, 1901 – Paris, 1985)
Petit portrait d'Antonin Artaud, 1950
Huile sur panneau, 65 × 54 cm
Donation de Mireille et James Lévy, issue de leur collection d'art Jean Dubuffet, 2019. Inv. 2019-023

Après avoir étudié à l'École des Beaux-Arts du Havre, sa ville natale, Dubuffet s'inscrit en 1918 à l'Académie Julian à Paris, où il ne reste que six mois. Peu convaincu par ses premières œuvres influencées par le surréalisme et par le cubisme, il abandonne les pinceaux. Après plusieurs années consacrées au négoce de vins, il tente une nouvelle fois la carrière de peintre en 1933, mais il y renonce en 1937 déjà. L'ultime tentative de la fin de l'année 1942 sera la bonne : Dubuffet n'abandonnera plus jamais la création artistique. Il se détourne alors de l'art « culturel », d'une tradition académique occidentale qu'il qualifiera d'« asphyxiante ». Admirateur de l'art des autodidactes, des « primitifs » et des « fous », il recourt dans sa production à des moyens sommaires, opte pour un tracé grossier et un dessin fruste. Il expérimente des matériaux hétérogènes et maçonne ses tableaux dans une pâte épaisse qu'il va ensuite gratter.

En lutte contre les canons de l'art classique, Dubuffet est à la recherche d'une nouvelle figuration. En témoignent les nombreux portraits d'écrivains et d'artistes rencontrés à partir de 1946 dans les salons du jeudi de la mécène américaine Florence Gould, grande figure du monde culturel parisien. Georges Limbour, Francis Ponge, Henri Michaux, et ici le poète Antonin Artaud, Dubuffet observe inlassablement chaque convive. Dessins, gouaches et peintures les montrent de face, réduits essentiellement à leur tête, les yeux largement ouverts et fixant le spectateur. Un tracé noir sommaire donne vie à une matière terreuse et fixe ces éléments essentiels du visage que sont les yeux, le nez et la bouche. Les modèles sont volontairement dépersonnalisés, l'artiste se refusant à préciser leurs caractères distinctifs. Ces représentations, qu'il qualifie d'« anti-psychologiques » et d'« anti-individualistes », se veulent des effigies traduisant non plus le leurre traditionnel des apparences, mais la force vive d'une présence au monde. [CLC]

108

Jean Dubuffet (Le Havre, 1901 – Paris, 1985)
Paysage aux murailles, 1952
Huile sur isorel, 92 × 122 cm
Donation de Mireille et James Lévy, issue de leur collection d'art Jean Dubuffet, 2019. Inv. 2019-024

En novembre 1951, Dubuffet s'installe pour six mois à New York. Sur place, il peint plusieurs tableaux dont ce *Paysage aux murailles* qui rejoindra les murs de la célèbre galerie de Pierre Matisse, artisan de sa fulgurante carrière outre-Atlantique. À cette époque, Dubuffet recouvre la toile de couches épaisses comme des mastics : de la peinture à l'huile chargée de plâtre, de craie, ou de colle, puis recouverte de vernis. Ce matériau presque vivant, fait de sillons, de cloques et de boursouflures, envahit la totalité de la surface du tableau. Il y surgit un monde complexe et inattendu qui semble tout à la fois être le produit d'une existence physique et naître de notre imagination. « Vagations et chimères de l'esprit ? Ou remuements des sols ? », se demande le critique d'art Max Loreau. De cette association surgit un univers accueillant tous les possibles, ceux issus de la terre comme ceux engendrés par la pensée, un macrocosme filandreux que notre œil parcourt et dans lequel il s'abandonne ou se perd. L'organisation du tableau en deux zones, l'une sombre et l'autre claire, ne reproduit pas la rassurante distribution du paysage classique entre haut et bas, entre ciel et terre. Au contraire, cette construction bipartite, plutôt qu'à les différencier, contribue à l'indistinction entre les plans. Avec cette ligne d'horizon, placée très haut, presque contre le bord supérieur du tableau, la partie occupée par les terres semble être à la fois devant et derrière, dessus et dessous, surface de sol et coupe géologique, dans une indétermination qui nous fait sans cesse reconsidérer notre regard.

Dubuffet poursuivra cette exploration de l'ambiguïté entre réel et irréel dans une suite de paysages dessinés. Il ne peut plus désormais s'en remettre au hasard de la pâte. Les pulsations du sol, à la fois physiques et mentales, sont alors dématérialisées et transposées de la matière au trait. [CLC]

109

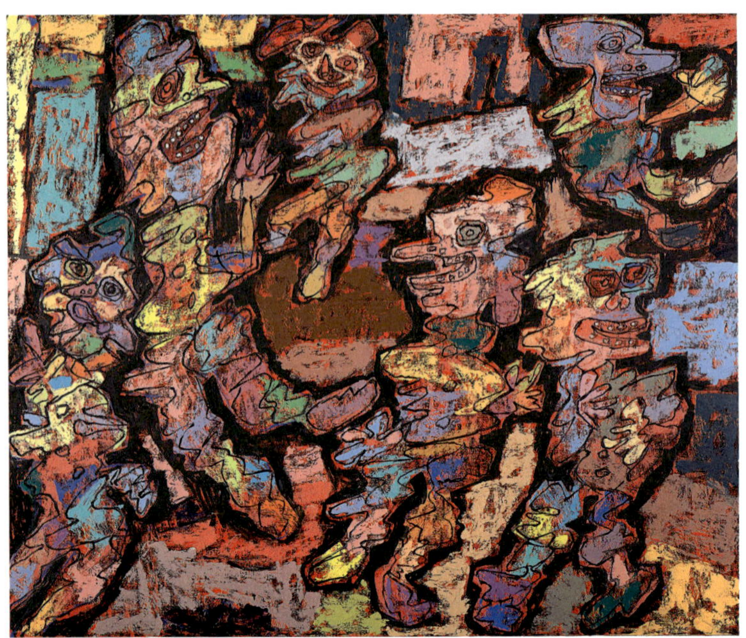

110

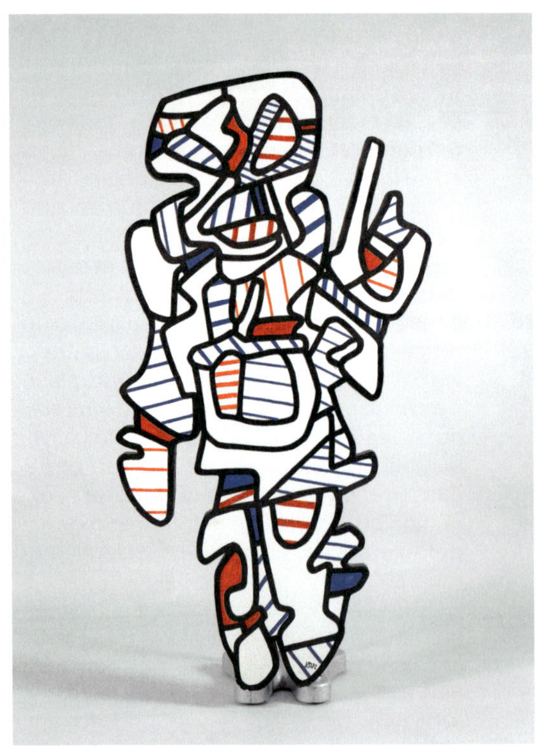

Jean Dubuffet, Affaires et démarches, 1961
Jean Dubuffet, Le précepteur, 1972

109

Jean Dubuffet (Le Havre, 1901 – Paris, 1985)
Affaires et démarches, 1961
Huile sur toile, 165 × 199,5 cm
Donation de Mireille et James Lévy, issue de leur collection d'art Jean Dubuffet, 2019. Inv. 2019-026

Au début des années 1960, Dubuffet s'engage dans une nouvelle voie. L'univers tellurique et minéral et son traitement « matiériste » dans une gamme de tons éteints font place au chaos coloré de la métropole, à la fête urbaine. C'est le cycle *Paris Circus* (1961 – 1962). Immeubles, trafic routier, foules recouvrent intégralement la toile. Parfois s'y ajoutent des mots éparpillés sur la surface de l'œuvre, reprenant des enseignes, des expressions populaires ou des noms de personnages, souvent avec ironie, et contribuant au vacarme suggéré. Cette effervescence est inspirée par la capitale française, où l'artiste revient s'établir en 1961, après avoir passé six ans à Vence. Les textures des huiles évoquent celles des œuvres des années 1950, mais les sujets, tirés du quotidien, et les couleurs bariolées contrastent avec celles-ci. La planéité de l'image, le cerne noir qui accentue l'imbrication des formes plates et le foisonnement de détails annoncent le cycle de *L'Hourloupe.*

Affaires et démarches réunit six personnages, les uns grimaçants, les autres souriants, déambulant dans la rue dans des directions opposées. Sur un fond rouge, Dubuffet a créé des zones de couleurs vives, avant d'intervenir doublement en noir : un cerne épais délimite les corps souples et sinueux des figures, et un réseau de lignes fines les détaille. Quelques taches blanches signalent la dentition des trois personnages tournés vers la droite, et attirent le regard des spectateurs, qui passe de l'une à l'autre. Ce regard n'a pas l'occasion de se reposer : tout est vivant dans ce tableau et tout se bouscule. L'absence de profondeur pousse à lire simultanément l'entier de l'image. Par ailleurs, les couleurs rendues plus chatoyantes encore par contraste avec le noir excitent l'œil. Cette image de l'activité humaine, des anonymes qui se croisent, du pas pressé des citadins, prend ainsi un caractère tant frénétique que joyeux. [LSCH]

110

Jean Dubuffet (Le Havre, 1901 – Paris, 1985)
Le précepteur, 1972
Acrylique sur Klégécell, 178 × 100 × 3 cm
Donation de Mireille et James Lévy, issue de leur collection d'art Jean Dubuffet, 2019. Inv. 2019-031

Entre 1962 et 1974, Dubuffet est occupé au grand cycle de *L'Hourloupe.* Il expliquera que ce terme est né de la rencontre sémantique et sonore de mots comme « hurler », « hululer », « loup », mais aussi du titre de la nouvelle *Le Horla* (1886/1887) de Guy de Maupassant. L'artiste l'emploie d'abord pour désigner une plaquette, dans laquelle sont reproduits des dessins réalisés avec des stylos à bille rouge et bleu au cours d'une conversation téléphonique. Ces dessins renferment son nouveau vocabulaire : une ligne souple, entraînée par le mouvement spontané de la main, le foisonnement de cellules, la saturation et les rayures.

Dès 1966, après avoir appliqué ce langage visuel à des dessins et des peintures, Dubuffet développe *L'Hourloupe* dans la troisième dimension, de la sculpture à l'architecture, tout en demeurant toujours dans le plan bidimensionnel. Les dessins du livre originel consistaient d'ailleurs en des figures découpées et montées sur un fond noir, qui annonçaient ainsi les sculptures en Klégécell (polystyrène expansé) dont *Le précepteur* fait partie.

Pour Dubuffet, tout sujet est digne d'être représenté, et ce d'autant plus qu'il est éloigné du domaine de l'art. Chargé de l'éducation, *Le précepteur* tend son index autoritaire. Son apparence déroutante ne l'empêche en effet pas de se montrer menaçant. Il est une figure à taille humaine, dont la silhouette et la structure interne alvéolée sont marquées par un cerne noir. On identifie différentes parties du corps (les yeux, la bouche, les mains, les jambes, etc.), mais le personnage nous apparaît sous une identité floue, en raison de sa surface grouillante. L'étrange créature se fait et se défait sans cesse sous nos yeux qui n'épuisent jamais ce qu'ils voient ou croient voir. L'artiste interroge le caractère permanent et univoque que l'on prête à la réalité. La diversité des traitements de chaque compartiment contribue elle aussi à la vibration visuelle de la sculpture. [LSCH]

111

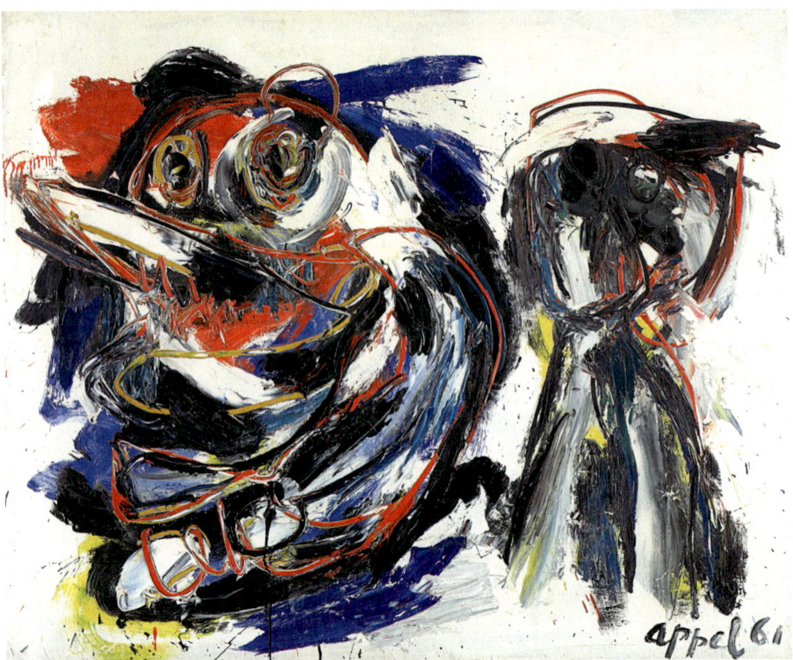

112

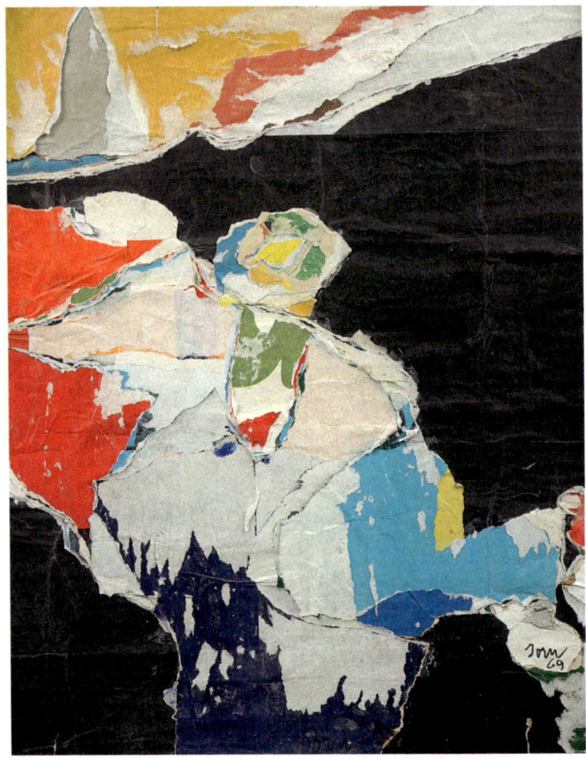

Karel Appel, Varkensmens ou L'arcade, 1961
Asger Jorn, Vol de Viol de Fgary de Gambe, 1969

111

Karel Appel (Amsterdam, 1921 – Zurich, 2006)
Varkensmens ou *L'arcade*, 1961
Huile sur toile, 129,5 × 162 cm
Collection Alain et Suzanne Dubois.
Promesse de don

En réaction à la Seconde Guerre mondiale qui laisse une civilisation dévastée, Appel crée une peinture qui reprend à son compte la sauvagerie des événements vécus, tout en exprimant une véritable joie de peindre. « Je travaill[ais] comme un barbare dans une époque barbare », confiera-t-il à André Verdet. Ayant acquis une solide formation de peintre, il aspire aussi à se défaire de ce qu'il a appris et à renouer avec une forme de spontanéité enfantine.

La volonté de s'affranchir des conventions propres à un art bourgeois l'amène à cofonder, avec Constant Nieuwenhuys et Corneille, le Nederlandse Experimentele Groep (Groupe expérimental hollandais) à Amsterdam, en juillet 1948. Les trois compatriotes participent, en novembre de la même année, à la création, de CoBrA (pour Copenhague – Bruxelles – Amsterdam), à Paris, avec d'autres poètes et artistes dont Pierre Alechinsky, Christian Dotremont et Asger Jorn.

On retrouve dans *Varkensmens* les couleurs vives qu'Appel affectionne comme le bleu et le rouge, mais aussi le gris. Il l'explique à Frédéric de Towarnicki, « la couleur est en effet mon premier stimulant. Elle me frappe d'abord, vient ensuite la forme, c'est-à-dire le dessin, et lorsque le dessin s'ébauche, j'interprète l'histoire. » Il faut lire là l'influence du colorisme de Matisse, dont Appel a pu voir des œuvres à Amsterdam peu avant la guerre. Comme toujours chez lui, l'excès dans les formes et les couleurs participe d'une caractérisation crue et sommaire des visages : les traits de ce *Varkensmens* (« homme-cochon » en néerlandais), cou large et poing en l'air, sont grossiers jusqu'à le rendre ridicule. Rapidement exécuté, ce qui peut se lire comme un barbouillage n'a rien de naïf. Appel se situe à la limite de la lisibilité des formes. Il représente une figure en quelques gestes rapides qui à la fois la construisent et la dénaturent, la créent et la détruisent. [LSCH]

112

Asger Jorn (Vejrum, 1914 – Aarhus, 1973)
Vol de Viol de Fgary de Gambe, 1969
Décollage, 65 × 50 cm
Collection Alain et Suzanne Dubois.
Promesse de don

Membre de plusieurs groupes poético-politiques, dont CoBrA (1948 – 1951) et l'Internationale situationniste (1957 – 1972), Jorn est connu avant tout pour sa peinture expressive et naïve, mais aussi pour la série des *Modifications* (1959), interventions sur des tableaux acquis dans des brocantes. Au cours d'une brève période, il développe un corpus d'œuvres, partageant avec ses toiles le goût du hasard et de la couleur explosive ainsi que de la saturation, mais de formats plus modestes, dont l'origine est la pratique du collage. En 1964, le Danois crée ses premiers « décollages », compositions réalisées à partir des couches superposées d'affiches collées sur les murs ou les panneaux publics en France.

Alors que le collage est une méthode additive, le décollage se pratique par soustraction : travaillant rapidement, avec un vrai plaisir, Jorn déchire et retranche des couches de papier jusqu'à obtenir les formes et les rapports chromatiques recherchés. Ce processus offre une part de hasard puisque l'artiste est dépendant de son matériau : il ne sait jamais en effet ce qu'il va trouver en-dessous et ne contrôle que partiellement la déchirure du papier. Le décollage est une technique faussement spontanée, semblable à celles qu'emploient les artistes du Nouveau Réalisme comme François Dufrêne, Raymond Hains ou encore Mimmo Rotella.

Si Jorn intervient parfois avec de la peinture ou du dessin, ce n'est pas le cas sur ce décollage de 1969, dernière année de production de ce type d'œuvres. Cette composition très contrastée, entre les larges zones noires et le centre constitué de lambeaux blancs, met en valeur les quelques fragments de couleur. L'artiste, qui titre ses œuvres après leur création, semble avoir souvent cherché à interpréter les images issues de ces arrangements. Ici, il nous invite à percevoir en relation avec le titre une viole de gambe dérobée. La matérialité du décollage ouvre toutefois un imaginaire sans limites. [LSCH]

113

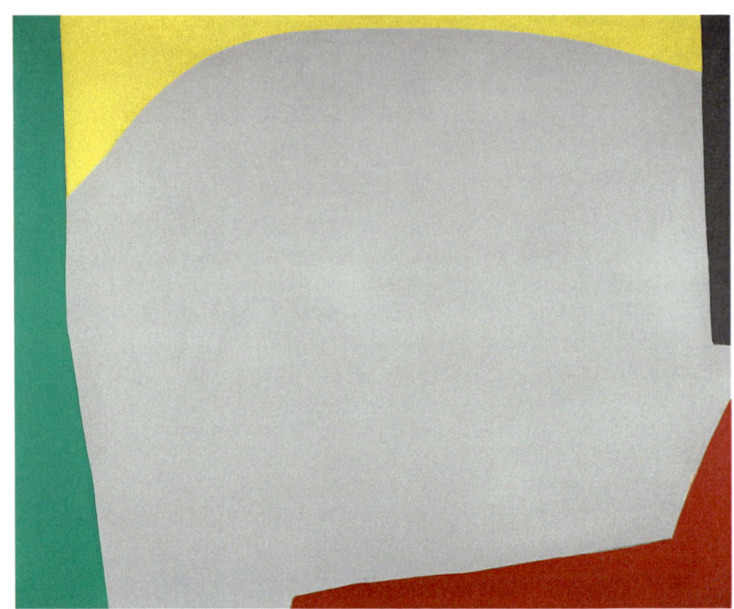

114

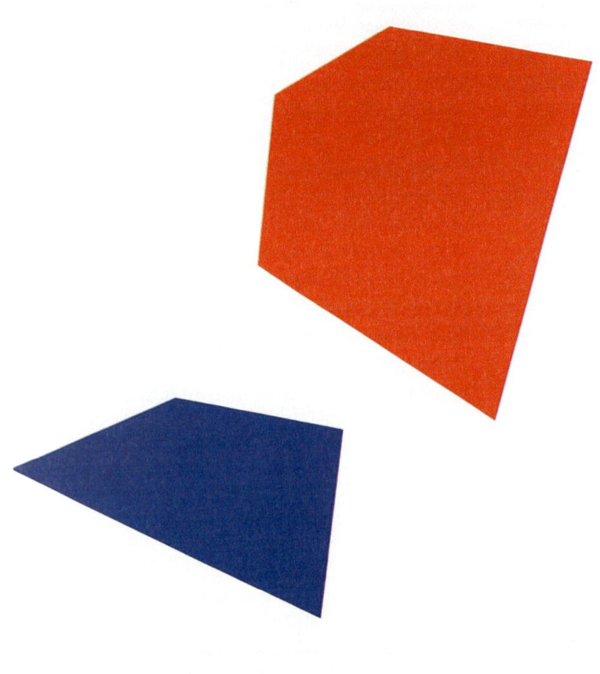

Robert Breer, Sky Chief, 1955
Geneviève Claisse, Soleil des eaux, 1965

113

Robert Breer (Détroit, 1926 – Tuscon, 2011)
Sky Chief, 1955
Huile sur toile, 80,5×100 cm
Acquisition, 2003. Inv. 2003-026

Breer débute sa carrière de peintre après avoir achevé des études d'art à la Stanford University, près de San Francisco, en 1949. La même année, il s'installe à Paris où il met en œuvre, avec plus de liberté, les principes du néoplasticisme définis par Piet Mondrian en 1917. Les recherches de l'artiste néerlandais lui sont familières, mais ce sont surtout l'art concret et ses développements alors en vogue à Paris qui l'encouragent à s'engager dans la voie de l'abstraction géométrique.

Sky Chief est une œuvre emblématique de cette période. Chaque élément existe par rapport aux autres, et tous, en dépit de leurs irrégularités et de leurs différences, contribuent à la stabilité provisoire de la composition. Le mouvement potentiel qu'on y perçoit se joue, en réalité, dans les films que Breer commence à réaliser dès 1952, et notamment dans *Form Phases IV* (1954).

Du néoplasticisme, on retrouve les aplats de couleur, la bidimensionnalité et l'absence de symétrie. Contrairement à Mondrian cependant, Breer ne se limite pas aux couleurs primaires et aux noir, gris et blanc, et ne recourt pas aux horizontales et aux verticales strictes. La linéarité souple de ses formes est probablement inspirée des papiers découpés de Matisse. Dans le rectangle de la toile, les segments colorés aux arêtes inégales ne s'imbriquent pas, ni ne s'entrechoquent. Comme figés dans leur mouvement, ils semblent former une composition aléatoire – l'intérêt de Jean Arp et de John Cage pour le hasard a marqué Breer. Le titre de l'œuvre fait peut-être référence à la publicité pour l'essence « Sky Chief », baptisée ainsi d'après l'avion de Frank Hawks, dont les teintes, hormis le jaune, sont similaires à celles de la toile de Breer.

Breer arrête de peindre en 1959 et rentre aux États-Unis, où il se consacre à la réalisation des films et des sculptures cinétiques qui feront sa réputation. Ses peintures, régulièrement exposées à la Galerie Denise René, à Paris, dans les années 1950, n'ont été connues du public américain qu'en 2000, à l'occasion d'une exposition à Staff USA, New York. [LSCH]

114

Geneviève Claisse (Quiévy, 1935 – Dreux, 2018)
Soleil des eaux, 1965
Huile sur toile, 150×130 cm
Acquisition, 1967. Inv. 1967-015

Dès ses débuts dans la seconde moitié des années 1950, Claisse s'engage dans l'abstraction géométrique dont elle explorera les ressources les plus élémentaires au fil de sa création. Son art rigoureux repose sur la prise en compte de la surface de la toile comme espace donné et sur sa mise en tension par l'agencement de formes géométrique simples aux couleurs franches. La matière est maigre et posée uniformément, les aires chromatiques et leurs rapports sont les seuls vecteurs d'une expression qui vise à l'équilibre. Les recherches picturales de Claisse sont nourries de sa lecture de la revue *Art d'aujourd'hui* (1949 – 1954), mais aussi de sa fréquentation du peintre et théoricien Auguste Herbin. Ce dernier influence de nombreux autres artistes, dont Victor Vasarely, qui vont contribuer à la vitalité des courants abstraits, notamment de l'art cinétique, en France après la Seconde Guerre mondiale.

Cette peinture fait partie d'un ensemble datant des années 1965 – 1966, qui contraste avec les œuvres chargées de la période précédente. À la profusion succède ainsi le dépouillement : de grandes formes géométriques irrégulières flottent à la surface de la toile, la recouvrant largement. Des lignes noires, ici absentes, les mettent parfois en réseau. Les couleurs choisies, sans être nécessairement vives, contribuent à l'allégresse de l'abstraction de Claisse. Si un peintre abstrait se dégage de l'imitation de la nature, cela ne signifie aucunement qu'il n'y fait pas référence. Ici, le titre permet d'interpréter l'œuvre comme un paysage en associant le « soleil » au polygone rouge dans la partie supérieure de la toile et les « eaux » au trapèze bleu, dont les côtés resserrés créent l'illusion de la profondeur. Dans une composition éponyme (1965), à l'aquarelle et de plus petit format, l'astre est vert et suggère une interprétation symbolique. Dans les deux cas, le regard s'accroche immédiatement aux éléments qui semblent s'animer imperceptiblement, présageant le dynamisme des œuvres ultérieures. [LSCH]

115

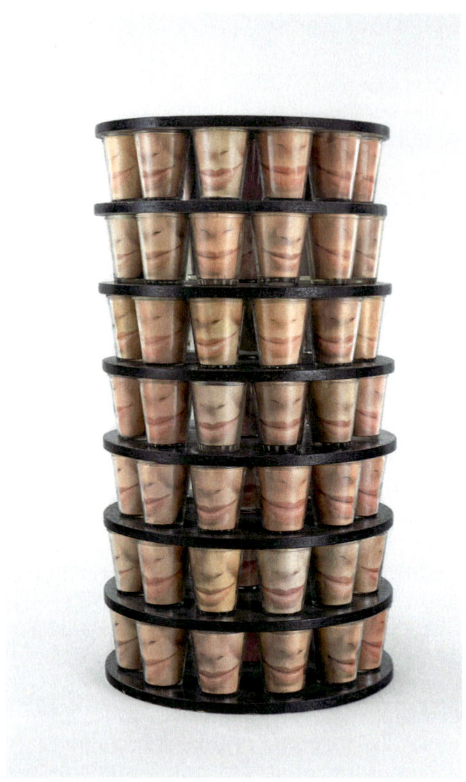

116

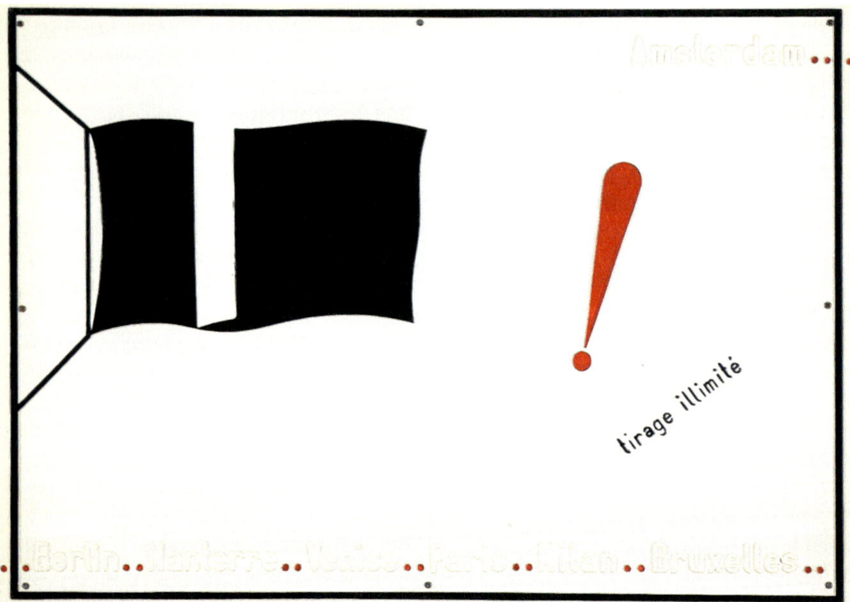

Marcel Broodthaers, Tour de Babel, 1966
Marcel Broodthaers, Le drapeau noir, 1968

115

Marcel Broodthaers (Bruxelles, 1924 – Cologne, 1976)
Tour de Babel, 1966
Pots en verre, imprimés, coton, bois, 95 × 50 × 50 cm
Don de la New Smith Gallery, Bruxelles, 1966. Inv. 1966-031

Artiste à la carrière aussi brève que prolifique, Broodthaers inaugure son entrée dans le monde de l'art en intitulant sa première exposition à la Galerie Saint-Laurent à Bruxelles, en avril 1964 : *Moi aussi, je me suis demandé si je ne pouvais pas vendre quelque chose et réussir dans la vie. Cela fait un moment déjà que je ne suis bon à rien. Je suis âgé de quarante ans...* Dans cette exposition, il présente sa toute première sculpture intitulée *Pense-Bête* (Gand, S.M.A.K., dépôt à long terme de la Collectie Vlaanderen), un paquet de cinquante exemplaires de son ultime plaquette de poèmes, pris dans du plâtre. Le ton est donné, et l'exposition inaugure une pratique qui ne cessera de décliner avec humour, finesse et intelligence les jeux de significations entre image, objet et écriture.

En 1966, le Musée expose deux œuvres de Broodthaers lors du 2e Salon international de galeries-pilotes, dont la *Tour de Babel*. Celle-ci est constituée de sept rangées de bocaux en verre contenant chacun la même image d'un fragment de visage féminin – un nez et une bouche souriante – tirée d'un magazine, agencées en cercle sur sept planches en bois circulaires, superposées pour former une tour qui pourrait continuer à l'infini. La même année, Broodthaers réalise la *Tour visuelle* (Édimbourg, Scottish National Gallery of Modern Art) construite sur le même principe, mais présentant l'image d'un œil grand ouvert à la place du sourire. À l'instar des Nouveaux Réalistes ou des artistes du Pop Art, Broodthaers, dans ses premières œuvres, met en scène des objets de la vie quotidienne – ici des pots en verre et des images publicitaires, ailleurs des moules ou des coquilles d'œufs – et souligne leur caractère sériel par la répétition et l'accumulation. Si, au contraire d'autres œuvres de la même époque, la *Tour de Babel* ne contient pas de texte, son titre permet une lecture supplémentaire – à la répétition de bouches identiques s'oppose la multiplicité des langues de la Babel biblique, métaphore par excellence du caractère équivoque du langage humain. [NS]

116

Marcel Broodthaers (Bruxelles, 1924 – Cologne, 1976)
Le drapeau noir, 1968
Plaque en plastique embouti, 83 × 120 cm, éd. illimitée
Acquisition, 1969. Inv. 1969-027

En 1968, Broodthaers commence à réaliser des plaques en plastique, sur lesquelles il fait emboutir, par thermoformage, des textes accompagnés parfois d'une image ou de signes de ponctuation, à l'instar des rébus ou des slogans politiques ou publicitaires. Il regroupera cette série d'œuvres sous le titre *Poèmes industriels*.

Acquis par le Musée une année après sa création, *Le drapeau noir* en est un exemple majeur. Composée d'un drapeau noir interrompu d'une ligne blanche et d'un point d'exclamation rouge surdimensionné assorti de la mention « tirage illimité », la plaque comporte en outre les noms de sept villes – Amsterdam, Berlin, Nanterre, Venise, Paris, Milan, Bruxelles – qui, toutes, ont été le théâtre d'importants soulèvements lors des mouvements contestataires de 1968. Associé aux noms de ces villes, le drapeau noir peut dès lors se lire à la fois comme une référence explicite aux mouvements anarchistes, dont il est le symbole depuis la fin du XIXe siècle, et à sa récupération par le mouvement étudiant de 1968.

À l'instar des slogans qui fleurissent alors sur les murs, « tirage illimité » est une injonction à faire table rase de ce qui fait l'œuvre d'art, à savoir son caractère unique. Ainsi, l'artiste déclare dans un entretien en 1968 : « Je ne crois pas [...] à l'artiste unique ou à l'œuvre unique. Je crois à des phénomènes et des hommes qui réunissent des idées. » Au contraire de certaines plaques dont il limite l'édition à sept exemplaires, ici, Broodthaers en fait une édition illimitée, lui conférant ainsi un statut de manifeste. Toutefois, le caractère « pop » de cette œuvre comme des autres plaques – palette de couleurs primaires, utilisation de plastique industriel, construction en forme de rébus ludique – vient déjouer le potentiel militant du contenu, et souligner le scepticisme de Broodthaers face à l'utopie d'une reformulation radicale des normes sociales et artistiques. [NS]

117

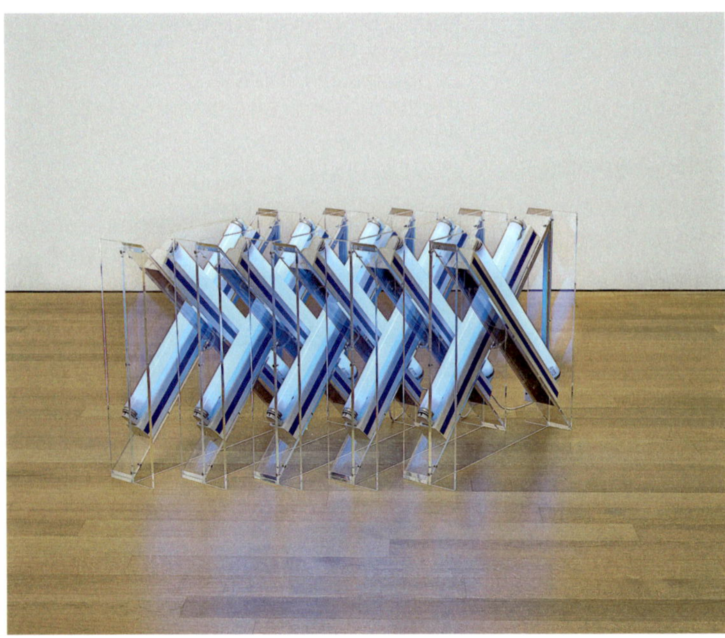

118

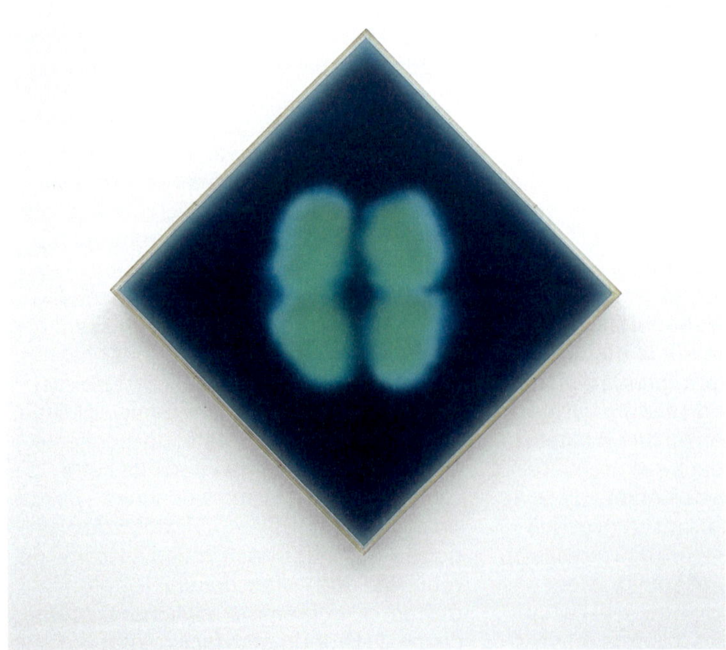

René Bauermeister, Animation lumineuse, 1966 – 1968
Janos Urban, Construction n° 6, 1969

117

René Bauermeister (Neuchâtel, 1930 – Gland, 1985)
Animation lumineuse, 1966 – 1968
Plexiglas et néons, 49 × 49 × 75 cm
Don de l'artiste, 1976. Inv. 1976-440

Animation lumineuse fait partie d'un ensemble de six sculptures réalisées par Bauermeister entre 1966 et 1968, et offertes par l'artiste au Musée en 1976 alors qu'il est engagé depuis plusieurs années déjà dans la pratique du film expérimental et de la vidéo, dont il est l'un des pionniers en Suisse avec ses amis Jean Otth, Janos Urban, Gérald Minkoff et Muriel Olesen.

Formé à l'École d'arts appliqués de Bienne puis à celle de La Chaux-de-Fonds avant de fréquenter les ateliers parisiens d'André Lhote et de Fernand Léger en 1953 et 1954, Bauermeister travaille d'abord en deux dimensions (peinture) avant d'explorer le volume. Il construit des maquettes de ses sculptures, à partir desquelles il établit ensuite les plans pour leur exécution en usine. Fer, aluminium, métal chromé, polyester, verre acrylique, néon, il emploie les matériaux industriels au profit de formes simples et de surfaces épurées.

Animation lumineuse est présentée à la Galerie Templon à Paris en 1969 avec trois autres des six sculptures conservées au Musée. Elle est la seule constituée de néons et une des seules sculptures lumineuses de l'artiste conservées à ce jour dans une collection publique. Consistant en une succession de néons disposés en forme de croix dans des caissons en plexiglas transparent, la sculpture se présente sous la forme d'un module qui pourrait se décliner à l'infini. Ce principe est caractéristique de la sculpture minimaliste de l'époque et semble préfigurer le développement ultérieur du travail de Bauermeister, tout entier consacré à l'image en mouvement à partir de 1970. En effet, la question de la perception d'un volume dans un espace donné est déjà liée ici à celle de la temporalité, de par l'« animation » que crée la luminescence du néon. Comme le dit l'artiste dans un entretien de 1970 : « Un objet en trois dimensions ne renvoie finalement qu'à sa propre évidence, alors qu'une image a des redondances, des échos infinis […]. L'essentiel de ma démarche consiste à mettre à nu les mécanismes de la perception en suivant les divers chemins qu'elle emprunte. » [NS]

118

Janos Urban (Szeged, 1934 – Lausanne, 2016)
Construction nº 6, 1969
Insulac avec moulage en polyester, pigments fluorescents, plexiglas, phosphore, 126 × 126 × 12,5 cm
Acquisition, 1969. Inv. 1969-020

Arrivé en Suisse de sa Hongrie natale en 1956 comme réfugié politique, Urban poursuit sa formation d'artiste commencée à Budapest à l'École cantonale des beaux-arts à Lausanne, où il enseigne dès 1964, parallèlement à son activité artistique. Pionnier de l'art conceptuel en Suisse, Urban explore, à partir de 1967, de nouveaux matériaux comme le phosphore et le plexiglas pour donner forme à ses recherches sur les phénomènes optiques et sur les questions de perception et de durée.

Construction nº 6 fait partie d'une série d'œuvres qui tirent parti de la luminescence du phosphore. Elle consiste en un moulage concave de polyester pris dans une plaque de bois aggloméré pour éviter toute dilatation thermique. Au-dessus, deux plaques de plexiglas translucides sont fixées à une certaine distance l'une de l'autre. La forme creuse est recouverte de pigments liés à des phosphores, qui irradient dans l'obscurité, continuant ainsi à émettre la lumière à laquelle ils ont été exposés. « Je m'intéresse, écrit Urban, aux propriétés physiques des phosphores à la fois comme "survie" énergétique lumineuse autonome et, en connexion avec les ondes radio du spectrum électromagnétique, comme une extension de l'audible en intensité visuelle aléatoire. » Si les possibilités physiques de la matière le fascinent – Urban travaille en dialogue avec un ami physicien pour la réalisation de cette série –, c'est donc bien pour ce qu'elles permettent de rendre visible : la lumière dans son lien à la temporalité, ici captée par la matière, puis restituée dans un second temps aux spectateurs.

Lors de l'exposition d'une œuvre de la même série, *Construction nº 15* (1970, coll. privée), à la 35e Biennale de Venise, l'artiste a mis en place un protocole d'installation permettant d'appréhender ces deux moments (captation de lumière et émission), en présentant l'œuvre dans un espace sombre, éclairé à intervalles régulier au moyen d'un projecteur. [NS]

119

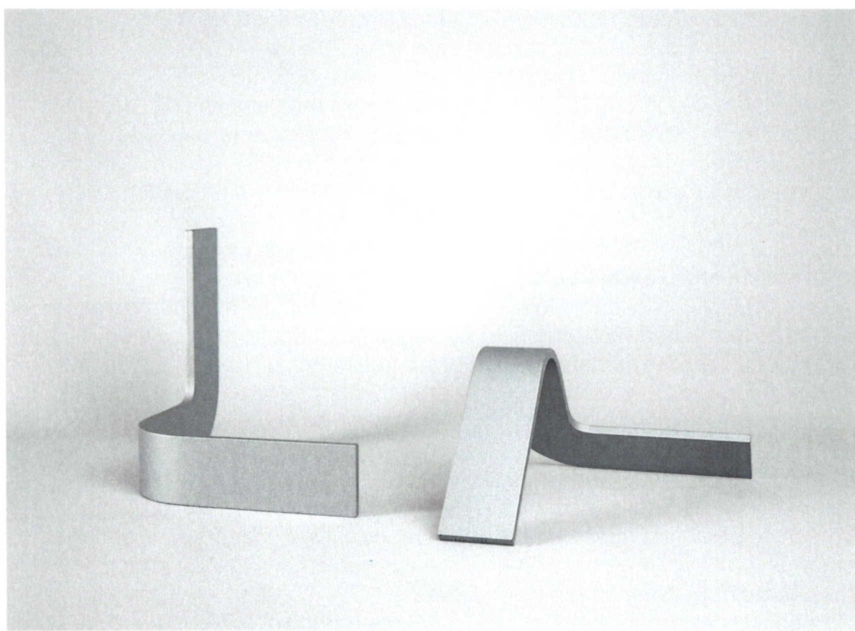

120

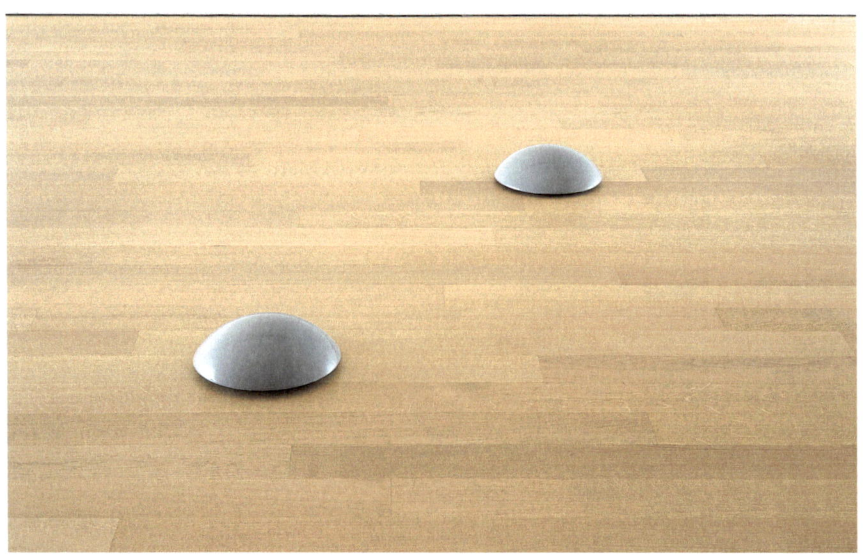

Tony DeLap, Tango Tangles II, 1966
Robert Breer, Jumelles, 1970

Tony DeLap (Oakland, 1927 – Corona del Mar, 2019)
Tango Tangles II, 1966
Laque argentée sur plastique acrylique moulé, 20 × 46 × 33,5 cm (chaque élément)
Acquisition, 2002. Inv. 2002-063

Polarisée entre la côte est et la côte ouest, la scène américaine des années 1960 est bouleversée par d'importants changements dans les pratiques artistiques, entraînés en grande partie par les développements de la sculpture. DeLap y participe depuis San Francisco, parallèlement à Donald Judd, Robert Morris, Richard Serra et d'autres à New York, dont les œuvres, réalisées dans des matériaux industriels et sous-traitées, présentent un volume régulier.

Cette absence d'artifices est l'un des aspects majeurs du minimalisme. Elle se manifeste chez DeLap avec une grande souplesse, l'artiste se jouant des limites d'une telle sobriété. La sculpture *Tango Tangles II* répond ainsi au principe de dépouillement et à la modularité. Cependant, les courbes des deux éléments qui la constituent lui donnent une certaine fantaisie, de même que la variété de leurs positions et de leurs articulations – qui peuvent changer à chaque situation d'exposition et en modifier la perception –, et son titre qui convoque une référence culturelle (un long-métrage de Charlie Chaplin).

Tango Tangles II fait partie d'un ensemble de sculptures, planes et volumétriques en raison de ces sections de « ruban », dont les titres renvoient tous à la filmographie du réalisateur britannique (*Modern Times*, *Triple Trouble*, etc.). Cette série repose sur l'infinité potentielle de ses variations, à partir de trois formes et quatre couleurs, toutes standardisées. Par ailleurs, chaque œuvre n'a pas de composition fixe, mais ses éléments s'assemblent, se déploient et se redéploient dans l'espace. Ici, les « enchevêtrements de tango » qualifient parfaitement la sculpture qu'ils nomment et la danse à laquelle elle se livre, de même que le double terme à quelques lettres près (*tango*/*tangle*) renvoie à l'idée du même toujours différent.

Cette œuvre a été exposée par la Dilexi Gallery, San Francisco, en 1966, lors du 2e Salon international de galeries-pilotes organisé par le Musée, sur l'initiative de son directeur d'alors, René Berger. [LSCH]

Robert Breer (Détroit, 1926 – Tucson, 2011)
Jumelles, 1970
Moulage en résine, peinture acrylique, moteurs, 9 × 25 × 25 cm (chaque élément)
Acquisition, 2002. Inv. 2002-062

En 1952, Breer commence à réaliser des films parallèlement à sa pratique de la peinture. Le premier d'entre eux, *Form Phases I*, témoigne de son intérêt pour le mouvement et pour la transversalité entre les médiums. Au milieu des années 1960, il conçoit ce qu'il appelle des *Floats* (« flotteurs », mais aussi « chars [de carnaval] ») : des petites sculptures, ressemblant à des dômes, qui avancent grâce à un moteur – leur taille et leur forme évolueront au fil des ans. Leur mouvement est lent et peu perceptible. Il ne suit aucun itinéraire prédéterminé. Les *Floats* ne se remarquent pas immédiatement, et seul un spectateur attentif sera sensible à leur déplacement.

Les *Floats* créent des points fixes dans la salle d'exposition. À chaque position, ils invitent le spectateur à considérer le champ spatial selon une nouvelle perspective, à l'instar de ces *Jumelles* qui se déplacent de manière autonome et aléatoire l'une par rapport à l'autre : le spectateur les met en relation dès qu'il les repère. La dynamique du site est ainsi renouvelée non seulement par leur coprésence mais aussi par leurs emplacements successifs.

Contrairement à certains *Floats* qui tranchent par leur teinte vive et que Breer aimait présenter à hauteur de regard, le caractère neutre des *Jumelles*, de leur forme à leur couleur, et le fait qu'elles soient posées à même le sol, sans socle, renvoient à la sculpture minimaliste développée à New York, où l'artiste s'installe en 1959 à son retour de Paris où il a vécu dix ans. Il faut les comprendre comme un commentaire caustique sur ce courant artistique, même si les *Floats* participent également à la réflexion sur l'espace du spectateur chère à cette génération d'artistes. [LSCH]

121

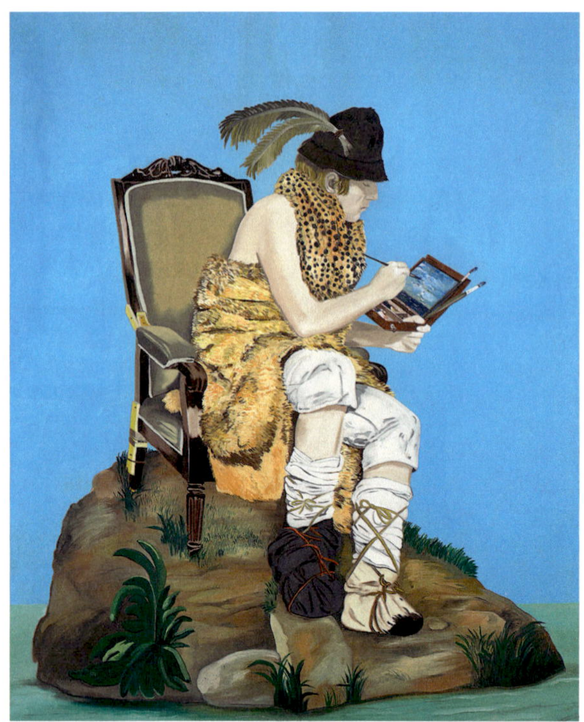

122

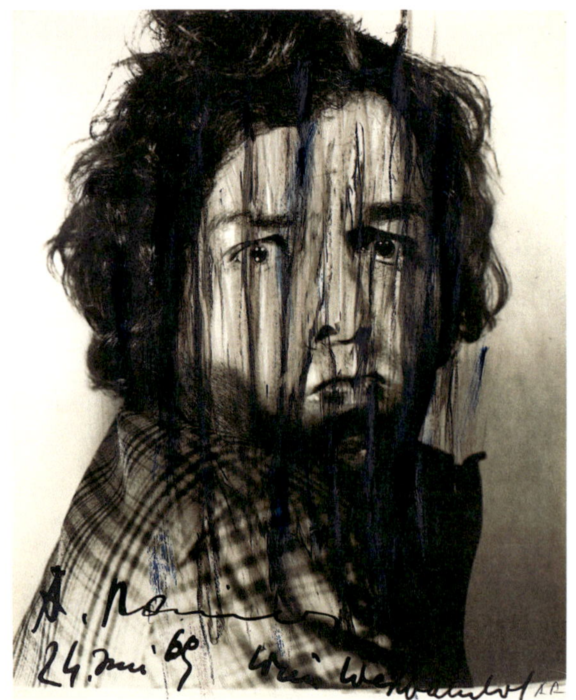

Eduardo Arroyo, Robinson Crusoé, 1965
Arnulf Rainer, Ohne Titel (Face Farces), 1969

121

Eduardo Arroyo (Madrid, 1937 – 2018)
Robinson Crusoé, 1965
Huile sur toile, 220 × 180 cm
Don d'Éric Meyer, 1968. Inv. 1968-012

Le personnage : un homme habillé de peaux de bêtes, chaussé de haillons ficelés, affublé d'un chapeau « tyrolien » piqué de plumes, le teint blanc couleur cire. Le lieu : une île minuscule qui sert de support à un fauteuil rafistolé, trône brinquebalant d'un peintre-roi exotique. Ce dernier ne semble nullement intrigué par l'incongruité de sa situation. Il réserve toute son attention à une petite marine exécutée sur une palette de voyage. Sa position de trois quarts permet aux spectateurs, qui ne l'intéressent pas non plus, de donner à voir ce qu'il peint, un paysage aquatique aussi bleu que son décor. *Robinson Crusoé* est en fait un autoportrait d'Arroyo, réalisé d'après une photographie de l'artiste dans cet accoutrement.

En 1958, le peintre madrilène fuit l'Espagne de Franco pour s'installer à Paris. Dans les années 1964 – 1965, il y participe à des expositions autour de la figuration narrative, à contenu souvent politique, et devient, avec Erró, Bernard Rancillac, Hervé Télémaque entre autres, l'un des chefs de file de ce mouvement. *Robinson Crusoé* date de cette époque. Sur un mode ironique, il montre un peintre qui a choisi l'exil, un artiste isolé du monde, concentré sur son travail et sur l'univers en miniature que montre sa palette.

Arroyo est influencé par le Pop Art britannique, plus proche donc d'un David Hockney que d'un Roy Lichtenstein : principe du collage (réunion sur une même toile de fragments appartenant à différentes réalités), refus de l'illusionnisme (absence de profondeur et de modulation par ombres et lumières, sauf pour certains éléments), traitement pictural par aplats de couleur (le ciel n'est qu'un grand monochrome bleu). *Robinson Crusoé* se révèle bel et bien un produit de son temps. Le thème de la solitude du créateur place cependant le tableau dans un courant philosophique qui dépasse largement les années 1960, et trouve ses origines dans *Ainsi parlait Zarathoustra* (1883 – 1885) du philosophe Friedrich Nietzsche. [BF]

122

Arnulf Rainer (Baden, 1929)
Ohne Titel (Face Farces), 1969
Acrylique sur photographie n & b, 59,6 × 50 cm
Acquisition, 1984. Inv. 1984-050

Rainer crée ses premières *Übermalungen* en 1952 : il recouvre de peinture des reproductions d'œuvres d'art, parfois jusqu'à les rendre méconnaissables. Il repeint aussi ses propres toiles et attaque son visage avec la même fougue dans la série des autoportraits *Face Farces* (1969 – 1975), des photomatons agrandis et rehaussés.

Ces photographies, pour lesquelles il fixe l'objectif en grimaçant ou en faisant la moue, sont balafrées et souillées d'un geste vif. L'artiste s'intéresse à la représentation de la folie. Il s'inscrit en outre dans la tradition nordique de l'autoportrait expressif et de ses modifications, des interventions successives de Rembrandt sur son image gravée aux sculptures dites « têtes de caractère » de Franz Xaver Messerschmidt.

Rainer se *dé*-figure doublement. Dans un premier temps, il pose sans chercher à s'embellir. Il explore les ressources de la communication corporelle en adoptant les expressions faciales les plus absurdes, déformant simultanément les différentes parties de son visage : les mimiques déconcertent quant à leur signification et elles ne sont pas plaisantes à regarder. Rainer intervient ensuite à la main, comme ici, en striant son image au pinceau chargé de peinture acrylique noire et bleue. Plus que de détruire la lisibilité de l'image, il introduit un élément de tension entre lui et le spectateur confronté à son étrange attitude.

Faire face à cet homme à l'individualité déniée instaure un certain malaise. Le geste de l'artiste renvoie à un tabou et à un acte iconoclaste ; les inscriptions manuscrites dans la partie inférieure de la photographie (signature, date et lieu, sur le négatif) pondèrent néanmoins ce geste en le situant dans un cadre artistique et en affirmant l'identité de Rainer par l'intermédiaire de son nom. L'œuvre se situe dans le contexte des performances des actionnistes viennois qui les enregistraient au moyen de la photographie et avaient fait de leur corps l'espace de la peinture. [LSCH]

123

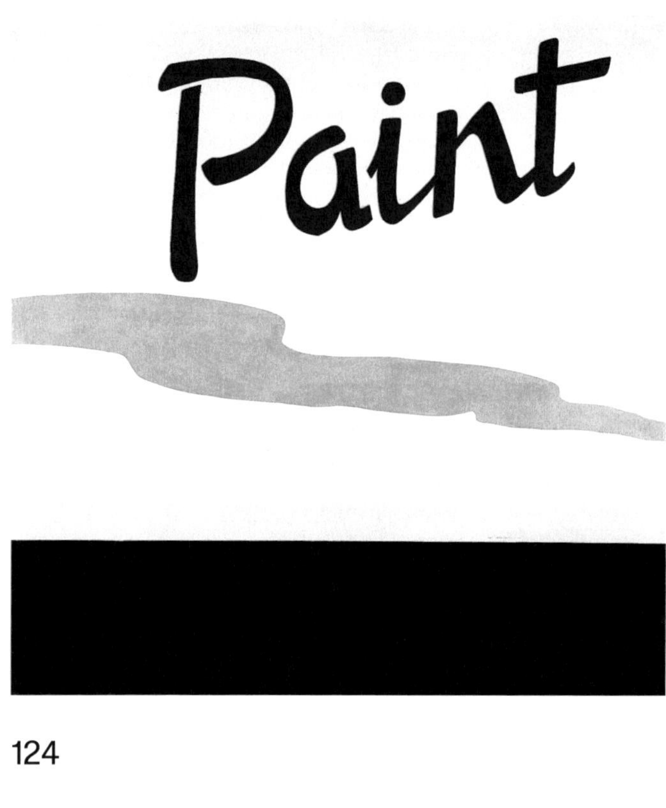

124

Jannis Kounellis, Untitled Paint, 1965
Tadeusz Kantor, Multipart, 1970

123

Jannis Kounellis (Le Pirée, 1936 – Rome, 2017)
Untitled Paint, 1965
Acrylique sur toile, 207 × 207,7 cm
Collection Alain et Suzanne Dubois. Promesse de don

Kounellis quitte sa Grèce natale en 1956 pour s'établir à Rome. Au cours de ses études, il est influencé par des artistes comme Lucio Fontana et Alberto Burri. Il est également marqué par la richesse culturelle et historique de la capitale italienne qu'il juge seule capable de rivaliser avec le patrimoine de son pays d'origine.

Jusqu'en 1965, l'artiste se consacre à la peinture. Il rencontre le succès avec des toiles portant de grands signes noirs (lettres, chiffres, symboles), réalisés au pochoir, mais il décide bientôt de renoncer à ce qui est rapidement perçu comme un style. *Untitled Paint* appartient à un groupe d'œuvres datant de cette période, celle précédant sa prise de distance avec la peinture, et son rattachement à l'Arte povera avec l'emploi de matériaux naturels (jute, charbon, coton, pierres, etc.) qu'il privilégiera désormais dans ses œuvres.

Cette toile frappe par sa composition qui exprime l'indétermination de Kounellis quant à la voie à suivre. En écho à l'actualité des tendances artistiques, elle associe en effet trois propositions : elle affiche un esprit Pop teinté de surréalisme de par l'appropriation de mots tirés du quotidien et désignant l'objet comme un artefact (ici un « Paint » stylisé, comme tracé au calame, qui évoque une enseigne publicitaire) ; elle convoque la figuration avec le motif du nuage ou de la fumée, et une ligne d'horizon qui fait basculer la composition vers un paysage ; elle renvoie enfin aux origines de l'abstraction géométrique avec son grand format carré et sa bande noire sur fond blanc.

Untitled Paint est une synthèse de différents langages plastiques et exprime par une tautologie ce qu'elle est : de la peinture. La composition épurée et efficace (l'image est structurée par une ligne droite et deux diagonales, chacune formée d'un élément) produit des associations à géométrie variable (énoncé linguistique/représentation, figuration/abstraction, noir/blanc/gris, etc.), qui demeurent irrésolues. [LSCH]

124

Tadeusz Kantor (Wielopole Skrzyńskie, 1915 – Cracovie, 1990)
Multipart, 1970
Technique mixte sur toile, 121 × 111 cm
Don de la Galeria Foksal, Varsovie, 1970. Inv. 1971-023

Artiste plasticien et auteur de happenings, Kantor est aussi une figure majeure du théâtre expérimental polonais, à la fois comme scénographe, metteur en scène et auteur. En 1955, il est un des fondateurs du théâtre d'avant-garde Cricot 2 et, en 1957, il fédère des artistes réfractaires à la doctrine du réalisme socialiste autour du Second Groupe de Cracovie. Dès la fin des années 1950, il est présent sur la scène artistique internationale (documenta 2 et 6 à Cassel, 15e Biennale de Venise, 9e Biennale de São Paulo, etc.)

L'utilisation d'objets détournés de leur fonction pratique est une constante dans le travail de Kantor. Dès le début des années 1960, il emballe des objets de la vie quotidienne ou ayant un lien avec la mémoire privée – valises, lettres, parapluies – et les rassemble sous le terme *Emballages*. Le titre de l'œuvre conservée au Musée, *Multipart* (contraction entre « multiplication » et « participation »), a été donné a posteriori à la série dont elle fait partie. Elle est le résultat d'un happening du même nom organisé par Kantor à la Galeria Foksal à Varsovie en février 1970. Quarante œuvres identiques réalisées d'après les instructions de l'artiste sont alors exposées. Elles consistent en un parapluie ouvert, écrasé et collé sur une toile, le tout peint en blanc, et sont intitulées *Parapluie-emballage*. Le contrat d'achat stipule que les propriétaires sont autorisés à écrire sur la toile, à y faire des trous ou à la brûler, à la vendre ou à spéculer avec, bref, à la traiter à leur guise pour autant qu'elle soit ensuite mise à disposition de l'artiste afin d'être réexposée après usage. Vingt-cinq d'entre elles seront ainsi présentées en février 1971 à Varsovie. L'exemplaire lausannois, offert au Musée par la Galeria Foksal lors du 3e Salon international de galeries-pilotes, n'y figure pas, puisqu'il fait déjà partie alors des collections, arrêté à mi-chemin dans son processus performatif. [NS]

125

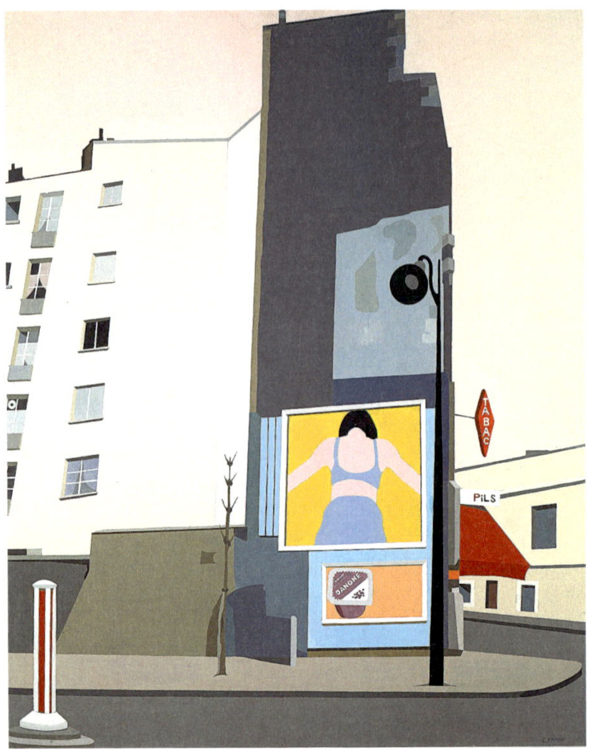

126

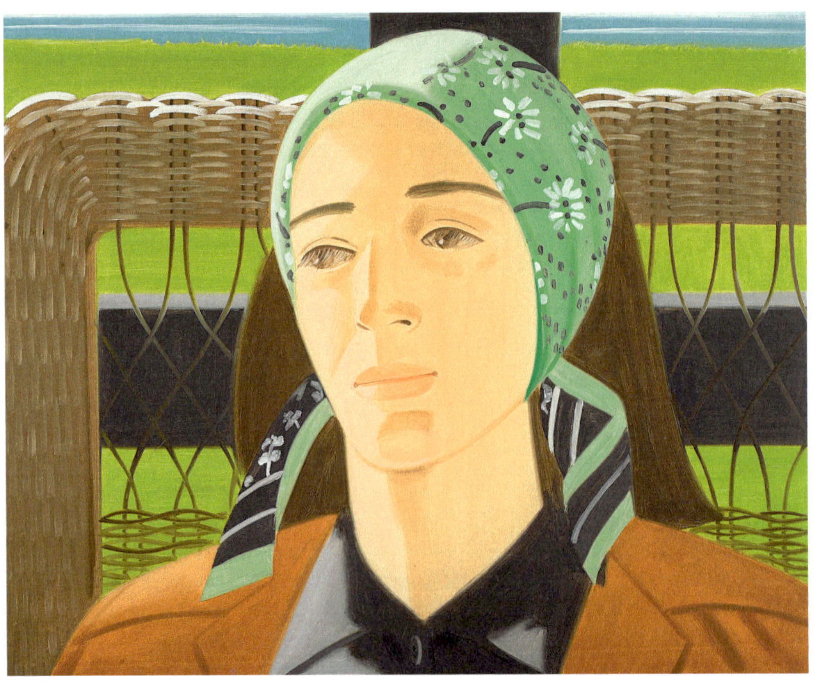

Émilienne Farny, Rue de l'Armorique (Façade), vers 1970
Alex Katz, Green Scarf, 1975

125

Émilienne Farny (Neuchâtel, 1938 – Lausanne, 2014)
Rue de l'Armorique (Façade), vers 1970
Acrylique sur toile, 100 × 81,5 cm
Acquisition, 1971. Inv. 1971-003

De 1962 à 1972, Farny réside à Paris dans le 14e arrondissement. En tant que peintre, elle a toujours pris le parti de la réalité. Et ce qu'elle découvre, c'est une grande ville en mutation, l'alternance des vieux quartiers et des chantiers, les façades mises à nu, l'irruption de la publicité géante, bref, la contemporanéité urbaine dans toute sa violence et toute sa beauté. Autre découverte décisive : le Pop Art américain, qui fait irruption à Paris avec les expositions de Robert Rauschenberg, Andy Warhol, Roy Lichtenstein et Tom Wesselmann à la Galerie Ileana Sonnabend. Enfin, Adam Montparnasse, son magasin de fournitures, met la peinture acrylique sur le marché. L'artiste tient là à la fois une thématique inédite et la suggestion d'une nouvelle écriture figurative.

Rue de l'Armorique s'inscrit dans une série de façades de logements, de parkings et d'usines. Cette peinture montre bien ce que Farny doit au Pop Art, mais aussi son inflexion personnelle. Plutôt que de s'en tenir aux leitmotive de la nouvelle peinture américaine, pub, bande-dessinée et gadgets, comme le font un certain nombre de peintres suisses et français de sa génération, elle représente son environnement immédiat avec une grande précision documentaire.

Comme dans toutes les peintures de cette série, la rue est déserte, sans passants ni voitures. Peut-être l'artiste pressent-elle qu'une présence anecdotique viendrait nous distraire du propos pictural. Cette absence fait ressortir une réalité sociologique, économique et idéologique qui se signale par son hétérogénéité : le temps syncopé du vieux Paris et de la spéculation immobilière, l'irruption de la publicité et de la signalisation routière, l'arbre mort qui annonce la complainte écologique, etc. De même, la cohérence des aplats, qui s'agencent comme les pièces d'un puzzle, accuse paradoxalement la disparité du paysage urbain. [MTh]

126

Alex Katz (New York, 1927)
Green Scarf, 1975
Huile sur toile, 122 × 152,5 cm
Collection Alain et Suzanne Dubois. Promesse de don

Dans le sillage du Pop Art, Katz conçoit une peinture figurative faisant la part belle aux portraits et aux paysages. Il décompose ses sujets en de larges masses de couleur, enrichies de quelques détails soignés, avec un style lisse et neutre.

Ici, une croix en bois foncé, légèrement décentrée, est placée derrière un cadre en osier tressé (peut-être le dossier d'une chaise ou d'un banc), dont le bord gauche longe celui de la peinture et dont un ornement fin et régulier constitue le centre. Au premier plan, devant la croix et le cadre en osier, est inscrit le portrait d'une femme en buste, au regard oblique. Elle porte une blouse noire et une veste brune, et est coiffée – là est l'élément qui fait la particularité de ce portrait et donne son titre au tableau – d'un fichu vert. La scène est située dans la nature : on aperçoit un pré vert avec une ligne d'horizon très haute et, au-delà, une bande turquoise qui évoque plutôt l'eau que le ciel. La nature se retrouve également dans le tissu imprimé de fleurs aux pétales blancs.

Si les ombres sur le visage et le cou sont extrêmement simplifiées, l'artiste établit en revanche un jeu subtil de correspondances formelles entre les sourcils de la femme, les tiges des fleurs et le treillage en osier, les plis et détails de son veston. Ce portrait anonyme tout en contrastes harmonieux de couleurs froides (vert-bleu) et chaudes (jaune-ocre-brun) a quelque chose d'intemporel. Les yeux de cette femme perdus dans le lointain lui donnent un aspect mélancolique, comme si elle cherchait une issue au cadrage (à la mise au carreau) imposé par le peintre. L'inscription d'une figure dans une construction précise ne tiendrait-elle pas de Piero della Francesca, artiste vénéré par Katz, de même que l'expressivité à la fois minimale et majestueuse de la femme au fichu vert ? [BF]

127

128

Hanne Darboven, K – Zeichnung – 74 – 1/IV/7/4 – 16 à – 30/IV/7/4 – 45, 1974
Giuseppe Penone, Svolgere la propria pelle (Pressione su carta), 1974

127

Hanne Darboven (Munich, 1941 – Hambourg, 2009)
K – Zeichnung – 74 – 1/IV/7/4 – 16 à – 30/IV/7/4 – 45, 1974
Encre de Chine sur papier parchemin, 29,5 × 21 cm (chaque feuille)
Collection Alain et Suzanne Dubois. Promesse de don

Fille d'un commerçant prospère, Darboven grandit dans un milieu ouvert à l'art. Elle pratique le piano depuis son enfance – ses dessins peuvent d'ailleurs faire penser à des partitions –, mais elle cesse toute activité musicale en 1962 et s'inscrit à la Hochschule für bildende Künste à Hambourg. De 1966 à 1968, elle vit à New York où elle fait notamment la connaissance de Sol LeWitt et de Carl Andre, qui seront des fervents soutiens de son travail. C'est à cette époque qu'elle crée ses premières œuvres sur du papier millimétré, un support alors apprécié par de nombreux artistes. De retour à Hambourg, elle détermine ce qu'elle appelle la « K-Wert » (valeur K) pour « Konstruktion », somme des chiffres d'une date, qui devient la clé de son système de notation. Au moyen des nombres ainsi obtenus à partir des dates du calendrier grégorien, elle développe des séquences numériques entre écriture et dessin. Darboven se perçoit d'ailleurs davantage comme une écrivaine que comme une plasticienne.

Méditation sur le cours du temps, à l'instar de celle d'On Kawara, et donc sur le flux de l'existence, les œuvres de Darboven prennent la forme d'un index se déployant sur un mur, comme c'est le cas de *K – Zeichnung – 74 – 1/IV/7/4 – 16 à – 30/IV/7/4 – 45*, ou dans une pièce entière. Fruit d'une logique complexe, ce dessin constitué de trente feuilles restitue le travail d'un mois, celui d'avril 1974. Darboven consigne le temps, la vie qui s'écoule. Se consacrer aux dates et à leur expression graphique sous forme encodée est sa manière d'agir et d'être au monde. Elle raisonne à partir d'un système inventé pour organiser le temps, le calendrier, qu'elle renvoie à son artificialité relative. Son œuvre, qui connaîtra une évolution vers l'installation, incluant des photographies et des sculptures, s'inscrit dans le développement de l'art conceptuel, explorant les principes de sérialité et de progression machinale des formes, aux confins de la représentation. [LSCH]

128

Giuseppe Penone (Garessio, 1947)
Svolgere la propria pelle (Pressione su carta), 1974
Graphite et ruban adhésif sur papier marouflé sur toile, 130 × 160 cm
Donation d'Alice Pauli, 2018. Inv. 2018-026

Au début des années 1970, le benjamin de l'Arte povera, âgé d'à peine vingt-cinq ans, développe une série de travaux consistant littéralement à mettre son corps à plat : il l'applique sur des plaques de verre, les photographie, puis assemble ces fragments en une grande composition. Rapidement, il passe à la reproduction de morceaux de sa peau agrandis par les moyens du dessin sur du papier, voire sur des murs entiers. L'un de ses thèmes favoris est aujourd'hui encore l'empreinte (souvent invisible) laissée par le corps humain dans la nature.

Le centre de la composition de *Svolgere la propria pelle* (Développer sa propre peau) est bien marqué par un petit rectangle noir. Il s'agit d'un ruban adhésif transparent portant l'empreinte d'une partie de peau de l'artiste préalablement enduite de poudre de graphite. Après avoir réalisé ce décalque, Penone l'utilise comme le point de départ de la composition. Il agrandit cette « dermato-graphie » avec un crayon gras. Il résulte de cette *Pressione su carta* (Pression sur papier) un dessin à fleur de peau qui ressemble à une écorce ou à un paysage. Cette œuvre est un paysage personnalisé. Grâce à un choix pertinent des matériaux – le graphite pour le monde minéral et le papier pour le monde végétal – et des techniques – l'empreinte directe (adhésif) et indirecte (dessin-pression) –, l'artiste intègre l'homme à ses différents environnements, relie microcosme et macrocosme, et crée un monde poétique de relations complexes.

L'artiste met en valeur la peau, écran qui enregistre les sensations les plus fines et qui en même temps laisse des empreintes, et fait de la perception tactile un mode de perception privilégié, alors que l'œil est au centre de l'art occidental. À travers ses œuvres, Penone nous aide aujourd'hui, dans un monde tendant à la dématérialisation, à retrouver le contact physique avec la nature. [BF]

129

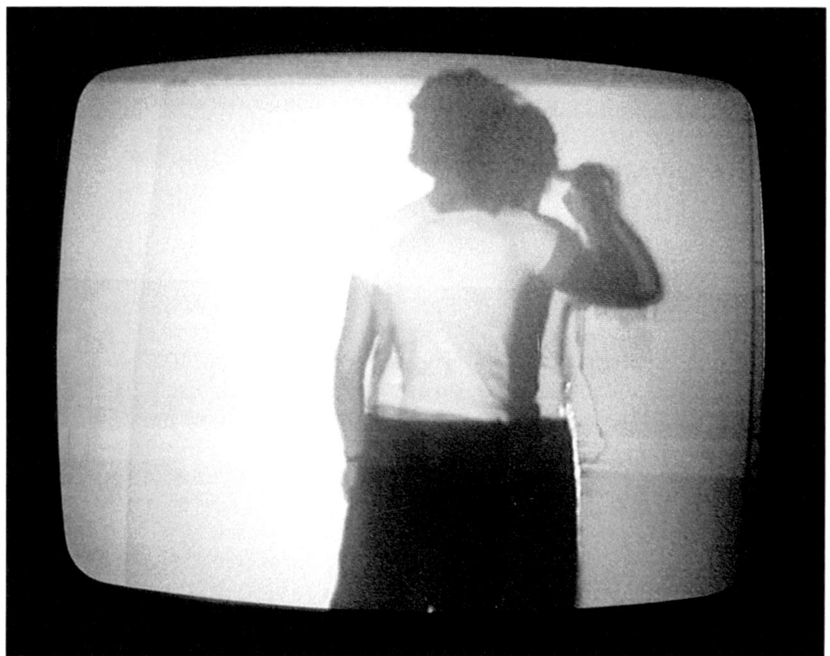

130

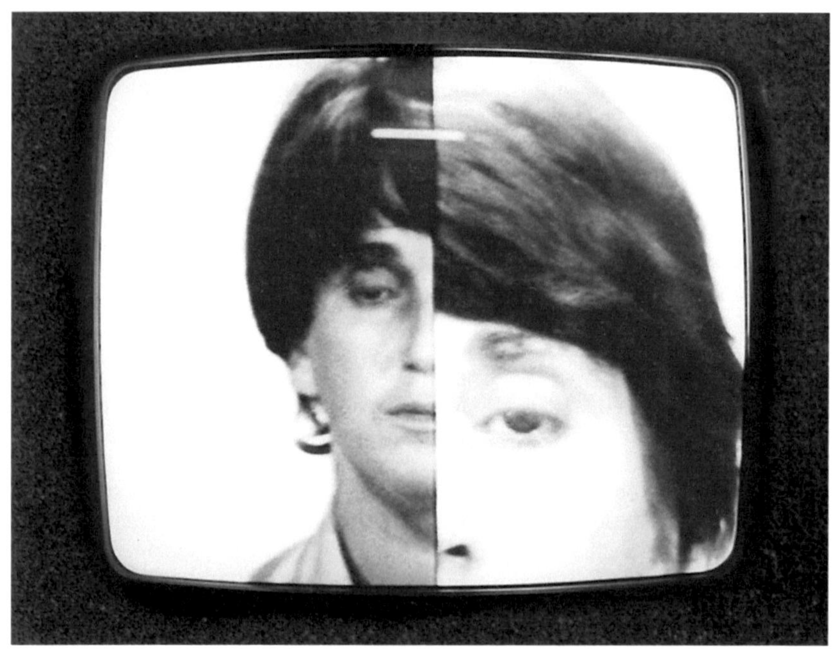

Jean Otth, Limite E, 1973
VALIE EXPORT, Space Seeing – Space Hearing, 1973 – 1974

129

Jean Otth (Lausanne, 1940 – Chavannes-près-Renens, 2013)
Limite E, 1973
Vidéo, n & b, avec son, 21'40"
Acquisition, 1973. Inv. 1973-036

Otth réalise ses premiers travaux vidéo en 1971. Il les montre à Lausanne en 1972 à la Galerie Impact (*Action Film Vidéo*), et au Musée (*Musée expérimental 3 : Implosion*). Ces deux expositions sont considérées comme inaugurales de l'art vidéo suisse.

Limite E est la première vidéo à entrer dans la collection du Musée, aux côtés d'autres bandes d'Otth comme *Limite A* et la série des *TV-Perturbations*. Il fait usage des potentiels esthétiques proprement électroniques : circuit fermé avec mise en abyme de l'image. On y voit l'artiste de dos, debout devant un mur blanc qui tient simultanément lieu d'écran. Otth cerne graphiquement son ombre, son image statique (diapositive projetée) et enfin son image dynamique (projection de film Super-8), conduisant une réflexion sur les différentes natures de l'image – en l'occurrence dessinée, projetée, filmée, fixe ou en mouvement. Le résultat pictural de cette action, une toile de 170 × 170 cm, se trouve également dans la collection du Musée, et ne peut être exposée qu'avec la vidéo dont elle est le témoin.

Limite E fait partie d'une série dont le sous-titre, *Interrogation sur les « réalités » de l'image*, non seulement résume ce qui intéresse alors l'artiste, mais aussi fait un diagnostic de la scène vidéo de l'époque. Comme le formule Otth dans le catalogue *Vidéo 1970 – 1980* (1980), « la *Limite* est un thème qui s'étouffe de sa propre évidence. Dessiner, griffonner le contour d'une forme est un acte primitif à conserver, à développer. Dénominateur commun de toutes les images, de tous les codes (avec le temps comme nouvelle dimension plastique), la vidéo suscite un espace pictural dont la spécificité est à découvrir… Mais une chose est acquise : la matière. Cette matière électronique, loin de recevoir passivement les images (projection cinéma), les produit enfin avec une belle obstination de lumière, dans un perpétuel happening "techno-imaginaire". » [NS]

130

VALIE EXPORT (Linz, 1940)
Space Seeing – Space Hearing, 1973 – 1974
Vidéo, n & b, avec son, 6'19"
Acquisition, 2013. Courtoisie de l'artiste et Electronic Arts Intermix (EAI), New York. Inv. 2013-072

En 1967, VALIE EXPORT renonce à son nom de naissance et s'approprie une marque de cigarettes bon marché (« Smart Export ») comme nom d'artiste et raison sociale. Ce signal féministe fort – le refus de s'inscrire dans la tradition du nom de famille hérité du père – est symptomatique de sa démarche artistique qui, tout en s'inscrivant dans l'héritage des actionnistes viennois, aborde les questions de pouvoir inhérentes aux rapports de genre. Tous ses premiers travaux, qu'il s'agisse de performances, de films expérimentaux, de photographies ou de vidéos, interrogent l'ordre social et ses normes, confrontant le corps féminin à l'espace urbain. À l'instar d'autres artistes de performances, VALIE EXPORT investit ainsi l'espace public, sortant du cadre qui légitime traditionnellement une action ou un objet artistiques (l'atelier, l'espace d'exposition) et du cadre spatial et symbolique dévolu aux femmes (le privé, la maison).

La vidéo *Space Seeing – Space Hearing* est issue d'une performance réalisée par VALIE EXPORT au Kölnischer Kunstverein. Elle s'inscrit dans les recherches de l'artiste sur la perception de l'espace. Lors de cette performance, l'artiste se tient debout, immobile au milieu d'une salle de musée vide. Quatre caméras sont braquées sur elle, diffusant sur quatre moniteurs des plans fixes de son corps. Ces moniteurs diffusent six images différentes de l'artiste : à gauche ou à droite de l'écran, au premier ou second plan, filmée en pied ou en gros plan. Chaque position dans l'espace est caractérisée par un changement sonore dans le volume, dans l'intervalle de la répétition ou dans la hauteur du son. Le résultat final est diffusé sur un cinquième moniteur équipé d'un système de séparation de l'écran (« split screen ») qui synchronise le son et l'image : on y voit VALIE EXPORT qui se dédouble, se scinde, se met à distance et se rapproche de la caméra, dans une représentation du rapport complexe entre un corps et un espace. [NS]

131

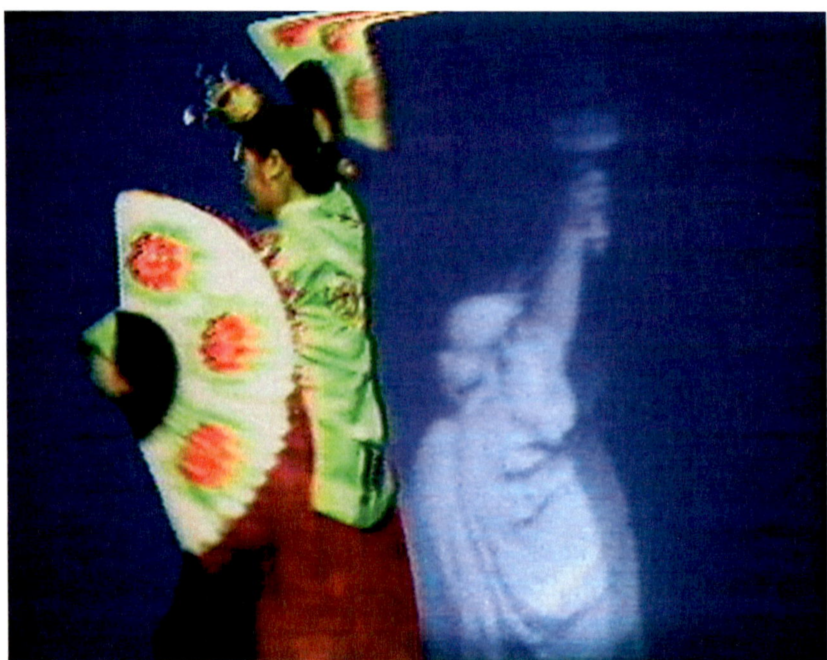

132

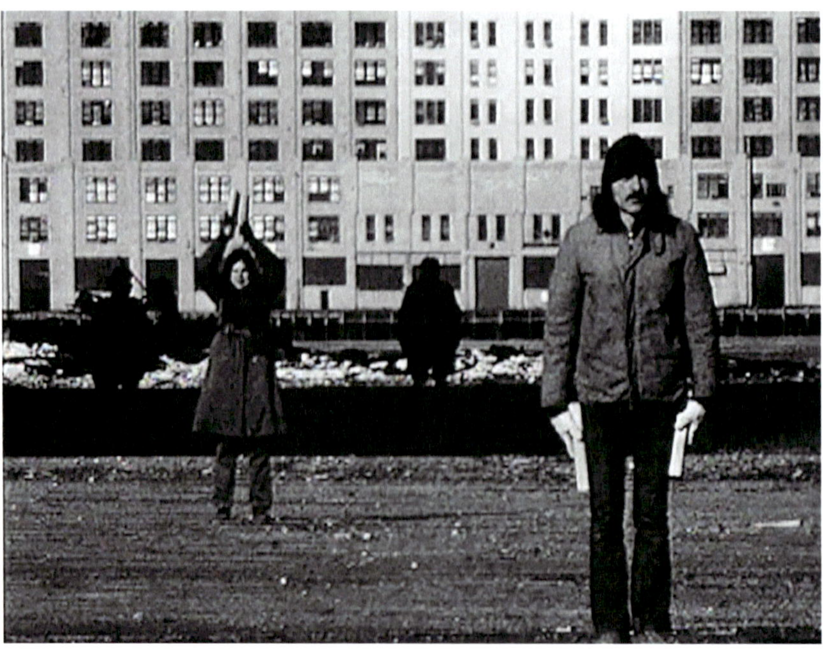

Nam June Paik, Global Groove, 1973
Joan Jonas, Songdelay, 1973

131

Nam June Paik (Séoul, 1932 – Miami, 2006)
Global Groove, 1973
Vidéo, couleur, avec son, 28'30"
Acquisition, 2013. Courtoisie du Studio Nam June Paik et Electronic Arts Intermix (EAI), New York. Inv. 2013-073

Un des fondateurs de l'art vidéo, Paik est l'auteur d'un vaste corpus d'œuvres comprenant des bandes vidéo, des productions télévisuelles, des performances ou encore des installations. En 1963, il présente ses premières œuvres vidéo et musicales inspirées de Fluxus a la Galerie Parnass de Wuppertal dans une exposition intitulée *Exposition of Music – Electronic Television*, qui marque rétrospectivement le début de l'art vidéo. En 1965, Paik achète une des premières caméras portables, le Portapak, dont les possibilités techniques (enregistrement en direct, autonomie de l'outil de production) vont permettre de nouvelles expérimentations sur le médium.

« C'est un aperçu du paysage vidéo de demain, quand vous pourrez sélectionner n'importe quelle chaîne de TV du monde et quand le programme TV sera aussi épais que le bottin téléphonique de Manhattan. » Ainsi débute *Global Groove*, devenu une bande culte de l'histoire de l'art vidéo. Ce manifeste radical sur la communication globalisée dans un monde saturé par les médias explore les possibilités de manipulation du signal vidéo et de la bande magnétique, et se présente comme un collage électronique, un pastiche de sons et d'images qui subvertissent le langage de la télévision – des extraits de films ou de clips musicaux sont entrecoupés de scènes de danses coréennes traditionnelles, le visage de Richard Nixon défiguré par l'action d'un aimant sur le téléviseur succède à un extrait musical de Karlheinz Stockhausen, etc. Les images et les séquences elles-mêmes sont traitées comme des objets plastiques : le travail au synthétiseur transfigure les visages en un kaléidoscope de couleurs vives, tandis que des incrustations et des surimpressions transforment et complexifient les images qui se succèdent à un rythme effréné. Avec humour, Paik fait coexister des fragments d'œuvres de disciplines différentes dans un flux de séquences où l'espace planétaire est réduit au téléviseur et le temps à l'instant. [NS]

132

Joan Jonas (New York, 1936)
Songdelay, 1973
Film 16 mm transféré sur vidéo, n & b, avec son, 18'35"
Acquisition, 2013. Courtoisie de l'artiste et Electronic Arts Intermix (EAI), New York. Inv. 2013-074

Initialement formée à la sculpture, Jonas participe dès la fin des années 1960 au développement de la performance et évolue sur la scène de l'avant-garde new-yorkaise aux côtés d'artistes comme Robert Smithson, Richard Serra, Yvonne Rainer, Gordon Matta-Clark ou les membres de Fluxus. En 1969, elle acquiert une caméra Portapak et réalise deux ans plus tard sa première vidéo, *Organic Honey's Visual Telepathy*. Dans ses premières œuvres, performances et images filmées sont toujours en étroite relation, les performances étant souvent précédées et prolongées par des vidéos et des films, parfois par des installations.

Entre 1970 et 1974, Jonas réalise cinq performances en extérieur, qui jouent avec le paysage et l'espace urbain. La quatrième s'intitule *Delay Delay* et a été réalisée sur les quais de Lower Manhattan à New York, sur les bords du Tibre à Rome, et lors de la documenta 5 à Cassel. Reprenant certains aspects de cette performance, *Songdelay* est filmé en 16 mm et fait usage d'un vocabulaire très cinématographique (grand angle, variation des distances de prise de vue, décalage entre son et image). L'action se déroule sur un quai de Manhattan où les performeurs – dont Jonas fait partie – produisent des sons, notamment en frappant des morceaux de bois, et dessinent des figures, des cercles ou des lignes sur le sol. Le public est tenu éloigné du lieu de représentation et assiste à la performance à partir d'un endroit surélevé. Le décalage entre les actions auxquelles assistent les spectateurs et les différents sons qui leur parviennent concourt à la définition des rapports spatio-temporels et donne la sensation de la topographie. Le rythme, la distance et les différentes formes de désynchronisation permettent à Jonas de procéder à une déconstruction de l'espace et de la durée, dans une performance tout à la fois précisément chorégraphiée et ouverte à l'improvisation. [NS]

133

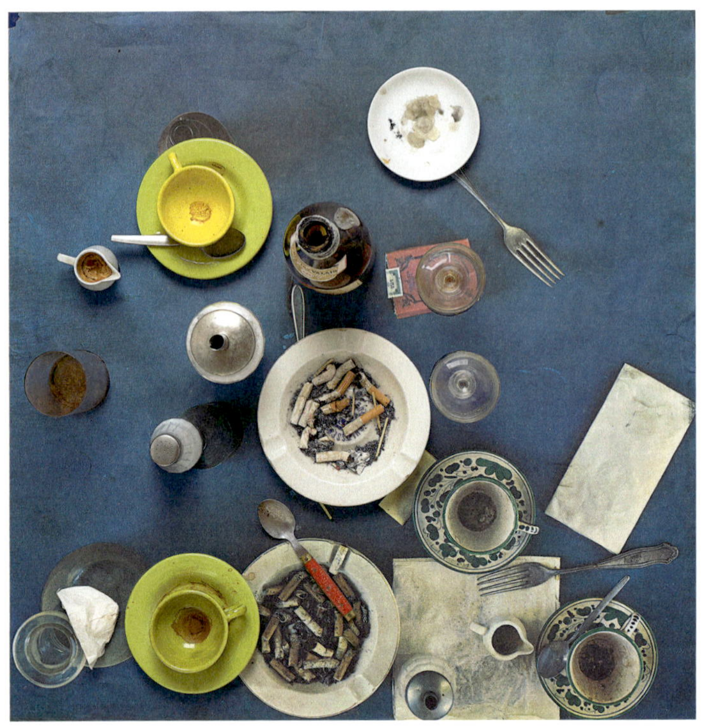

134

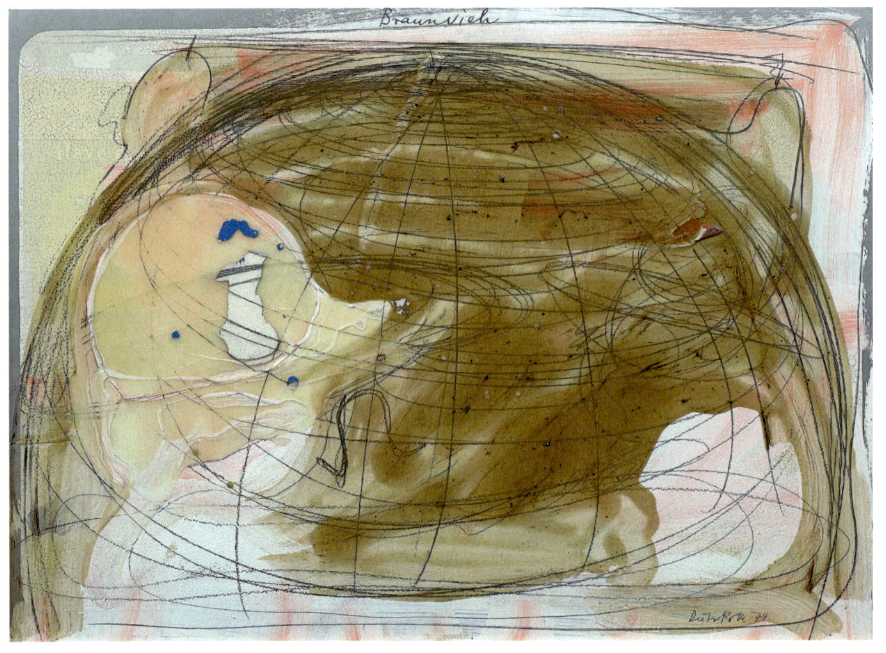

Daniel Spoerri, Aktion Restaurant Spoerri. Tableau-piège, 1972
Dieter Roth, Braunvieh, 1974

133

Daniel Spoerri (Galati, 1930)
Aktion Restaurant Spoerri. Tableau-piège, 1972
Assemblage d'objets divers sur impression collée sur bois, 71 × 71 × 40,5 cm
Acquisition, 1988. Inv. 1988-037

En 1960, Pierre Restany et Yves Klein créent le groupe des Nouveaux Réalistes. De nombreux artistes parmi lesquels Spoerri, mais aussi Arman, Martial Raysse et Jean Tinguely, en signent le manifeste qui préconise de tirer du réel le matériau concret de leur art. Les papiers collés de Braque ou Picasso (dès 1912) introduisaient déjà dans leurs peintures cubistes des fragments de journaux ; désormais, affiches arrachées, voitures compressées ou objets accumulés constituent l'œuvre d'art à part entière.

Spoerri expose ses *Tableaux-pièges* pour la première fois à Paris en 1960. Créés dans la chambre de 12 m² qu'il occupe à l'Hôtel Carcassonne entre 1959 et 1965, ils montrent les restes de repas et la vaisselle utilisée figés tels quels sur leur support. À cette époque, l'artiste ne procède à aucun réagencement. Il conserve une situation donnée dans ce qu'elle a d'instantané, de banal et de fortuit. C'est l'immobilisation d'objets habituellement maniés et déplacés au cours d'un dîner qui l'intéresse. Une fois les avoir rendus statiques, il redresse l'ensemble contre le mur : le basculement du plan horizontal de la table – seul geste démonstratif de Spoerri – soustrait la scène à l'éphémère de la vie quotidienne. Dès lors, le spectateur est invité à observer frontalement et à distance ce à quoi, attablé, il n'aurait porté aucune attention.

La nourriture et sa consommation sont des thèmes chers à Spoerri, qui y voit l'expression du cycle de la vie. Ce *Tableau-piège* date de l'époque où il tient un restaurant à Düsseldorf. Il ouvre son établissement en 1968 avec l'envie d'observer ce qui conduit au désordre de la table. On regarde ici les traces « piégées » d'un repas pris le 6 décembre 1972 : mégots de cigarettes, fond de tasses à café, bouteille vide et couverts maculés ont été métamorphosés en une nature morte « pour la vie ». Ces objets sont par ailleurs collés sur une photocopie d'une image de vaisselle, nappe en trompe-l'œil qui interroge elle aussi la notion de représentation. [LSCH]

134

Dieter Roth (Hanovre, 1930 – Bâle, 1998)
Braunvieh, 1974
Technique mixte sur carton, 52 × 70 cm
Collection Alain et Suzanne Dubois. Promesse de don

Roth utilise dans son art tout ce qui lui tombe sous la main. Il apprécie les matériaux qui, telles les denrées alimentaires (chocolat, banane, salami, fromage, etc.), non seulement produisent des effets esthétiques – comme les auréoles de gras –, mais aussi se transforment au fil du temps – par le passage d'un état physique à un autre ou encore la décomposition. Ces évolutions sont observées par Roth, avec une certaine mélancolie, en ce qu'elles symbolisent le vivant.

Esprit libre, Roth crée de manière compulsive, notamment des dessins, médium qui se pratique facilement en tout lieu et avec des moyens rudimentaires. Les procédés sont là aussi innombrables et hétérogènes : crayons, feutres, collages, tampons, avec une ou deux mains ; au téléphone, en collaboration avec d'autres artistes ; dans des carnets, sur des sous-mains, des calques, du papier et tout support imaginable. Roth s'approprie ce qu'il trouve.

Braunvieh (« vache brune ») est emblématique de la variété de techniques qu'il emploie, et des aléas propres au processus de création qu'il exploite. L'artiste a laissé s'étendre de la colle vinylique, sur laquelle il a grossièrement délimité en brun la sphère terrestre, tout en laissant en réserve son profil droit que l'on reconnaît à son crâne dégarni et son nez pointu. Un papier déchiré fait office d'œil et se voit surmonté d'un sourcil simplifié, tracé au feutre bleu. Enfin, il a dessiné schématiquement des fuseaux horaires.

Comme à son habitude, Roth a saturé l'ensemble du support en intervenant par accumulation de couches successives. Ce dessin, sur lequel l'artiste plus grand que la Terre l'enserre dans ses bras, peut se lire comme la manifestation de son appétit pour tout ce qui s'offre à lui et de l'unité qu'il forme ainsi avec le monde lui-même : son œuvre *est* le monde, il *est* le monde. [LSCH]

135

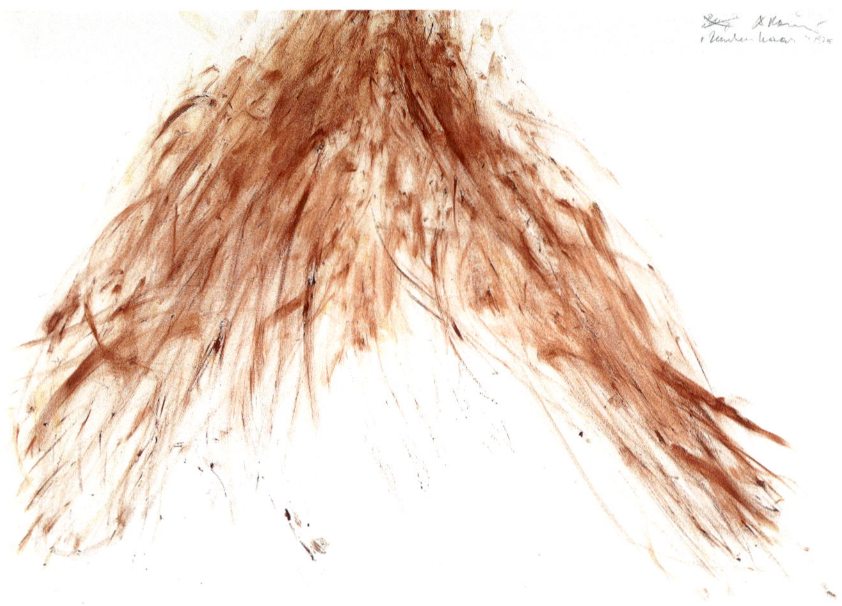

136

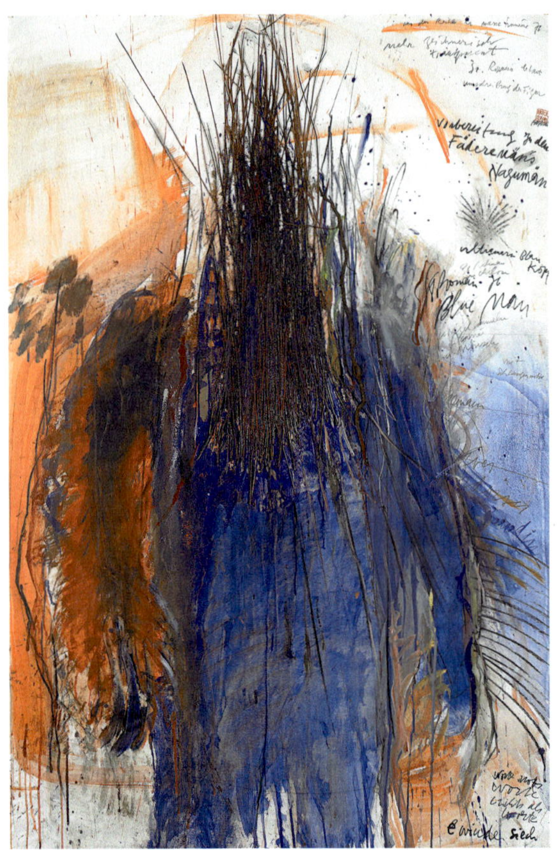

Arnulf Rainer, Nackenhaar, 1975
Rolf Iseli, Blauer Homme du jonc, 1976

135

Arnulf Rainer (Baden, 1929)
Nackenhaar, 1975
Huile sur carton, 51 × 73 cm
Acquisition, 1986. Inv. 1986-015

Dès 1952, Rainer développe une peinture gestuelle caractérisée par la frénésie. Qu'il intervienne sur des reproductions de peintures célèbres ou sur des autoportraits photographiques, il s'investit physiquement dans la réalisation de ses œuvres avec une énergie intense, souvent violente. Dans *Nackenhaar*, l'artiste accentue l'implication du corps en utilisant ses doigts pour peindre, comme s'il s'agissait d'un canal direct entre l'impulsion et l'action, écartant ainsi tout intermédiaire entre lui et le support. Il adopte cette technique en 1973, après avoir cassé un pinceau en cours de création et continué à travailler avec ses mains pour ne pas interrompre son élan. Sans doute aussi se réfère-t-il consciemment à l'exemple de Louis Soutter, auteur de nombreuses peintures au doigt, qu'il admire et collectionne.

Dans *Nackenhaar*, les mains droite et gauche de Rainer se sont animées pour tracer la composition, quasi symétrique, avec une certaine instinctivité. Deux éléments tranchent avec sa démarche habituelle. D'une part, le fait qu'il a peint sur un support vierge renvoie à un certain dépouillement. D'autre part, la monochromie, en dehors du noir, est inédite elle aussi, l'artiste combinant généralement le rouge et le jaune vifs, ourlés ou fendus d'un trait noir ou bleu. Le choix du carton plutôt que du papier répond au besoin d'une feuille solide.

Seul le titre de l'œuvre indique ce que ces traces de doigts se rejoignant au sommet de la feuille représentent. Avec peu de moyens donc, Rainer esquisse une nuque parsemée de cheveux. Il peint ce motif avec rapidité. Sans cette information, l'association entre la forme triangulaire, l'amas de marques et leur couleur pourraient suggérer une éruption volcanique, un brasier ou encore les traces de mains ensanglantées. Un imaginaire symbolique de la brutalité se concentre ainsi dans la vision que l'on projette de cette peau laiteuse et de ces mèches de cheveux, peut-être tout simplement rousses. [LSCH]

136

Rolf Iseli (Berne, 1934)
Blauer Homme du jonc, 1976
Gouache, terre et joncs sur papier, 150 × 100 cm
Acquisition, 1977. Inv. 1977-079

Iseli rencontre le succès au milieu des années 1950 avec des toiles où la technique picturale et l'énergie physique se constituent en objet de la peinture. Il crée sa première toile tachiste en 1954 et participe, en Suisse, au développement de l'art informel qui se répand alors à travers l'Europe, suivant de peu l'expressionnisme abstrait américain.

En 1966, Iseli cesse de peindre à l'huile et renonce à la toile au profit du papier, un support fragile qui peut être plié, déchiré, malmené. Suit un temps de recherche qui lui permet d'aboutir, au début des années 1970, à un équilibre entre figuration et expression pure. Il prend alors pour sujet l'homme et son environnement, mais sans nostalgie pour un lien à la nature qui serait perdu. Cette évolution fait suite à l'expérience de la plantation d'une vigne en 1971 à Saint-Romain, en Bourgogne, sur un domaine acquis dix ans plus tôt et où il travaille la moitié de l'année. Caractéristique par l'utilisation de matériaux naturels (terre, paille, plumes, feuilles, etc.), cette œuvre appartient à une série sur le thème de *L'homme du jonc* : une silhouette masculine, celle de l'artiste, masquée par une gerbe de roseaux séchés, est pleinement assimilée à la surface peinte. Cette ombre, qui se projette sur la feuille comme sur le sol, est une image de l'Homme.

Ici, la représentation traduit l'expérience d'un moment presque mystique. L'homme, dépourvu de toute identité, est en symbiose avec son milieu naturel. Son corps rayonnant de bleu est amalgamé à la gouache orange et à la terre ocre. La puissance de ses gestes labourant la gouache fait surgir des coulures incontrôlables, des traits nerveux dans des directions opposées. Les commentaires en différentes langues inscrits au fur et à mesure de l'exécution, essentiellement dans la marge de droite, transcrivent le flux de la pensée de l'artiste. [LSCH]

137

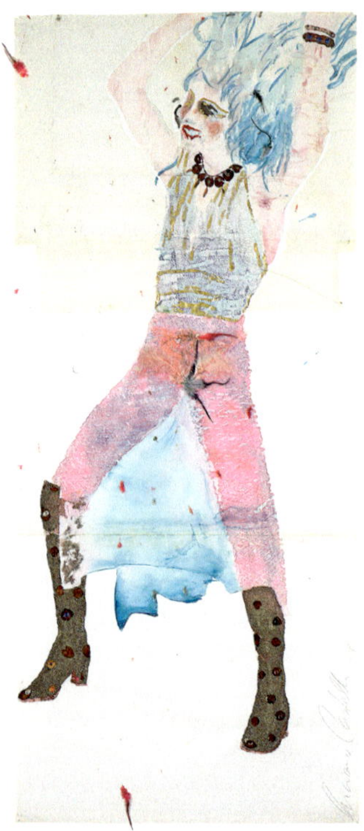

138

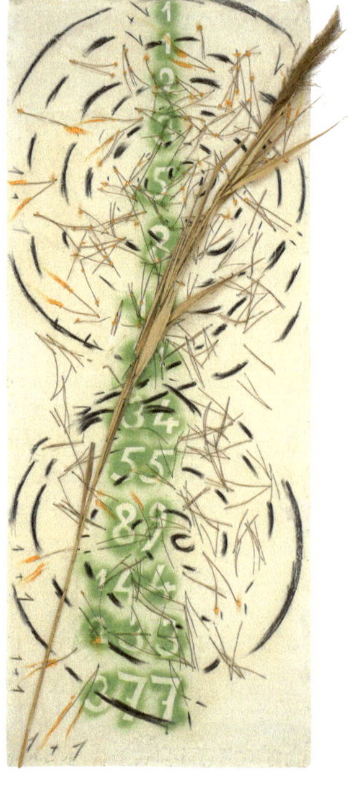

Luciano Castelli, Haarzupfer, 1973
Mario Merz, 8 che riporta 8 – La natura interloquisce sempre e solo con se stessa ? Paesaggio con vento – Fibonacci, 1978

137

Luciano Castelli (Lucerne, 1951)
Haarzupfer, 1973
Aquarelle et matériaux divers sur plusieurs feuilles de papier, 205×90 cm
Acquisition, 1986. Inv. 1986-005

À l'instar d'Urs Lüthi, lui aussi Lucernois d'origine, Castelli commence sa carrière au début des années 1970 en mettant en scène son corps dans des performances et des autoportraits grimés. De nombreuses photographies le montrent dans différents rôles, poses et tenues, le plus souvent outrageusement fardé et accoutré d'accessoires attribués au féminin. Il s'inspire de la culture glam rock qui diffuse un style androgyne et extravagant incarné par David Bowie et Lou Reed. La notion de beauté, la liberté d'être et les stéréotypes identitaires sont des questions essentielles pour Castelli.

L'artiste peint aussi à partir de ses photographies. L'aquarelle *Haarzupfer* («Plumer les cheveux») de la série des *Glitter Pictures* dévoile sa fascination pour la transsexualité. Bottes à talons, maquillage, longue chevelure, Castelli se présente sous les traits de son alter ego Lucille. La verticalité du support répond à la silhouette élancée du personnage, et le place face au public quasi en grandeur nature. La présence affirmée de Lucille est marquée par ses jambes écartées et ses bras en l'air, tirant sur ses mèches bleues, ainsi que par sa position de trois quarts. Son envergure est telle que son corps déborde de l'image. Le support est constitué de sept feuilles de papier. Certaines ont été pliées ou froissées et l'une a été découpée pour simuler le bord inférieur du débardeur scintillant.

Le visage joyeux de Lucille et son corps épanoui expriment son plaisir d'être. La fantaisie des matériaux utilisés le clame également : le treillis du pantalon est réalisé en colle à paillettes roses, l'entrejambe est couvert de plumes, les bottes dorées sont rehaussées de fleurs séchées, les paupières de feuille d'or, etc. Castelli peint avec une vivacité encore légère qui annonce le style expressionniste qu'il développera à Berlin à la fin des années 1970, au contact des Neue Wilde (Nouveaux Fauves). [LSCH]

138

Mario Merz (Milan, 1925 – Turin, 2003)
8 che riporta 8 – La natura interloquisce sempre e solo con se stessa ? Paesaggio con vento – Fibonacci, 1978
Fusain, acrylique, roseau et aiguilles de pin sur toile, 226×98 cm
Collection Alain et Suzanne Dubois. Promesse de don

Dans les années 1960 et 1970, la suite de Fibonacci ([0], 1, 1, 2, 3, 5, 8, 13, 21…) est une référence courante chez les artistes (Mel Bochner, Donald Judd, Sol LeWitt, etc.) qui s'en servent comme d'un principe de progression, par exemple, des dimensions de leurs sculptures. Sa règle est que chaque terme, sauf les deux premiers, équivaut à la somme des deux précédents. La suite de Fibonacci s'observerait dans la nature notamment dans une spirale.

Merz l'utilise pour la première fois en 1968, alors qu'il réfléchit au moyen d'allier art et engagement social : il suspend à Turin, au-dessus de sa cuisinière, cinq néons indiquant «1, 1, 2, 3, 5» (*Fibonacci Santa Giulia*). Mais c'est à partir de 1970 qu'il l'intègre véritablement à son œuvre. Associé à l'Arte povera, l'artiste avait déjà montré de l'intérêt pour l'harmonie organique, par exemple de l'igloo, qu'il regarde comme un idéal de forme et d'habitat.

Dans cette œuvre, Merz illustre la suite numérique en l'inscrivant à l'acrylique au moyen d'un pochoir et en l'associant à une double spirale dessinée au fusain. Ces deux éléments se retrouvent souvent juxtaposés, comme si Merz exposait le principe et son illustration (par exemple, *L'œuf philosophique* installé à la gare de Zurich depuis 1991). L'artiste apprécie la suite de Fibonacci moins pour le hasard qu'elle écarte que pour la croissance du monde végétal et animal qu'elle symbolise. L'interrogation du titre de l'œuvre – «La nature interagit toujours et seulement avec elle-même ?» – s'explique ainsi comme une réflexion sur l'organisation du vivant. Aux références à la suite mathématique s'ajoute l'utilisation de matériaux naturels : une tige de roseau marque la diagonale de la feuille et des aiguilles de pin sont disséminées sur le support, suggérant le «Paysage avec vent» mentionné dans le titre, un faux désordre dans l'ordre. [LSCH]

139

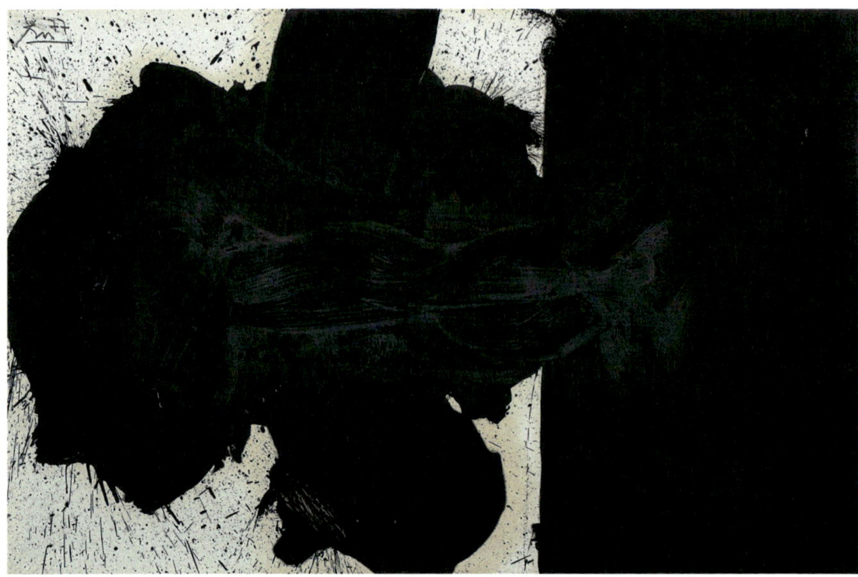

140

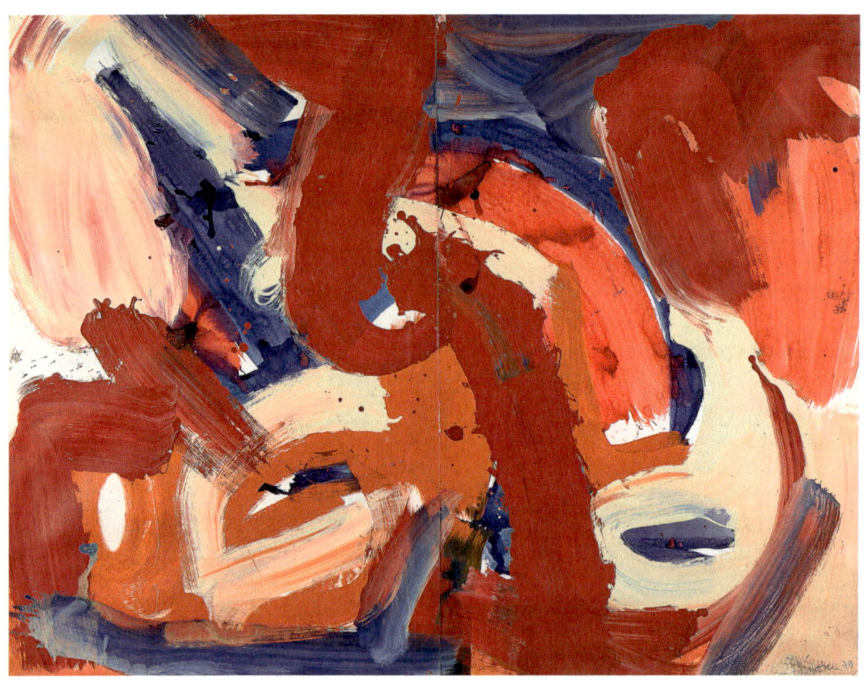

Robert Motherwell, Elegy Study A, 1977
Francine Simonin, Composition, 1978

139

Robert Motherwell (Aberdeen, 1915 – Provincetown, 1991)
Elegy Study A, 1977
Huile sur papier marouflé sur carton sur toile, 36 × 53,5 cm
Collection Alain et Suzanne Dubois. Promesse de don

Féru de philosophie, de littérature, d'histoire de l'art et de psychologie, Motherwell étudie aux universités de Stanford et de Yale. À son retour en 1940 d'un long périple à travers l'Europe, où a lieu sa première exposition personnelle (Paris, 1939), il s'installe à New York et opte définitivement pour une carrière de peintre. Il fréquente alors les surréalistes immigrés aux États-Unis. Ces derniers, et notamment le recours qu'ils préconisent aux forces de l'inconscient (l'automatisme), vont exercer une influence décisive sur lui et d'autres représentants de l'expressionnisme abstrait, dont Jackson Pollock.

Cette étude fait partie d'un ensemble d'œuvres considérable sur la Guerre civile espagnole (1936 – 1939), auquel Motherwell a travaillé tout au long de sa carrière. Peintures, estampes et dessins, de différents formats, composent un mémorial à ce conflit que l'artiste, dans le sillage de Pablo Picasso, tient pour le symbole de l'oppression des êtres humains, et de l'injustice. D'une *Elegy* à l'autre, indépendamment du format et de la technique et en dépit de quelques variations, les motifs sont les mêmes : des ovoïdes et de larges bandes verticales alternent et se déploient sur un support horizontal. Si leur interprétation varie, de la représentation de l'utérus et du phallus à celle d'architectures, Motherwell a lui-même décrit ces formes comme les testicules d'un taureau mort dans l'arène, exhibées aux yeux de tous. C'est bien le cycle de la vie et de la mort qui sous-tend cette composition.

La palette est réduite au noir, créant un fort contraste entre zones peintes et zones en réserve. Les formes massives, attirées vers la droite par une aire saturée de noir, s'opposent à la légèreté et à la rapidité du geste dont la spontanéité, paradoxalement rodée, comme atténuée par la répétition (les premières *Elegies* datent de 1948), est trahie par les éclaboussures. Motherwell cherche sans cesse un équilibre entre l'accident et le contrôle, l'émotion et la maîtrise de soi, la fluidité et la structure. [LSCH]

140

Francine Simonin (Lausanne, 1936)
Composition, 1978
Acrylique et encre de Chine sur papier, 120 × 157 cm
Acquisition, 1978. Inv. 1978-106

Simonin pratique la peinture, le dessin et la gravure, avec un engagement physique qui diffère selon le médium mais qui implique toujours la même force. Entrée aux Beaux-Arts de Lausanne en 1953, elle dessine d'après ses lectures et s'intéresse déjà au corps féminin dont elle choisit des modèles s'écartant de la norme. Sous la puissance de son geste, sa figuration devient de moins en moins intelligible. Certaines silhouettes apparaissent clairement dans la ligne tracée et certains lieux se devinent, tel le lac Léman que l'on reconnaît à ses remous bleus. Toutefois, les nombreuses références convoquées par Simonin ne transparaissent souvent que dans le titre de ses œuvres. Paysages, villes, corps, œuvres d'art, de littérature ou de musique constituent les sujets de l'artiste qu'elle assimile dans un même élan créatif. Elle-même déclare les représenter sans rechercher une fidélité photographique.

Grande admiratrice des expressionnistes abstraits, notamment de Jackson Pollock et Willem de Kooning, Simonin travaille à plat et privilégie le support papier – moins onéreux que la toile, il lui permet d'expérimenter et de peindre sans se soucier du résultat. Elle travaille avec un pinceau, avec ses mains, avec ses doigts, avec un chiffon, toujours avec détermination. Dans l'effervescence de chaque exécution, elle décharge sur la surface du papier (ici deux feuilles montées ensemble) un courant intérieur et profond qui passe par son corps en mouvement. Il en est ainsi de *Composition*, dont le foisonnement est produit par l'accumulation de gestes. Les premiers traits déterminant la structure de l'œuvre ont disparu sous les couches successives. La surcharge de *Composition* se présente comme un jeu de masses colorées sans cohésion mais en tension. Car ce qui compte pour Simonin, c'est que la peinture, une fois redressée, exprime l'énergie qui a été la sienne au moment de la création. [LSCH]

141

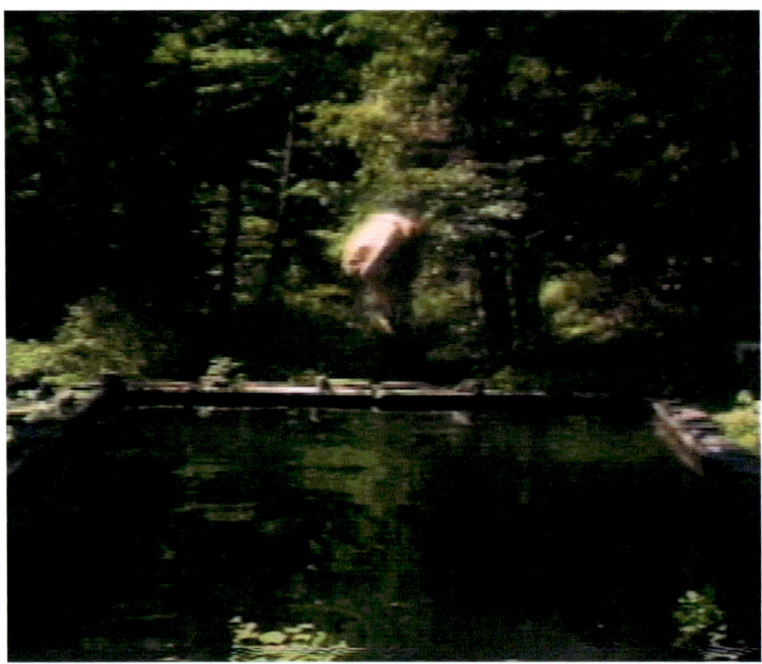

142

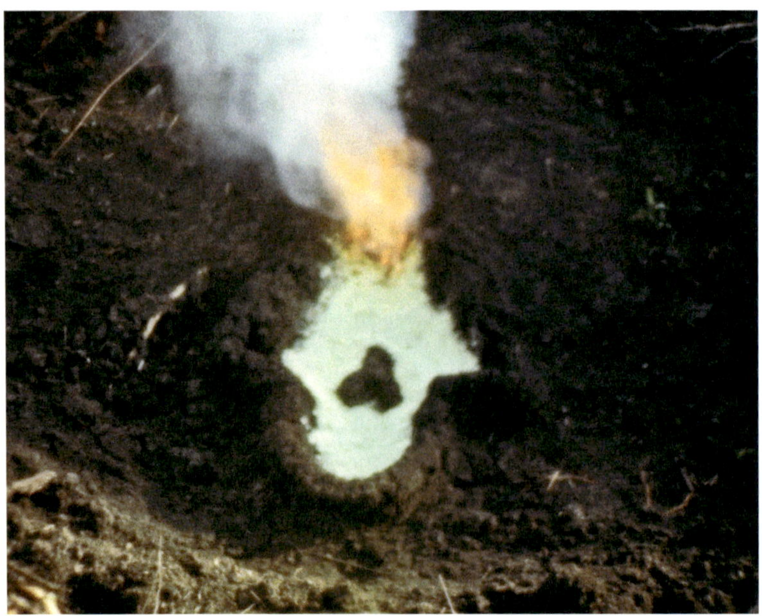

Bill Viola, The Reflecting Pool, 1977–1979
Ana Mendieta, Fundamento Palo Monte: Silueta Series (Gunpowder Works), 1980

141

Bill Viola (New York, 1951)
The Reflecting Pool (tiré de *The Reflecting Pool – Collected Work 1977–80*), 1977–1979
Vidéo, couleur, avec son, 7'
Acquisition, 1993. Inv. 1993-018

Viola figure parmi les artistes qui, depuis la fin des années 1970, ont fortement influencé le développement de l'art vidéo. Formé à l'Université de Syracuse à New York, il expose pour la première fois ses recherches vidéo aux États-Unis en 1972 et présente deux ans plus tard une installation vidéo dans l'exposition *Action Film Vidéo* organisée par le groupe Impact à Lausanne, nouant des liens avec des acteurs de la scène locale, parmi lesquels Jean Otth.

The Reflecting Pool fait partie d'une série de cinq fragments indépendants qui, pris comme un tout, décrivent les étapes d'un voyage personnel en utilisant des images de transition, du jour à la nuit, du mouvement à la fixité, du temps au hors-temps. Viola y explore les possibilités de trucage de la bande magnétique. On voit un homme sortir d'un bois, et s'installer au bord d'une piscine, au centre de l'image. Son corps se reflète dans l'eau. Soudain, il saute en l'air et son corps se fige dans le vide comme dans un arrêt sur image. Cet arrêt ne concerne que l'homme alors que le reste des éléments continue à évoluer (les branches, l'eau, le bruit de la forêt). Dans un entretien avec Raymond Bellour en 1986, Viola dit de cette œuvre : « L'image est fragmentée en trois niveaux de temps distincts (temps réel, temps suspendu, laps de temps) et reconstruite de telle sorte qu'elle ressemble à l'image d'un espace unique. [...] C'est vraiment comme si on sculptait du temps. »

Si plusieurs temporalités sont réunies grâce aux effets de la vidéo, la dimension symbolique du rapport entre l'être humain et l'eau est aussi au centre de cette œuvre, comme de tout le travail de Viola. En effet, l'eau y est omniprésente pour signifier les différents états de conscience (rêve, éveil), mais aussi les différentes étapes menant de la naissance à la mort, qu'il s'agisse du liquide amniotique, de l'eau du baptême ou encore de l'eau apocalyptique du Déluge. [NS]

142

Ana Mendieta (La Havane, 1948 – New York, 1985)
Fundamento Palo Monte : Silueta Series (Gunpowder Works), 1980
Film Super-8 transféré sur support numérique HD, couleur, non sonore, 5'56", éd. 4/6
Acquisition, 2013. Inv. 2013-078

Réalisées pour la plupart en extérieur (côte est des États-Unis, Iowa, Indiana, Canada, Mexique, et Cuba), les œuvres de Mendieta parlent toutes du rapport à la terre, au corps, au temps. Exilée très jeune de son Cuba natal et élevée loin de ses parents en Iowa, Mendieta est marquée par ce double héritage qui lui permettra de développer durant sa brève carrière un travail qui se situe à l'intersection de l'art conceptuel, du Land Art et de la performance, avec un intérêt marqué pour les cultures pré-colombiennes et l'art préhistorique.

Fundamento Palo Monte fait partie de la série des *Siluetas*, des œuvres éphémères que l'artiste réalise entre 1973 et 1981 et qu'elle documente au moyen du film et de la photographie. Si, dans les premières *Siluetas*, le corps de l'artiste est encore visible, les suivantes n'en montrent plus que la trace, Mendieta imprimant son corps dans la terre pour créer des formes qui rappellent la statuaire stylisée du Néolithique, mais aussi l'Arte povera de par les matériaux utilisés. Qu'elles soient occupées temporairement par le corps de l'artiste, remplies de matières organiques telles que du sang ou de la cendre, ou en combustion, ces *Siluetas* créent une dialectique entre présence et absence, plénitude et manque, passé et présent.

Réalisé dans l'Iowa, *Fundamento Palo Monte* montre une silhouette creusée dans la terre et remplie de poudre à canon blanche, avec trois pierres à l'emplacement du cœur. Le feu consume la silhouette depuis la base jusqu'à la tête. Par moments, les flammes et l'épaisse fumée blanche obstruent la forme au sol. Elle réapparaît lentement à travers les volutes de fumée, tandis que la poudre finit de se consumer. Reste au sol la silhouette calcinée – terre, feu et air ont fait leur œuvre –, tandis que le temps de la combustion et celui du film se confondent. [NS]

143

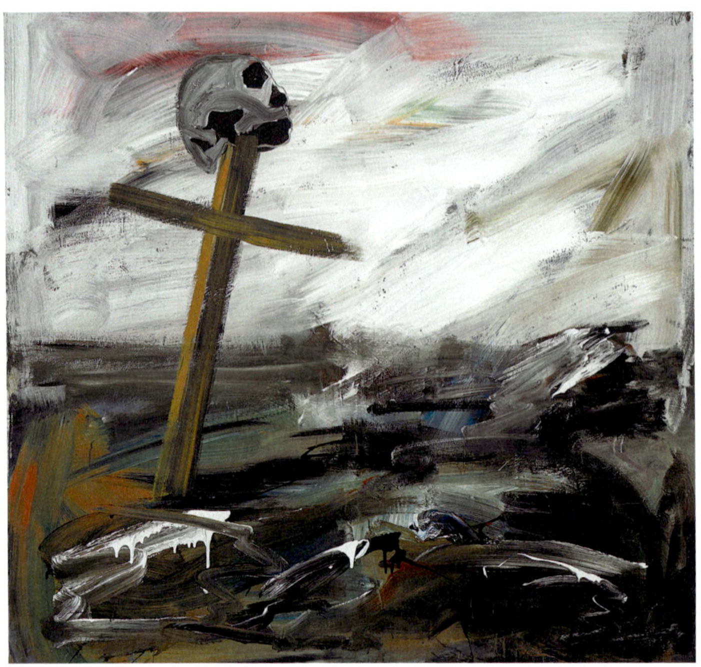

144

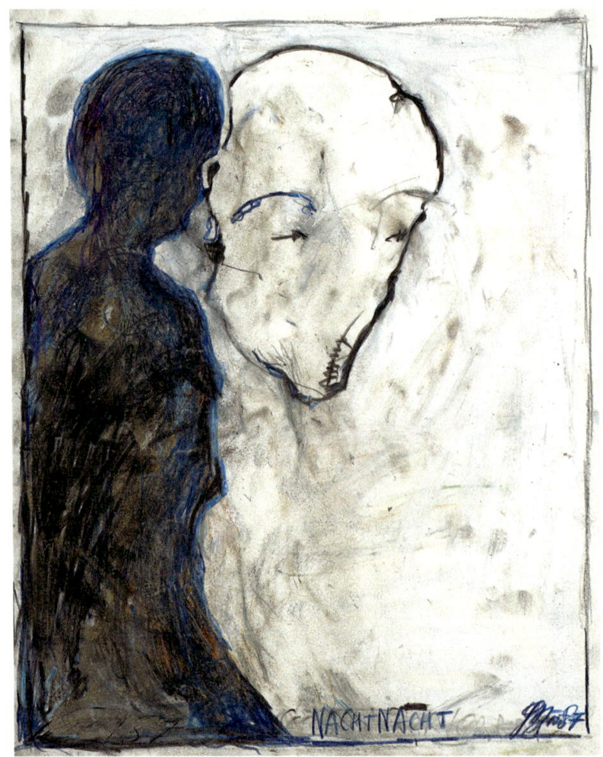

Albert Oehlen, Ohne Titel, 1981
Günter Brus, Nachtnacht, 1987

143

Albert Oehlen (Krefeld, 1954)
Ohne Titel, 1981
Acrylique sur toile, 150 × 160 cm
Acquisition 2004. Inv. 2004-066

Formé à la Hochschule für bildende Künste de Hambourg à la fin des années 1970, Oehlen fait partie d'une génération d'artistes qui remet la peinture et son potentiel critique au centre de ses préoccupations, en réaction contre l'art minimaliste et conceptuel. L'année où il réalise la toile conservée au Musée est celle de sa première exposition personnelle et de ses premières collaborations avec Martin Kippenberger et Werner Büttner.

Ohne Titel est donc une œuvre de tout début de carrière, encore profondément marquée par la gestuelle de ceux que l'on a appelés les Nouveaux Fauves, et dont la peinture se caractérise par une forte expressivité et un retour à la figuration. Mais pour Oehlen, la question première est bien de savoir comment peindre encore, aujourd'hui, hors de tout conformisme, comme l'indique le titre de sa première toile, *Gegen den Liberalismus* (1980, coll. privée). Il rejette ainsi toute virtuosité picturale, tant dans le geste que dans la composition. Mais à regarder la charge expressive qui se dégage de l'œuvre, sa composition parfaitement maîtrisée en deux plans bien distincts, sombre pour la moitié inférieure, claire pour la moitié supérieure, ponctuée simplement de deux éléments iconographiques puissamment connotés (la croix et le crâne), on est plutôt tenté de dire qu'Oehlen réalise avec virtuosité des toiles anti-virtuoses. Exécutée au moyen de larges coups de brosse et de pinceaux chargés de matière jusqu'à créer par endroits des coulures, dans des teintes qui vont du blanc au noir, en passant par toute une gamme de couleurs sombres et « sales », *Ohne Titel* peut se lire comme un manifeste du jeune artiste qui déclare en 1991 : « Le but de notre étape était alors de martyriser la peinture à l'aide de motifs aussi percutants que possible et surtout lourds d'associations, pour nous départir des contraintes techniques. » Ainsi, si le choix de la croix et du crâne renvoie aussi bien à l'histoire de la peinture qu'à celle de l'Allemagne, ce qui se joue avant tout ici, c'est un rapport à la peinture dans sa matérialité, afin de sonder les conditions mêmes de sa possible survie. [NS]

144

Günter Brus (Ardning, 1938)
Nachtnacht, 1987
Crayons de couleur et craie grasse sur papier, 39,6 × 32 cm
Acquisition, 1988. Inv. 1988-008

Brus est l'un des représentants de l'actionnisme viennois, aux côtés d'artistes comme Otto Muehl et Hermann Nitsch. Ce mouvement, qui s'épanouit au cours des années 1960, se caractérise par la violence des actions menées par ses protagonistes en réaction au conservatisme de la société autrichienne. Comme les expressionnistes autrichiens Oskar Kokoschka ou Egon Schiele avant eux, les actionnistes cherchent à libérer l'être humain de ses tabous, comme la sexualité, et à débusquer les pulsions dont le refoulement a conduit d'après eux à la montée du fascisme.

Brus est l'auteur de performances qui mettent à mal son propre corps. Les images de Jackson Pollock intensément engagé dans le processus de création, surplombant sa toile un pinceau à la main et un pot de peinture dans l'autre, l'amènent à rechercher cette tension dans sa pratique picturale en restreignant les moyens expressifs à son seul corps : si l'art est énergie, il peut donc se réduire à une action. Après avoir été le support de la peinture, le corps de Brus est exposé nu, mutilé ou encore maculé de ses sécrétions, dans des performances qui dénoncent les normes de la société par le dégoût qu'elles provoquent.

Brus renoue avec une pratique graphique au début des années 1980. Ce dessin fait référence à la censure dont sont victimes les actionnistes viennois, régulièrement arrêtés par la police. L'artiste, que l'on reconnaît à son profil et à son crâne nu, se représente la bouche cousue comme s'il n'était plus autorisé à s'exprimer. Sa figure est précédée d'une silhouette dans la pénombre, renvoyant au double « Nacht » (Nuit) du titre. Le dessin a été réalisé avec des gestes énergiques – traits de crayon appuyés et nerveux. Les dépôts de craie grasse qui ont maculé le papier lui donnent un caractère peu soigné, expression littérale des forces débridées de l'inconscient. [LSCH]

145

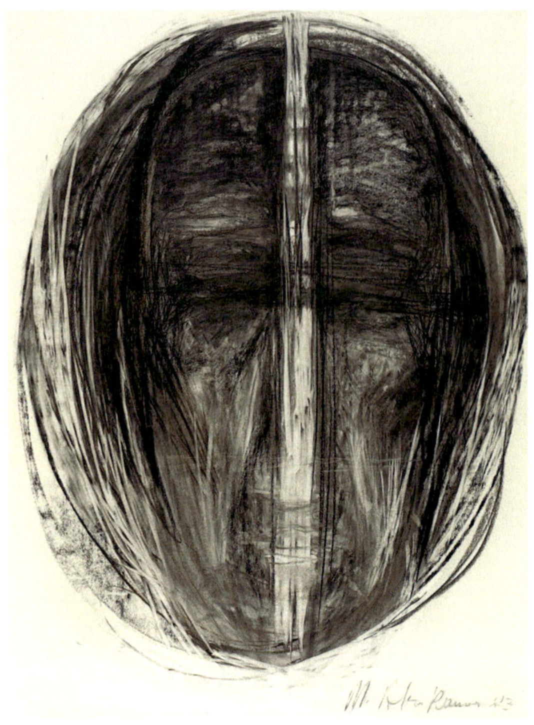

146

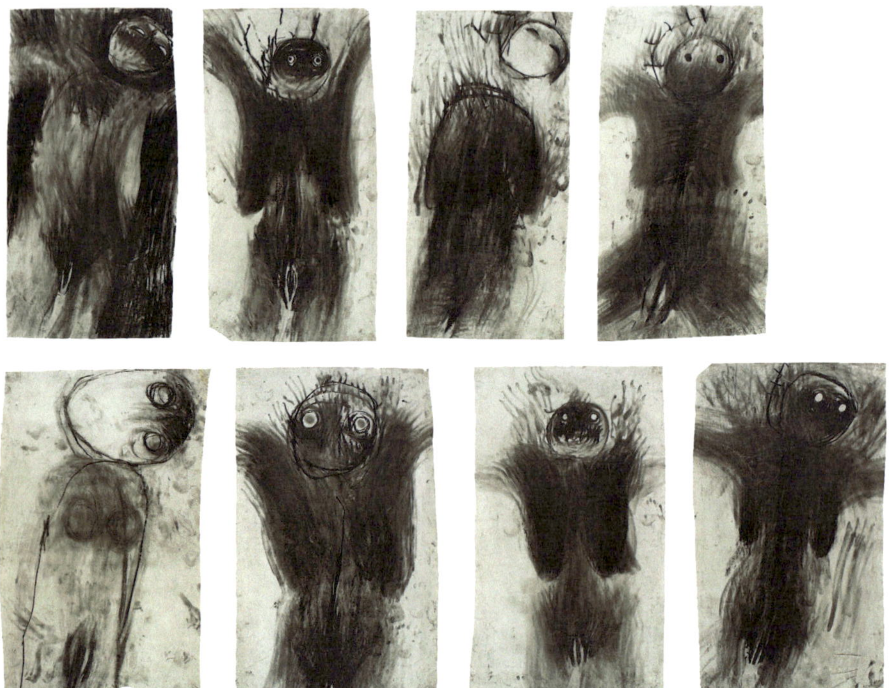

Magdalena Abakanowicz, Tête, 1983
Miriam Cahn, das klassische lieben – femmes, 1981

145

Magdalena Abakanowicz (Falenty, 1930 – Varsovie, 2017)
Tête, 1983
Fusain et estompe sur papier, 100 × 75 cm
Acquisition, 1986. Inv. 1986-042

Exposée dans plusieurs éditions de la Biennale de la Tapisserie organisées au Musée entre 1962 et 1995, Abakanowicz marque le public en présentant ses grands tissages suspendus dans l'espace, les *Abakans* (1966 – 1975). La série des *Têtes*, qu'elle réalise au fusain et en lithographie au début des années 1980, n'est pas sans rappeler la forme des *Abakans* les plus simples. Ces visages comme fendus en leur centre sont simultanément plans et volumineux. Ce double effet est produit d'une part par l'arrondi de la tête tracé avec des gestes amples, et d'autre part par la face elle-même travaillée par des traits courts et pluridirectionnels. Abakanowicz fait coexister deux états du dessin : l'épure et l'illusion de la forme tridimensionnelle qui émerge peu à peu.

Chacun de ces grands visages est construit par une croix dont l'axe horizontal situe le niveau des yeux et l'axe vertical marque la place du nez et la zone entre les arcades sourcilières. Abakanowicz dessine à plat, sur le sol. Elle explore la gamme des effets du fusain. À certains endroits, elle travaille avec la pointe du bâton laissant des marques d'un noir dense, à d'autres elle les estompe. Elle utilise aussi la largeur du fusain qu'elle frotte ; la matière pulvérulente s'attache alors au grain du papier et en révèle la structure. Enfin, l'artiste profite du fait que le fusain s'efface facilement en raison de sa faible adhérence au support et elle emploie la gomme pour ouvrir des interstices lumineux ou accentuer le relief du visage.

Yeux clos et bouche muette, cette *Tête* semble plongée dans le silence. L'attitude de repli, de même que la maigreur suggérée du visage interpellent et provoquent un sentiment d'empathie chez le public. D'origine polonaise, Abakanowicz est marquée par les horreurs de la Seconde Guerre mondiale. Fragments de corps où se concentre l'introspection, ses *Têtes* nous renvoient la souffrance intériorisée d'êtres humains habités par un drame autant que l'image d'un mort recouvert d'un suaire. [LSCH]

146

Miriam Cahn (Bâle, 1949)
das klassische lieben – femmes, 1981
Suite de 8 dessins au fusain et charbon sur papier calque, de 136 × 70 cm à 157 × 110 cm
Acquisition, 1983. Inv. 1983-030

Le corps n'est pas seulement un outil de travail pour Cahn : il est aussi un sujet. Pour elle, il va de soi de le représenter dès lors qu'elle crée avec lui et à travers lui. Elle revendique de produire ses œuvres à partir de son intériorité, comme si son corps était une caisse de résonance de différentes mémoires et expériences qu'elle purgerait au moment de créer. S'investir physiquement dans leur réalisation est ainsi le corollaire de la perspective subjective postulée par Cahn.

das klassische lieben est un grand cycle de création, dans lequel l'artiste scrute notamment la vie du couple formé par ses parents et la répartition des rôles féminin et masculin. Dans différentes suites de dessins, elle représente des êtres nus, aux formes simplifiées, sans caractères individuels mais aux attributs sexuels distincts. Elle décrit les rapports hétérosexuels, qu'elle qualifie non sans ironie d'« amour classique », dénonçant par là leur construction sociale et normative. Ces grands dessins sur calque ont été réalisés sur le sol. Présentés à la verticale sur le mur, dans le sens de la hauteur, ils orientent les regards de ces femmes directement vers le spectateur, faisant de lui le témoin d'un moment intime éclatant d'agressivité, comme si elles se jetaient sur lui.

Dans la suite de huit dessins *das klassische lieben – femmes*, le principe est semblable, mais l'effet diffère : Cahn nous place sous ces corps. Nous devenons le/la partenaire sur lequel/laquelle ils s'abattent. Les femmes de Cahn n'ont pas de taille, ni de chevelure. Leurs bras et leurs jambes se devinent à peine. Elles perdent leurs contours car elles sont vécues de l'intérieur. Seuls leurs seins et leur sexe sont marqués, parfois de manière outrancière comme ici, et proclament ainsi leur identité genrée. Les traces de doigts de l'artiste produisent une vibration spectrale. Ses mains deviennent celles de ces femmes qui sont une et toutes à la fois. [LSCH]

147

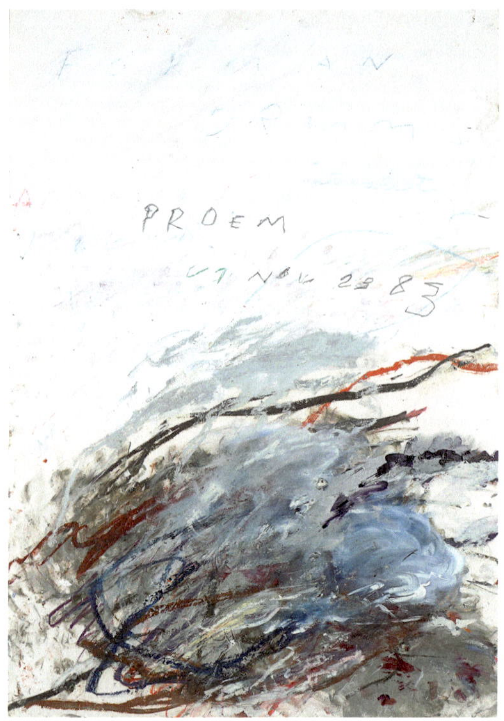

148

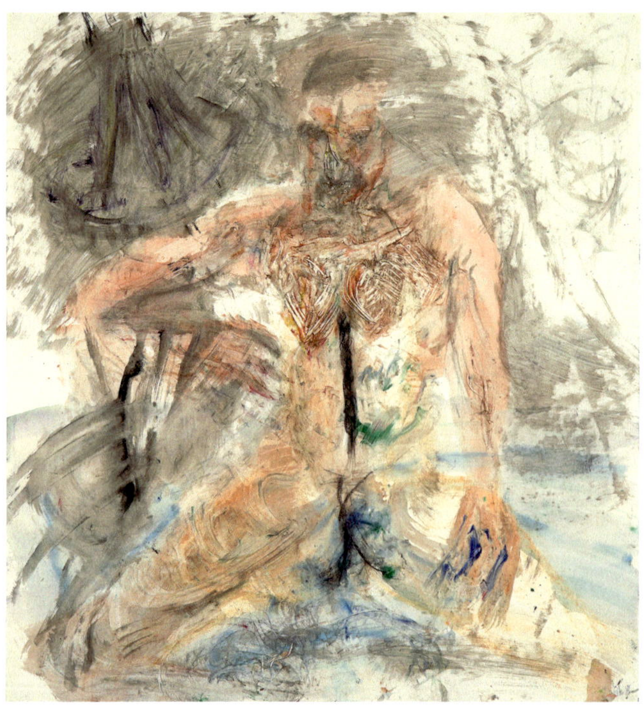

Cy Twombly, Proem, 1983
Martin Disler, Ohne Titel, 1986

147

Cy Twombly (Lexington, 1928 – Rome, 2011)
Proem, 1983
Huile, craie grasse et crayon sur papier, 100 × 70 cm
Collection Alain et Suzanne Dubois. Promesse de don

L'œuvre de Twombly est le fruit d'une grande érudition. Dès son plus jeune âge, l'artiste fait preuve d'une curiosité intellectuelle sans bornes. En 1952, il voyage en Europe et en Afrique du Nord, accompagné de Robert Rauschenberg. Il se rend notamment à Rome où il s'installera cinq ans plus tard, tout en séjournant régulièrement aux États-Unis. Son œuvre peint et dessiné est tributaire de l'expressionnisme abstrait, dont Twombly est contemporain. Il se situe toutefois en marge de ce courant. Si, à l'instar de ses confrères, il se détache de la représentation, il travaille en revanche la profondeur de l'espace pictural.

Proem procède de la même force créatrice et participe du même langage plastique que de nombreuses œuvres de Twombly : intensité éruptive du geste, caractère scriptural des marques, interférences entre signes graphiques et fragments verbaux. Chacune d'entre elles fait la synthèse de la mémoire, des connaissances et des expériences de l'artiste, transformées en énergie émotionnelle.

La date (23 novembre 1983) et le titre (d'après un poème éponyme écrit par John Greenleaf Whittier en 1847, ode vibrante à la nature) de ce dessin réalisé à Rome flottent au-dessus du centre de la feuille. Probablement ajoutées à la fin du processus de création, ces informations sont de rares repères explicites, tout en étant partie intégrante de l'œuvre. Elles ont été inscrites de manière à émaner autant de la masse nébuleuse qu'elles surmontent que de l'arrière-plan maculé de mots (par exemple, « F O R M I A N D R E A M S »), peu lisibles en raison de reprises à l'huile blanche. Aussi la composition n'apparaît-elle pas déséquilibrée, malgré une partie supérieure épurée et une partie inférieure dense et frénétique. Twombly organise un chaos maîtrisé qui s'observe aussi dans les lignes noires et brunes fuyant vers la droite et brouillées par le pinceau. [LSCH]

148

Martin Disler (Seewen, 1949 – Genève, 1996)
Ohne Titel, 1986
Acrylique et aquarelle sur papier, 167 × 156,5 cm
Acquisition, 1987. Inv. 1987-027

Disler n'a jamais fait partie des Neue Wilde (Nouveaux Fauves), mais son œuvre a souvent été apparenté à ce mouvement, tant il partage les mêmes préoccupations et engagement. Ce groupe d'artistes, qui émerge dans différentes villes d'Allemagne et d'Autriche au début des années 1980, participe au renouveau de la figuration, amorcé durant la décennie précédente. Affirmant l'expression de la subjectivité dans l'art, il invente une peinture brute, libre et fougueuse, capable de porter les thèmes du corps et de la sexualité avec une véracité intime. En Suisse, Disler fera sien cet état d'esprit.

Ses peintures sont le fruit d'une introspection qui l'amène à exhumer des images enfouies au fond de lui. Des émotions, souvent violentes, s'entrechoquent dans ces œuvres d'exécution rapide. L'intensité qui se dégage de chacune est due aux formats imposants et saturés, et plus encore à la force du geste. Le sujet de la composition n'est pas lisible d'entrée de jeu. Comme ici, les abondantes traces de peinture foisonnent à la surface du papier. Cette profusion désordonnée laisse place peu à peu à une immense figure nue, à l'air hostile, rappelant les *Women* de Willem de Kooning. Disler cependant ne représente pas un sujet ; il transmet une agitation intérieure, un état émotionnel.

Les jambes écartées, le bras droit replié sur la hanche et la main gauche posée sur la cuisse, cette figure, parfois lue comme un autoportrait de l'artiste, se tient à genoux, comme dans une posture offensive. Son corps, qui occupe largement l'espace central de l'œuvre, est une masse évanescente et solide à la fois, un îlot diffus de chair. L'artiste peint avec des gestes énergiques au moyen de différents outils (pinceaux, couteaux, doigts), gratte l'acrylique à certains endroits. La surface picturale porte ainsi les traces de l'élan passionnel de Disler en pleine création. [LSCH]

149

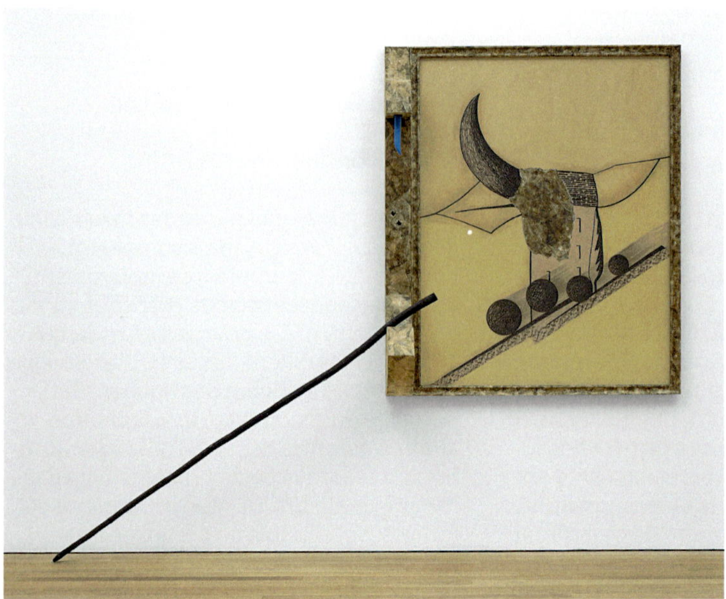

150

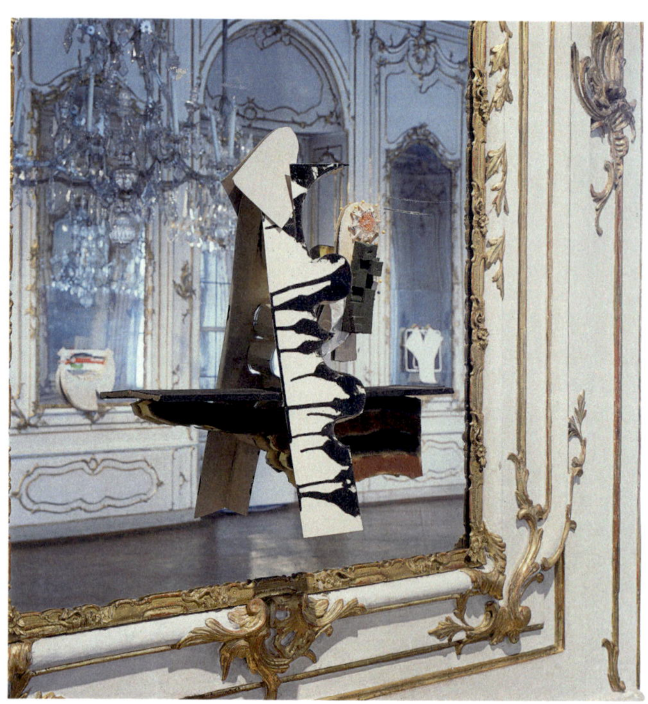

Flavio Paolucci, Peinture objet, 1983
Richard Tuttle, The Baroque and Color VII, 1986–1987

149

Flavio Paolucci (Torre, 1934)
Peinture objet, 1983
Bois, papier, peinture, collage et fusain, 235×360×50 cm
Acquisition, 1987. Inv. 1987-012

Formé dans différents écoles et ateliers à Lugano, Locarno et Milan entre 1949 et 1957, Paolucci subit, au début de sa carrière, l'influence du tachisme parisien et des courants néo-dadaïstes, puis brièvement du Pop Art. Il est en outre marqué, en 1964, par la découverte du désert marocain. Au cours de cette première période de création, il s'intéresse déjà à la représentation de la relation entre l'être humain et la nature. Cette méditation perdurera dans son œuvre où, dans un langage plus abstrait, les motifs de la feuille, de la branche et de la pierre évoqueront le fragile équilibre du domaine vivant.

Vers 1973–1974, Paolucci commence à utiliser des ressources végétales, comme des branches. Créée dans une forêt, près de Biasca, *Innesto* (1974) sera une œuvre charnière: l'artiste a inséré des scions dans un frêne coupé à 1 m de hauteur et la notion de « greffe » devient alors fondamentale dans son travail. Il se situe désormais dans la marge de l'Arte povera, notamment d'un Giuseppe Penone, lui aussi sensible aux rapports entre l'homme et son environnement.

Peinture objet est une œuvre représentative du corpus que Paolucci développe dans les années 1980. Il y associe des éléments dessinés ou manufacturés et des éléments naturels, parfois trouvés, ou sommairement transformés (avec de la couleur notamment). Le bâton reposant sur un volume en bois affleurant à la surface du cadre est placé parallèlement au mur, de manière à faire écho à la pente dans le dessin central. Une maison, motif récurrent chez Paolucci, est parée de formes évoquant une corne et des feuilles. Elle est en partie dissimulée par un fragment de papier imitant la roche, tandis que quatre sphères rondes dévalent le versant à toute allure – leur vitesse est suggérée par les traces de fusain. *Peinture objet* déploie toute une gamme de relations possibles entre nature et culture, réalité et artificialité. [LSCH]

150

Richard Tuttle (Rahway, 1941)
The Baroque and Color VII, 1986–1987
Carton, bois, mousse, aluminium et adhésifs sur papier millimétré, 74×74×16 cm
Acquisition, 1989. Inv. 1989-014

Bien que souvent associé au courant post-minimaliste, Tuttle est certainement l'un des artistes américains les plus déconcertants et les plus inclassables de ces cinquante dernières années. Il « bricole » avec des matériaux pauvres comme le bois, le papier, le fil de fer, la mousse synthétique ou encore des fragments de tôle, de tissu ou de plastique. Ses dessins et ses collages ressemblent à des esquisses expérimentales plutôt qu'à des objets finis. Ils sont des œuvres en devenir qui évitent toute emphase et toute esthétique convenue.

La série *The Baroque and Color* témoigne du regain d'intérêt pour le baroque, à partir du milieu des années 1980, de la part d'artistes tel Frank Stella, et de penseurs tel Gilles Deleuze. Cette sculpture-assemblage a pour références *Composition suprématiste: Carré blanc sur fond blanc* de Kasimir Malevitch (1918, New York, Museum of Modern Art) et les reliefs de Jean Pougny. À l'origine, l'œuvre faisait partie d'une installation conçue pour le Spiegelsaal baroque de la Neue Galerie de Graz, où elle faisait face à un miroir. Elle a acquis son autonomie lorsque Tuttle a décidé de la transposer sur un papier en l'y fixant au moyen d'adhésifs.

Le papier millimétré de format carré sur lequel le relief est désormais attaché évoque les œuvres d'Agnes Martin avec laquelle Tuttle était très lié. Il constitue aussi la base ou le plan de la composition d'où se détachent des pièces qui ressemblent à la forme négative d'un corps de violon et à une tête de violon avec ses chevilles. Cet instrument est un assemblage complexe de pièces façonnées dans des matériaux nobles; entre les mains de Tuttle, il devient un bricolage extrêmement précaire, maintenu par de simples bandes adhésives, quelques clous et des épingles. C'est ainsi que l'artiste participe à sa manière à l'aventure, chère aux cubistes, de la déconstruction du motif. [BF]

151

152

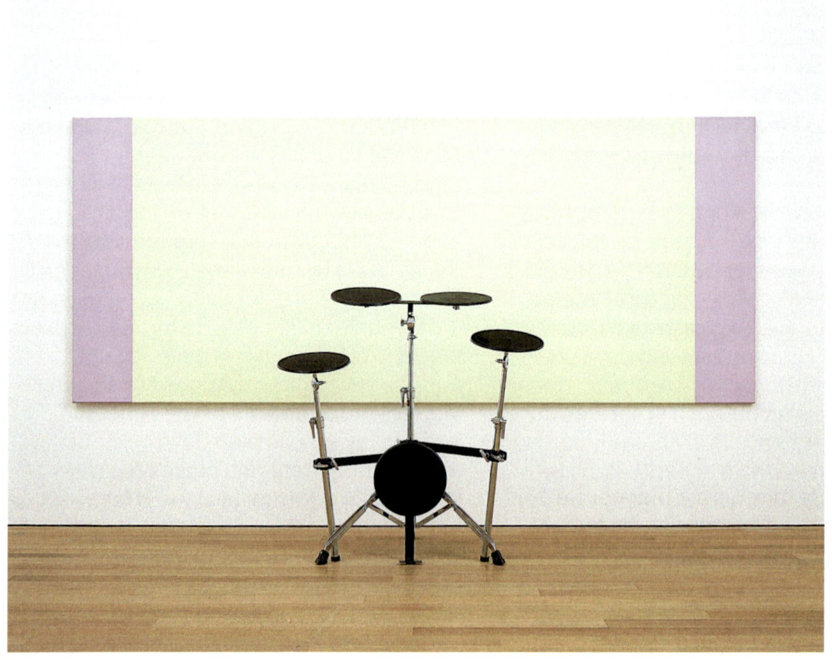

Olivier Mosset, Sans titre, 1975
John M Armleder, Furniture Sculpture 189, 1988

151

Olivier Mosset (Berne, 1944)
Sans titre, 1975
Acrylique sur toile, 300×300 cm
Acquisition, 2006. Inv. 2003-017

Entre 1966 et 1972, Mosset peint quelque deux cents toiles blanches carrées mesurant 100×100 cm et comportant en leur centre un cercle noir de diamètre toujours égal – des cibles ou des « O », qui succèdent à ses toutes premières toiles sur lesquelles figurait la lettre « A ». Il est alors établi à Paris depuis un an, a travaillé pour Jean Tinguely et Daniel Spoerri, mais va surtout faire la connaissance des peintres Daniel Buren, Michel Parmentier et Niele Toroni, avec lesquels il forme pour une brève durée le groupe B.M.P.T., nom formé avec la première lettre de leur patronyme. Leur peinture s'inscrit dans un dialogue avec l'histoire de l'art abstrait, tout en se positionnant comme une critique de la peinture pure. Comme le formule Mosset dans un entretien avec Christophe Cherix et Lionel Bovier en 2003 : « Je considérais ma peinture comme une critique du marché et de l'unicité de l'objet d'art, ainsi que des aspects sensibles et expressifs de la peinture de l'époque. Je retrouvais sans doute ces questions dans les travaux de mes camarades BPT. [...] Nous essayions aussi de développer une réflexion un peu plus politique sur la pratique artistique. »

La peinture conservée au Musée ne fait pas exactement partie de la série des deux cents cibles puisque, si le cercle est bien aux mêmes dimensions, la toile quant à elle est un carré de 300×300 cm, et qu'en 1975 Mosset était déjà passé depuis trois ans à la réalisation de peintures à bandes verticales « empruntées » à Buren. Mais, invité par le galeriste Gerald Piltzer à réaliser une toile pour son appartement parisien, l'artiste décide de faire un dernier cercle noir, et choisit un format monumental qui correspond à l'emplacement prévu par le collectionneur. Il considère ici non seulement que la taille du cercle est indépendante de la surface sur laquelle il est peint, mais estime a posteriori que c'est cette peinture en particulier, ainsi que son intérêt pour la peinture américaine des années 1950, qui l'ont amené à vouloir travailler sur les formats plus importants qui caractériseront désormais sa pratique. [NS]

152

John M Armleder (Genève, 1948)
Furniture Sculpture 189, 1988
Acrylique sur toile et batterie muette,
110×270 cm (toile), 91×86×66 cm (batterie)
Acquisition, 2018. Inv. 2018-019

En 1969, Armleder organise à Genève sa première manifestation publique, fondatrice du groupe Ecart, qui s'inscrit dans le courant du mouvement Fluxus. Jusqu'au début des années 1980, il réalise des happenings et des performances musicales dont l'esprit est proche de celles de George Brecht ou de John Cage. En 1979, il peint pour la première fois une gouache sur une chaise, ultérieurement désignée comme *Furniture Sculpture 1*, qui inaugure un corpus d'œuvres caractéristique de sa production des années 1980, alliant peinture abstraite et éléments d'ameublement ou objets.

Furniture Sculpture 189 est une composition quasiment symétrique constituée d'une batterie de jazz muette disposée devant une toile horizontale jaune comprenant deux bandes mauves aux extrémités, accrochée très bas afin que l'instrument figure dans le même champ visuel. Les plateaux de la batterie se détachant sous forme de ronds noirs sur fond jaune constituent une composition qui rappelle les peintures à pois d'Armleder, le motif du cercle renvoyant aussi bien aux artistes de l'avant-garde historique qu'à la culture populaire.

Si d'autres *Furniture Sculptures* mettent en scène des instruments (cymbales, cors, violoncelles, etc.), le titre même de la série les inscrit dans une généalogie musicale. En effet, *Furniture Sculpture* (littéralement « sculpture d'ameublement ») renvoie à la *Musique d'ameublement* qu'Erik Satie expérimente dès 1917, musique d'ambiance plus que d'écoute qui, selon les mots du compositeur, « prétend contribuer à la vie au même titre qu'une conversation particulière, qu'un tableau de la galerie ou que le siège sur lequel on est, ou non, assis. » Si par extension, les *Furniture Sculptures* peuvent être lues comme des installations contribuant à un « art d'ambiance », dans le cas de *Furniture Sculpture 189*, l'utilisation de la batterie silencieuse renvoie également à John Cage et à son influence sur la pratique performative de l'artiste. Tout à la fois assemblage d'une peinture abstraite et d'une batterie, elle contiendrait ainsi le potentiel d'infinies partitions de silence. [NS]

153

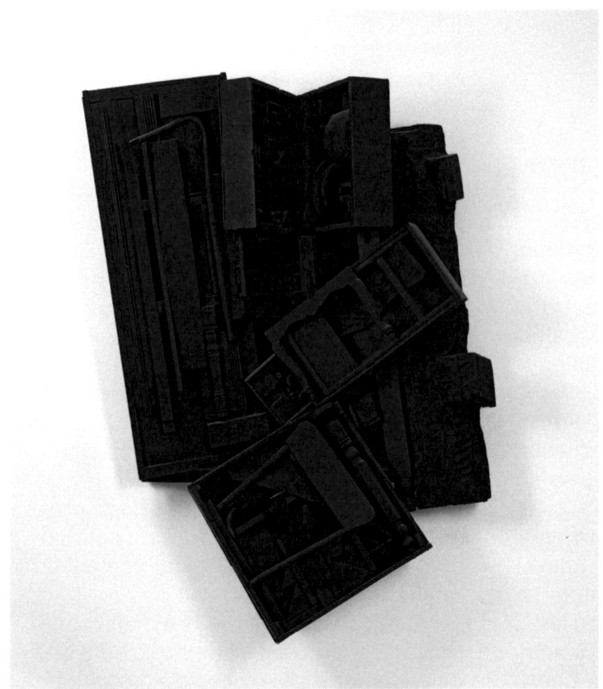

154

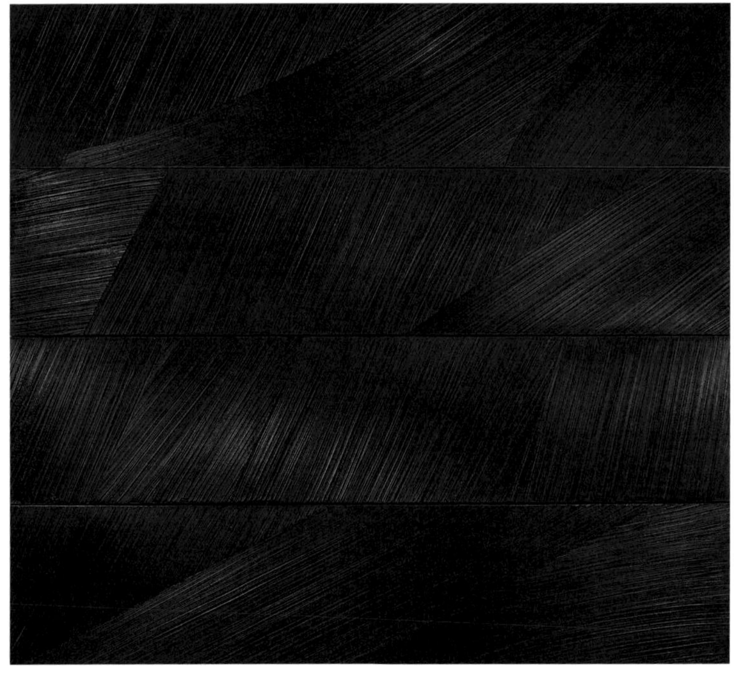

Louise Nevelson, Mirror Shadow XV, 1985
Pierre Soulages, Peinture 324 × 362 cm (Polyptyque J), 1987

153

Louise Nevelson (Pereïaslav-Khmelnytskyï, 1899 – New York, 1988)
Mirror Shadow XV, 1985
Bois peint en noir, 223 × 134 × 71 cm
Donation d'Alice Pauli, 2019. Inv. 2019-254

Née Leah Berliawsky dans l'Empire russe et actuelle Ukraine, Nevelson, de confession juive, émigre aux États-Unis dans le Maine avec sa mère, son frère et sa sœur en 1905. Elle y rejoint son père qui travaille dans le domaine du bois, d'abord comme bûcheron, à l'instar de son propre père qui en faisait commerce. Ce matériau deviendra la ressource créative principale de Nevelson, même si elle travaillera d'autres matières comme l'acier, l'aluminium et le plexiglas. Elle s'installe à New York en 1920 où elle étudie les arts plastiques et les arts de la scène.

Influencée par Picasso et par Marcel Duchamp, mais aussi par l'architecture précolombienne, Nevelson développe, après plusieurs années de production et d'exposition, une sculpture murale structurée par l'assemblage d'objets trouvés, qu'elle peint en noir, doré ou blanc. Dans les années 1950, elle crée ainsi de grandes compositions ordonnées avec rigueur, montages de caisses en bois contenant différents objets eux-mêmes soigneusement organisés. Elle se laisse souvent guider par les objets à sa disposition qu'elle agence et cloue ensemble. Suivant le même principe, elle conçoit également des « murs » à la forme impeccablement rectangulaire. *Mirror Shadow XV* fait partie d'une série éponyme réalisée quelques années avant sa mort. Elle diffère de ces premières œuvres en étant plus compacte, plus dynamique et plus volumineuse. Les objets sont juxtaposés, faisant se rencontrer des lignes de force pluridirectionnelles et perçant l'espace tridimensionnel.

L'uniformisation chromatique subordonne les détails à la forme globale. La couleur, neutre, ne donne plus aucune information et les éléments, privés d'individualité et de fonction, tendent à l'abstraction. Nevelson confiera à Diana MacKown : « Quand je suis tombée amoureuse du noir, pour moi il contenait toutes les couleurs. Ce n'était pas une négation, au contraire c'était une acceptation parce que le noir porte en lui toutes les couleurs, le noir est la plus aristocratique de toutes. » [LSCH]

154

Pierre Soulages (Rodez, 1919)
Peinture 324 × 362 cm (Polyptyque J), 1987
Huile sur toile, 324 × 362 cm
Don de Pierre Soulages en hommage à Olivier Pauli, 2017. Inv. 1999-063

Après des formes sombres se détachant sur un fond clair, l'œuvre de Soulages est gagné par la couleur noire, créant de puissants contrastes. Dans un entretien avec Olivier Pauli en 1990, l'artiste se rappelle : « Un jour de 1979, je peignais et la couleur noire avait envahi la toile. Cela me paraissait sans issue, sans espoir. » Soulages se consacre alors à une série de toiles noires où la surface, composée de textures différentes, renvoie la lumière par reflets. Il invente le noir porteur de lumière, qu'il nomme « l'Outrenoir » : « Outrenoir pour dire : au-delà du noir, une lumière reflétée, transmutée par le noir. Outrenoir : noir qui cessant de l'être devient émetteur de clarté, de lumière secrète. Outrenoir : un champ mental autre que celui du simple noir », explique encore l'artiste en 1996 à Pierre Encrevé.

Les textures composant la surface sont construites par la brosse qui strie la matière en des sillons inégaux ou par la lame qui aplatit et lisse la pâte. Elles captent la lumière et la renvoient différemment, lui imposant des angles d'incidence multiples. En faisant jouer la matière noire avec la lumière, en la rendant tour à tour fine et épaisse, lisse et rugueuse, mate et brillante, Soulages tient le monochrome à distance.

Au début des années 1980, l'artiste développe sa pratique sur des formats monumentaux. Il recourt de plus en plus souvent à la forme du polyptyque, peinture composée de plusieurs châssis assemblés. Cette structure lui permet aussi de faire naître, avec les séparations entre les panneaux, une discontinuité nouvelle de la matière et de créer des vibrations supplémentaires en complexifiant le tissage de traces verticales et de traces obliques. Dans le *Polyptyque J*, l'association entre un format presque carré et la superposition de panneaux allongés conduit à un double regard, à la fois horizontal (élément par élément) et vertical (global). [BF]

155

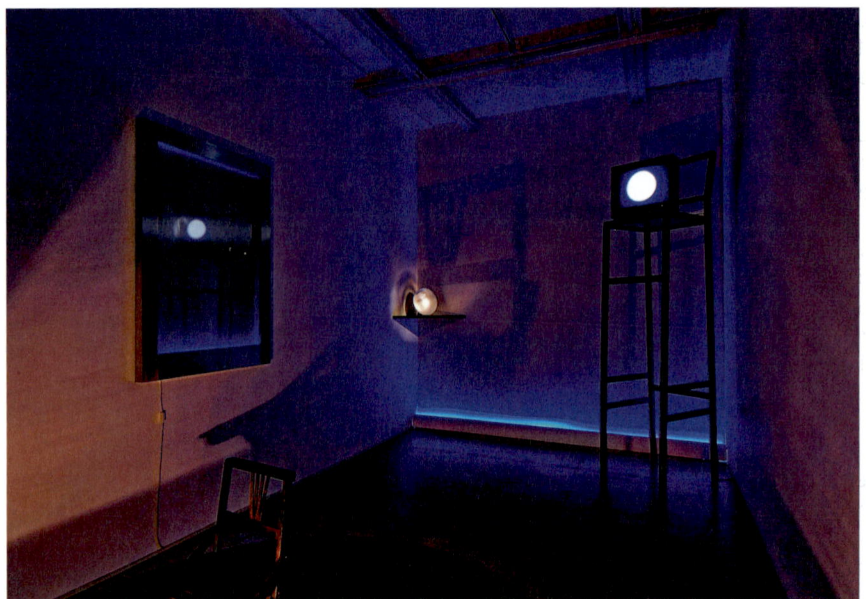

156

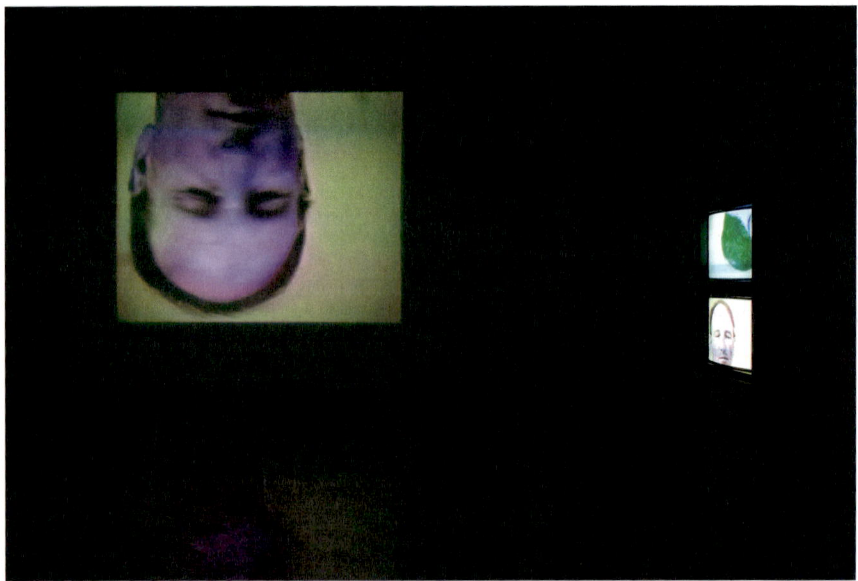

Silvie et Chérif Defraoui, La nuit, les chambres sont plus grandes, 1987
Bruce Nauman, Raw Material « MMMM », 1990

155

Silvie et Chérif Defraoui (Saint-Gall, 1935, et Genève, 1932 – Vufflens-le-Château, 1994)
La nuit, les chambres sont plus grandes, 1987
1 vidéo sur moniteur, 1 fenêtre, divers objets, dimensions variables
Acquisition, 2017. Inv. 2017-028

Après un début de carrière, pour elle, dans les arts visuels, pour lui, historien de formation, dans l'écriture et la critique culturelle, Silvie et Chérif Defraoui décident de travailler ensemble. Dès 1975, sous l'appellation *Archives du futur*, ils mènent une réflexion sur l'image – son rôle, sa valeur, son degré de réalité, son pouvoir, son rapport au temps et à la mémoire : comment encore *voir* lorsqu'on est assailli par tant d'images qui non seulement s'accumulent mais aussi se démultiplient grâce aux différents canaux médiatiques ? La vidéo et l'installation, médiums alors encore récents, leur permettent de rendre compte de la vie des images et de leur métamorphose continuelle.

La nuit, les chambres sont plus grandes reconstitue le souvenir d'une chambre dans une atmosphère nocturne. Cette pièce silencieuse est plongée dans une pénombre bleue, éclairée uniquement par un rayon de lumière laissant imaginer une porte entrebâillée. À cette évocation déroutante se mêlent des objets construisant et déconstruisant en même temps la fiction de l'image. Dans l'angle de la pièce, une assiette en porcelaine fait écho à la lune, parfaitement ronde et blanche, qui est diffusée sur un écran placé en hauteur sur une chaise aux pieds démesurés – comme pour la situer tout aussi artificiellement dans le ciel – et que la fenêtre réfléchit. Les dimensions de cette chaise correspondent pratiquement à l'ombre de la chaise pliable pour enfant qui est installée sur un tapis rond en caoutchouc noir, devant une boule de cristal, et dont l'un des pieds repose sur une petite panthère en métal. Dans cette installation, tout est illusion. Chaque objet se reflète plusieurs fois, selon des matérialités et des proportions différentes, et alors que cette vision nous semble de prime abord familière, rien n'apparaît normal. La chambre est le lieu de l'imaginaire, celui où tout se rêve, où la réalité se distord et où les images infusent l'inconscient. [LSCH]

156

Bruce Nauman (Fort Wayne, 1941)
Raw Material « MMMM », 1990
2 vidéos pour moniteurs et 1 projection, couleur, avec son, 24'50"
Acquisition, 1992. Inv. 1992-115

Raw Material « MMMM » fait partie d'une série de six installations vidéo dans lesquelles Nauman conjugue mouvement du corps et exercices vocaux. Une projection et deux moniteurs superposés présentent la tête de l'artiste en lente rotation, à l'envers et à l'endroit, dans des colorations changeantes de bleu, vert et jaune, émettant un murmure lancinant (Nauman a été filmé en plan fixe, tournant sur une chaise pivotante). Cette série marque le retour de l'artiste comme protagoniste principal d'un travail vidéo après ses performances filmées de la fin des années 1960. Il est ici à la fois artiste et matériau, celui qui perçoit et celui qui est perçu, manipulant son corps pour transformer la subjectivité intime en une démonstration objective. Le motif de la tête suspendue, tournant sur elle-même comme une toupie folle, renvoie également aux sculptures de tête en cire réalisées par l'artiste dans les années 1980, et aux *Carrousels* de sculptures d'animaux entraînés mécaniquement dans une ronde sans fin.

Dans la continuité des recherches de Nauman sur la question du corps comme sculpture, de la sculpture comme définissant un espace, et du dispositif vidéo comme modifiant la perception de ce dernier, *Raw Material « MMMM »* joue de façon insistante sur la composante sonore qui, depuis, a pris une place prépondérante dans son travail. Happé dans l'espace de l'installation, le spectateur est entraîné jusqu'au vertige dans une action et un son répétés à l'infini, dans un face-à-face à l'aveugle rendu plus complexe par la démultiplication de l'image. Le matériau déterminant est bien celui signalé par le titre de l'installation, un son qui n'est plus une musique et pas encore une parole, un son qui se refuse à communiquer autre chose que son propre espace d'énonciation.

En 2004, invité à réaliser une œuvre pour la Tate Modern à Londres, Nauman reprendra le son de cette vidéo, ainsi que celui de vingt et une autres œuvres, pour en faire une vaste installation intitulée *Raw Materials*, dans laquelle le son, mais également le corps des spectateurs se mouvant d'une source sonore à l'autre dans l'espace, fait sculpture. [NS]

157

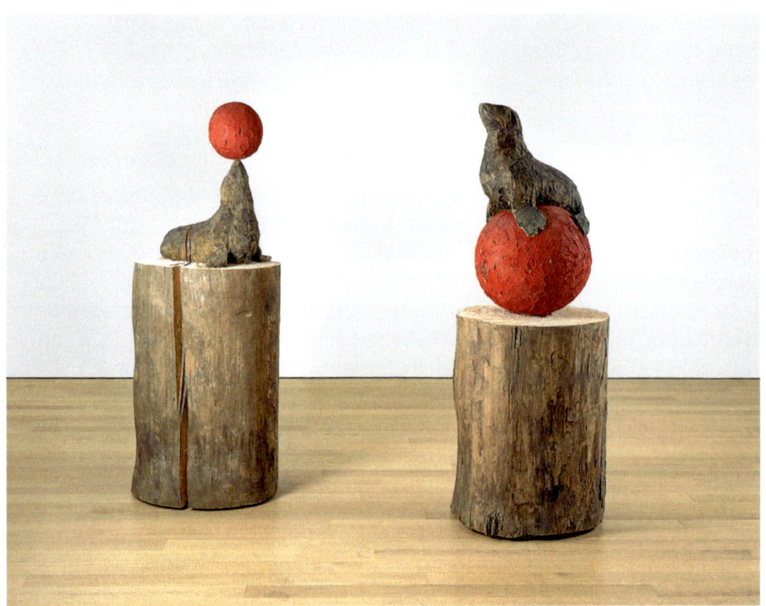

158

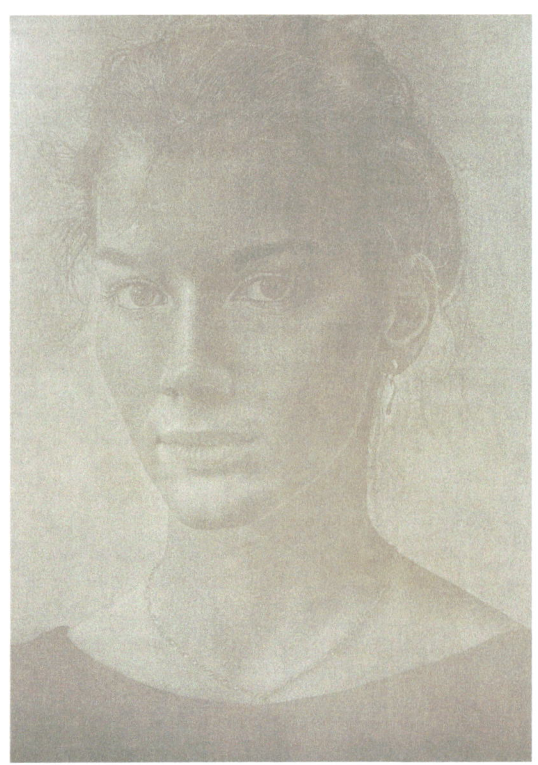

Stephan Balkenhol, Phoque I et Phoque II, 1989
Franz Gertsch, Doris, 1989 – 1990

157

Stephan Balkenhol (Fritzlar, 1957)
Phoque I et *Phoque II*, 1989
Bois sculpté et peint, 143 × 57 × 57 cm (chaque sculpture)
Acquisition, 1990. Inv. 1990-019 et 1990-020

Marqué par sa visite de la documenta 5 (1972), Balkenhol décide très tôt de devenir sculpteur. Il se forme à la Hochschule für bildende Künste de Hambourg entre 1976 et 1982. Dès le début des années 1980, il s'attelle avec succès à une tâche apparemment anachronique à une époque où règne en Allemagne le minimalisme d'un Ulrich Rückriem, qu'il a eu comme professeur, et l'expressionnisme brut d'un Georg Baselitz : poursuivre la tradition nationale de la sculpture figurative sur bois, déjà revisitée avant lui par l'expressionnisme allemand. En deux ou en trois dimensions, en pied ou en buste se multiplient alors les représentations de l'artiste lui-même, d'hommes et de femmes contemporains plus grands ou plus petits que nature, habillés ou nus, parfois déclinées en séries, et aussi celles d'animaux, dont ces *Phoques*.

Socles et figures sont taillés dans une même bille de bois. Les traces des outils utilisés sont visibles : débitage grossier, coups de ciseau, copeaux presque détachés laissés pendants. Balkenhol utilise de préférence des bois verts qui, en séchant, vont provoquer l'apparition ici ou là de fissures vouées à l'élargissement avec le temps. Le thème de la nature domptée par l'artiste se voit ainsi contredit par l'évolution libre du tronc d'arbre, matière vivante qui, non évidée, risque de faire éclater les sculptures au fil des ans.

Comme la plupart des œuvres de Balkenhol, ces *Phoques* sont peints (à l'exception des socles), évoquant aussi bien la statuaire religieuse polychrome du Moyen Âge que les jouets d'enfants, mêlant registres haut et bas. Le petit et le grand ballon, rouges, placés à des hauteurs différentes, se détachent dans l'espace, faisant ironiquement référence à la sculpture abstraite. La partie de jonglage à laquelle s'adonnent les phoques est comme l'illustration ironique du projet global de Balkenhol qui se développe sur le fil du rasoir entre tradition et modernité, entre banalité et raffinement. [BF]

158

Franz Gertsch (Mörigen, 1930)
Doris, 1989 – 1990
Xylographie en couleurs sur papier japon, 218 × 158 cm, éd. 8/18
Collection Alain et Suzanne Dubois. Promesse de don

Les premières peintures de Gertsch peuvent être considérées à la lumière du Pop Art : compositions tirées de photographies, réduction des figures à des silhouettes, absence de détails, simplification des formes et aplats de couleurs. Au tournant des années 1970, l'artiste matérialise au contraire la précision de l'image photographique en peignant avec une minutie telle que ses tableaux semblent, à distance, « plus réels » que le réel. Ces grands formats, d'après des photographies souvent prises par Gertsch lui-même, racontent une époque à travers des portraits d'artistes et des scènes de genre.

En 1986, alors qu'il cherche de nouvelles solutions picturales, Gertsch réalise ses premières xylographies selon une technique qu'il vient de mettre au point : il appuie sur la planche de bois avec un gouge-couteau de manière à obtenir un modelé de l'image-source aussi nuancé que possible grâce à des milliers de petits points plus ou moins profonds. L'image originale est projetée sur la matrice qui est recouverte d'une fine couche de teinture bleue permettant à l'artiste de suivre la progression de son travail en visualisant chaque marque grâce au trou laissé. La surface demeurée en relief sera encrée et imprimée, alors que le pointillé en creux sera traduit en réserve (le blanc du papier).

Gertsch prépare ses encres à partir de pigments purs achetés à Kyoto et commande son papier auprès de l'un des meilleurs fabricants japonais, Heizaburo Iwano. L'impression manuelle de chaque estampe au moyen de lentilles de grosses loupes est délicate et requiert la collaboration de plusieurs personnes, dont l'artiste. Chacune des dix-huit épreuves formant l'édition de *Doris* est tirée dans une teinte différente selon trois sous-groupes chromatiques. Cette feuille appartient à une déclinaison de gris, ici avec une touche de sépia – un pigment inspiré de la couleur de cendres. Chaque variante possède ainsi sa propre aura, mais toutes délivrent une extraordinaire sensation tactile et ouvrent à une nouvelle perception de l'image. [LSCH]

159

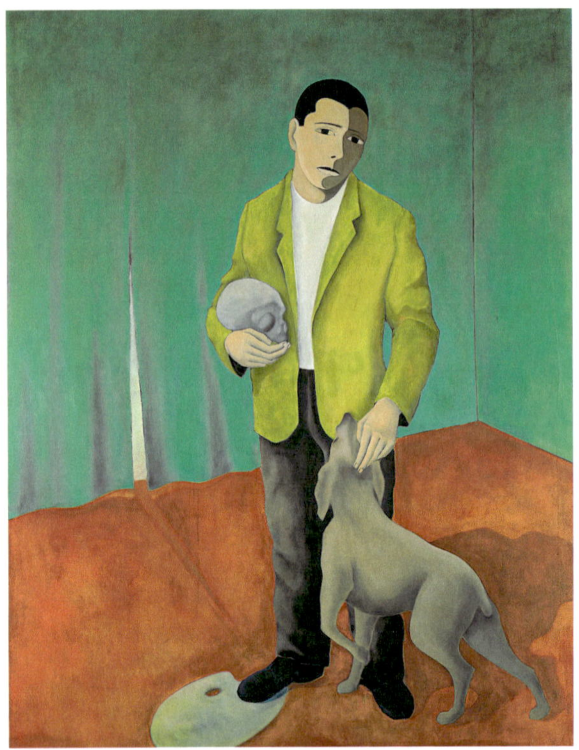

160

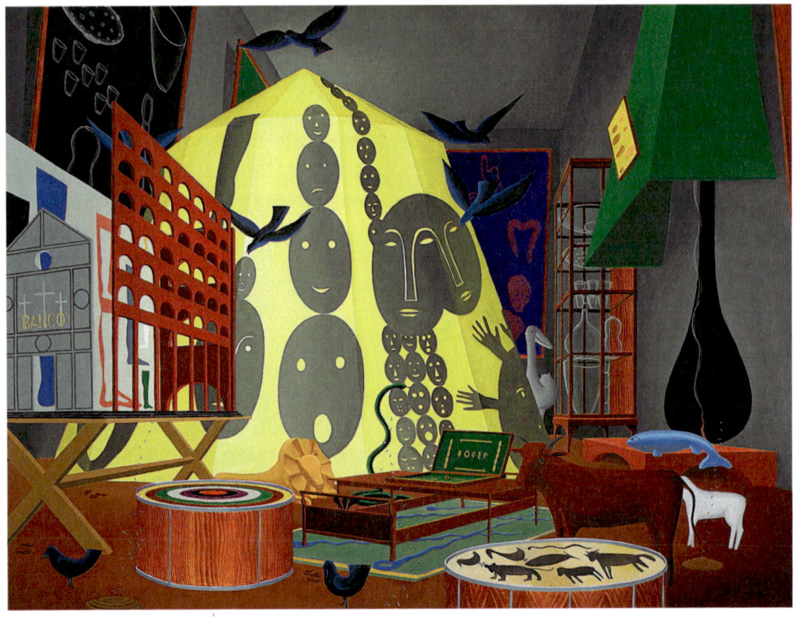

Albrecht Schnider, Ohne Titel, 1989
Thomas Huber, Studio II, 1991

159

Albrecht Schnider (Lucerne, 1958)
Ohne Titel, 1989
Huile sur toile, 230 × 180 cm
Acquisition, 2000. Inv. 2000-036

Au milieu des années 1980, Schnider se fait remarquer par la critique avec des portraits semblables à des icônes, dont l'austérité l'a souvent fait comparer à Vallotton. Cette toile, qui renvoie également au Vaudois par les coloris et le traitement de l'espace, s'inscrit dans la tradition des vanités, en particulier celle des autoportraits au crâne, évocation de la condition mortelle de l'homme, qui s'étend de l'âge d'or de la peinture néerlandaise à nos jours, de Frans Hals à Sarah Lucas. S'inspirant d'un autoportrait de François Barraud (*Le mélancolique*, 1931, coll. privée), Schnider se démarque en logeant le crâne dans le creux de son bras.

Bien que dépouillé, ce grand autoportrait en pied est truffé de symboles. L'artiste caresse un chien, emblème de la fidélité, sans lui retourner son regard qu'il adresse au spectateur. Il ne se montre pas ici en train de peindre comme dans le sous-genre fréquent de l'autoportrait de l'artiste au travail. Il évoque son métier par la seule présence de la palette immaculée coincée sous son pied ; cette silhouette ovoïdale fonctionne presque comme une anamorphose de la tête de mort. Enfin, l'arrière-plan est un mur recouvert d'un rideau, signe de la théâtralité de cette représentation et plus généralement de la vie.

Schnider a l'air triste : les coins de la bouche et l'amande des yeux sont abaissés. Ce visage stylisé (traits simplifiés, peau lisse et cheveux ras) revient dans d'autres œuvres de l'époque : portant la même tenue, Schnider se représente certaines fois seul avec ses outils de peintre, d'autres fois avec un pinceau et une palette à la main et un enfant à ses côtés. Le motif du chien est également récurrent, comme l'est cette gamme de couleurs. Cet ensemble d'œuvres annonce les visages schématiques des peintures des années 2000, qui ne sont plus que contours sans physionomie. [LSCH]

160

Thomas Huber (Zurich, 1955)
Studio II, 1991
Huile sur toile, 150 × 200 cm
Acquisition avec le soutien de la Fondation du Jubilé de l'Union de Banques Suisses, 1992. Inv. 1992-004

Formé à la Kunstgewerbeschule de Bâle, au Royal College of Art de Londres et à la Staatliche Kunstakademie de Düsseldorf, Huber vit et travaille depuis lors en Allemagne, d'abord près de Düsseldorf, puis dès 2008 à Berlin. C'est à la fin de ses études qu'il peint une trilogie qui peut se lire comme le programme de tout l'œuvre à venir : *Rede über die Sintflut* (Discours sur le déluge) (1982, coll. Gabriele Henkel), *Rede zur Schöpfung* (Discours sur la création) (1982, coll. Gabriele Henkel), et *Rede in der Schule* (Discours à l'école) (1983, Darmstadt, Hessisches Landesmuseum). Ces toiles contiennent toutes l'élément, fondamental chez l'artiste, du tableau dans le tableau – ce dernier étant le moyen d'accéder à la fois au monde réel et au monde imaginaire, et de rendre visible le passage de l'un à l'autre.

Studio II est la première œuvre de Huber à entrer dans la collection du Musée, suivie d'une série d'aquarelles et de dessins dans lesquels il explore en détail les thèmes abordés, autant en amont qu'en parallèle de l'élaboration de sa toile. *Studio II* fait partie de la « série des banques », dans laquelle l'artiste établit un parallèle entre le processus de conversion et d'accroissement des idées, des valeurs et des énergies, et le travail du banquier. Son titre, « L'atelier », souligne que l'artiste considère ici la banque comme une métaphore du lieu de création, un lieu de transformation alchimique des matériaux, où l'or se métamorphose en beauté et la graisse animale en bulles de savon. Comme le formule Huber dans un texte de 1992 intitulé *La banque. Une représentation de la valeur*, « ne sommes-nous pas étrangement semblables, nous autres artistes et banquiers ? Changeurs, multiplicateurs d'argent, fabricants d'or, chatoyants spéculateurs de l'apparence. Des charlatans ? Des séducteurs promettant une augmentation miraculeuse ? Nous peignons tous deux les tableaux d'un temps plus heureux. » [NS]

161

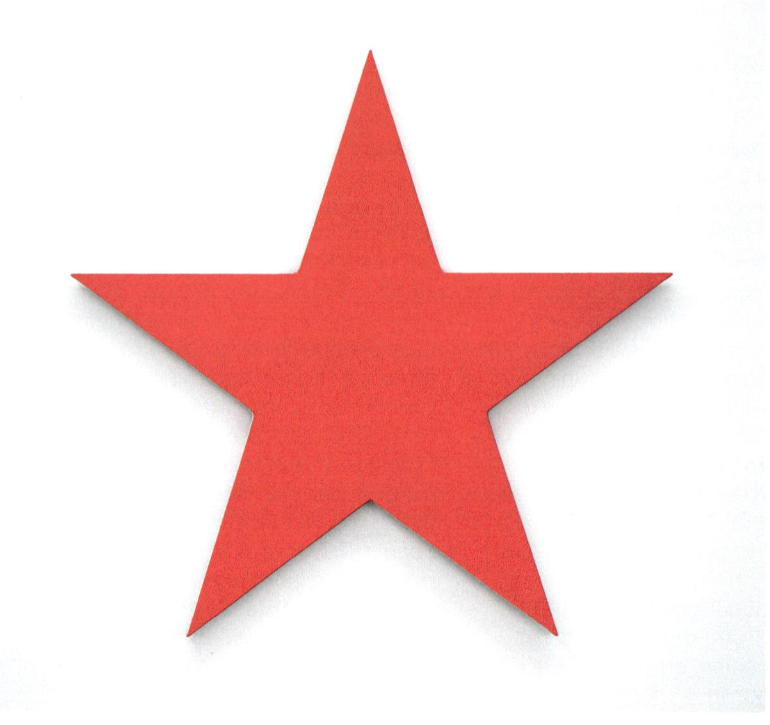

162

Olivier Mosset, Pink Star, 1990
Jean-Luc Manz, Les pleurs de cendres IV, 1996

161

Olivier Mosset (Berne, 1944)
Pink Star, 1990
Acrylique sur toile, 200 × 200 cm
Acquisition, 2003. Inv. 2003-018

Mosset s'établit à New York en 1977 après plus de dix années passées à Paris. Le monochrome succède alors aux séries des cibles et des toiles à bandes verticales caractéristiques de sa pratique jusqu'alors, dans un contexte artistique marqué par l'héritage du minimalisme. L'artiste participe ainsi aux expositions *New Abstraction* (1983) et *Radical Painting* (1984) aux États-Unis, mais il reste présent sur la scène artistique européenne et helvétique et représentera la Suisse à la Biennale de Venise en 1990.

Cette même année 1977 voit le début des *shaped canvases* dont *Pink Star* offre un des premiers exemples. Mosset y explore la relation entre peinture et sculpture, autrement dit la question de la peinture comme objet. Si la pratique du *shaped canvas* – qui désigne des toiles non rectangulaires ou dont la surface n'est pas plane – est principalement associée à la scène artistique new-yorkaise des années 1960 (Frank Stella, Kenneth Noland, Barnett Newman, Ellsworth Kelly, Richard Tuttle, etc.), Mosset développe la sienne parallèlement à la réalisation d'œuvres en trois dimensions. Ses réflexions sur le rapport entre objet/sculpture et peinture sont également marquées par ses années parisiennes, alors qu'il côtoyait certains représentants du Nouveau Réalisme, Daniel Spoerri [cat. 133] et Jean Tinguely, qui transformaient des objets en tableaux. Mosset va ainsi réaliser des toiles en forme de cercle, de croix, de parallélépipède, d'ovale, d'étoile (rouge ou rose), auxquelles succèderont dans la décennie à venir des triangles, des flèches, des « L ». Comme le dit l'artiste dans un entretien en 2003, « le *shaped canvas* doit bien évidemment s'entendre comme une critique du format traditionnel rectangulaire du tableau. Au moment où j'ai réalisé ces travaux, il appartenait en fait déjà à un répertoire disponible de solutions. Il s'agissait aussi de proposer une relecture, au sein de ma pratique, des motifs précédemment utilisés (comme, par exemple, l'étoile une fois peinte et une fois découpée). » [NS]

162

Jean-Luc Manz (Neuchâtel, 1952)
Les pleurs de cendres IV, 1996
Acrylique sur toile, 140,6 × 140,6 cm
Acquisition, 1996. Inv. 1996-017

L'œuvre de Manz poursuit un cheminement particulier, individuel même, au sein de l'abstraction géométrique, telle qu'elle s'est développée entre Genève et Lausanne dès les années 1980. Ses recherches renferment une dimension affective propre aux références qui le constituent. Cette attache au réel est une stratégie permettant à l'artiste de ne pas céder au formalisme pur. Manz met au point son langage appropriationniste après une première période de création non figurative (1974 – 1977). Il cède à la géométrie au contact de nouvelles fréquentations (l'atelier de Chérif Defraoui, John M Armleder, etc.), puis découvre Le Caire en 1992, où le goût des habitants pour les formes décoratives l'incite à faire allusion à des éléments tirés du réel, comme un tissu ou une mosaïque. Ainsi, les damiers colorés des séries *Bari's Paintings* (1998 – 1999) et *Bari's Fields* (1999) se rapportent à la division des champs cultivés dans la région de Bari, observés depuis un avion se dirigeant vers l'Égypte.

Annoncé dans un ensemble de vingt et un dessins (1995, Zurich, Kunsthaus), *Les pleurs de cendres* est une série de sept tableaux, dont le Musée conserve le quatrième. Leur composition est identique de toile en toile – une alternance de lignes horizontales de deux couleurs différentes sur un fond blanc –, mais le duo chromatique, ici jaune et rouge, varie. Cette série évoque le souvenir de Chai, un ami de l'artiste mort d'un cancer à l'âge de trente et un ans. Le deuil n'est pas traité de manière frontale ni tragique. Il prend la forme d'une allusion mélancolique à travers le dialogue des lignes, ode à la rencontre entre deux êtres. Rares dans l'œuvre de Manz, les lignes font référence à Agnes Martin – il voulait retrouver dans *Pleurs de cendres* la même émotion que celle ressentie face aux toiles de la Canado-Américaine –, et à Richard Paul Lohse. Hommage à l'être aimé, à la rencontre de trop courte durée, *Les pleurs de cendres* retrace les sentiments de vie et de perte ainsi que la densité du souvenir et son infinitude. [LSCH]

163

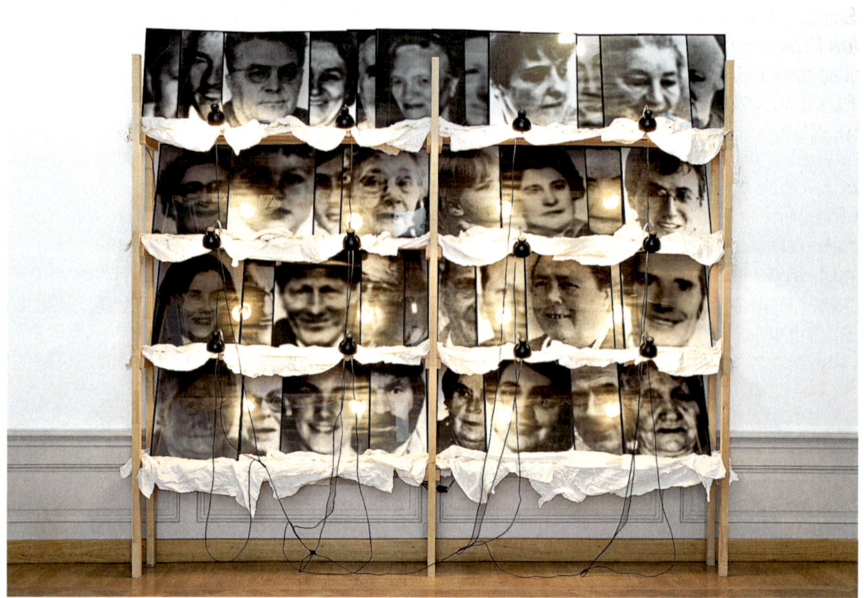

164

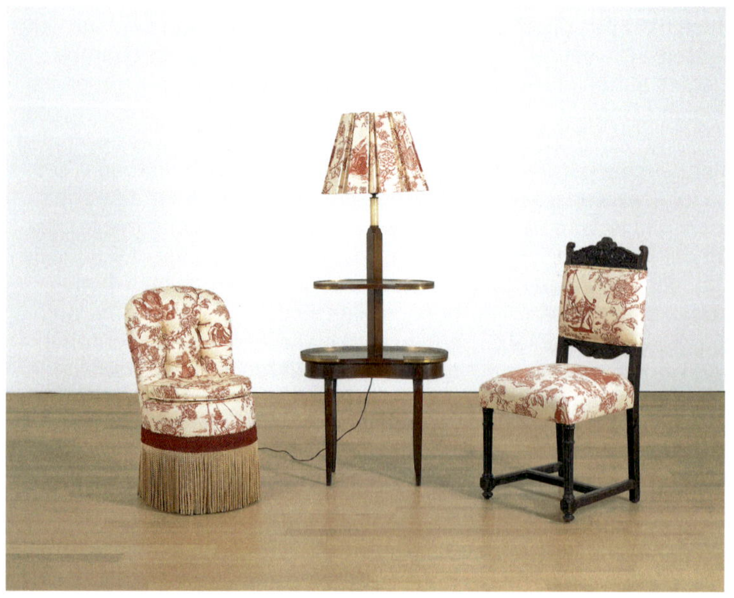

Christian Boltanski, Réserve des Suisses morts, 1990
Renée Green, Commemorative Toile, 1992

163

Christian Boltanski (Paris, 1944)
Réserve des Suisses morts, 1990
39 photographies n&b, draps, étagères, lampes, 280×330×40 cm
Acquisition, 1993. Inv. 1993-013

Peintre avant de se tourner vers la photographie et le cinéma, Boltanski est connu pour ses installations tenant à la fois de l'inventaire et de l'archive, qui explorent la question du rapport à l'histoire et à la mémoire, en particulier celle que l'artiste nomme la « petite mémoire », soit « le contraire de la grande mémoire prélevée dans les livres ». Né pendant la guerre d'un père médecin, juif converti, caché pendant deux ans sous le plancher de l'appartement familial pour échapper à la Gestapo, et d'une mère de culture catholique, Boltanski n'aura de cesse de revenir sur une histoire ayant inexorablement marqué, parmi des millions d'autres, la sienne et celle de sa famille.

Le thème de la Shoah est abordé ouvertement pour la première fois dans l'installation *Les Archives* réalisée pour la documenta 8 de Cassel en 1987, qui soulève la question de l'individu et de la masse, de l'un et du multiple. *Réserve des Suisses morts* s'inscrit dans la suite de ce travail. Elle est constituée d'une série de photographies de visages puisés dans les annonces mortuaires du journal valaisan *Le Nouvelliste*, rephotographiés et agrandis avant d'être agencés sur des étagères, portraits anonymes volontairement éloignés de toute référence historique. Parmi ces images, l'artiste a ajouté des portraits de vivants découpés dans le même journal, troublant ainsi la narration purement mortuaire. L'éclairage, tout comme les draps sur lesquels reposent les photographies, donnent à l'installation un caractère mémoriel et en font une sorte d'autel érigé à ces individus. Si, pour Boltanski, *Les Suisses morts* est une œuvre sur la Shoah, l'utilisation de portraits de Suisses – qui n'ont, comme le dit l'artiste, pas de raison historique de mourir – lui permet d'aborder la question de l'Holocauste sans se situer dans le registre de la représentation ou de la remémoration historique. « Travailler sur les Suisses morts suscite cette question "pourquoi les Suisses ?". C'est cela qui m'intéresse. Les Suisses meurent aussi parce qu'ils sont humains. » [NS]

164

Renée Green (Cleveland, 1959)
Commemorative Toile, 1992
1 table avec lampe intégrée, 2 chaises recouvertes de tissu, dimensions variables
Acquisition, 2004. Inv. 2004-069

Green collectionne des mots, des images, des histoires et des sons. Elle effectue des allers-retours entre le passé et le présent, entre des espaces réels et imaginaires, entre les disciplines, mêlant le personnel au politique dans ses installations, ses vidéos et ses écrits. Ayant travaillé aussi bien aux États-Unis qu'en Europe, Green conçoit le plus souvent ses œuvres en lien avec un lieu précis dont elle interroge l'histoire visible ou refoulée, comme c'est le cas pour *Commemorative Toile*.

En effet, invitée à réaliser un travail à Nantes, l'artiste explore les traces de son passé colonial, en particulier son rôle central dans le commerce triangulaire (échange de marchandises manufacturées en Europe contre des hommes et des femmes d'Afrique vendus ensuite comme esclaves contre des matières premières, principalement aux Antilles). Les tissus produits par Green font ainsi référence à l'industrie des indiennes qui fleurit à Nantes au XVIIIe siècle, ces toiles peintes utilisées aussi bien pour payer l'achat d'esclaves en Afrique que pour décorer les intérieurs des classes françaises aisées. Pour créer le motif de sa toile, qui montre de violentes scènes d'asservissement et de soulèvement, elle s'inspire des toiles de Jouy caractérisées par leurs scènes champêtres et historiées. L'artiste y reproduit des images tirées de gravures ou de récits d'époque, comme cette nonne sénégalaise héroïne du roman populaire *Ourika* (1824) ou cette image odieuse d'un Européen léchant le visage d'un Africain pour juger de sa santé et déterminer ainsi sa valeur marchande. En insérant l'image d'un Français pendu au cours de la révolution haïtienne au milieu des branchages fleuris, Green commémore aussi la première révolte d'esclaves couronnée de succès à l'Époque moderne, celle qui mena à l'indépendance d'Haïti en 1804. Elle bouscule ainsi le confort apparemment innocent du mobilier bourgeois, tout comme celui des reconstitutions muséales – *period rooms* – en vogue dans les musées anglo-saxons, pour y introduire des récits qui en sont habituellement absents. [NS]

165

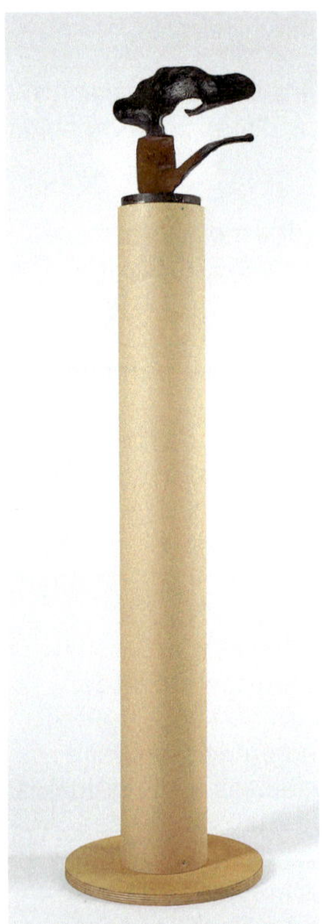

166

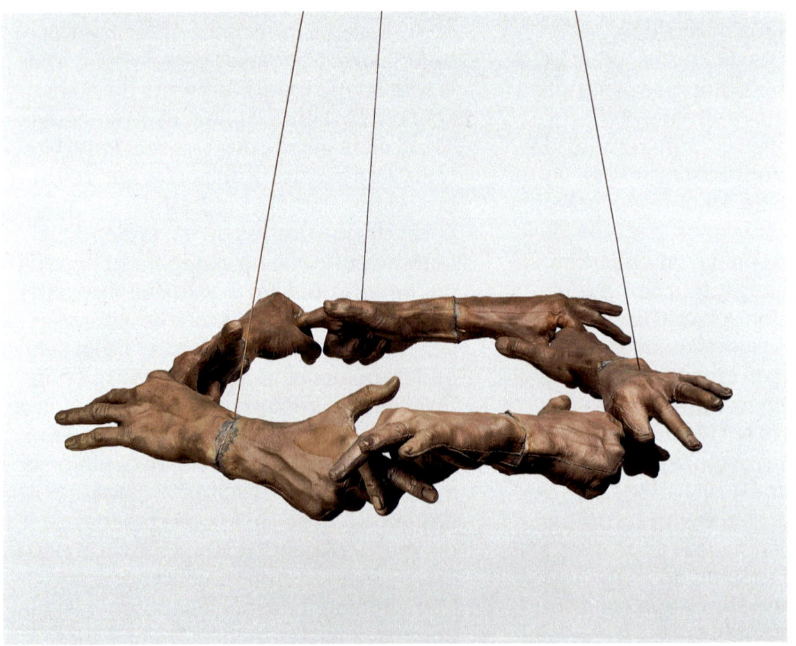

Markus Raetz, Nichtrauch/Non-fumée, 1990 – 1992
Bruce Nauman, Untitled (Hand Circle), 1996

165

Markus Raetz (Büren an der Aare, 1941 – Berne, 2020)
Nichtrauch/Non-fumée, 1990 – 1992
Fonte partiellement rouillée peinte à l'huile de lin brûlée sur support en carton cylindrique, 196,2 × 50 cm
Acquisition, 1995. Inv. 1995-087

Les dessins, gravures et sculptures de Raetz jouent avec la perception visuelle du spectateur : des formes se révèlent ou se métamorphosent sous les yeux de ce dernier, par exemple grâce à son mouvement. L'artiste dévoile la part illusoire de la réalité. Il s'amuse de la transition d'un pôle à son opposé, que ce soit un mot qui exprime simultanément son contraire, un motif qui en cache un autre ou une forme qui bascule à l'envers comme ici dans *Nichtrauch/Non-fumée*.

Cette sculpture est une anamorphose. Elle ne peut être perçue correctement que de deux points de vue. Il faut en faire le tour pour trouver l'une des positions permettant de l'observer sans déformation. À chaque pas, la matière se transforme. Elle passe d'une masse confuse à un objet, d'un nuage de fumée à une pipe fumante, comme si elle était fluide. Si l'on avance encore, elle se défait à nouveau puis se reconstitue à contre-sens. La pipe est alors tête-bêche, la vapeur butant contre le socle.

Ce motif renvoie à une œuvre emblématique des avant-gardes du début du XXe siècle : dans *La trahison des images* (1929, Los Angeles County Museum of Art), tableau de René Magritte, une pipe est légendée et sous-titrée « Ceci n'est pas une pipe ». L'artiste remet en question le pouvoir illusionniste de la peinture : la pipe n'est que représentation. Mais il va plus loin encore en utilisant la force performative du langage pour suggérer que cette image ne serait pas celle d'une pipe. Raetz reprend cette double intention à son compte. La fumée est un leurre : le matériau utilisé et la stablité de sa forme vont contre sa nature même ; de plus, il suffit de faire un pas pour qu'elle disparaisse, puis se métamorphose en une pipe. L'équivoque incite chacun à une réflexion sur la réalité des choses et leurs apparences. [LSCH]

166

Bruce Nauman (Fort Wayne, 1941)
Untitled (Hand Circle), 1996
Bronze phosphoreux, cuivre, soudures en argent, 12,7 × 67,3 × 63,5 cm, éd. 9/9
Acquisition avec le soutien d'un ami des arts, 1996. Inv. 1997-003

Pour avoir durablement influencé l'évolution des pratiques artistiques conceptuelles et performatives, Nauman est sans conteste un des artistes les plus importants de la seconde moitié du XXe siècle. Dès ses premiers travaux au milieu des années 1960, il fait usage de son corps à la fois comme sujet et comme matériau, que ce soit dans ses performances, ses films, ses vidéos, ses dessins ou ses sculptures. Ainsi, par exemple, dans les films *Thighing (Blue)* (1967) et *Pulling Mouth* (1969), il malaxe sa cuisse et étire son visage avec ses mains comme s'il s'agissait de terre glaise. Plus tard, il moulera même des fragments de son corps (*From Hand to Mouth*, 1967, Washington, D.C., Hirshhorn Museum and Sculpture Garden). Si le visage et la tête sont des éléments récurrents dans son travail, la main y occupe elle aussi une place centrale, en particulier à partir du milieu des années 1990.

Dans une série d'eaux-fortes de 1994 conservée au Musée, Nauman décline des jeux de mains – les siennes – par paires ou par quatre, dont l'un des gestes, à savoir l'index de la main gauche inséré dans l'orifice créé par le pouce et l'index de la main droite, se retrouve dans l'estampe *Untitled (Fingers and Holes Series Series)* répété cinq fois pour former un cercle. C'est cette image qui servira de modèle pour réaliser la sculpture *Untitled (Hand Circle)* à partir cette fois du moulage des mains de l'artiste.

L'obscénité intentionnelle du geste est confirmée par une œuvre en néon de 1985 qui représente le même geste et dont le titre, *Human Sexual Experience* (coll. privée), est aussi explicite que le geste est graphique. Mais si l'emboîtement des mains crée un mouvement qui renvoie à l'acte sexuel, le choix d'en faire une œuvre en bronze, matériau noble par excellence, apaise son aspect obscène, voire violent. Toutefois, la technique du moulage qui, de même que celle de l'estampe, permet la répétition illimitée d'un même élément, vient souligner le côté circulaire et inextricable de la ronde. [NS]

167

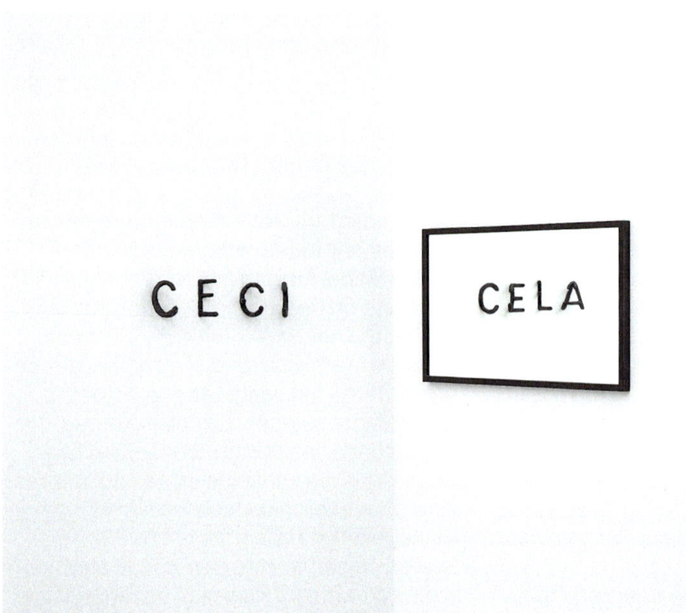

168

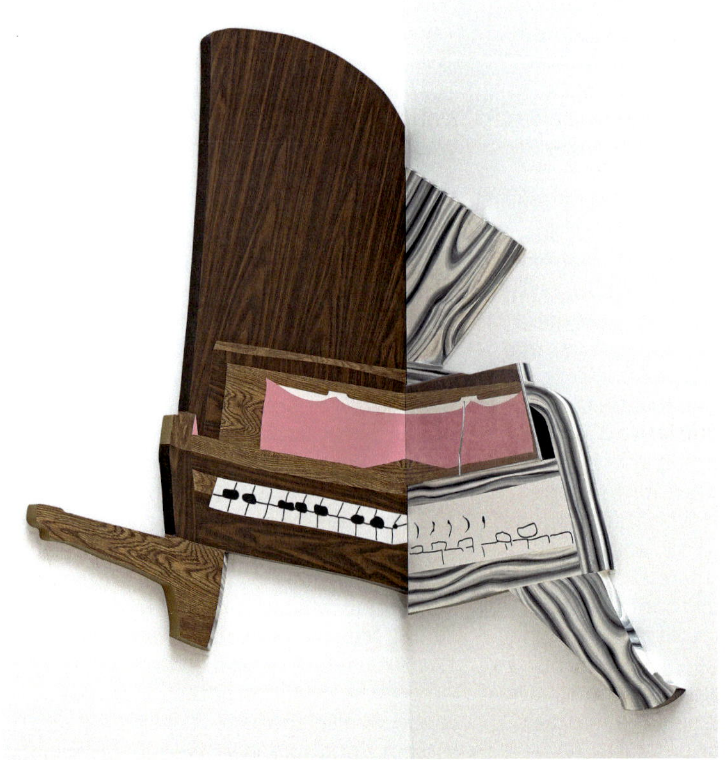

Markus Raetz, CECI – CELA, 1992–1993
Richard Artschwager, Splatter Piano II, 1995

167

Markus Raetz (Büren an der Aare, 1941 – Berne, 2020)
CECI – CELA, 1992 – 1993
Laiton, bois, miroir, 8 cm (hauteur de chaque lettre) et 33 × 43,3 × 8 cm (miroir)
Acquisition, 1998. Inv. 1998-007

Raetz s'intéresse aux phénomènes de perception depuis les années 1960. Au moyen de dispositifs simples et ingénieux, il conçoit des sculptures qui se métamorphosent grâce au mouvement : ou bien une force extérieure les amène à bouger et à se modifier sous l'œil du spectateur, ou bien le déplacement de ce dernier lui permet de faire évoluer les formes de la sculpture qui glisse progressivement d'un état à un autre. Comme dans un tour de passe-passe, le regard est le témoin émerveillé de la transformation de la matière : un motif s'inverse ou se recompose en une forme différente, un mot représente aussi son contraire, une silhouette prend du volume.

CECI – CELA fonctionne sur ce principe mais recourt à un autre stratagème : le miroir. Quatre lettres majuscules en laiton, « CECI », sont fixées près de l'angle d'un mur. Leur reflet, dans un miroir disposé en vis-à-vis, renvoie le mot « CELA ». Comment « CECI » peut-il être à la fois « CELA » ? Et pourquoi le miroir ne renvoie-t-il pas l'image exacte du modèle ? C'est que la réalité a toujours deux visages, deux faces opposées qui coexistent, et que, par conséquent, l'un est aussi l'autre. Raetz nous invite à nous méfier des apparences, souvent trompeuses.

Un miroir produit une image spéculaire, c'est-à-dire une image inversée par rapport à la réalité, ce qui n'est pas le cas ici. Raetz a rehaussé chaque lettre d'éléments lui permettant de devenir une autre dans le miroir et de conserver le sens de lecture de gauche à droite. « CECI » est donc aussi « CELA » parce que l'artiste désavoue le principe du stratagème qu'il exploite, afin d'en tirer une image sous la forme d'un mot lisible. [LSCH]

168

Richard Artschwager (Washington, D.C., 1923 – Albany, 2013)
Splatter Piano II, 1995
Formica et vernis sur bois, aluminium, env. 170 × 127 cm
Collection Alain et Suzanne Dubois. Promesse de don

Artschwager subit l'influence d'une mère artiste et d'un père botaniste. Sans jamais vraiment renoncer aux arts visuels – il sera par exemple l'assistant d'Amédée Ozenfant à Paris en 1949 –, il étudie les sciences, avant de subvenir aux besoins de sa famille en fabriquant des meubles. Cette activité prospère prend fin lorsque son atelier est détruit par un incendie en 1958. Il reprend alors des cours de dessin et reconsidère sa passion pour l'art.

Souhaitant mieux mettre à profit son savoir-faire, Artschwager donne très rapidement une nouvelle orientation à son travail. Interrogeant les caractères utilitaire et esthétique des objets, il transpose son artisanat dans le domaine des beaux-arts. Il fabrique d'abord de petites sculptures murales, puis explore des formats à échelle humaine. Jeux de formes géométriques, de couleurs (parfois acides) et de matériaux industriels, à des fins d'illusion, ses œuvres associent volume et picturalité. Ainsi l'archétypique *Description of Table* (1964, New York, Whitney Museum of American Art), un parallélépipède rectangle qui porte l'image, en formica, d'une table en bois recouverte d'une nappe blanche, avec un espace négatif (noir) entre les quatre pieds.

Splatter Piano II fait partie d'un ensemble d'œuvres plus tardif dans lequel l'artiste poursuit ces jeux, avec une plus grande sophistication. Un piano à queue réduit aux deux dimensions est « éclaboussé » (splatter[ed]) dans l'angle d'une pièce. Artschwager donne ici une réponse à l'occupation de l'espace, souvent perdu. L'axe vertical subdivise l'instrument en deux parties : formica d'une part, imitation bois d'autre part, avec un effet peinture pastichant les veines du bois. La partie droite est également sertie d'une plaque d'aluminium qui réfléchit le cahier à partitions rose et le faux bois brun, minant un peu plus la compréhension de cet objet « cubiste ». Les qualités formelles et fonctionnelles du piano sont exploitées si loin que son effigie converge vers un style au kitsch certain. [LSCH]

169

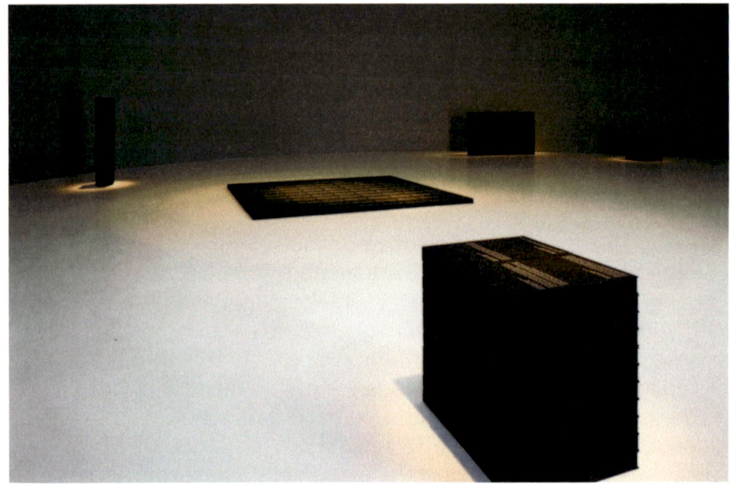

170

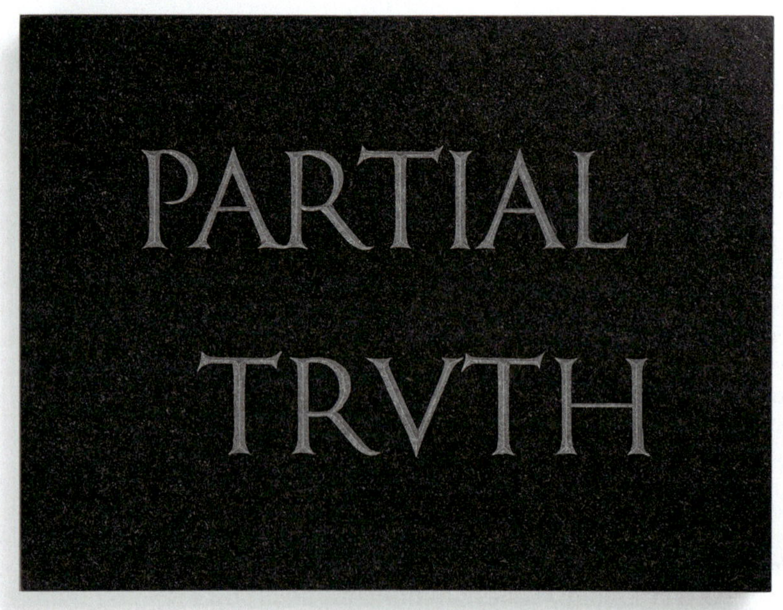

Alfredo Jaar, Real Pictures, 1995 – 2007
Bruce Nauman, Partial Truth, 1997

169

Alfredo Jaar (Santiago du Chili, 1956)
Real Pictures, 1995–2007
6 monuments composés de 291 boîtes d'archives sérigraphiées, comprenant chacune 1 photographie, dimensions variables
Acquisition avec le soutien de l'Association des Amis du Musée, de l'artiste et d'un donateur désirant garder l'anonymat, 2007. Inv. 2007-015

Que ce soit à travers des interventions publiques, des installations, des photographies ou des vidéos, l'œuvre de Jaar interroge la nature des images et nos rapports à celles-ci. Si son travail est au plus près de l'actualité, il prend le contre-pied du compte rendu sensationnaliste, proposant au contraire un « arrêt sur image » et ouvrant la possibilité de réinscrire l'épaisseur du politique dans ce qui ne paraissait qu'évènement.

Trois semaines après la fin du génocide rwandais au cours duquel, en moins de cent jours, près d'un million de personnes furent massacrées, Jaar se rend sur place, d'abord à Kigali, puis sur la frontière rwando-zaïroise. Lors de ses rencontres avec des survivants, de ses visites des lieux de massacre et des camps de réfugiés, l'artiste récolte pendant près d'un mois le poids des paroles, celui des images, engrangeant des témoignages, et des milliers de photographies. Travaillé par ce matériau, il tentera ensuite pendant six ans de lui donner une forme, tant cette expérience a bouleversé son rapport à la représentation, à l'image-témoin, à son rôle d'artiste.

Une des œuvres majeures issue de ce projet s'intitule *Real Pictures* (Images réelles). Elle se présente comme un ensemble d'éléments rectangulaires rappelant l'esthétique épurée des sculptures minimalistes. Mais de fait, les boîtes qui la composent contiennent chacune une photographie prise par l'artiste et représentant différents aspects du génocide rwandais, images qui ne nous seront pas données à voir. Sur chaque boîte, Jaar a décrit l'image qu'elle contient, créant ainsi une installation qui tient tout à la fois du cimetière et de l'archive. À la masse inimaginable des victimes anonymes, il substitue des individus, avec des noms, des identités, des familles, des liens, pour tenter de leur rendre un peu de leur humanité, ou, comme le formule l'artiste, pour « offrir une absence qui puisse peut-être provoquer une présence ». [NS]

170

Bruce Nauman (Fort Wayne, 1941)
Partial Truth, 1997
Granit noir, 45,7 × 61 × 5,1 cm, éd. 10/25
Acquisition, 1997. Inv. 1997-018

Une des plus célèbres œuvres de jeunesse de Nauman est un néon circulaire avec la phrase *The True Artist Helps the World by Revealing Mystic Truths* (Le vrai artiste aide le monde en révélant des vérités mystiques) (1967), affirmation ambiguë et polysémique à la fois sur le statut de l'artiste et sur la question de la vérité. Nombre de ses œuvres utilisant des phrases ou des jeux de mots se déclinent en néons, pièces sonores, dessins, estampes ou, plus rarement, en sculptures comme c'est le cas avec sa première série d'œuvres en granit noir gravé intitulée *Seven Virtues / Seven Vices* (1983–1984), ou ici avec *Partial Truth*.

Consistant elle aussi en une plaque rectangulaire de granit noir gravée manuellement des mots « PARTIAL TRUTH » (Vérité partielle), cette sculpture a été conçue pour être placée directement sur le sol, appuyée contre un mur ou encore posée sur une étagère. À l'origine, Nauman avait pensé utiliser les mots « partial truth » pour réaliser une œuvre en néon, suite à une conversation avec le galeriste Konrad Fischer. Mais Fischer décède tandis que l'œuvre est encore au stade de projet. Pour honorer son ami et marchand, Nauman décide alors de la réaliser en granit. Le choix du matériau et de la fonte *scriptura monumentalis* évoque la pierre tombale, donnant à l'œuvre non seulement un caractère mortuaire, mais aussi une portée mémorielle.

En parallèle de cette édition en granit, Nauman a produit cinquante estampes portant la même épitaphe et utilisant la même fonte à l'occasion de l'exposition *Bruce Nauman 1985–1996: Drawings, Prints, and Related Works* (Aldrich Contemporary Art Museum, Ridgefield, 1997). Le Musée en conserve deux, ainsi qu'un gaufrage réalisé à partir de la sculpture. Sur l'une des estampes, les mots sont imprimés en miroir, démultipliant les lectures possibles de cette « vérité partielle », et renvoyant à Ludwig Wittgenstein, philosophe dont la pensée a profondément marqué Nauman, et à sa conception du langage comme reflet du monde. [NS]

171

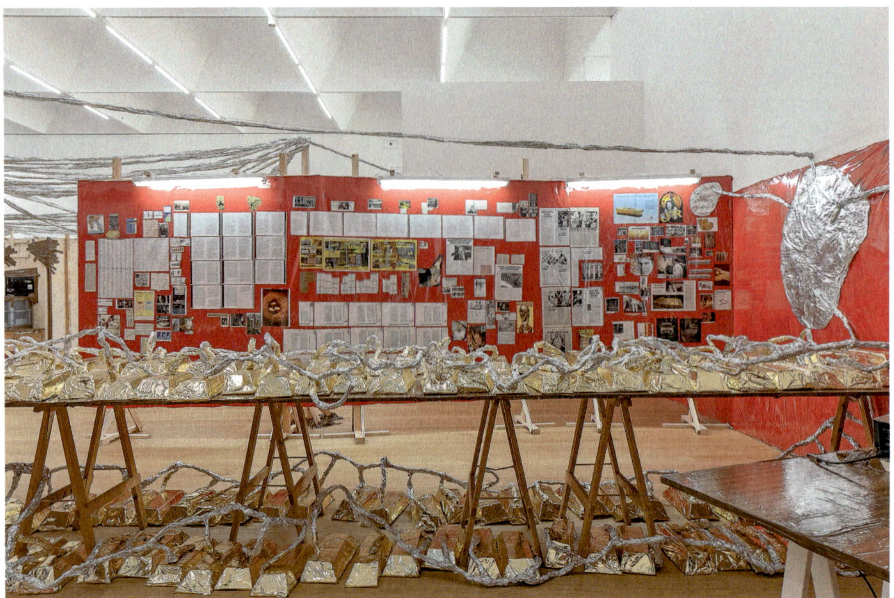

172

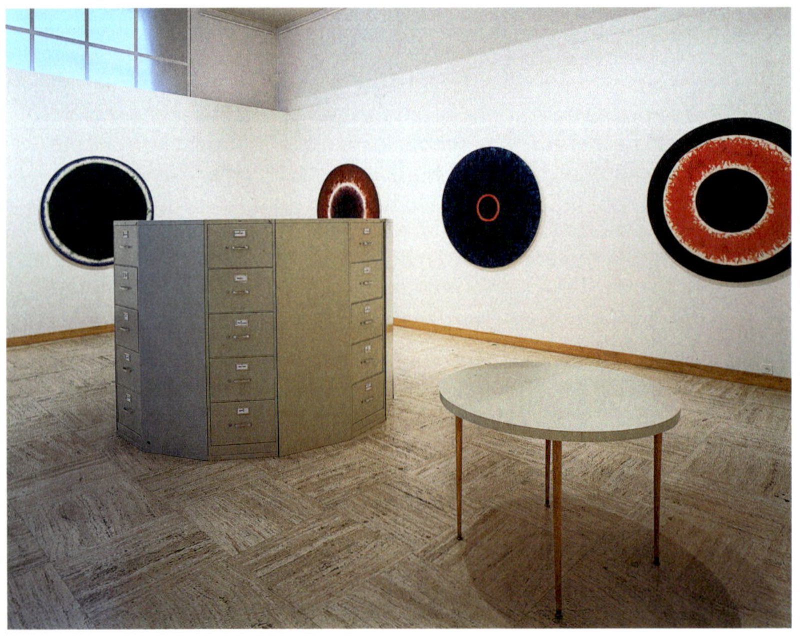

Thomas Hirschhorn, Swiss Army Knife, 1998
Jim Shaw, The Goodman Image File and Study, 2002

171

Thomas Hirschhorn (Berne, 1957)
Swiss Army Knife, 1998
Médias mixtes, env. 400 – 500 m²
Dépôt à long terme de la Fondation Walter A. Bechtler, 2012. Inv. 2012-012

Hirschhorn s'installe à Paris en 1984 – où il vit toujours – afin de rejoindre le collectif de graphistes Grapus, issu des événements de 1968, qui envisage de pair recherche artistique et engagement social, aspirant à un monde nouveau. Cet état d'esprit perdure dans le travail que l'artiste suisse développe dès 1986. Précaires, parfois même éphémères, ses installations renvoient une image de tumulte, de bazar. Elles plongent le public dans le magma d'une pensée dense où se rencontrent philosophie, littérature, art et politique, mis en réseau par bribes d'idées et avec des moyens simples (collages, matériaux de récupération, fragments de textes, images, etc.).

L'artiste réalise l'installation *Swiss Army Knife* à l'occasion de son exposition à la Kunsthalle de Berne en 1998, dont elle a occupé tout le rez-de-chaussée. Formé de quinze thèmes ou « points de condensation », comme les appelle Hirschhorn, le dispositif en apparence chaotique fonctionne comme le traditionnel couteau suisse qui donne son titre à l'œuvre : il est un outil multifonctionnel qui sert à couper, trouer et limer, mais aussi à réparer et dépanner. Hirschhorn met ainsi à l'épreuve du couteau suisse quinze chapitres de l'histoire et de la culture helvétiques (dont l'armée, l'or nazi, l'horlogerie de luxe, la mondialisation, l'art concret et Hodler), tantôt en égratignant et démontant ces mythes, tantôt en célébrant des marginaux incompris par le système suisse comme Robert Walser. À l'aide de matériaux pauvres, panneaux en bois, tables pliantes, tissu rouge, photocopies, carton, plastique, feuille d'aluminium, Hirschhorn pratique le « bricolage » à grande échelle, au service d'un travail concis, énergique, immédiatement efficace, sans hiérarchie, où tout est relié et où les aspects formels découlent de l'urgence du message à transmettre. Le couteau suisse, symbole de la réussite helvétique au niveau mondial, finit par se retourner contre ceux qui l'ont produit. [BF]

172

Jim Shaw (Midland, 1952)
The Goodman Image File and Study, 2002
7 huiles sur toile, 1 table, 7 meubles métalliques à tiroirs remplis d'archives d'images, dimensions variables
Acquisition, 2003. Inv. 2003-189

Formé au California Institute of the Arts aux côtés d'artistes comme Mike Kelley, John Miller et Tony Oursler, Shaw construit son travail par cycles, déclinant des univers fictifs qui se font écho d'une œuvre à l'autre. Après les *Dream Drawings*, les *Dream Objects* et *My Mirage*, l'artiste concentre son œuvre dès la fin des années 1990 sur « l'O-isme », une religion imaginaire dont il définit les rituels, les principes et les acteurs, en parodiant des courants spirituels américains comme le mormonisme. Puisant son inspiration dans des sources aussi diverses que la culture populaire américaine des années 1950 et 1960 ou les livres d'histoire, travaillant par accumulation et par association libre, ce projet d'envergure peut se lire comme une critique de tout système de pensée totalisant, qu'il soit politique, idéologique, religieux ou artistique.

L'installation *The Goodman Image File and Study* appartient à cette série d'œuvres « O-istes ». Elle se présente comme une archive fictive rassemblant des documents qui auraient été collectionnés par un artiste du nom d'Adam O. Goodman, entourée de sept peintures abstraites qu'il aurait réalisées, juxtaposant ainsi une imagerie populaire et profane à la pureté mythique de l'art abstrait. Les meubles à tiroirs conservent en effet un vaste panorama d'images figuratives tirées de magazines américains des années 1950 et 1960, tels *Life Magazine*, *National Geographic*, *Ebony*, *Esquire* ou encore *Playboy*, organisées alphabétiquement par thèmes – hommes, femmes, enfants, stars, artistes, religion, sport, architecture, mammifères, reptiles, oiseaux, design, paysage, mode, nourriture, alcool, tabac, armes, science, etc. Les visiteurs sont invités à explorer et consulter cette archive qui oscille entre répertoire obsessionnel et témoignage visuel d'un moment historique particulier. [NS]

173

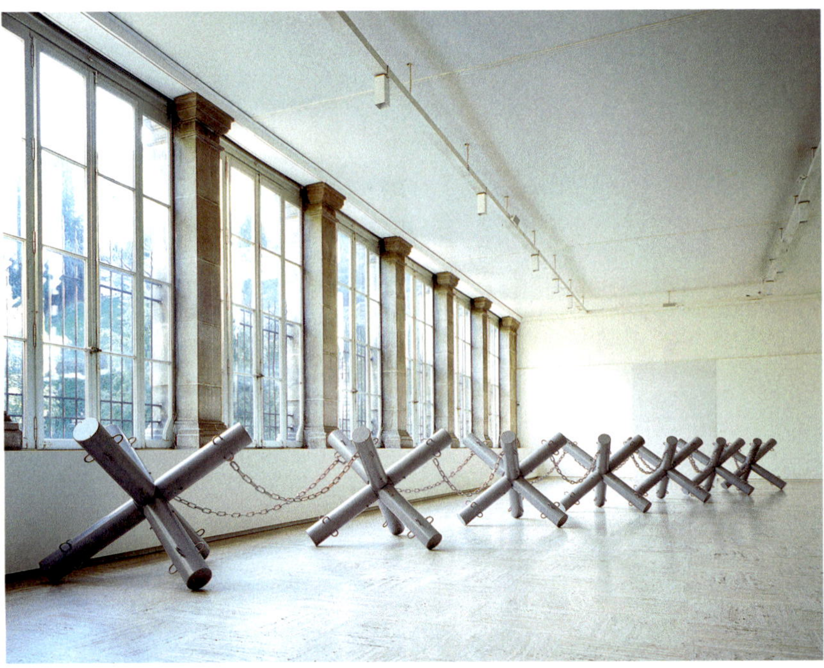

174

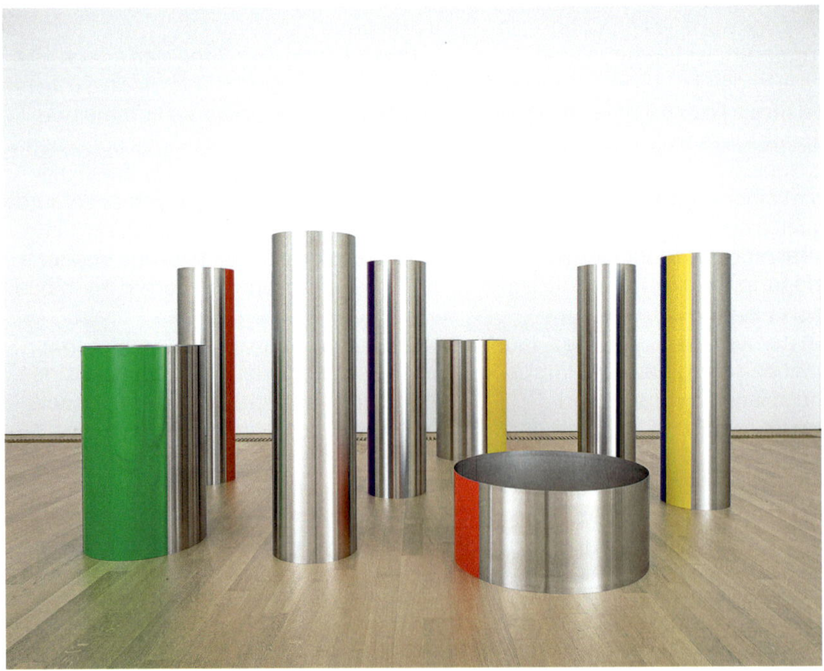

Fabrice Gygi, Crossblocks, 2001
Stéphane Dafflon, SAI010, 2011

173

Fabrice Gygi (Genève, 1965)
Crossblocks, 2001
7 éléments en acier, peinture, chaînes de fer, 120 × 150 × 165 cm (chaque élément)
Acquisition en copropriété avec la Confédération suisse, Office fédéral de la culture, Berne, 2005. Inv. 2005-032

Barrières, murs de sacs, airbags, barrages routiers, tours de contrôle, pylônes ou canons à eau, les sculptures de Gygi déclinent toute la gamme du mobilier urbain ayant trait au maintien de l'ordre social, à la protection ou à la canalisation des individus. Formé à Genève à l'École des arts décoratifs entre 1983 et 1984 et à l'École supérieure des arts visuels de 1984 à 1990, l'artiste s'oriente très vite vers la sculpture, tout d'abord avec des structures temporaires (*Cabane*, 1986) puis au moyen de performances utilisant des objets (*Always Upright*, 1995). Il développe un vocabulaire formel hérité du minimalisme – tant dans son utilisation des matériaux que dans l'attention portée à l'espace et au rôle des spectateurs – pour explorer des thèmes liés au pouvoir et à l'autorité dans leurs diverses manifestations. Ainsi le thème de la barrière ou de la palissade, cet élément urbain destiné à protéger mais aussi à séparer, à canaliser, à enfermer, apparaît de façon récurrente dans son travail.

Crossblocks se présente comme un alignement d'éléments en acier reliés par des chaînes, une barrière à l'aspect infranchissable et menaçant, mais contenant déjà sa potentielle transgression, comme l'évoque le titre même de l'œuvre (« to cross » signifiant « traverser »). L'aspect lisse de l'acier peint contraste avec l'agressivité de la forme, plaçant l'installation à mi-chemin entre sculpture minimaliste et mobilier urbain, tandis que les chaînes reliant les éléments entre eux évoquent aussi l'univers de la torture ou les pratiques sexuelles sadomasochistes. Construite à hauteur humaine, la sculpture renvoie les spectateurs à leur corps et, partant, à leur rapport à l'espace dans lequel ils évoluent – qu'il soit urbain ou muséal, contraignant ou à reconquérir. [NS]

174

Stéphane Dafflon (Neyruz, 1972)
SAI010, 2011
8 cylindres en acier inoxydable, adhésifs de couleur, rivets, dimensions variables
Acquisition de la Commission cantonale des activités culturelles, 2011. Inv. 2011-197

Dafflon a évolué comme artiste au sein d'une école et d'une scène favorables à l'abstraction géométrique. L'influence du graphisme suisse, le précédent de l'art concret zurichois dans les années 1930 et 1940 et le mouvement néo-géo qui déjà réengageait l'œuvre des Concrets dans les années 1980 sont à l'origine de la création d'une abstraction exploitant le potentiel esthétique de formes élémentaires. Des figures comme Luigi Lurati, mais aussi Piet Mondrian, Ellsworth Kelly, Robert Mangold, Olivier Mosset, Alan Charlton, Alan Uglow, Peter Halley, Marcia Hafif et Steven Parrino ont également été importantes pour l'artiste.

Dafflon conçoit le motif de ses œuvres sur un ordinateur, en utilisant des outils mis en place par le design. Après les premières peintures qui reformulaient des logos, l'artiste réduit son vocabulaire à des lignes et des formes sans références directes. Il les manipule dans un espace de représentation bidimensionnel « fictif » qui lui permet de travailler avec, par exemple, des perspectives inédites, puis de reporter ces anomalies dans l'espace réel.

Les titres des œuvres de Dafflon sont des codes neutres. L'acronyme du médium (ici « SAI » pour « Sculpture en Acier Inoxydable ») est suivie du numéro correspondant à la place de l'œuvre dans l'ordre de création. Lors de leur conception, l'artiste tient compte de l'insertion de ses œuvres dans une architecture ou dans un environnement, afin notamment de jouer sur des effets optiques. Les huit cylindres creux de *SAI010*, des feuilles d'acier fixées avec des rivets, ont été conçus avec un logiciel de dessin. La surface de ces sculptures ne réfléchit pas les éléments qui les entourent avec exactitude, mais les reflète en les altérant. Elle étire leurs formes sur toute leur hauteur, les intercalant avec les larges bandes d'adhésif de différentes couleurs qui parent chaque volume. Le public ne peut s'y mirer. Il ne lui reste plus qu'à se confronter à ces masses, à la fois présentes et aériennes. [LSCH]

175

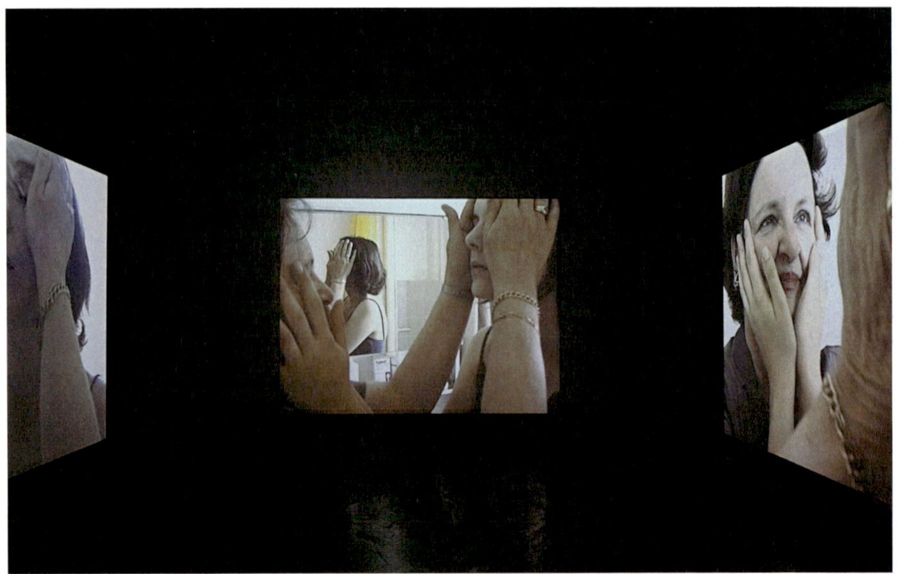

176

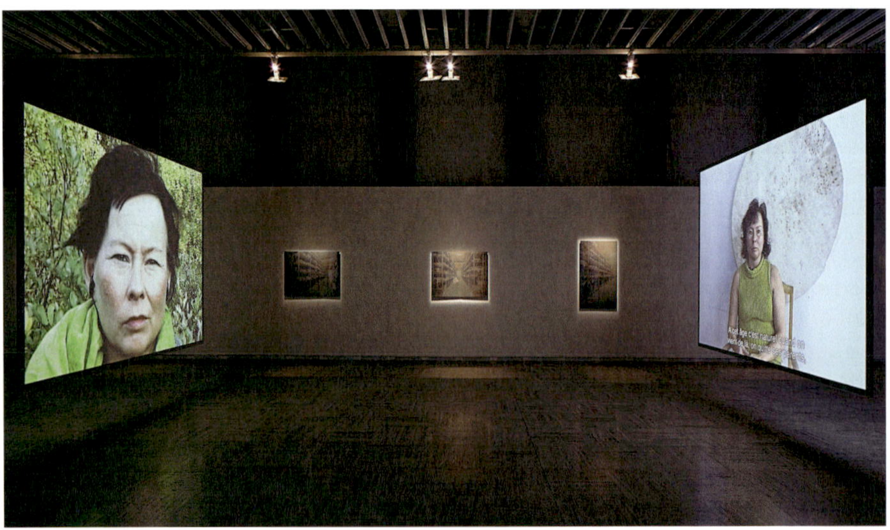

Emmanuelle Antille, As Deep as Our Sleep, As Fast as Your Heart II, 2001
Esther Shalev-Gerz, White Out – Entre l'écoute et la parole, 2002

Emmanuelle Antille (Lausanne, 1972)
As Deep as Our Sleep, As Fast as Your Heart II, 2001
3 projections vidéo synchronisées, couleur, avec son, 10'02", éd. 2/3
Acquisition de la Commission cantonale des activités culturelles, 2001.
Inv. 2001-049

Formée à l'École supérieure des arts visuels à Genève, puis à la Rijksakademie van Beeldende Kunsten à Amsterdam, Antille développe sa pratique artistique dans le champ de la vidéo et de l'installation depuis le début des années 1990. À la frontière de la fiction et du documentaire, les thèmes récurrents de son travail abordent les relations humaines : les rituels et les codes, les relations intimes et les rapports de force au sein de diverses communautés (famille, famille recomposée, groupe d'adolescents, etc.).

Projeté sur trois écrans suspendus dans l'espace, *As Deep as Our Sleep, As Fast as Your Heart II* plonge les spectateurs dans un univers onirique et fascinant de par son dispositif même. Comme le dit l'artiste dans un entretien en 2001 : « J'ai commencé à travailler l'installation parce que je voulais raconter des histoires et que je ne savais pas comment m'y prendre, par quel bout attaquer la vidéo et le montage. » Les scènes qui se déroulent sur les trois écrans n'obéissent pas à la logique narrative qui caractérise encore la majeure partie des productions du septième art. En effet, la répétition de la même scène sur les trois écrans, mais à travers des prises de vues différentes, non seulement offre divers points de vue sur un même événement, mais encore ouvre à l'infini les autres regards possibles sur ce scénario.

Filmée en huis clos, l'œuvre d'Antille retrace avec subtilité les rapports teintés d'ambivalence et chargés de tensions d'une mère et de sa fille, à travers des interactions qui oscillent entre rituels et jeux d'enfants, à mi-chemin entre sommeil et veille, rêve et réalité. Comme dans nombre de ses œuvres, c'est l'artiste elle-même, et sa propre mère, qui incarnent les protagonistes de la vidéo. La réitération des gestes sur les trois écrans met en évidence les routines et les codes sociaux, tandis que le symbolisme de la mise en scène (la robe rouge, les gestes de la mère bordant sa fille, lui lavant le dos, etc.) renforcent la proximité entre réalité et fiction. [NS]

Esther Shalev-Gerz (Vilnius, 1948)
White Out – Entre l'écoute et la parole, 2002
2 projections vidéo synchronisées, couleur, avec son, 40', 7 photographies couleur montées sous Diasec, 6 textes contrecollés sur aluminium, éd. 1/3
Acquisition, 2012. Inv. 2012-049

Née en Lituanie, élevée en Israël et vivant à Paris, Shalev-Gerz développe un travail autour d'interrogations liées à la construction de la mémoire, qu'elle soit personnelle ou collective. Sa relecture de l'histoire est ancrée dans le présent de ses protagonistes. En effet, la plupart de ses œuvres sont créées en dialogue avec des gens, qu'ils soient les habitants d'un lieu spécifique ou les témoins d'un événement particulier. Le passé est donc toujours lu à travers le présent de ceux qui s'en souviennent ou qui travaillent avec ses reliques.

Dans *White Out – Entre l'écoute et la parole*, Shalev-Gerz dresse un portrait en deux temps d'une femme entre deux cultures, deux lieux, deux temporalités. Deux plans fixes d'Asa Simma, une femme d'origine sami vivant à Stockholm, sont projetés face à face, l'un filmé à Stockholm, l'autre dans son paysage natal en Laponie. Dans le premier, elle réagit à des citations évoquant les cultures suédoise et sami, dans l'autre, elle écoute ses propres paroles. Le contraste entre les deux « moi » est frappant – d'un côté la citadine animée dont les mains et les bras bougent de façon expressive pendant qu'elle partage son histoire, et de l'autre le visage calme et réservé de celle qui écoute. L'œuvre divise le moi entre le sujet de l'énoncé et le sujet récepteur, mais aussi entre deux styles de vie. Contrairement à la vidéo *D'eux* (2009) qui joue sur le contraste entre deux habitants de Paris qui occupent le même espace et le même temps (le philosophe français Jacques Rancière et la jeune philosophe libanaise Rola Younes), le clivage dans *White Out* divise une seule et même personne. L'« entre-deux » évoqué par le titre est l'espace continûment traversé de l'une à l'autre de deux identités contemporaines, l'oscillation permanente d'une position extérieure à l'autre. En écho à l'histoire officielle du pays, les photographies qui complètent l'installation *White Out* montrent des objets de la collection de l'Historiska Museet de Stockholm. [NS]

177

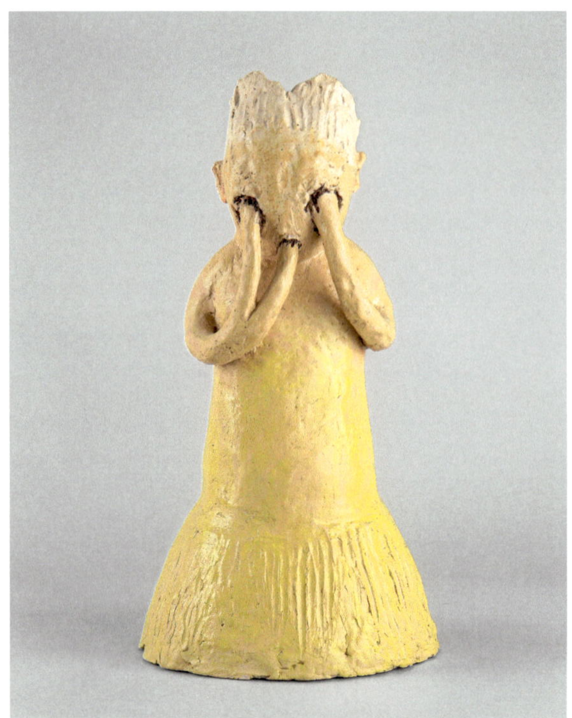

178

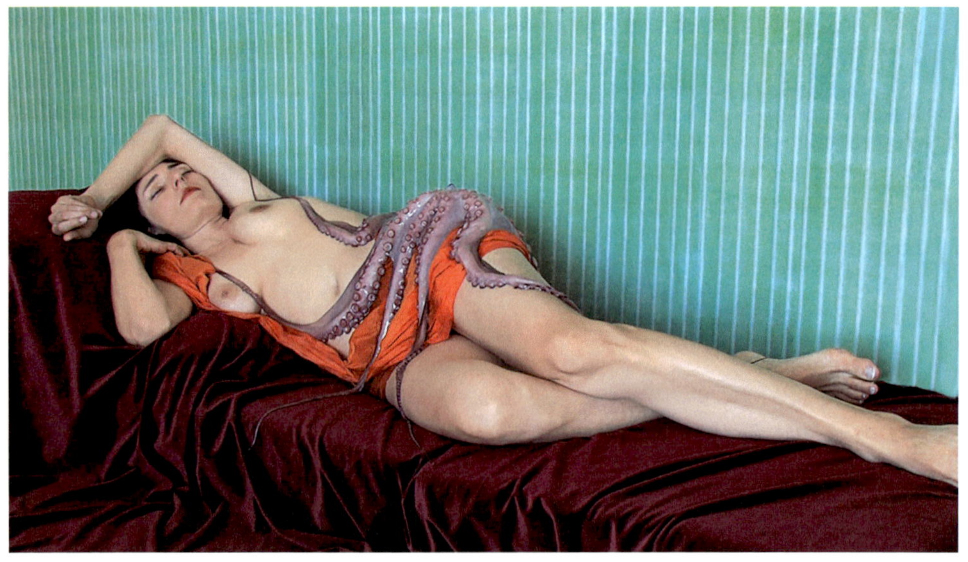

Leiko Ikemura, Gelbe Figur mit drei Armen, 1996
Judith Albert, Nu à l'écharpe orange, 2009

177

Leiko Ikemura (Tsu, 1951)
Gelbe Figur mit drei Armen, 1996
Terre cuite et glaçure, 65 × 31 × 31 cm
Acquisition, 2001. Inv. 2001-018

Émigrée en Europe de son Japon natal en 1972, Ikemura développe son œuvre à partir de la pratique du dessin qu'elle étudie à l'Escuela Superior de Bellas Artes de Séville avant d'en explorer les potentialités dans son atelier zurichois entre 1979 et 1983. Par traits de crayon et de fusain rapides et appuyés, l'artiste peuple le papier d'étranges créatures humaines ou animales, d'êtres hybrides ou proches du monde végétal, avant de s'orienter vers la peinture dès le milieu des années 1980.

Parallèlement à la peinture, alors qu'elle s'est installée en Allemagne, Ikemura façonne également en terre cuite des personnages féminins qui rappellent les dessins de ses débuts, êtres sans tête ou aux organes démultipliés qui peuplent l'espace, isolés ou en groupe, allongés ou debout. L'artiste travaille directement la terre pour créer ses sculptures, sans modèle ou esquisse préalables, les possibilités offertes par la glaise – texture, volume, vide – déterminant la forme finale.

Gelbe Figur mit drei Armen (Figure jaune à trois bras) est une sculpture en terre cuite recouverte d'une glaçure allant d'un ton chair à un jaune lumineux. La figure – une fillette, si l'on en croit sa taille et sa petite robe jaune –, la tête penchée en avant, a l'avant-bras droit partagé en deux, une partie s'enfonçant dans la bouche, la seconde dans l'œil droit, tandis que le bras gauche est enfoncé dans l'œil gauche. Le haut de la chevelure dressée comme deux cornes au-dessus du visage présente une ouverture qui permet de constater que la sculpture est creuse. Dans un entretien réalisé une année avant l'élaboration de cette sculpture, Ikemura déclare que « les yeux sont des organes contestables, qui subrepticement se ferment au monde ». Repliée sur elle-même comme en circuit fermé, cette petite *Figure jaune* oscille ainsi entre un rendu figuratif réaliste et l'évocation métaphorique d'un être-au-monde douloureux, où la vue et le goût, mais aussi la respiration, sont momentanément annihilés. [NS]

178

Judith Albert (Sarnen, 1969)
Nu à l'écharpe orange, 2009
Vidéo, couleur, avec son, 8', éd. 1/7
Acquisition, 2009. Inv. 2009-019

À partir du milieu des années 1990, Albert opte pour l'image en mouvement, explorant les possibilités qu'elle offre pour capter de subtiles variations – changements de lumière, gestes ou mouvements presque imperceptibles – dans des mises en scène dépouillées et poétiques, qui puisent aussi bien dans l'histoire de l'art que dans un imaginaire très personnel.

Dans *Nu à l'écharpe orange*, une femme est allongée sur un divan recouvert d'un tissu pourpre, un bras rejeté en arrière ; elle semble dormir. Son corps occupe la diagonale de l'écran et se détache sur un fond de papier peint turquoise. Elle est nue à l'exception d'un tissu orange drapé sur sa hanche gauche, sur lequel repose un immense poulpe mauve. Ses tentacules entourent les cuisses de la femme et courent le long de son torse. L'animal suit le rythme calme et régulier de sa respiration – par intermittence, les deux mouvements sont asynchrones. On entend quelqu'un répéter un fragment d'une pièce d'Erik Satie, *Gnossienne n° 1*, qui s'interrompt et reprend.

Cet habillage sonore non seulement renforce le caractère domestique de la scène, mais il souligne aussi son caractère atemporel – elle pourrait se reproduire à l'infini. Le plan fixe, la pose immobile de la femme, la musique répétée et la projection en boucle lui confèrent ainsi un caractère de « tableau vivant ». Et de fait, l'œuvre est directement inspirée d'une toile de Vallotton (*Nu à l'écharpe verte*, 1914, La Chaux-de-Fonds, Musée des Beaux-Arts). Mais si Albert en a modifié les couleurs et a introduit l'élément incongru du poulpe là où chez Vallotton il n'y a qu'une écharpe verte qui à la fois cache et révèle le sexe féminin, c'est bien les rôles du peintre et de son modèle qui sont bouleversés, Albert occupant les deux positions à la fois. Quant au poulpe et à ses évocations aussi sensuelles que menaçantes, inspiré d'une gravure érotique d'Hokusai (*Kinoe no komatsu*, 1814), il interrompt le regard par une juxtaposition iconographique digne des surréalistes. [NS]

179

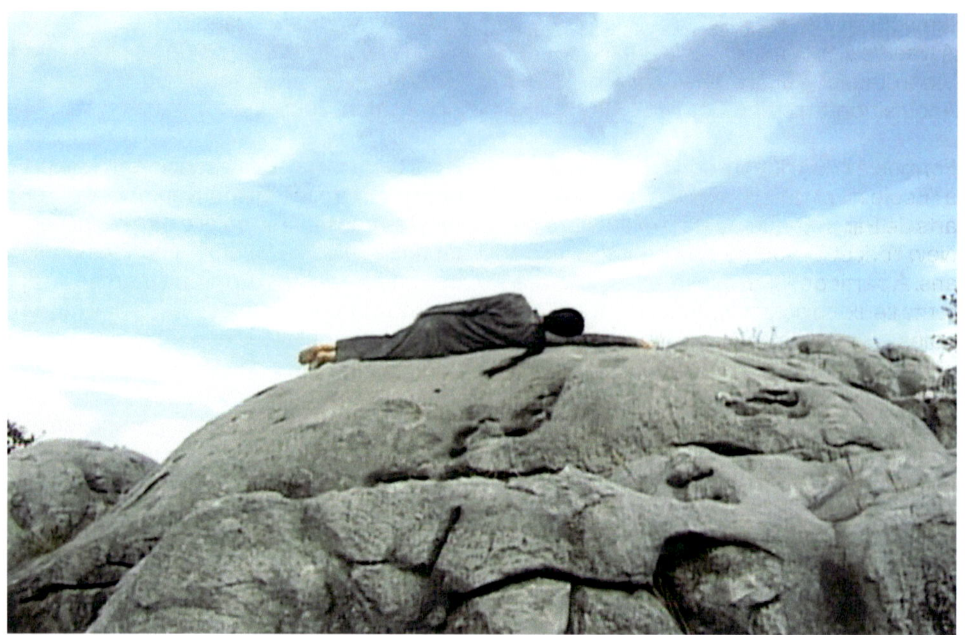

180

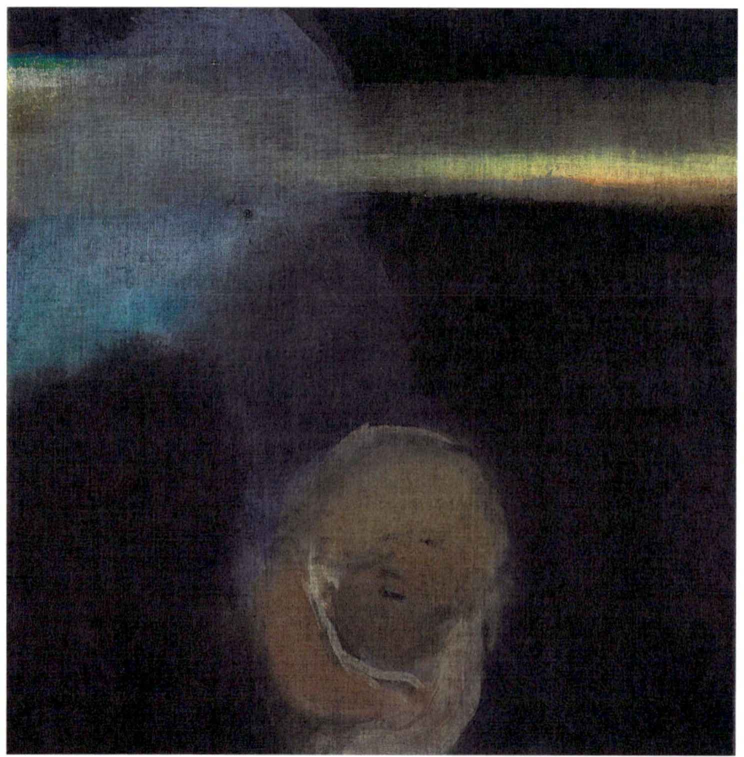

Kimsooja, A Needle Woman – Kitakyushu, 1999
Leiko Ikemura, Eintauchen, 1999

179

Kimsooja (Daegu, 1957)
A Needle Woman – Kitakyushu, 1999
Vidéo, couleur, non sonore, 6'33", éd. 2/4
Acquisition 2018. Inv. 2018-078

Formée à l'Université Hongik à Séoul puis à l'École nationale supérieure des beaux-arts de Paris, Kimsooja partage sa vie entre New York et Séoul depuis près de trente ans. À partir de 1999, elle réalise dans différents lieux – principalement des métropoles – une série de performances pour la caméra, intitulée *A Needle Woman* (Une femme aiguille). Le titre renvoie d'une part à la place centrale qu'occupent les tissus dans ses performances et ses installations, et d'autre part peut se lire métaphoriquement comme signifiant le corps qui se déplace et tisse des liens avec de nouveaux contextes ou de nouvelles situations.

A Needle Woman – Kitakyushu est une performance réalisée à Kitakyushu, au Japon. Elle consiste en un seul plan fixe, dépourvu de son. L'artiste, vêtue de gris sombre, pieds nus, les cheveux retenus par un élastique, est allongée sur un rocher gris crevassé, dos à la caméra. Au-dessus d'elle, un ciel bleu strié de nuages blancs qui se meuvent au gré du vent. Si dans d'autres performances, on voit l'artiste se déplacer ou se tenir au milieu de foules en mouvement (*A Needle Woman*, 1999 – 2001), ici le corps est parfaitement immobile. Placé exactement au centre de l'image, surplombant la ligne d'horizon, il est positionné entre terre et ciel, entre force gravitationnelle et fluidité de l'azur, entre lourdeur minérale et légèreté de l'air, comme s'il ne faisait qu'un avec la pierre, et en même temps assurait le lien avec l'élément céleste. Comme le dit l'artiste en 2013 : « Mon corps fonctionne comme le point central de quatre éléments différents : la terre, le ciel, la nature et l'humain. »

Si le corps immobile et allongé peut évoquer la mort, le fait qu'il soit dans une position dynamique – les deux jambes placées l'une au-dessus de l'autre, la tête posée sur le bras – et non dans une position de relâchement est l'expression bien plus du choix performatif d'une position méditative et concentrée que d'un effondrement du corps vers le néant. [NS]

180

Leiko Ikemura (Tsu, 1951)
Eintauchen, 1999
Huile sur toile de jute, 100 × 100,5 cm
Acquisition, 2001. Inv. 2001-019

Dès le début des années 1990, Ikemura opère un tournant dans sa pratique picturale. L'expressivité de ses premières peintures fait place à une plus grande retenue : plages de couleur à la luminosité presque transparente, paysages entre mer et montagne où flottent, marchent, se couchent ou plongent des figures de fillettes à la frontière entre le monde des vivants et celui des esprits.

Dans *Eintauchen* (Plonger), une fillette chute doucement, ou plonge comme l'indique le titre du tableau, depuis une ligne d'horizon très haut placée jusqu'au centre inférieur de la toile, les deux bras repliés autour du visage, les yeux mi-clos, dans une position proche du sommeil. Elle est étrangement désincarnée – ses jambes ne sont pas visibles sous son habit pourtant transparent, ni ses pieds qui permettraient de la réancrer sur terre. Son buste et sa tête se détachent sur un fond très sombre, tandis que sa jupe bleue flotte au-dessus d'elle, laissant transparaître le jaune de la ligne d'horizon, et créant ainsi deux plans sur la toile : l'espace de la figure, entre noirceur nocturne et opacité du monde marin d'une part, et l'ailleurs évoqué par la ligne lumineuse et vibrante de l'autre. Cette ligne d'horizon peut à son tour se lire comme une ligne de partage, un seuil entre mer et ciel, entre chute et élévation, entre l'ici et l'au-delà, entre deux états de l'être, ce que vient souligner également le flottement de la figure. Bien que le buste et la tête de la fillette soient en dessous de la ligne, sa jupe y est mêlée et s'envole au-delà ; la figure est donc liée aux deux mondes, et les traverse avec aisance. Interrogée en 2001 sur cet horizon si présent dans ses toiles, Ikemura constate : « L'horizon se révèle certes à nous tel une ligne, mais celle-ci n'existe pas. Et pourtant, c'est la ligne la plus belle. Elle représente à la fois notre lien à la terre et la nostalgie de l'infini. » [NS]

181

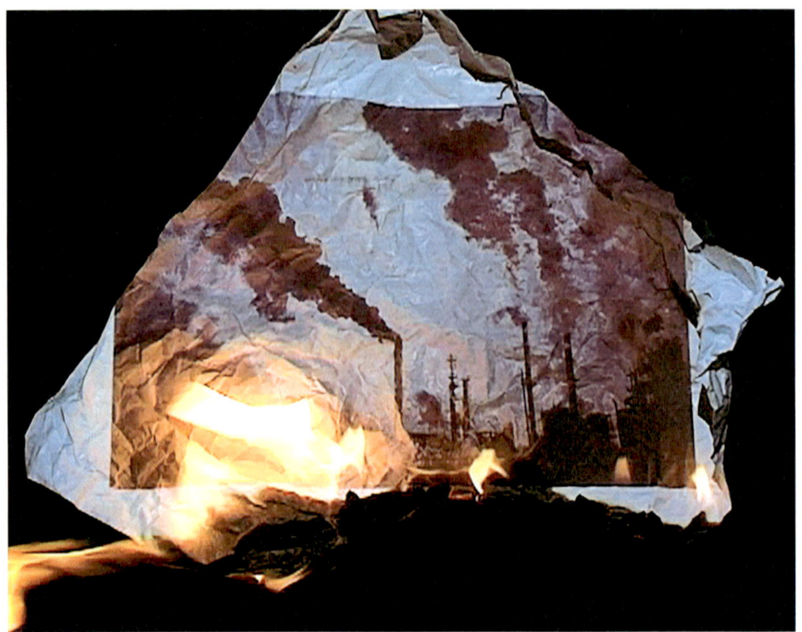

182

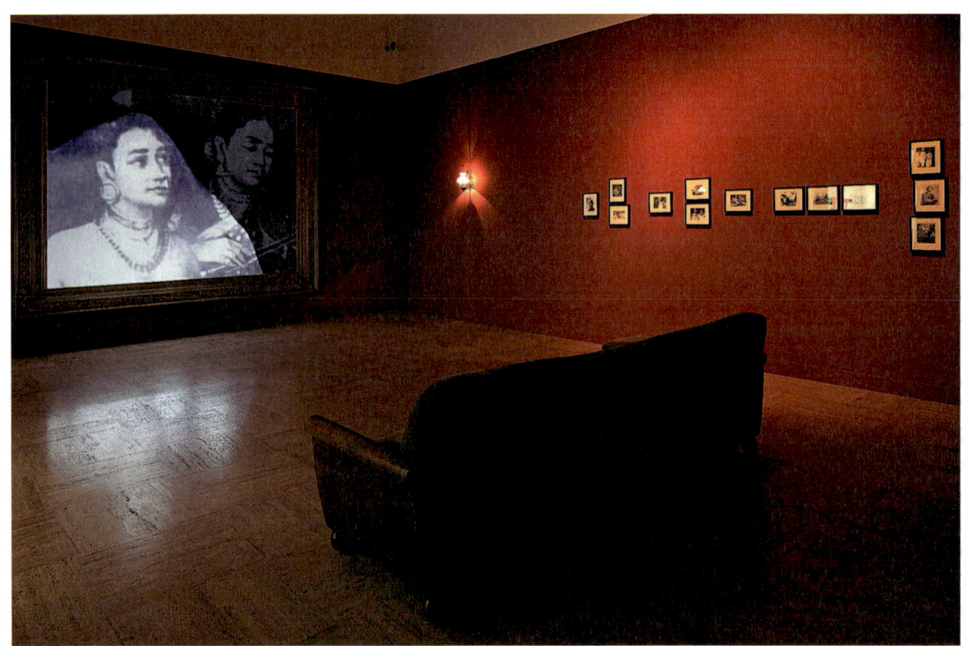

Silvie Defraoui, Plis et replis, 2002
Nalini Malani, Unity in Diversity, 2003

181

Silvie Defraoui (Saint-Gall, 1935)
Plis et replis, 2002
Vidéo, couleur, avec son, 17'45", éd. 3/5
Acquisition de la Commission cantonale des activités culturelles, 2007.
Inv. 2007-020

Defraoui étudie la peinture à l'École des beaux-arts d'Alger, puis la céramique à l'École des arts décoratifs de Genève. Elle débute une carrière solo avant de s'associer à Chérif Defraoui. Entre 1975 et 1994, le couple donne forme à une réflexion sur l'image, son statut et sa signification dans une société où elle circule depuis des siècles et où sa production s'intensifie sans relâche. Après le décès de Chérif, Defraoui continue à travailler dans un cadre de recherche intitulé *Archives du futur*, qu'ils avaient établi ensemble.

En réutilisant des images préexistantes et en les donnant à revoir, cette vidéo applique ainsi un de leurs principes. Devant un fond noir, une boule de papier glacé est jetée sur une table et dépliée par deux mains gantées, dévoilant progressivement le contenu d'une photographie. Le papier froissé est retiré, une autre boule est lancée et laisse apparaître une autre image. L'action est répétée, avec pour seule variante le feu qui est parfois mis à l'image. Le dispositif, qui rappelle celui de précédentes vidéos, a beau être simple, il semble procéder d'une illusion – expliquant la fascination exercée sur le spectateur, une fascination accrue par les bruissements du papier, seul son diffusé.

Sorte de diaporama, les photographies qui se succèdent sont tirées de la presse. Elles forment comme une mémoire collective des événements qui font l'actualité (scènes de guerre, chasse au phoque, famine, etc.). Chacune d'entre elles semble familière sans que l'on puisse directement la rattacher à un lieu, une date, une situation : tout semble aller trop vite pour que l'on puisse vraiment les identifier. Defraoui fouille dans notre mémoire (plis) et fait remonter à la conscience certaines images oubliées parmi toutes celles consommées quotidiennement, avant de les faire disparaître à nouveau (replis). [LSCH]

182

Nalini Malani (Karachi, 1946)
Unity in Diversity, 2003
1 projection vidéo, couleur, avec son, 8'07", 3 lampes, 13 photographies n & b
Don anonyme, 2010. Inv. 2010-016

Artiste engagée, Malani envisage son travail comme un témoignage actif de son temps. Dans le simulacre d'un intérieur bourgeois indien aux murs rouges, des photographies de personnages et de scènes historiques sont accrochées sous une lumière tamisée, tandis qu'une grande peinture s'anime sous les yeux des spectateurs. Il s'agit d'une vidéo projetée à l'intérieur d'un grand cadre doré représentant la toile *Galaxy of Musicians* (sans date) du peintre Ravi Varmâ. Elle avait été exposée au World Congress of Religions de Chicago en 1893, où le philosophe Swami Vivekananda évoquait les dangers de l'orthodoxie religieuse. À l'époque en effet, on assistait en Inde à l'émergence d'un courant nationaliste, parallèlement à de forts mouvements réformistes. La peinture met en scène onze musiciennes vêtues de costumes régionaux qui jouent des instruments populaires symbolisant l'*unité dans la diversité* – « Unity in Diversity », la devise paradoxale adoptée par l'Inde lors de son indépendance, et de sa partition d'avec le Pakistan, en 1947.

Dans sa vidéo, Malani confronte le tableau de Varmâ avec l'histoire récente de son pays, surtout le génocide de 2002 à l'encontre des populations musulmanes du Gujarat, un État indien limitrophe du Pakistan, violences intercommunautaires qui furent les plus meurtrières de l'Inde depuis son indépendance et ébranlèrent les fondements de ce pays démocratique. Cette composition qui semble harmonieuse – toutes les parties de la nation jouant de concert – se termine dans un bain de sang. Des coups de feu éclatent, la musique est remplacée par des cris et des lamentations. L'orchestre se métamorphose en une armée dans laquelle les femmes portent des fusils pour se protéger d'exactions à leur encontre. Des images d'un avortement chirurgical symbolisent l'échec d'un avenir prometteur. Une voix semblable à celle de Nehru évoquant la tâche inachevée du mouvement nationaliste libéral déclame un manifeste pessimiste, emprunté à la pièce de théâtre *Der Auftrag* de Heiner Müller. [BF]

183

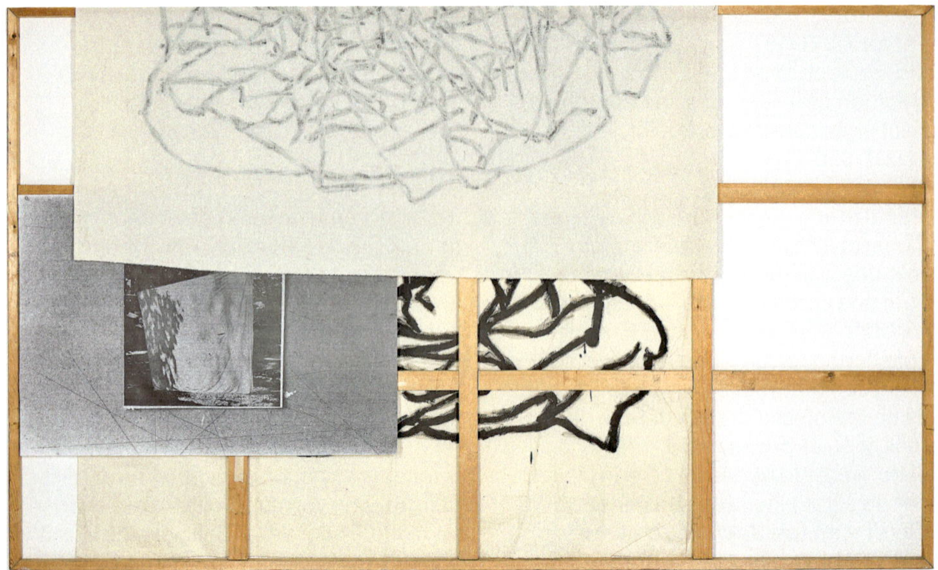

184

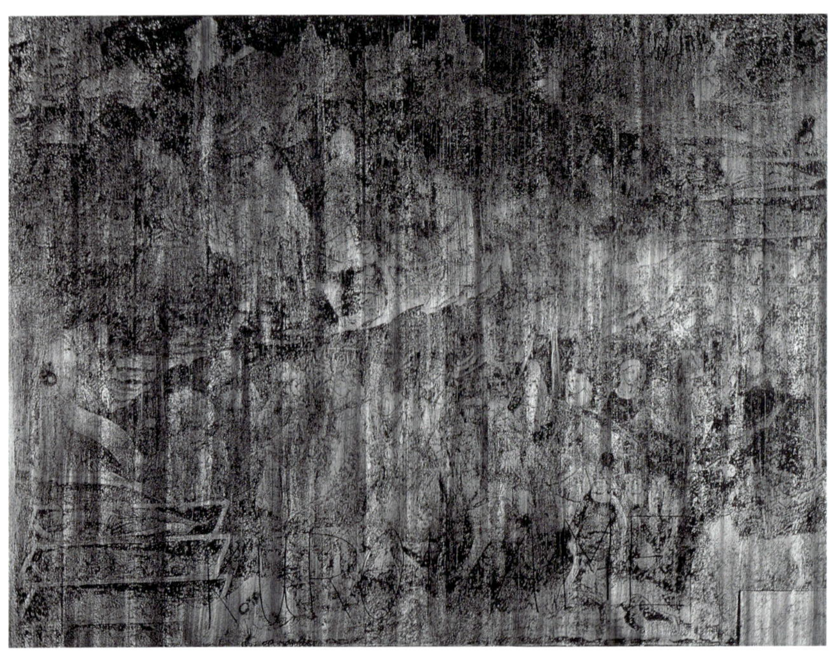

Robert Ireland, Dépendances, 2000
Alain Huck, Kuroi Ame II, 2008

183

Robert Ireland (Dallas, 1964)
Dépendances, 2000
Peinture sur toile, impression jet d'encre sur papier, châssis en bois, 160 × 270 cm
Don de l'artiste, 2019. Inv. 2019-008

Artiste plasticien, Ireland est aussi auteur de textes théoriques traitant des questions qu'il explore dans sa pratique. Ses réflexions sur l'histoire de la peinture – ses codes, ses conventions, mais aussi les affects qu'elle véhicule – se déploient toujours en partant des conditions matérielles de production d'une image – toile, châssis, papier, peinture, etc.

Dépendances fait partie d'une série d'œuvres présentées lors de son exposition personnelle au Musée en 2004, *Speaking of Pictures*, pour laquelle Ireland avait mis en espace ses réflexions sur le musée comme lieu de mémoire. L'œuvre consiste en un châssis rectangulaire rythmé par des croisillons, sur lequel est déposé une toile peinte dont le revers recouvre en partie une photographie retenue par des punaises. Tout est contenu dans l'espace du châssis, mais les différents éléments ne l'emplissent que partiellement, le vide – ou plus précisément le mur – devenant partie intégrante de la composition. À l'inverse de l'idée albertienne du tableau comme une fenêtre qui ouvre sur le monde, Ireland s'intéresse avant tout à la « fenêtre » elle-même, à savoir à toutes les strates matérielles qui composent le tableau. Il met en résonnance des fragments d'images qui, à leur tour, font image par effet de montage, ou alors il joue à les mettre en abîme par des effet d'échos visuels.

Ainsi, la photographie d'un drap séchant au vent renvoie aussi bien à la toile suspendue littéralement au châssis qu'à la question de la surface picturale comme écran, tandis que la légère déchirure qu'on y devine appelle à des associations avec l'histoire de la peinture, ici Lucio Fontana et ses toiles incisées. Autre association, la toile sur laquelle on devine la peinture d'un drapé est elle-même drapée comme un habit sur le châssis, tout en renvoyant à l'histoire de la peinture depuis la Renaissance, tandis que sa réalisation au pochoir évoque l'histoire des techniques, et marque la distance entre une idée, le geste qui la réalise et ce qui nous est donné à voir. [NS]

184

Alain Huck (Vevey, 1957)
Kuroi Ame II, 2008
Fusain sur papier, 250 × 368 cm
Don d'Arts Visuels Vaud, 2008.
Inv. 2008-371

Kuroi Ame II fait partie des *Salons noirs*, série d'immenses fusains commencée en 2006. Dans ces œuvres, Huck traite des grands drames de l'humanité en associant librement des références personnelles, littéraires, iconographiques et historiques, et superpose différentes images.

« Kuroi ame », inscrit en lettres capitales dans le quart inférieur du dessin, signifie « pluie noire » en japonais. C'est le titre d'un livre de Masuji Ibuse (1966), qui raconte la vie de survivants du bombardement d'Hiroshima en 1945. L'auteur y décrit la chute de précipitations radioactives et chargées de cendres, phénomène survenu quelque temps après l'explosion atomique. Au premier plan, Huck a dessiné les stries de pluie en balayant verticalement les pigments avec des chiffons et des brosses. La matière carbonisée du fusain rend d'elle-même l'aspect calciné de cette eau funeste. Le spectateur doit aiguiser son regard pour voir à travers ce « rideau » et discerner les éléments de la composition subjacente.

Sous la strate évoquant Hiroshima apparaissent des cercueils ouverts contemplés par une cohorte de cavaliers. Il s'agit d'une citation de la partie gauche du *Triomphe de la mort* (vers 1338 – 1339), la partie droite ayant fait l'objet d'un pendant (*Kuroi Ame*, 2008, coll. privée). Aujourd'hui attribuée à Buonamico Buffalmacco, cette fresque a été peinte à Pise peu avant l'épidémie de la Grande Peste qui allait frapper la Toscane en 1348.

En juxtaposant les époques, les circonstances et les mémoires de ces tragédies, l'artiste livre une lecture subjective de la destinée humaine. L'histoire de la civilisation est vue comme la récurrence d'événements concourant à la fois à son éradication et à sa permanence en dépit des malheurs qui l'affligent. [LSCH]

185

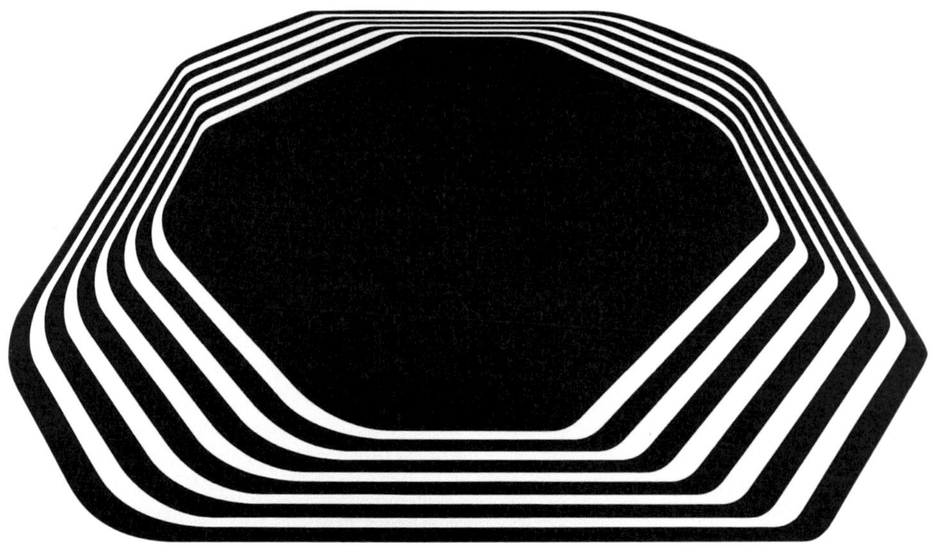

186

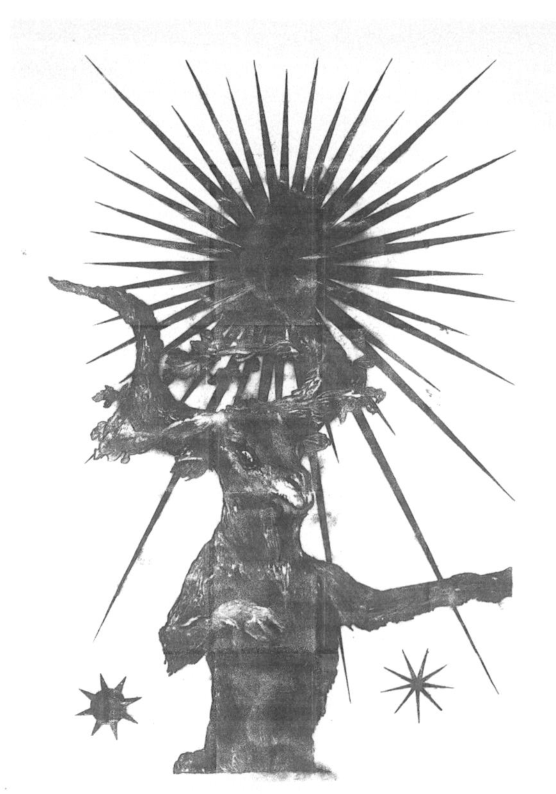

Philippe Decrauzat, Sans titre, 2001
Didier Rittener, Bouc, 2004

185

Philippe Decrauzat (Lausanne, 1974)
Sans titre, 2001
Acrylique sur toile, 140 × 245 cm
Acquisition de la Commission cantonale des activités culturelles, 2002.
Inv. 2002-004

Diplômé de l'École cantonale d'art de Lausanne, Decrauzat cofonde en 1998, avec quatre autres artistes, l'espace d'art contemporain Circuit à Lausanne. Marquées par le riche héritage de l'abstraction et de l'Op Art, les œuvres de Decrauzat (tableaux, peintures murales, installations et films) se nourrissent de références empruntées aux beaux-arts, au cinéma expérimental, à la culture populaire et à la musique. Mais si l'artiste revisite les questions de vision, de perception et de mouvement chères aux avant-gardes du XXe siècle, son œuvre constitue à son tour non pas un assemblage de citations, mais bien une reformulation de ces questions dans l'espace du tableau et de l'installation.

Decrauzat réalise la toile polygonale *Sans titre* pour l'exposition *Get Angry. Perspectives Romandes 3*, organisée par le Musée en 2001. Elle est composée d'une alternance de cinq bandes claires et noires qui suivent la courbure de la toile en variant d'épaisseur, avec un centre noir de forme identique au *shaped canvas* lui-même. Les bandes qui se resserrent ou s'élargissent créent un effet d'optique où les lignes non seulement vibrent elles-mêmes, mais aussi troublent la perception de la planéité du tableau. De bidimensionnel, il semble pouvoir devenir volume, et de tableau, il semble à tout moment pouvoir basculer vers la sculpture, tandis que le centre noir fonctionne comme un espace sans fond, une ouverture, un vide. Dans un entretien réalisé en 2007, Decrauzat se souvient qu'à l'époque où il peignait cette toile, il regardait le film *Alien*, dont le vaisseau évoque pour lui les compositions des *Black Paintings* (1958 – 1960) de Frank Stella : « De Stella à *Alien*, on passe d'une image frontale à un vaisseau spatial. Si chez Stella le bord détermine le centre, dans mes tableaux il y a un effet de perspective qui déforme au centre le dessin issu du contour. » De par sa forme et ses propriétés optiques, la toile semble ainsi « flotter » au mur, troublant la perception de l'espace et l'appréhension frontale du tableau. [NS]

186

Didier Rittener (Lausanne, 1969)
Bouc, 2004
Transfert chimique sur papier, 210 × 150 cm, éd. 1/5
Acquisition, 2004. Inv. 2004-016

Rittener conçoit ses transferts, estampes, sculptures et dessins muraux à partir d'une archive de dessins à la mine de graphite, réalisés sur des feuilles de papier calque, au format A4. Ces dessins représentent des visages, des animaux, des éléments ornementaux, des motifs divers, des mots, que l'artiste a extraits du flux des images qui l'assaille. Au moment de leur décontextualisation, c'est-à-dire de leur transcription sur le papier, ils sont isolés, modifiés, redimensionnés et/ou combinés avec d'autres sujets, et chaque étape technique les éloigne encore plus de leur source originelle en altérant leur nature matérielle – le crayon y contribue en premier lieu. Le premier de ces dessins date de 2001 et l'archive a été publiée en 2004 et en 2010 sous le titre *Libre de droits*, qui annonce les paramètres de la démarche. Ce répertoire iconographique que Rittener s'est constitué, et qu'il continue de nourrir, rappelle les livres de modèles du Moyen Âge : ces recueils de motifs qui servaient à exercer la main par la copie et à établir des normes de représentation en fournissant des exemples. Rittener en retient le fait qu'ils appartenaient à tous et qu'ils étaient destinés à sans cesse être réutilisés.

L'histoire de l'art est une des sources de l'artiste. Ce très grand *Bouc* est ainsi la juxtaposition de la figure principale couronnée de feuilles de vigne (une représentation du diable dès le XVe siècle) d'*El aquelarre* (Le sabbat des sorcières) (1797 – 1798, Madrid, Museo Lázaro Galdiano), de Francisco de Goya, et d'étoiles stylisées et rayonnantes, dont l'une peut faire penser à une particule virale. Rittener n'attend pas nécessairement des spectateurs qu'ils identifient les éléments recyclés. Il cherche plutôt à convoquer une sensation de déjà-vu et à montrer combien notre culture visuelle est elle-même un puits d'images que l'on s'est appropriées et qui s'entremêlent. [LSCH]

187

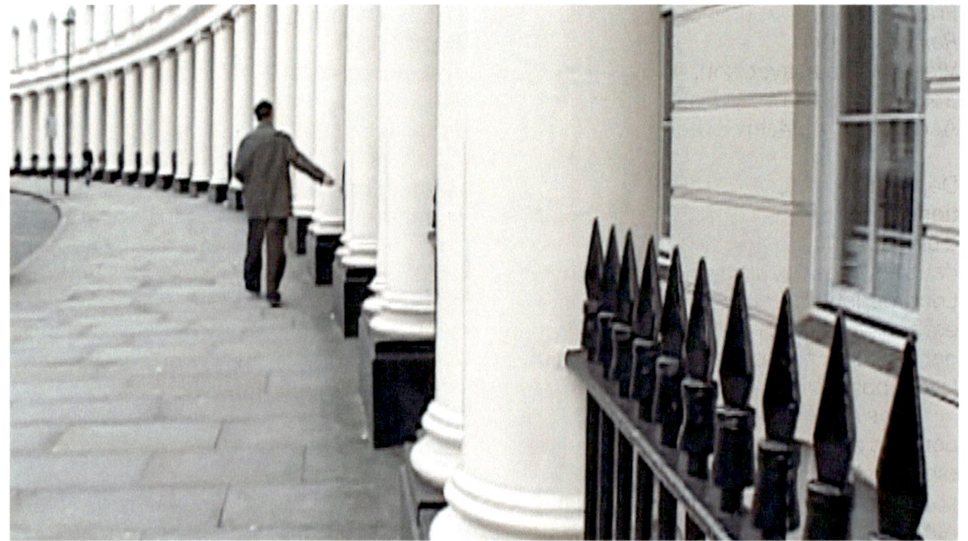

188

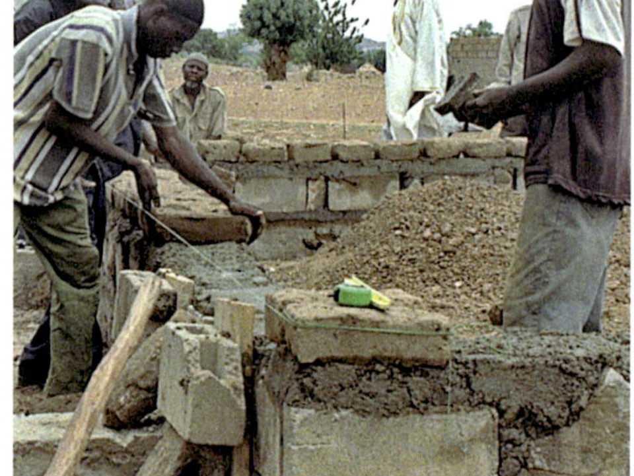

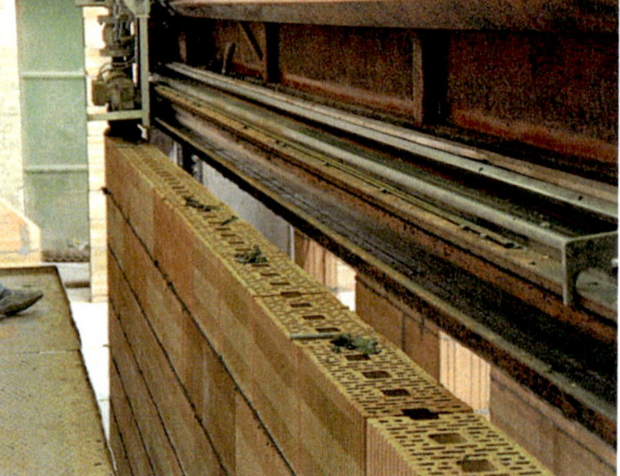

Francis Alÿs, Railings, 2004
Harun Farocki, Vergleich über ein Drittes, 2007

187

Francis Alÿs (Anvers, 1959)
Railings, 2004
Vidéo, couleur, avec son, *Park Crescent*, 3'25", *Sample 1*, 1'35", *Onslow*, 1'21", éd. 3/4
Acquisition, 2014. Inv. 2014-001

Depuis 1990, Alÿs marche. Ses déambulations ont débuté à Mexico City, sa ville d'élection depuis 1986, d'autres ont eu lieu dans les espaces urbains de São Paulo, Londres, Istanbul ou encore Jérusalem. Alÿs est sans conteste l'artiste « marcheur » par excellence, explorant et ré-imaginant la ville par ses itinéraires.

Dans *Railings*, Alÿs marche dans Londres en promenant une baguette de tambour le long de grilles pour créer un son urbain spécifique au lieu. Ce geste qui rappelle de prime abord un jeu d'enfant résonne de fait comme certaines musiques de John Cage ou de Steve Reich, et résulte d'un vaste répertoire de rythmes créés par les différents types de grilles que longe l'artiste. Au son issu du geste de la main s'ajoutent des bruits accidentels – un chien qui aboie, une sirène qui se déclenche, le vacarme des voitures. Mais c'est bien la partition spécifique que l'artiste superpose à la rumeur ambiante qui fait musique. Si son geste fait résonner l'espace lui-même, sa structure, sa linéarité, ses ruptures et ses rythmes architecturaux, l'impact de la baguette sur la barrière souligne à son tour le rythme des pas, le mouvement du corps dans l'espace, le passage du temps comme un mouvement.

Railings évoque une œuvre antérieure d'Alÿs, *Time Is a Trick of the Mind* (1998), qui consiste en une animation vidéo réalisée à partir de dessins, présentée en double projection. On y voit un homme qui marche le long d'une barrière, une baguette de bois à la main, et l'on entend le son de la baguette touchant le métal, parfois simultanément avec le geste effectué, parfois non, les deux rythmes combinés en créant ainsi un troisième. *Railings* peut dès lors être lu comme l'aboutissement d'un travail amorcé plusieurs années plus tôt, le dessin ayant fait place à la performance, la simulation musicale à la captation du réel. [NS]

188

Harun Farocki (Nový Jičín, 1944 – Berlin, 2014)
Vergleich über ein Drittes, 2007
Double projection vidéo, couleur, avec son, 24', éd. 3/3
Acquisition, 2010. Inv. 2010-018

Cinéaste, vidéaste, photographe, auteur d'installations, Farocki travaille avec une rare acuité la question de l'image, notamment documentaire, et ses différents dispositifs. Né à Nový Jičín en Tchécoslovaquie, annexée à l'époque par l'Allemagne, il travaille d'abord comme réalisateur et édite la revue *Filmkritik* dans laquelle il développe, entre 1974 et 1984, une importante réflexion théorique sur l'image.

Dans l'installation vidéo *Verlgeich über ein Drittes*, que l'on peut traduire par « comparaison via un tiers », c'est la question du travail et de ses représentations qui est au centre du propos. Les conséquences des processus de rationalisation et d'automatisation sont interrogées à travers l'exemple de la production et de la transformation des briques. Farocki montre les procédés de travail dans les sociétés traditionnelles, récemment industrialisées et hautement industrialisées. Des images tournées dans des usines en Inde sont projetées seules ou côte à côte, en alternance ou confrontées à des scènes tournées dans des usines européennes. À la présentation en progression linéaire vers des procédés de fabrication de plus en plus automatisés succèdent des montages d'images qui brouillent une lecture aussi unilatérale. En s'intéressant à la comparaison des similarités et des contrastes entre des temporalités et des géographies différentes par le moyen du montage de deux images présentées simultanément, Farocki fait dialoguer des réalités qui semblaient distinctes, tout en gardant la spécificité de chacun des contextes.

Comme le formule l'artiste dans un texte de 2004, « dans une double projection, il y a à la fois succession et simultanéité, des liens d'une image à la suivante et à celle d'à côté. Des liens avec ce qui a été vu et avec ce qui est vu au même moment. Imaginez l'oscillation rapide entre les six atomes de carbone composant le cycle du benzène – c'est ce type d'ambiguïté que j'imagine être à l'œuvre dans les liens entre un élément d'une séquence d'images et celui qui le précède ou qui le suit. » [NS]

189

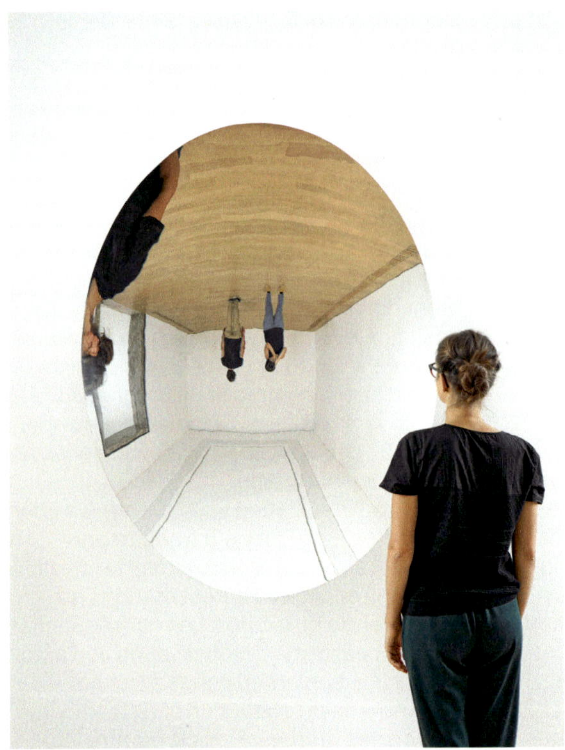

190

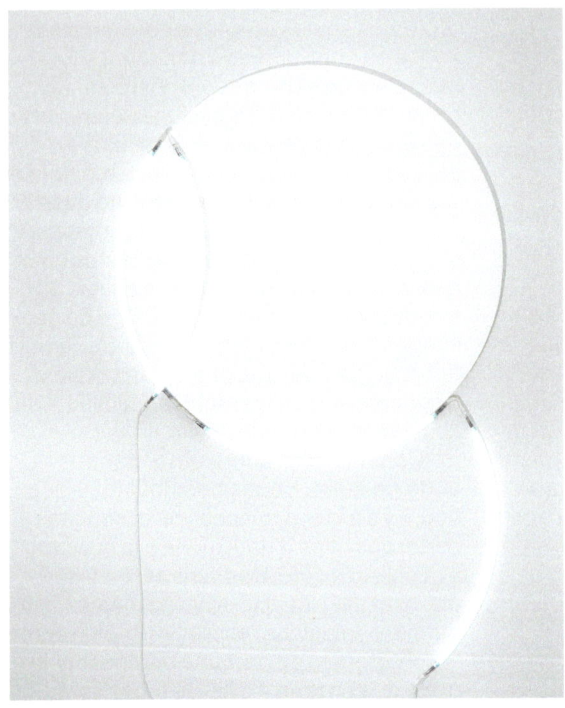

Anish Kapoor, Untitled, 2002
François Morellet, Décrochage n° 4, 2005

189

Anish Kapoor (Bombay, 1954)
Untitled, 2002
Acier inoxydable poli, 150 × 120 × 33 cm
Donation d'Alice Pauli, 2018. Inv. 2018-025

Né en Inde dans une famille cosmopolite – son père d'origine hindoue est athée, sa mère est une juive irakienne –, Kapoor envisage de devenir ingénieur avant de s'installer définitivement à Londres en 1973, où il entreprend des études d'art. L'artiste roumain Paul Neagu est l'une de ses premières influences. Lors d'un séjour en Inde en 1979, Kapoor retrouve les couleurs vives des vêtements et des épices sur les marchés ou devant les temples. Il se met alors à utiliser des pigments purs, renvoyant à la fois à la tradition occidentale moderne du monochrome et au symbolisme hindou. Il en recouvre des formes étranges qui, installées selon un plan précis, se répondent – ce système de relations internes libérant, d'après lui, une force énergétique. La puissance de la couleur définit désormais l'aspect de ses sculptures : elles semblent des corps mous, délicats, tactiles.

L'œuvre de Kapoor devient par la suite plus introspective. Les formes concaves sont privilégiées, les couleurs s'assombrissent et les dimensions des sculptures augmentent. La combinaison de ces caractéristiques crée l'illusion d'un espace « vide » dans lequel le spectateur plonge et voyage. Le pigment mat fait place ensuite à des matériaux réfléchissants, comme le bronze ou l'acier inoxydable poli. Ces « miroirs » permettent à Kapoor de développer de manière plus forte encore la relation de ses œuvres avec l'espace, qu'elles reflètent et déforment, et avec le spectateur qu'elles absorbent dans leur superficie.

C'est le cas de cette œuvre, grande ellipse dans laquelle on observe avec fascination l'image renversée de son corps qui s'élargit exagérément lorsqu'on s'en approche et qui est projeté au loin dès qu'on s'en écarte un peu. S'inscrivant dans une tradition, notamment duchampienne puis minimaliste, pour laquelle l'œuvre n'existe pas sans le spectateur, Kapoor compare cette relation fusionnelle de l'œuvre et du regardeur à celle du couple formé par les divinités hindoues Shiva et Parvati. Fixée au mur, la forme concave recueille et distord son environnement, comme pour questionner la stabilité du monde réel et de nos certitudes. [LSCH]

190

François Morellet (Cholet, 1926 – 2016)
Décrochage n° 4, 2005
Acrylique sur toile et néons, 235 × 153 cm
Donation d'Alice Pauli, 2018. Inv. 2018-103

En dépit d'un langage sévère et dépouillé, Morellet fait preuve d'une grande inventivité et d'humour dans son approche de l'abstraction géométrique. Après une brève période figurative à la fin des années 1940, l'artiste rejette l'expressivité rendue par le style ou par la touche. Évacuant les marqueurs de la subjectivité, il s'en remet à la rigueur des mathématiques et de la géométrie, sous l'influence de son ami artiste Pierre Dmitrienko et de la découverte de Max Bill et de Piet Mondrian. Les motifs géométriques qu'il observe dans diverses productions culturelles sont également une source d'inspiration. Si Morellet soumet par la suite la réalisation de ses œuvres à des contraintes préétablies et à des systèmes rigides, il intègre une part de hasard à sa démarche, par exemple en recourant à la répartition aléatoire, et met au point une sorte de rationalité absurde.

Morellet emploie le néon pour la première fois en 1963, à une époque où le tube lumineux conquiert le domaine de l'art (Martial Raysse, Dan Flavin, Mario Merz, etc.), et il ne cessera de travailler avec. *Décrochage n° 4* fait partie d'une série dans laquelle il poursuit ses recherches sur la lumière et sur la déstabilisation des formes par superposition, juxtaposition ou fragmentation. Comme l'indique le titre de l'œuvre – depuis 1956, Morellet l'emploie pour énoncer le protocole appliqué dans ses œuvres –, il s'agit d'un décrochage, en l'occurrence de la chute de deux des quatre arcs en néon délimitant le pourtour d'une toile ronde peinte en blanc à l'acrylique. Cette catastrophe organisée introduit du désordre dans l'ordre, elle déride ce qui relève du sérieux. Il y a une forme de plaisir à considérer l'égarement de ce cercle qui se fractionne et se repositionne avec une grâce presque ornementale. L'œuvre ne donne à voir rien d'autre que les éléments qui la constituent, mais elle les rejoue au gré d'une intervention minimale qui la rend immédiatement compréhensible par le plus grand nombre. [LSCH]

191

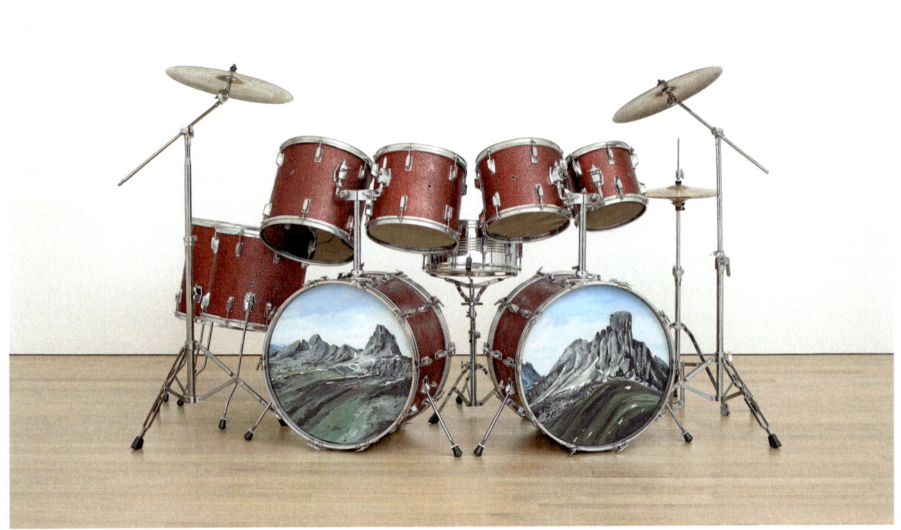

192

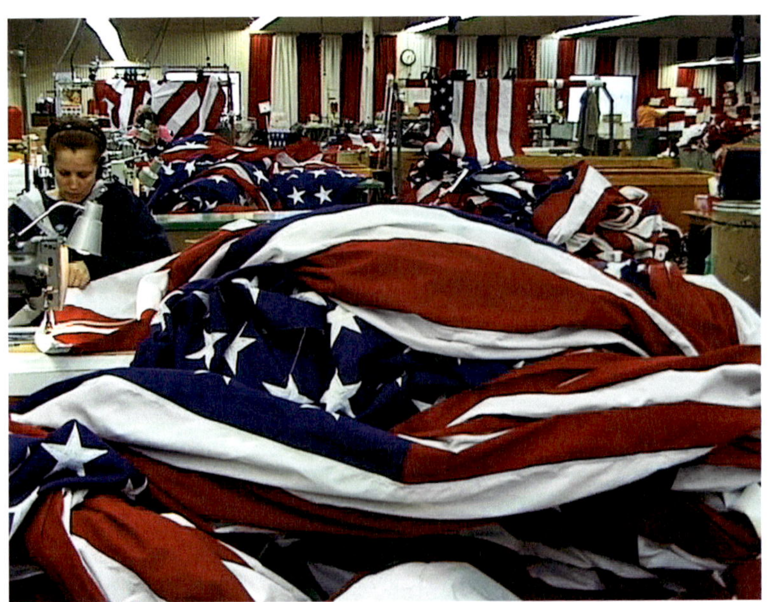

Vincent Kohler, Vintage Drums Ensemble, 2004
Anne-Julie Raccoursier, Grace-Notes, 2005

191

Vincent Kohler (Nyon, 1977)
Vintage Drums Ensemble, 2004
Batterie, peinture à paillettes et peinture à l'huile sur peau, env. 200 × 200 × 300 cm
Acquisition de la Commission cantonale des activités culturelles, 2013.
Inv. 2013-039

Kohler détourne des objets familiers et les mène aussi loin que son imagination le porte, du côté de la culture populaire et parfois de l'enfance. Il les surdimensionne et les transforme, leur donnant un caractère humoristique, grotesque ou fantastique. *Charlotte* (2001, Genève, Mamco) est est une monstresse faite de pommes de terre, dont les morceaux sont articulés avec des simili cure-dents, *Cervelas* (2008) une saucisse grillée géante aux extrémités fendues en croix, et *Cancan* (2013) une édition illimitée de jambes en béton inspirées des présentoirs pour collants.

La musique est un domaine de prédilection de l'artiste, qui est aussi batteur dans le groupe Kunst. Œuvre de jeunesse, *Vintage Drums Ensemble* fait référence à cette passion. Pas de jeu d'échelle ici : il s'agit d'une batterie de genre hard rock, dont les nombreux éléments servent à impressionner le public. L'artiste a orné les peaux de peintures alpestres grossièrement réalisées d'après des photographies. L'instrument ne se prête plus à sa fonction usuelle, à moins d'imaginer un geste iconoclaste. Il est devenu un dispositif de monstration de la peinture : ces « tondi » ouvrent des fenêtres sur la nature comme si l'on regardait un paysage à travers une longue-vue. Un panorama se poursuit par exemple sur plusieurs fûts en écho à la descente de toms, figure rythmique typique du rock et du jazz.

Vintage Drums Ensemble est la rencontre entre deux cultures, celle du folklore, du pittoresque, et celle du rock. Sous son apparence détonnante, proche du mauvais goût (paillettes rouges et peintures médiocres), cette œuvre questionne par son absurdité l'esthétique kitsch. Elle évoque aussi la pratique de customisation, cette réappropriation des objets produits en série. [LSCH]

192

Anne-Julie Raccoursier (Lausanne, 1974)
Grace-Notes, 2005
Vidéo, couleur, avec son, 7'30", éd. 1/3
Acquisition de la Commission cantonale des activités culturelles, 2006.
Inv. 2006-017

Le travail vidéo de Raccoursier se situe à l'intersection entre captation du réel et mises en scène spectaculaires. Partant de réalités existantes, l'artiste retravaille ensuite ses images, les recadre, en dicte le rythme, isole des éléments, intervient sur le son.

Tourné en Pennsylvanie, dans une des trois usines américaines qui fabriquent les drapeaux destinés aux usages officiels, *Grace-Notes* est le résultat d'un long travail de recherche, d'entretiens et de montage, qui met au jour les paradoxes de la « production » d'une identité nationale. Si Raccoursier explore littéralement la fabrication de l'emblème national, c'est ensuite par ellipses que l'œuvre se livre, puisque le réel capté se soustrait lui aussi, de facto, à une appréhension totalisante.

Filmé avec une caméra sur pied, comme un documentaire classique, *Grace-Notes* s'ouvre sur le plan d'une couturière au travail, casque anti-bruit sur les oreilles et visage concentré, qui fait inlassablement défiler entre ses mains des mètres de tissu *stars and stripes*. Les plans se succèdent à un rythme soutenu, cadrant d'abord les ouvrières individuellement, occupées chacune à leur tâche monotone, avant de les saisir en groupe, armée de femmes au travail, presque immobiles à l'exception du mouvement de leurs mains. Seul le tissu qui envahit bientôt le premier plan paraît animé d'une vie propre. On entend le cliquetis des machines et une bande-son lancinante, accords de guitare répétés en boucle, mais aucune voix off ne vient livrer de commentaire ou d'interprétation. La seule phrase qui cadre la vidéo est celle reproduite sur le cartel que l'artiste demande à voir apposé lors de chaque projection : « Quand vous achetez un drapeau américain… Vous n'aimeriez pas y voir une étiquette… avec la mention "Made in China". » [NS]

193

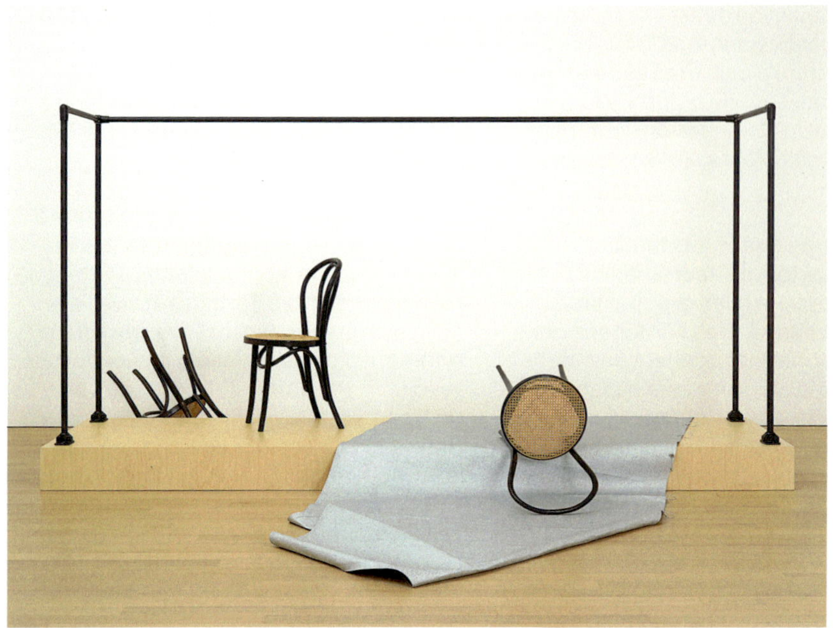

194

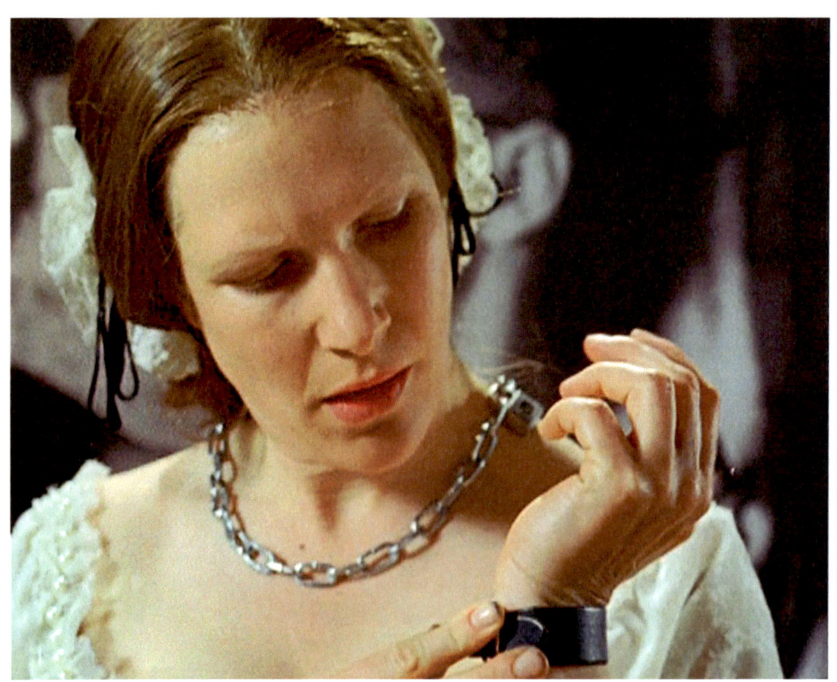

Tom Burr, Abstract Lausanne II / Lausanne Abstrait II, 2006
Pauline Boudry / Renate Lorenz, Normal Work, 2007

193

Tom Burr (New Haven, 1963)
Abstract Lausanne II / Lausanne Abstrait II, 2006
Bois contreplaqué, acier, toile, peinture, œillets, crochets, 3 chaises, 184 × 365 × 92 cm
Acquisition, 2006. Inv. 2006-007

Burr développe un travail (photographies, sculptures, installations) qui revisite le vocabulaire formel des avant-gardes, notamment du minimalisme et du post-minimalisme, et mêle iconographie pop, culture homosexuelle, architecture, design contemporain et influences musicales, cinématographiques et littéraires. L'artiste reprend le mode d'appropriation de l'art des années 1980 comme une stratégie permettant de revisiter des œuvres du passé et d'en révéler d'autres significations.

Pour son exposition au Musée en 2006, Burr réalise deux installations, *Abstract Lausanne I* and *II / Lausanne Abstrait I* et *II*, qui reprennent le titre d'une petite toile abstraite de Francis Picabia, peinte à Lausanne en 1918 alors qu'il suit une cure de désintoxication après plusieurs années passées à New York (*Abstrait Lausanne*, coll. privée). C'est cet écho biographique qui permet à Burr de situer ces œuvres dans un cadre géographique et temporel défini, celui de sa propre présence à Lausanne. Comme le dit l'artiste, « j'ai eu envie, à cette époque, d'embrasser les problématiques d'espace, de design et de physicalité... sans oublier la subjectivité, l'identité sexuelle, le public et mon intérêt de plus en plus grand pour *l'autobiographie*. »

Abstract Lausanne II consiste en trois chaises disposées dans un volume créé par un socle délimité par des barres métalliques, avec un rideau au sol, sorte de petite estrade ou de scène exempte de personnages. Burr revisite ici la sculpture minimaliste dans son lien à l'espace et au corps des spectateurs, en exacerbant sa théâtralité, sa littéralité, son vide apparent. Mais au contraire des formes minimalistes, *Abstract Lausanne II* semble au bord de l'effondrement, à la fragile frontière entre une présence structurée dans l'espace et son basculement vers le chaos (chaises renversées, rideau au sol). Le potentiel narratif et associatif, voire allégorique de ce « collage » tridimensionnel le dispute ainsi à celui de « faire image » dans l'espace. [NS]

194

Pauline Boudry (Lausanne, 1972) / Renate Lorenz (Bonn, 1963)
Normal Work, 2007
Film 16 mm transféré en HD, couleur, avec son, 13', 13 photographies (chacune 102 × 102 × 12 cm)
Acquisition, 2007. Inv. 2007-016

Artiste lausannoise travaillant à Berline dedepuis la fin des années 1990, Boudry a développé sa pratique dans le domaine du film et de la vidéo d'une part, et dans celui de la musique d'autre part. Depuis 2007, elle réalise tous ses projets en collaboration avec Lorenz. Un des thèmes récurrents de leur travail concerne les liens entre travail et sexualité, qu'il s'agisse du travail de la construction des identités sexuelles ou du travail comme lieu où se produisent et se reproduisent inlassablement ces identités.

Le film *Normal Work* est inspiré de photographies d'archives prises dans les années 1860 en Angleterre, qui font partie intégrante de l'installation. Il s'agit de portraits et d'autoportraits de Hannah Cullwick, une femme ayant travaillé toute sa vie comme domestique, pour lesquels elle pose en tenue de travail, mais aussi en « class drag » ou en « ethnic drag », à savoir dans les rôles tantôt d'une bourgeoise, tantôt d'une esclave noire. Ces prises de vue participaient d'une relation sadomasochiste qu'elle entretenait secrètement avec Arthur Munby, un bourgeois londonien.

Normal Work pose la question du franchissement des limites entre hiérarchies sociales, de classes, de genres et de races que Hannah Cullwick mettait en scène, et dont elle était à la fois l'objet et la protagoniste, puisque ces photographies lui permettaient de produire, par l'image, des changements de position sociale qu'elle expérimentait par ailleurs dans sa vie quotidienne, notamment lorsqu'elle voyageait avec Munby déguisée en « bourgeois drag ». En faisant rejouer quatre des poses de Hannah Cullwick par le performer Werner Hirsch, le film interroge l'actualité des questions soulevées par ces photographies d'archives, à savoir l'intersection fragile entre rôles et identités dans un monde du travail traversé toujours et encore, bien que sous des formes différentes, par les rapports de classe et de genre. [NS]

195

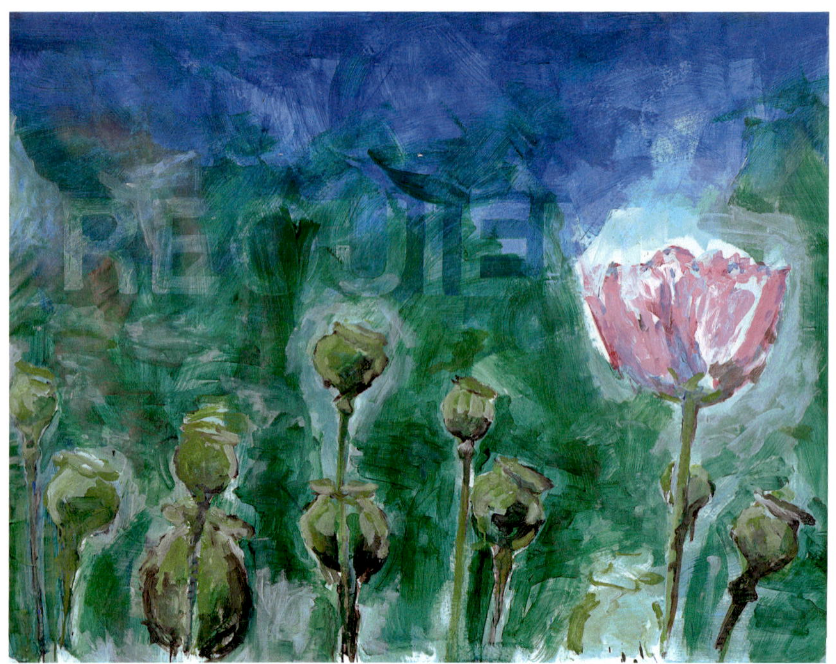

196

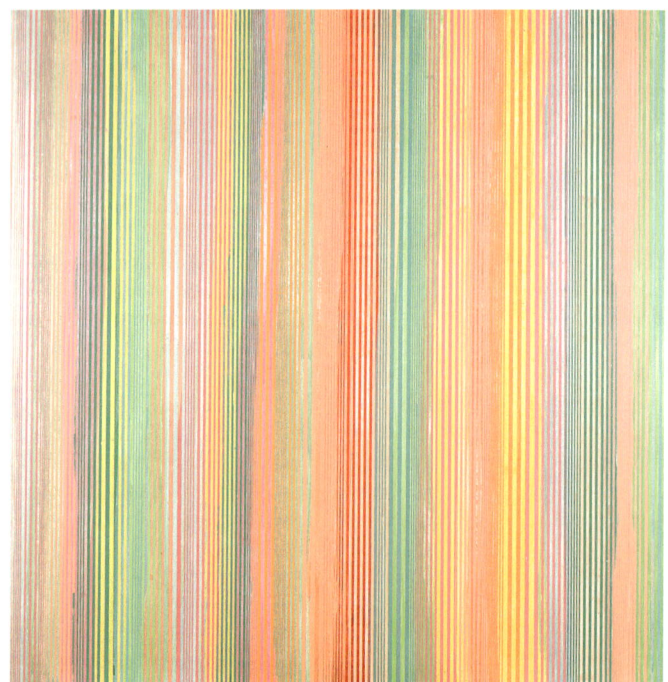

David Hominal, Flowers, 2006
Michael Scott, ATHTTSTW # 7, 2009

195

David Hominal (Évian, 1976)
Flowers, 2006
Acrylique sur papier, 148 × 190 cm
Don de l'artiste, 2009. Inv. 2009-002

Hominal mêle des images de sources diverses et des références à différents arts et traditions picturales, avec la volonté de se confronter aux grands récits de la peinture, voire de s'y inscrire, et avec la gravité de celui qui se fraye un chemin, malgré les doutes. La peinture est pour lui un devoir impératif : espace de répit autant que de tyrannie, elle demeure envers et contre tout la promesse de tous les possibles.

Amateur de musique classique et de jazz, Hominal les convoque régulièrement dans son œuvre à travers des mots qu'il inscrit en lettres capitales dans l'espace pictural (termes musicaux, noms d'artistes, titres, etc.). Ici, un diaphane « REQUIEM » (du mot latin signifiant « repos ») s'inscrit à la limite d'un pré fleuri et d'un ciel bleu foncé électrique. La messe du souvenir qui se joue est un chant sans fin. L'iconographie de *Flowers* est ainsi riche de symboles. Au premier plan, occupant plus de la moitié de l'image, des capsules de pavots somnifères – dont s'écoule l'opium après qu'on les a incisées – entourent la dernière fleur épanouie. D'un rose éclatant et lumineux, elle domine comme un phare dans la nuit et perce le ciel de quelques éclaircies. Vision onirique d'une nature luxuriante, dans le clair-obscur de la conscience, cette œuvre dégage une mélancolie sereine.

Hominal travaille généralement par série, et l'on est tenté de voir dans *Requiem* (2006, conservé au Musée), de plus grand format, sur le même support précaire de papier, le pendant de *Flowers*. Cette autre œuvre aiguille ainsi notre lecture de la première : disparus sous une couche de blanc, les mots « PAINTING », « REQUIEM », « PAINTING » s'y succèdent. La seconde occurrence de « PAINTING » est doublée d'un « REQUIEM » aux lettres cernées de noir. À la mort souvent annoncée de la peinture, l'artiste semble opposer sa persistance. Mais il évoque tout autant le désir vain de représenter ce qui ne dure pas. [LSCH]

196

Michael Scott (Paoli, 1958)
ATHTTSTW # 7, 2009
Peinture émail sur aluminium,
152 × 152 cm
Acquisition, 2014. Inv. 2014-024

En 2014, l'espace d'art contemporain Circuit à Lausanne organise une exposition des œuvres de Michael Scott, parmi lesquelles *ATHTTSTW # 7*, qui rend hommage à l'influence exercée par son travail sur la scène romande, et notamment sur l'œuvre de Philippe Decrauzat. Comme le note ce dernier dans un entretien de 2007, il a obtenu l'effet moiré de ses premières peintures en reproduisant sous forme de dégradé de couleurs des scans des *Stripes Paintings* (1988 – 1994) cinétiques noir et blanc de Scott.

ATHTTSTW # 7 appartient à une série de peintures réalisées par Scott à partir de 2009. Elle doit son titre aux premières lettres de la phrase « And Then He Tried To Swallow The World » (« Et ensuite il a essayé d'avaler le monde »), choisi par l'artiste lorsqu'il présente cet ensemble d'œuvres pour la première fois à la Galerie Gering & López à New York en 2009, considérant alors qu'il s'agit de son exposition la plus ambitieuse depuis les années 1990.

Réalisée à main levée et constituée de lignes entre tracés et coulures, *ATHTTSTW # 7* est une composition quasi musicale, faite de subtiles variations qui provoquent un effet de mouvement lent plutôt qu'une pulsation optique intense comme dans les tableaux noir et blanc que Scott réalise à la fin des années 1980. Le processus intuitif de création et ses imperfections inhérentes sont ici rendues visibles : le rythme des lignes oscille entre battements réguliers et variations – trois lignes fines alternent avec d'autres plus larges qui s'agrandissent, se rétrécissent, reprennent leur rythme. Il semble pouvoir ainsi continuer à l'infini, s'il n'y avait le bord du tableau pour en arrêter le développement de façon arbitraire. Les lignes colorées (du rose clair au rose vif, du vert foncé au gris-bleu en passant par l'orange) se détachent sur un fond qui consiste lui-même en de larges bandes de couleur, dans un jeu d'alternances, d'échos et de reprises chromatiques qui contribue à la dynamique du tableau autant qu'à sa composition. [NS]

197

198

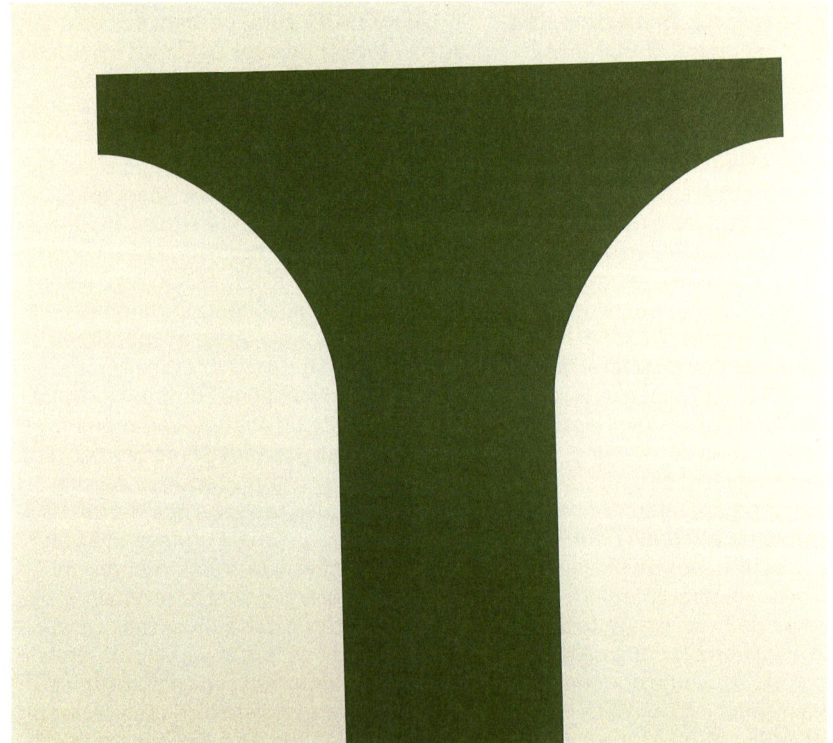

Francis Baudevin, Sans titre (Talens), 2008/2010
Christoph Gossweiler, Peinture, vert olive, 2008

197

Francis Baudevin (Bulle, 1964)
Sans titre (Talens), 2008/2010
Acrylique sur toile, 110 × 250 cm
Acquisition de la Commission cantonale des activités culturelles, 2009. Inv. 2009-061

Depuis 1987, Baudevin produit une abstraction géométrique référencée, postulant qu'il est impossible de créer sans renvoyer, même involontairement, à des images préexistantes, même dans l'art abstrait. Chacune de ses œuvres reprend fidèlement les formes, les couleurs ainsi que les proportions d'une composition tirée d'un logo, d'un emballage ou encore d'une pochette de disque. L'artiste la décharge de tout texte et l'agrandit considérablement. Parfois le titre de l'œuvre fait encore allusion à sa source ; le plus souvent, la référence ne se donne plus à voir qu'à travers la reprise de ses éléments formels.

Cette démarche rend compte de l'omniprésence des aplats de couleur et du langage géométrique dans l'univers visuel qui nous entoure, mais aussi du caractère inépuisable du répertoire abstrait en dépit d'un vocabulaire réduit. Elle atteste par ailleurs la dissémination des différentes formes de l'abstraction, notamment de l'art concret, dans le graphisme (Baudevin a exercé ce métier, comme notamment Max Bill avant lui). Il y a ainsi comme un retour des formes à leur origine. Enfin, l'artiste montre à quel point les images publicitaires imprègnent notre mémoire ; il n'est pas rare en effet que ses œuvres provoquent un sentiment de déjà-vu.

Sans titre (Talens) est ainsi typique des œuvres de Baudevin. Dans un rectangle blanc sont agencés quatre quadrilatères, deux gris et deux rouge orangé, dont l'un est évidé par un cercle. Ce damier épuise un maximum d'oppositions (couleurs, formes, tailles). La peinture est appliquée de la manière la plus neutre possible ; aucune trace de pinceau ne s'observe, aucun geste ne se décèle. En l'absence de toute typographie, cette composition s'aborde comme une image. Elle revendique son unicité face à la multiplicité des produits de la marque Royal Talens, fournitures pour les beaux-arts, dont elle est issue. [LSCH]

198

Christoph Gossweiler (Hüttlingen, 1950)
Peinture, vert olive, 2008
Acrylique sur toile, 135 × 154 cm
Acquisition avec la participation de Circuit, espace d'art contemporain, Lausanne, 2011. Inv. 2011-199

Autodidacte, Gossweiler débute sa carrière au milieu des années 1970. Il reprend à son compte la notion de sérialité, importante notamment dans l'art minimaliste et l'art conceptuel. L'influence de l'art concret zurichois est également perceptible dans son œuvre. L'artiste développe, à cette époque, une peinture basée sur la subdivision successive de la surface picturale ou sur la déclinaison de formes géométriques selon une progression logique. Il produit aussi des monochromes.

Cette œuvre, présentée sans châssis, comme une tenture, a été créée en 2008 à l'occasion d'une exposition collective intitulée « La chute d'eau » marquant les dix ans d'activité de l'espace d'art contemporain lausannois Circuit. Les artistes étaient invités à explorer le motif de la cascade, sujet d'une affiche laissée par les précédents locataires du lieu d'exposition et arrière-plan de l'installation *Étant donnés : 1º la chute d'eau, 2º le gaz d'éclairage…* de Marcel Duchamp (1946 – 1966, Philadelphie, Museum of Art), en l'occurrence une photographie de la cascade du Forestay, près de Chexbres, en Suisse. Gossweiler décide de réaliser *Peinture, vert olive* en la choisissant sur la maquette d'une exposition personnelle prévue en 2002 mais abandonnée.

Le titre de l'œuvre ne fournit aucun indice sur le motif représenté. Il ne donne que des informations objectives, celles du médium (« peinture ») et de la couleur (« vert olive »). Le public est ainsi d'abord amené à lire la forme verte pour elle-même. Celle-ci provient, en fait, de *chutes* de feuilles d'autocollants pour automobiles miniatures à l'échelle 1:43 (échelle normalisée) que l'artiste a trouvées chez un maquettiste et qu'il a ensuite transposées à l'échelle 1:1, support papier inclus – d'où ce format particulier et l'emplacement en déséquilibre de la forme qui est propre à sa position originelle sur la planche d'adhésifs. [LSCH]

199

200

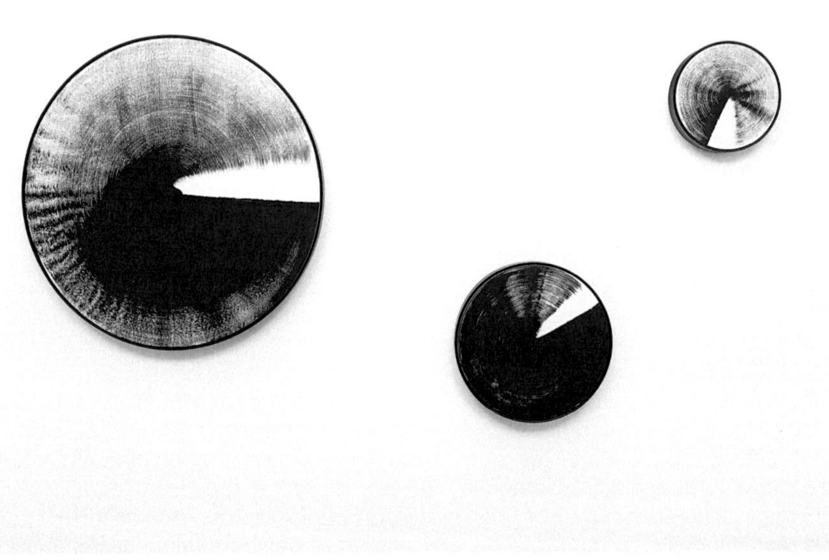

Pierre Schwerzmann, Sans titre, Sans titre, 2010
Claudia Comte, Turn and Slip 120, 4/4, Turn and Slip 40, 1/4 et
Turn and Slip 60, 4/4, 2015

Pierre Schwerzmann (Aubonne, 1947)
Sans titre, Sans titre, 2010
Acrylique sur toile, 130 × 180 cm
Collection Alain et Suzanne Dubois.
Promesse de don

Depuis les années 1970, Schwerzmann interroge la condition de la peinture non en tant qu'objet culturel mais en tant qu'espace de perception. Il s'est tantôt concentré sur le châssis, tantôt sur la toile, qu'il a pliée, déchirée, incisée, ou encore qu'il a partiellement rendue visible ; il a introduit des objets dans le plan du tableau ; il a superposé des toiles de même couleur mais de formats différents ; il a utilisé des surfaces en miroir. Ces stratégies, souvent destinées à miner l'illusionnisme de l'espace pictural, participent de la même réflexion sur ce qu'est le geste de peindre et sur ce à quoi l'attention portée à la peinture permet d'accéder.

Schwerzmann a souvent placé un dégradé en arrière-plan de ses œuvres. Il en aime les effets de distorsion. Le dégradé ouvre un espace dans le tableau grâce à la profondeur créée par la dissolution depuis le noir jusqu'au blanc, baie lumineuse dans le centre de la toile, mais aussi à gauche ou à droite de celle-ci, en haut ou en bas. Parfois, la présence disruptive d'une forme peinte, pleine et plane, de couleur unie, plaquée sur le dégradé, perturbe le regard, qui peine à se fixer – la forme est lisible alors que l'espace sur lequel elle repose la contredit. Dans un entretien avec l'artiste Robert Ireland en 2000, Schwerzmann explique que, pour lui, le fond, « c'est un acteur à part entière qui travaille à dilater et à contracter cette échelle de gris [...] », ajoutant que « [...] s'il n'est pas en couleur, c'est parce que la couleur nous distrairait de la fonction que j'attribue ici à la valeur : produire cet effet spatial, cette vague de fond ».

Dans cette œuvre de 2010, point de forme qui parasite le rapport au fond, mais un seul et unique langage pictural. La jonction graduelle du noir et du blanc produit une zone de vibration et l'illusion optique d'une aire concave autant que convexe qui invite à s'en approcher pour faire le constat qu'il ne s'agit bien que d'une surface peinte. [LSCH]

Claudia Comte (Grancy, 1983)
Turn and Slip 120, 4/4, *Turn and Slip 40, 1/4* et *Turn and Slip 60, 4/4*, 2015
Acrylique sur toile, resp. 120 cm (diam.), 40 cm (diam.) et 60 cm (diam.)
Acquisition de la Commission cantonale des activités culturelles, 2016.
Inv. 2016-030, 2016-031 et 2016-032

Comte revisite l'histoire des formes en empruntant ses références tant à la sculpture de la première moitié du XXe siècle (Hans Arp, Constantin Brancusi, Barbara Hepworth, etc.) et à certains mouvements artistiques (art concret, Op Art, Pop Art, etc.), qu'aux cultures vernaculaire et populaire (le cinéma, les *cartoons*, etc.). Elle les téléscope tout en créant un nouveau système visuel. Son choix de travailler essentiellement le bois, qu'elle taille à la tronçonneuse, lui vient de son enfance villageoise passée près d'une forêt. L'artiste revendique une proximité avec la nature et tient à la facture artisanale de ses œuvres. Organiques ou géométriques, celles-ci sont souvent insérées dans un environnement graphique puissant, comme des peintures murales aux motifs optiques, ou un ensemble de peintures sur châssis. Comte juxtapose ainsi physiquement les citations qu'elle convoque, selon des rapports toujours précis et un dialogue entre les deuxième et troisième dimensions, à la faveur du jeu comme du plaisir visuels.

Turn and Slip 120, 4/4, *Turn and Slip 40, 1/4* et *Turn and Slip 60, 4/4* font partie d'une série de peintures circulaires, dont le diamètre varie de 40 à 140 cm. Elles ont été réalisées à l'aide d'une brosse, dont la largeur correspond au rayon du support, appliquée en un seul tour de main. La décharge progressive du pinceau laisse apparaître des stries puis le blanc de la toile lorsqu'il n'y a plus aucun résidu d'acrylique. L'indication « 1/4 » signifie que Comte a trempé son pinceau une fois dans la peinture afin d'obtenir cette densité chromatique, « 4/4 » signifiant ainsi qu'elle l'a imprégné quatre fois. L'artiste opère, à son habitude, selon des règles simples et explore ici la part aléatoire d'une méthode de composition qui, par principe, exige une application scrupuleuse. La condition picturale de l'abstraction est ramenée à un protocole, dont l'exécution est calibrée par un instrument, un geste et un support géométrique, et donc par les « virages » (*turns*) et « dérapages » (*slips*) du pinceau. [LSCH]

201

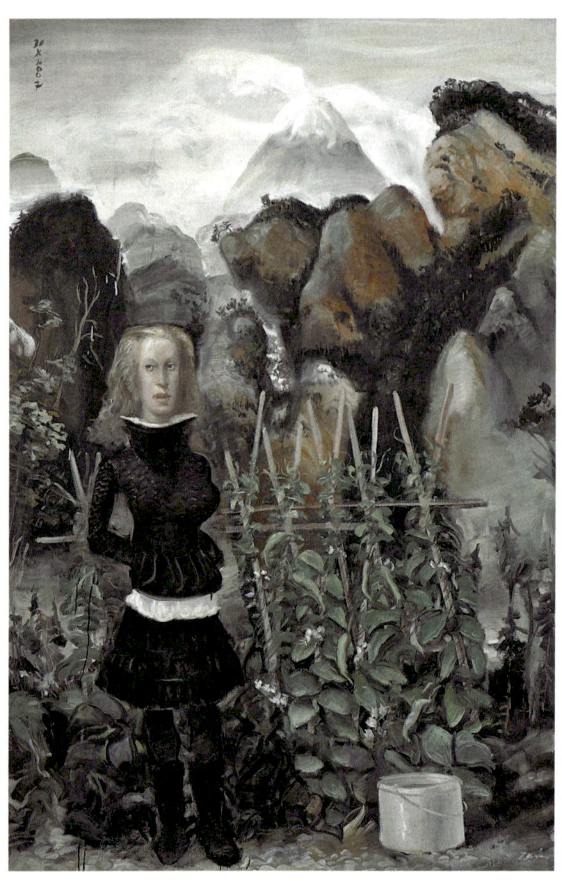

202

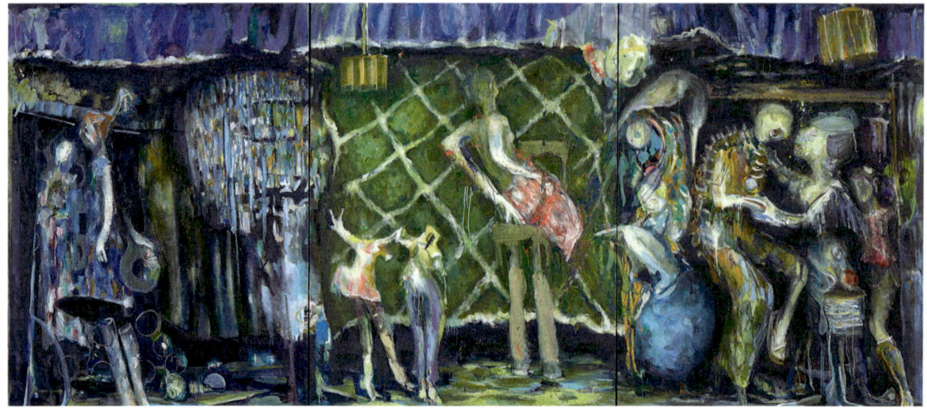

Stéphane Zaech, Pearl Harbor (Madonna dell’Orto), 2007
Valérie Favre, Crystal Palace, 2014 – 2016

201

Stéphane Zaech (Vevey, 1966)
Pearl Harbor (Madonna dell'Orto), 2007
Huile sur toile, 195 × 130 cm
Acquisition de la Commission cantonale des activités culturelles, 2009.
Inv. 2009-016

Plonger dans l'univers de Zaech ou entrer dans son atelier est rassurant : on éprouve un sentiment de familiarité à retrouver les genres canonisés par l'histoire de l'art (portrait, paysage, peinture d'histoire) et on ressent de la joie à éprouver la solidité d'un métier, à mesurer l'ambition des formats, à voir encore pratiquées les techniques classiques du dessin et de la peinture à l'huile. Ce sentiment jubilatoire est vite contrarié cependant : la beauté grecque n'y est pas, ni l'harmonie des proportions, ni la transparence des sujets. Chez Zaech, tout paraît ne tenir ensemble que par la virtuosité de l'exécution qui permet de jongler avec les références aux maîtres qu'il a beaucoup regardés, du baroque à Picasso, Francis Bacon ou encore Alex Katz.

Le titre de ce tableau relance l'exercice familier à l'artiste de l'association d'idées littéraires et de rêveries caustiques. Il convoque la Seconde Guerre mondiale (Pearl Harbor) et l'église décorée par le Tintoret à Venise (Madonna dell'Orto) et où ce dernier repose, deux spatialités et temporalités qui se télescopent. Concrètement, on assiste à l'inscription comme forcée dans un paysage d'une figure inspirée par un peintre espagnol du XVIIe siècle, Vélasquez, croisée avec des visages, des attitudes et des vêtements contemporains. Se retrouvent ainsi assemblés la préciosité d'une figure travestie (« pearl », la perle) et le caractère champêtre d'un panorama (« orto », le verger).

« Les haricots viennent directement des potagers du quartier, et le paysage montagneux est aussi à rapprocher de mon environnement, et corrompu par ma mémoire qui arrange les choses à sa convenance au fur et à mesure », précise Zaech. Un « arrangement » et une « corruption » de toutes sortes de choses donc qui, pour cette mascarade grinçante dans l'esprit du XVIIIe siècle, passe aussi par l'influence de la peinture de paysage chinoise classique, dans la composition et jusque dans la signature de l'artiste. [CL]

202

Valérie Favre (Évilard, 1959)
Crystal Palace, 2014 – 2016
Huile sur toile, 170 × 390 cm (triptyque)
Acquisition, 2017. Inv. 2017-017

Avant de se consacrer aux arts plastiques dans les années 1980, Favre travaille comme comédienne de théâtre à Genève et à Paris. Elle s'essaie brièvement à la performance, puis trouve dans la peinture un médium suffisamment physique pour lui plaire. Elle se confronte avec la matière, peint des heures durant, parfois sans se nourrir, et travaille de longs mois à chaque œuvre. Son implication totale s'accompagne paradoxalement d'une forme de pragmatisme face à cette « entreprise impossible » : faire voir.

Crystal Palace fait partie de la série des *Théâtres*, débutée en 2007. Sur trois panneaux créant un format panoramique se déploie une frise de personnages (danseurs, acrobates, animaux, squelettes, certains en tenue d'arlequin) rappelant le motif de la danse macabre. Les rideaux et les lampes indiquent qu'ils se trouvent sur une scène. En raison du cadrage serré, le spectateur ne sait pas s'il se situe sur l'estrade ou parmi le public. Favre joue aussi de cette incertitude en exposant ses *Théâtres* bas, afin d'y intégrer le monde extérieur. Elle ouvre un récit frontal sur la noirceur et la beauté de l'humanité, sur le drame et la comédie de toute vie, sur ce qu'elle appelle « la folie du monde ».

Favre travaille sans esquisse préalable. Elle plante un décor et y dispose des individus qu'elle corrige continuellement. Un premier état de *Crystal Palace* est ainsi exposé en 2015 à Strasbourg. Puis l'artiste remanie l'allure de certains personnages, leur position, leurs vêtements. Elle substitue par exemple à gauche un lustre à un personnage dans un aquarium, elle fait disparaître des tables qui servaient de scènes. La grande force narrative et l'aura de ce triptyque tiennent à la composition fourmillante, à la richesse imaginative et au traitement expressif de la matière picturale (couleurs, coulures, empâtements, accidents). [LSCH]

203

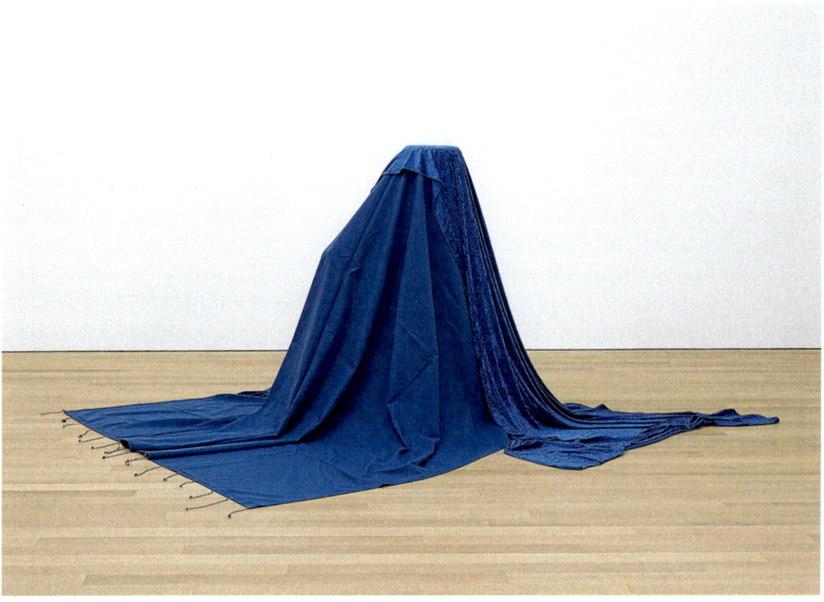

204

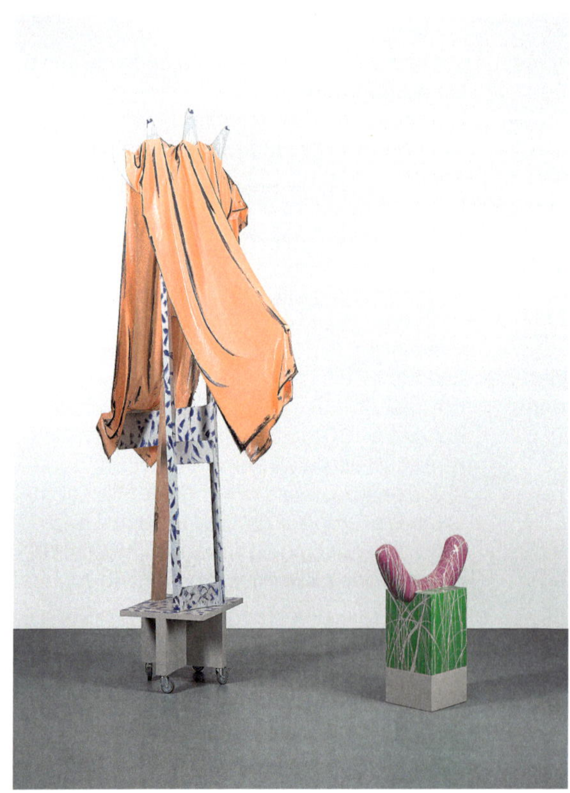

Delphine Coindet, Le cyclope, 2011
Christopher Füllemann, The Peeks and the Kiss, 2013

203

Delphine Coindet (Albertville, 1969)
Le cyclope, 2011
Machine-outil, tissus, métal, verre, dimensions variables
Don de l'artiste, 2014. Inv. 2014-006

Formée à l'École des Beaux-Arts de Nantes et à l'Institut des Hautes Études en Arts Plastiques à Paris, Coindet séjourne plusieurs années à Lausanne, où elle est membre de l'association de l'espace d'art contemporain Circuit et enseignante à l'École cantonale d'art de Lausanne.

C'est dans son atelier lausannois qu'elle crée *Le cyclope*. Se situant entre un objet trouvé et un assemblage surréaliste, « be[lle] comme la rencontre fortuite sur une table de dissection d'une machine à coudre et d'un parapluie » pour citer la célèbre formule de Lautréamont reprise par André Breton, cette sculpture consiste en une machine-outil, relique de l'activité industrielle du lieu devenu atelier, et deux rectangles de tissu bleu drapés de manière à la dissimuler entièrement. L'un des tissus est une panne de velours synthétique, l'autre une toile de coton au bord orné de boutons de verre retenus par de petites chaînes métalliques dorées.

De la rencontre entre la machine et son drapé se dégage une série d'oppositions (solide/souple, brut/ouvragé, utilitaire/décoratif), que la dissimulation de l'un par l'autre déconstruit cependant en une mise en scène où la sculpture se donne à voir et simultanément se refuse au regard. Si le titre de l'œuvre évoque son aspect anthropomorphe et la question de la perception, le cyclope – ce monstre de la mythologie grecque n'ayant qu'un œil au milieu du front – renvoie également à l'association de ces créatures fantastiques avec la métallurgie et donc à ce qui constitue l'« âme » de la sculpture de Coindet. Héritière aussi bien de la pratique de l'assemblage que de la sculpture minimaliste, l'artiste réintroduit dans une sculpture apparemment abstraite toute la charge poétique, la théâtralité et la tactilité qui en avaient été écartées. « La sculpture, écrit-elle dans une note d'intention rédigée alors qu'elle réside à la Villa Médicis à Rome en 2011 – 2012, est un art du passage et je m'y intéresse avant tout comme forme inachevée. » [NS]

204

Christopher Füllemann (Lausanne, 1983)
The Peeks and the Kiss, 2013
Bois, tissu traité à l'époxy, mousse expansive, peinture acrylique et émail, roulettes, 317 × 175 × 100 cm
Acquisition de la Commission cantonale des activités culturelles, 2013.
Inv. 2013-036

Füllemann poursuit un travail à l'intersection de la sculpture et de la performance. Des matières éphémères ou fragiles (cire, latex, miroir, tissu ou encore céramique) s'allient à des couleurs vives pour exister dans l'espace non comme des objets isolés, mais comme autant d'éléments d'un mouvement dont le spectateur est partie prenante.

Ainsi, pour l'exposition *Forms and Lovers* qu'il réalise au Musée en 2013, Füllemann crée une série de sept sculptures monumentales, parmi lesquelles *The Peeks and the Kiss*. Drapé sur une structure en bois couronnée de pointes et évoquant une échelle, un tissu orange aux plis soulignés de bleu a été figé en plein mouvement par l'artiste au moyen d'un traitement à la résine époxy. Sur un bras de la structure, une poignée métallique est placée à hauteur de main, tandis que la sculpture repose sur un socle muni de roulettes. Comme le formule l'artiste dans une note d'intention de 2012, l'idée est non seulement d'évoquer un possible toucher ou un potentiel mouvement de la sculpture, mais aussi de permettre au spectateur de l'activer véritablement : « L'aspect anthropomorphe de mes œuvres, évoqué tant par leur forme que par leur dimension, résulte d'une envie de voir ces collages tridimensionnels comme des performeurs. » Et de fait, *The Peeks and the Kiss* habite l'espace comme un danseur aux proportions monumentales. La dynamique entre l'immobilité et le mouvement, entre le corps des spectateurs et celui de la sculpture, entre l'espace occupé par l'œuvre et l'espace potentiel de son déplacement, est perceptible. Ne l'ancre à un endroit précis que le siège qui lui est associé, *You and Me Both (Green and Purple)*, cube de couleur dans lequel s'emboîte une demi-lune sphérique à la Franz West. Mais si le travail de Füllemann revendique un héritage, c'est bien celui de l'« abstraction excentrique » d'une Eva Hesse ou d'un Bruce Nauman, entre visuel et tactile, conceptuel et sensuel, abstraction et figuration. [NS]

205

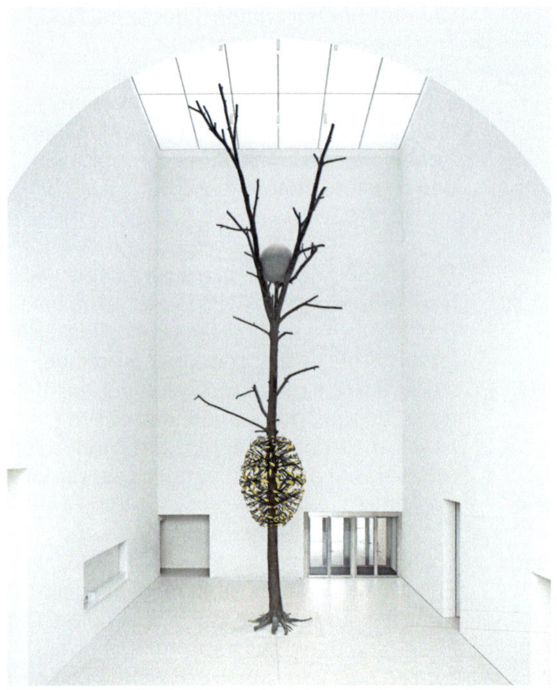

206

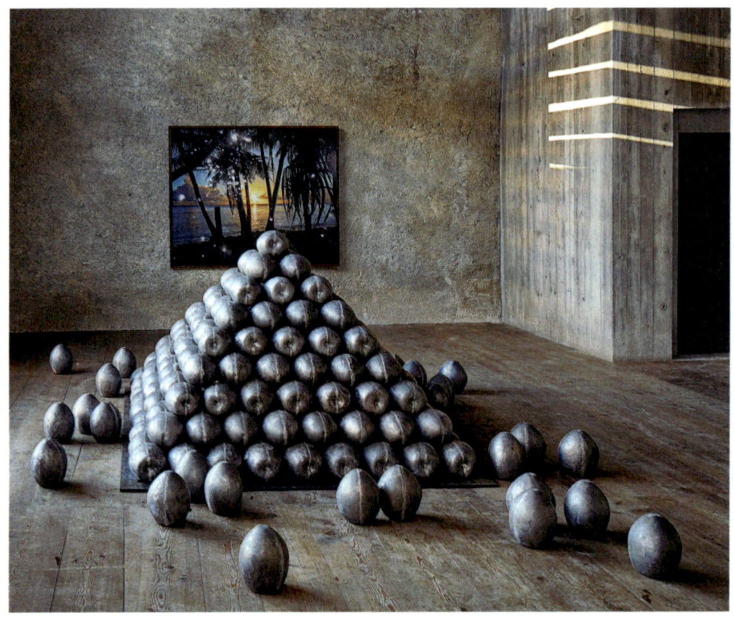

Giuseppe Penone, Luce e ombra, 2011
Julian Charrière, Pacific Fiction – Study for Monument, 2016

205

Giuseppe Penone (Garessio, 1947)
Luce e ombra, 2011
Bronze, or et granite, 1450 × 470 × 490 cm
Donation d'Alice Pauli en souvenir de son fils Olivier, 2016. Inv. 2017-006

Le motif de l'arbre et le bois comme matériau sont omniprésents dans l'œuvre de Penone. Qu'il expose un billon, taille un tronc dans un tronc, le sculpte dans du marbre, assemble des branches pour en faire un support, donne à voir les racines, estampe de l'écorce ou assimile les anneaux de croissance à des empreintes digitales, l'artiste explore par ce biais ce qui relie l'humain à la nature.

Un arbre nu en bronze mesurant quatorze mètres de hauteur, une excroissance ellipsoïdale de feuilles dorées et une sphère de granit : voilà les trois éléments et matériaux de cette sculpture intégrant de manière surprenante l'organique et le géométrique – n'y décèle-t-on pas quelques réminiscences surréalistes (Max Ernst, René Magritte) ? Penone nous en livre l'explication suivante : « L'arbre s'élance vers le ciel et le feuillage s'élargit en une forme ample et sphérique afin de recueillir un maximum de lumière. Voilà la raison pour laquelle ses feuilles sont dorées. Le bronze par contre est un élément soumis à la force de gravité qui nous dirige vers les profondeurs de la Terre, vers l'obscurité. » La roche sphérique est juchée sur la cime de l'arbre comme si elle était tombée du ciel. Le corps géométrique parfait s'oppose ainsi à l'arbre, élément organique qui, selon Penone, constitue le prototype de la sculpture idéale.

Le thème de l'ombre et de la lumière – la création du monde dans la Genèse débute par l'acte fondateur de la séparation de la lumière des ténèbres – trouve chez l'artiste italien une expression matériellement pertinente, plastiquement superbe, éminemment sensuelle et qui malgré tout reste énigmatique. Intégrée au hall d'entrée du Musée, espace de circulation qui se veut neutre, la sculpture marque le territoire, le définit d'emblée comme appartenant au monde de l'art. Elle y développe les fondements de tout acte percepteur : les conditions mêmes du visible que sont la lumière et l'ombre. [BF]

206

Julian Charrière (Morges, 1987)
Pacific Fiction – Study for Monument, 2016
259 noix de coco enrobées de plomb, cadre métallique, 128 × 330 × 440 cm
Acquisition avec l'aide d'Evangelos Stassinopoulos en mémoire de Jacques Treyvaud, et de la Commission cantonale des activités culturelles, 2017.
Inv. 2017-020

Héritier de l'art conceptuel, fasciné par le Land Art et en particulier par Robert Smithson, formé à l'Institut für Raumexperimente d'Olafur Eliasson à Berlin, Charrière poursuit un travail qui s'apparente à un processus de recherche se déclinant aussi bien sous la forme de performances que de documentations photographiques et d'installations. Matières organiques en décomposition, plantes cryogénisées, sédiments, briques de sel, les matériaux utilisés rendent compte de temps et de lieux particuliers, à la fois traces tangibles de ce que l'artiste nomme une « géologie de l'histoire » et interrogations sur l'interdépendance entre l'humain et son environnement.

Pacific Fiction – Study for Monument est issu d'un ensemble d'œuvres réalisées par Charrière à la suite de son exploration des îles Marshall, en particulier de l'atoll de Bikini, et s'inscrit dans ses recherches sur ces lieux dystopiques par excellence que sont les anciens sites d'essais nucléaires. Entre 1946 et 1958, les États-Unis menèrent près de 70 expériences nucléaires aux îles Marshall, dont celle de Castle Bravo, la plus puissante des bombes H, qui raya deux îles de la carte.

Construit en forme de pyramide avec des noix de coco enrobées de plomb, *Pacific Fiction* peut se lire comme le modèle d'un mémorial à venir. L'utilisation des noix de coco renvoie à l'étymologie du nom de l'atoll de Bikini – une déformation de son nom mélanésien local « Pikinni », « pik » signifiant « surface » et « ni » « cocotier » –, tandis que le choix du plomb découle de la propriété physique qu'a ce métal de contenir les rayonnements radioactifs. Si l'empilement des noix de coco rappelle un stock de boulets de canon, la forme pyramidale de *Pacific Fiction*, tout comme son sous-titre, « étude pour un monument », évoquent tour à tour une tombe, les pyramides égyptiennes, l'architecture des bunkers sur les rives de l'atoll de Bikini, ou encore les monolithes de fer anguleux qui dorment dans les profondeurs du Pacifique. [NS]

207

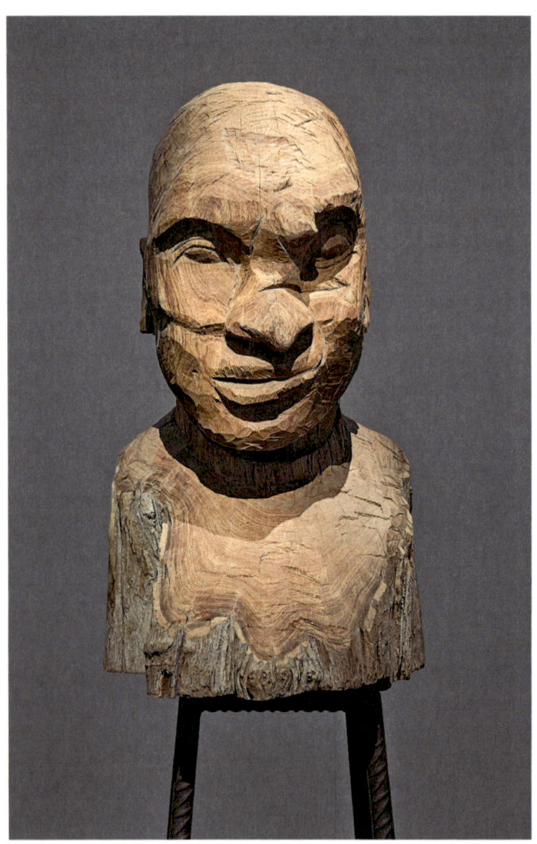

208

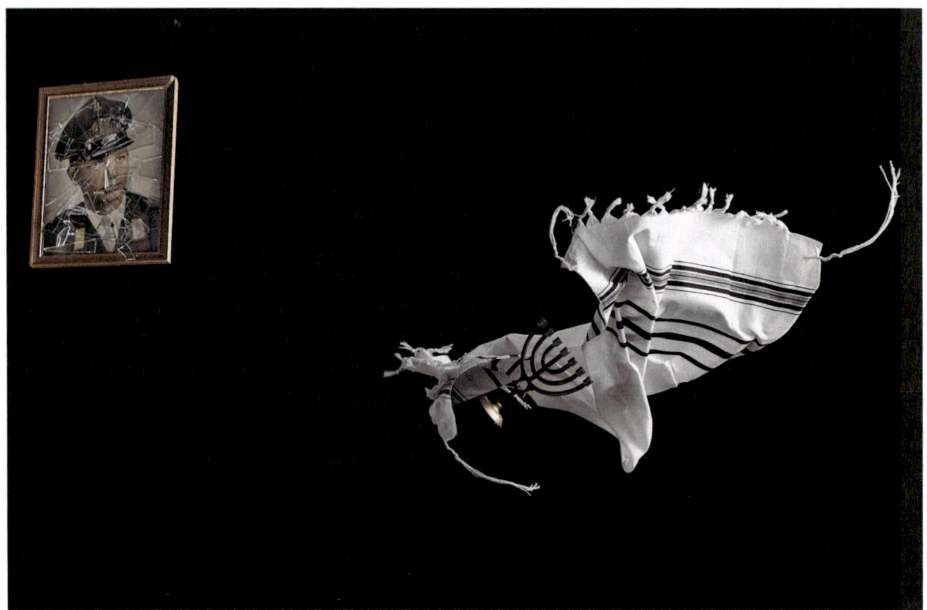

Kader Attia, Culture, Another Nature Repaired, 2014
Yael Bartana, Tashlikh (Cast Off), 2017

207

Kader Attia (Dugny, 1970)
Culture, Another Nature Repaired, 2014
Bois et support métallique, 221×50×50 cm
Acquisition, 2015. Inv. 2015-140

Depuis près de vingt ans, Attia s'intéresse à la question de la réparation, comprise dans sa double acception de réparer – un objet, une blessure –, et de rendre compte de cette même blessure. D'où l'importance, dans son travail, de l'objet et de l'archive comme traces tangibles de l'Histoire et des blessures qui exigent réparation. L'espace de l'installation devient dès lors un espace mémoriel, mais aussi un espace pour repenser les liens intrinsèques entre des histoires – politiques, personnelles, esthétiques – apparemment distinctes.

La série de bustes *Culture, Another Nature Repaired* (2014), dont le Musée possède trois exemplaires, a été créée en collaboration avec des artisans à Bamako (Mali) et à Brazzaville (République du Congo). Conçus d'après des photographies de « gueules cassées » de la Première Guerre mondiale, ils proposent une autre lecture des transferts et des échanges culturels entre les continents africain et européen, dans la continuité de l'œuvre monumentale imaginée par Attia pour la dOCUMENTA (13), *The Repair from Occident to Extra-Occidental Cultures* en 2012. En effet, si ces bustes rappellent que les grands modernes de l'histoire de l'art occidental se sont inspirés de l'Autre – tant les expressionnistes allemands que des artistes comme Braque et Picasso étaient fascinés par la statuaire africaine –, ce dernier jette aujourd'hui en retour son propre regard sur l'Homme occidental dans toute sa sauvagerie destructrice.

Si l'on se souvient que la Grande Guerre fut « mondiale », que de nombreux pays belligérants étaient des colonisateurs de l'Afrique noire et du Maghreb et qu'ils y recrutèrent un nombre considérable de soldats, qu'après la Grande Guerre, les conséquences à plus ou moins long terme sur les pays colonisés furent désastreuses, la proposition d'Attia prend tout son sens. À travers son travail, l'artiste pose ainsi la question de savoir ce qui peut être fait aujourd'hui pour réparer l'Histoire. [NS]

208

Yael Bartana (Kfar Yehezkel, 1970)
Tashlikh (Cast Off), 2017
Vidéo, couleur, avec son, 11'05", éd. 4/6
Acquisition, 2017. Inv. 2017-022

Depuis ses premières vidéos réalisées au tournant des années 2000, Bartana construit un œuvre qui oscille entre approche documentaire et construction fictionnelle d'événements historiques, voire d'utopies politiques. Son travail témoigne d'une fascination pour les cérémonies et les rituels sociaux, et pour le rôle que jouent ces derniers dans la construction des communautés et des individus.

L'installation vidéo *Tashlikh (Cast Off)* emprunte son titre au rituel du *tashlikh* pratiqué à l'occasion du nouvel an juif, et qui consiste à jeter de petits morceaux de pain ou des objets dans un cours d'eau afin de se libérer symboliquement des péchés de l'année écoulée tout en se préparant à l'année à venir. La vidéo se présente ainsi comme une sorte d'invitation à une cérémonie collective de *tashlikh*, ou du moins comme la documentation d'un tel événement.

Filmés au ralenti sur un fond noir, des objets tombent lentement, à des rythmes différents, isolés ou non, accompagnés d'une bande-son lancinante (bruit de vent ou de ressac, vrombissement d'avion ou de sirène, voix qui décompte) et, par moments, en silence. Gilet de sauvetage, photographies, lettres, journaux, châle de prière, uniformes, fusil, étoiles jaunes, drapeaux, vaisselle, les objets relèvent à la fois de la sphère intime tout en appartenant à un contexte plus large. Chacun d'entre eux représente un traumatisme collectif (le génocide arménien, les guerres civiles érythréennes, l'Holocauste, la Nakba). Les victimes, cependant, ne sont pas les seules à raconter leur histoire : les bourreaux participent eux aussi à la cérémonie du *tashlikh*. Mais si les objets sont la trace tangible d'une histoire, ou de toutes ces histoires, ils deviennent aussi les protagonistes d'un moment fictionnel mis en scène par l'artiste. Dans ce sens, *Tashlikh (Cast Off)* s'inscrit dans le questionnement sur la construction des identités individuelles et de la mémoire collective qui traverse tout le travail de Bartana. [NS]

209

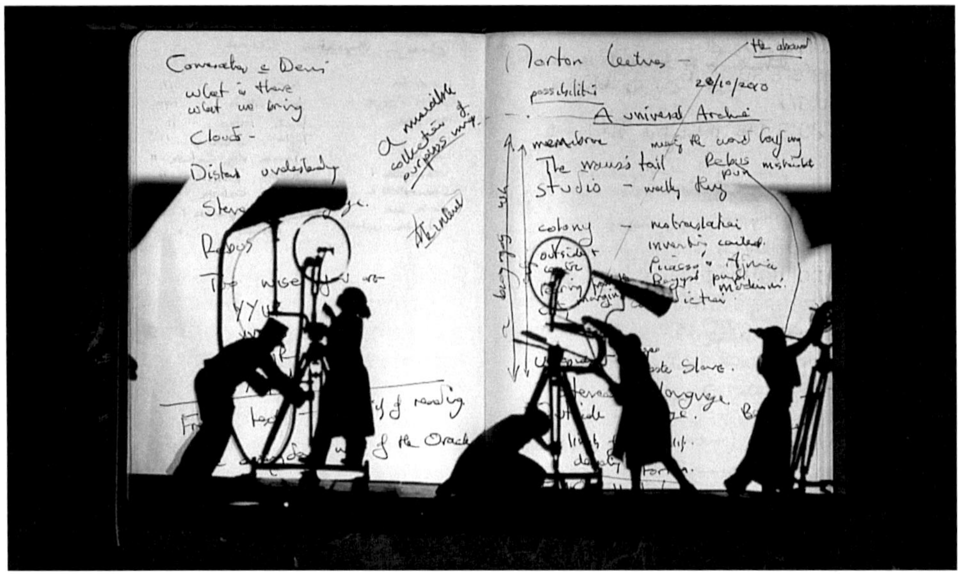

210

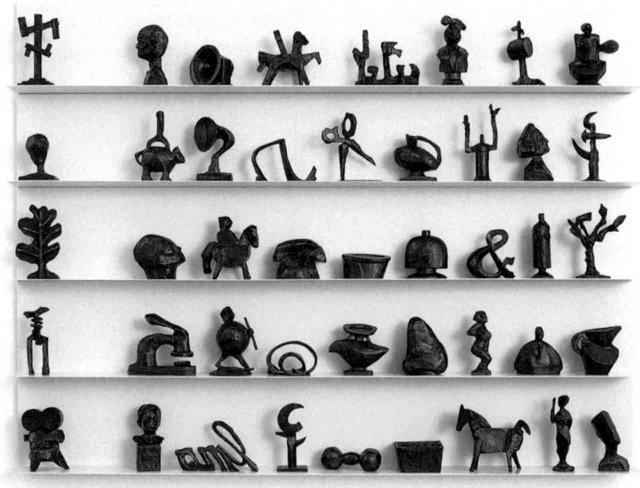

William Kentridge, Anti-Mercator, 2010 – 2011
William Kentridge, Lexicon, Paragraph I, 2017

209

William Kentridge (Johannesbourg, 1955)
Anti-Mercator, 2010 – 2011
Film HD transféré sur vidéo, n & b, avec son, 9'45", éd. 1/7
Acquisition, 2019. Inv. 2019-074

Né à Johannesbourg, Kentridge a été fortement marqué par le contexte politique et social de l'Afrique du Sud. Après des études de sciences politiques puis de dramaturgie, il commence à pratiquer le dessin au milieu des années 1970, développant ensuite un travail au fusain à partir duquel il réalisera ses premiers films d'animation. Les dessins successifs nécessaires à l'animation sont toujours exécutés sur la même feuille de papier : les traces d'effacement et de repentir et les nouveaux dessins sont ainsi visibles simultanément, reflétant la façon dont Kentridge pense le temps et l'histoire comme des processus non linéaires.

Anti-Mercator est l'une des œuvres créées par Kentridge comme préparation à l'installation *The Refusal of Time* réalisée pour la dOCUMENTA (13) à Cassel en 2012. Elle s'inscrit dans la recherche de l'artiste sur la conception du temps et la mesure de l'espace comme outils de modernité, mais également comme instruments de contrôle et de pouvoir. Le titre de l'œuvre renvoie à Gérard Mercator (1512 – 1594), inventeur de la projection cartographique qui porte son nom et auteur d'une carte indispensable aux navigateurs alors que l'Europe étend ses territoires, et toujours en usage aujourd'hui, bien qu'elle déforme la surface de différents pays, notamment africains.

Le cahier de notes de Kentridge remplit tout l'écran. Tantôt l'artiste le feuillette, tantôt il y dessine ou y écrit des phrases qui renvoient aux différentes conceptions du temps et de l'espace – du temps linéaire d'Isaac Newton à la théorie de la relativité restreinte d'Albert Einstein. Un métronome bat la mesure, des voix se font entendre, la musique rythme les images, Kentridge lui-même apparaît à l'écran, marchant devant son carnet surdimensionné avant de se mettre à courir de toute ses forces à rebours des pages feuilletées à l'envers. Le film se clôt sur une fanfare qui défile en ombres chinoises devant le cahier, et sur un couple qui danse comme pour défier la gravité et donner un souffle nouveau au moment présent. [NS]

210

William Kentridge (Johannesbourg, 1955)
Lexicon, Paragraph I, 2017
Bronze, 135 × 180 × 15 cm, éd. 7/8
Donation d'Alice Pauli, 2017. Inv. 2017-032

Kentridge grandit dans une Afrique du Sud marquée par le régime de l'apartheid (1948 – 1991). Formé non seulement aux beaux-arts et au théâtre mais aussi aux sciences politiques et aux études africaines, il a toujours donné à son œuvre un caractère politique prépondérant – car l'art, à ses yeux, ne peut être que politique.

Il réalise son premier film d'animation en 1989 (*Johannesburg, 2nd Greatest City after Paris*) et pose les fondements de son esthétique : dessins réalisés au fusain, un matériau poudreux qui enregistre toute trace et s'efface facilement ; illusion du mouvement donnée non par la succession chronologique d'images mais par l'évolution d'un motif redessiné plusieurs fois sur la même feuille ; importance de la bande sonore. Kentridge réalise aussi des estampes, des performances et des sculptures, les médiums se répondant à travers son œuvre.

Lexicon, Paragraph I reprend ainsi, à l'instar d'autres séries de petites sculptures en bronze comme *Promenade II* (2002), certains motifs et idées de ses œuvres précédentes, elles-mêmes nées dans ses carnets. On retrouve par exemple le nez de l'opéra *The Nose* mis en scène en 2010, une tête tirée de la frise *Triumphs and Laments* (2016) et la figure récurrente du cheval. Ces « glyphes sculpturaux », selon l'artiste, autrement dit des caractères typographiques, forment un *lexique* de signes « kentridgiens ». Leur visée est universelle : aux autoréférences se mêlent de nombreux souvenirs et influences de cultures et d'époques différentes (des ornements mexicains et une tête ghanéenne vus dans des musées, mais aussi l'évocation de Picasso, Alberto Giacometti ou encore Salvador Dalí). Chacun peut s'approprier et interpréter ces signes comme il l'entend, et inventer son propre langage. Alors que ces silhouettes en bronze semblent à jamais figées, en contradiction apparente avec les formes toujours en évolution que Kentridge dessine, le mouvement réapparaît grâce au jeu mental d'une multitude de combinaisons possibles. [LSCH]

211

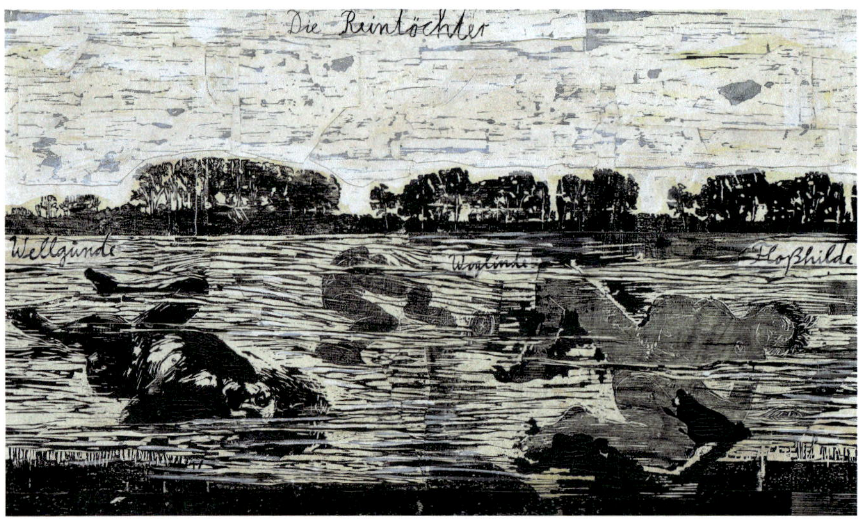

212

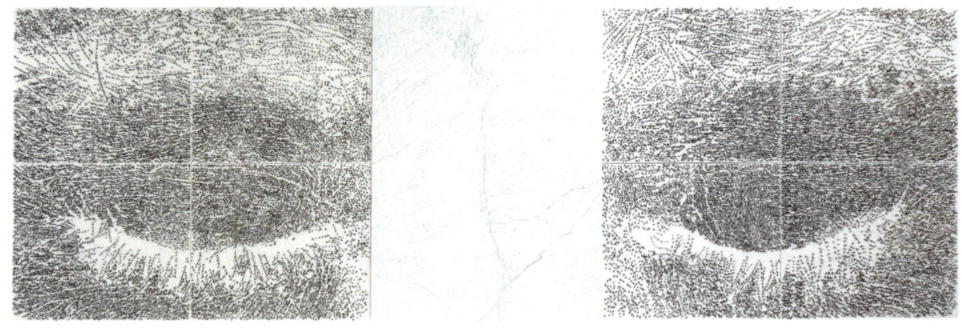

Anselm Kiefer, Die Rheintöchter, 1982 – 2013
Giuseppe Penone, A occhi chiusi, 2018

211

Anselm Kiefer (Donaueschingen, 1945)
Die Rheintöchter, 1982 – 2013
Collage de xylographies, acrylique et vernis sur toile, 190 × 330 cm
Donation d'Alice Pauli, 2016. Inv. 2017-004

Cette œuvre monumentale fait partie d'un ensemble sur le thème du Rhin, fleuve près duquel Kiefer a grandi, à la fois symbole culturel et frontière. Elle se réfère en particulier au mythe nordique des Filles du Rhin qui sont chargées par le Fleuve, leur père, de protéger l'or caché dans son lit. Tout l'œuvre de Kiefer revisite la mémoire et l'histoire de l'Allemagne, son pays d'origine, profondément bouleversé par la Seconde Guerre mondiale. L'artiste se réfère ici à la *Chanson des Nibelungen*. Composé au début du XIIIe siècle, ce poème épique est redécouvert au XIXe et devient la légende fondatrice d'une nation ; il inspirera Richard Wagner pour la tétralogie du *Ring* (1849 – 1876).

La composition de Kiefer est le fruit d'un travail de plus de vingt ans, dont les traces matérielles sont apparentes et attestent la confection artisanale. Il s'agit d'un collage de plusieurs fragments de xylographies en noir, repris à l'acrylique. L'espace de son format oblong accueille les corps massifs des trois ondines. Leur présence au premier plan nous repousse loin de l'image. Wellgunde, Woglinde et Flosshilde, qui tient une bougie dans les mains, flottent à la surface de l'eau comme des rondins emportés par le courant, engourdies et offertes. Leurs jambes écartées et leur nudité n'incitent pas à la lascivité. L'œuvre porte en effet la lettre « Die Reintöchter », « rein » signifiant « pur ». Peut-être Kiefer les envisage-t-il vierges de toute instrumentalisation politique, ou encore évoque-t-il leur innocence face au danger ?

Kiefer réalise ses premières xylographies en 1974. Dès les années 1980, il traite le thème du Rhin dans cette technique qui lui paraît opposée à la nature même du fleuve. La résistance du bois se distingue de la fluidité de l'eau et le dualisme chromatique ne peut traduire ses nuances. L'artiste cherche par cette radicalité à recouvrer l'intégrité de cette nature. [LSCH]

212

Giuseppe Penone (Garessio, 1947)
A occhi chiusi, 2018
Marbre de Carrare, épines d'acacia, microsphères de verre et acrylique sur toile, 200 × 630 cm
Donation d'Alice Pauli, 2018. Inv. 2018-149

Une jeunesse passée à la campagne a forgé chez Penone une sensibilité aux liens qui unissent l'être humain et la nature, et aux empreintes souvent invisibles laissées par l'un sur l'autre. L'artiste en a fait son thème. *A occhi chiusi* (Les yeux fermés), créé un demi-siècle après ses premières œuvres, constitue une synthèse parfaite de ses recherches.

La partie médiane de ce grand triptyque est réalisée à partir d'une plaque de marbre blanc dont les veines sont dégagées. Penone nous fait découvrir la vie intérieure de la pierre, qui apparaît comme un agrandissement de la peau humaine : une surface qui évoque une profondeur, mais, de façon contradictoire, comme « à fleur de peau ». De part et d'autre de la plaque, l'artiste a dessiné d'immenses yeux clos avec des épines d'acacia. Il partage le credo cher aux surréalistes : lorsque l'on a les yeux fermés, notre imagination – littéralement la faculté de se représenter des images – est plus grande que jamais. Or les yeux sont figurés ici en négatif : les cils sont blancs et les paupières apparaissent comme des trous noirs. La vue se trouve donc doublement inversée : aveuglement d'une part, inversion de la lumière d'autre part, avec pour conséquence un champ de vision illimité.

Les milliers d'épines d'acacia, dont les pointes sont dirigées vers le public, ne représentent pas le regard pénétrant de l'artiste, comme dans *Pointe à l'œil (Relations désagrégeantes)* (vers 1931 – 1932, Paris, Centre Pompidou), œuvre surréaliste d'Alberto Giacometti, mais plutôt l'étendue presque infinie des points de contact de la peau et des terminaisons nerveuses susceptibles d'enregistrer des empreintes. Le corps ainsi symbolisé par le relief mural inclut le minéral, le végétal et l'humain, un corps dans tous ses états, une interface permettant de se connecter au monde. [BF]

1. Ouvrages sur la collection du Musée cantonal des Beaux-Arts de Lausanne

René Berger (éd.), *Promenade au Musée cantonal des Beaux-Arts*, Lausanne, Crédit suisse, 1970

Erika Billeter (éd.), *Chefs-d'œuvre du Musée cantonal des Beaux-Arts, Lausanne. Regards sur 150 tableaux*, Lausanne, Musée cantonal des Beaux-Arts, 1989

Erika Billeter (éd.), *Sculptures du Musée cantonal des Beaux-Arts Lausanne. Œuvres choisies*, Lausanne, Musée cantonal des Beaux-Arts, 1990

Catherine Lepdor, Patrick Schaefer et Jörg Zutter, *La collection du Musée des Beaux-Arts, Lausanne*, Berne, Société d'histoire de l'art en Suisse, 1994 (coll. « Guide des monuments suisses »)

Catherine Lepdor et Jörg Zutter (éd.), *La Collection du Dr Henri-Auguste Widmer au Musée cantonal des Beaux-Arts de Lausanne*, Lausanne, Musée cantonal des Beaux-Arts, Milan, Skira, 1998

Catherine Lepdor, Patrick Schaefer et Jörg Zutter, *Musée cantonal des Beaux-Arts Lausanne*, Zurich, Institut suisse pour l'étude de l'art, Genève, Banque Paribas (Suisse) S.A., 1998

2. Les Cahiers du Musée des Beaux-Arts de Lausanne

William Hauptman, *Charles Gleyre. La Danse des Bacchantes*, 1995 (n° 1)

Catherine Lepdor, Patrick Schaefer et Jörg Zutter, *La genèse des formes. Œuvres sur papier de la collection*, 1995 (n° 2)

Anne Dary, Catherine Lepdor, Patrick Schaefer et Jörg Zutter, *Identités et affinités. Art suisse contemporain dans la collection du Musée des Beaux-Arts, Lausanne*, 1995 (n° 3)

Bettina Baumgärtel, Lucien Boissonnas, Laurent Golay, Pascal Griener, Myra Nan Rosenfeld, Marie-Dominique Sanchez et Dieter Ulrich, *Entre Rome et Paris. Œuvres inédites du XIVᵉ au XIXᵉ siècle*, 1996 (n° 4)

Jean-Paul Bouillon, Jura Brüschweiler, Rudolf Koella, Catherine Lepdor, Patrick Schaefer et Jörg Zutter, *De Vallotton à Dubuffet. Une collection en mouvement, acquisitions, dons, prêts*, 1996 (n° 5)

Catherine Lepdor, Didier Ottinger, Patrick Schaefer et Jörg Zutter, *Le Miroir vivant. René Magritte, Marcel Broodthaers, Bruce Nauman, Markus Raetz*, 1997 (n° 6)

Mauro Natale (éd.), Laurence Barghouth, Stéphane Cecconi, Sarah Clar-Boson, Sylvie Costa Paillet, Karin Défago et alii, *Peintures et sculptures italiennes et espagnoles. Collections du Musée cantonal des Beaux-Arts de Lausanne*, 1998 (n° 7)

Jörg Zutter (éd.), Bernard Ceysson, *Un musée pour demain ? L'art contemporain dans des collections privées vaudoises*, 1999 (n° 8)

Danielle Chaperon, Petra ten-Doesschate Chu, Catherine Lepdor, Paul Müller, Caroline Nicod et Jörg Zutter, *Le Sommeil ou quand la raison s'absente*, 1999 (n° 9)

Christine Burckhardt-Seebass, Elizabeth Fischer, Ursula Karbacher, Catherine Lepdor et Corinne Walker, *Modes et tableaux. Œuvres de la collection et costumes de 1700 aux années folles*, 2000 (n° 10)

Dominique Radrizzani (éd.), Charlotte Contesse Barraud, Astrid Berglund, Julie Enckell et alii, *L'attrait du trait. Dessins anciens et modernes de la collection*, 2001 (n° 11)

Catherine Lepdor, *Félix Vallotton. La vie recomposée*, 2002 (n° 12)

Ralf Beil (éd.), Corinne Bolle et Dominique Radrizzani, *Le monde selon François Dubois, peintre de la Saint-Barthélemy*, 2004 (n° 13)

Nicole Schweizer (éd.), Nathalie Bäschlin, Rachel Mader, *Interactions fictives. L'art vidéo dans les collections*, 2004 (n° 14)

Christine Giacomotti et Catherine Lepdor, *1906 – 2006. Cent ans d'expositions au Musée cantonal des Beaux-Arts de Lausanne*, 2007 (n° 15)

Frédéric Elsig, *Peintures des écoles du Nord (XVIᵉ-XVIIIᵉ siècles). Collections du Musée des Beaux-Arts de Lausanne*, 2007 (n° 16)

Nicole Schweizer (éd.), Robert Ireland, Bernard Voïta, Yves Mettler, David Hominal, Anne-Julie Raccoursier, Jean Crotti, Elisabeth Llach, Pauline Boudry / Renate Lorenz et Luc Aubort, *9 = 10. Dix ans d'Accrochage [Vaud]*, 2012 (n° 17)

Frédéric Elsig (éd.), Angela Benza, Vincent Chenal, Geneviève Dutoit et alii, *De la Renaissance au Romantisme. Peintures françaises et anglaises du Musée cantonal des Beaux-Arts de Lausanne*, 2013 (nº 18)

Anne van de Sandt, *Les Frères Jacques et François Sablet. Collections du Musée cantonal des Beaux-Arts de Lausanne*, 2015 (nº 19)

3. Catalogues liés aux Salons internationaux de galeries-pilotes

René Berger et Raymonde Moulin, *1er Salon international de galeries-pilotes : artistes et découvreurs de notre temps*, cat. exp. Lausanne, Musée cantonal des Beaux-Arts, 1963

René Berger, *2e Salon international de galeries-pilotes : artistes et découvreurs de notre temps*, cat. exp. Lausanne, Musée cantonal des Beaux-Arts, 1966

René Berger, *3e Salon international de galeries-pilotes : artistes et découvreurs de notre temps*, cat. exp. Lausanne, Musée cantonal des Beaux-Arts, Paris, Musée d'Art moderne de la Ville de Paris, 1970

Yves Aupetitallot et Catherine Lepdor (éd.), *g.p. 1.2.3. Le Salon international de galeries-pilotes à Lausanne 1963 1966 1970 / The International Show of Pilot Galleries at Lausanne 1963 1966 1970*, cat. exp. Lausanne, Musée cantonal des Beaux-Arts, 2002

4. Catalogues d'expositions monographiques dès les années 1980

Bernard Wyder, *Jean Otth. Peintures au spray sur papier et sur toile de coton 1982 – 1984*, cat. exp. Lausanne, Musée cantonal des Beaux-Arts, 1983 (coll. « Regard sur le présent », nº 5)

Marie Helène Cornips et Dieter Koepplin, *Martin Disler. Dessins 1968 – 1983 et le tableau monumental de 1982 « Ouverture d'une fosse commune »*, cat. exp. Lausanne, Musée cantonal des Beaux-Arts, Bâle, Museum für Gegenwartskunst, 1983 (coll. « Regard sur le présent », nº 6)

Erika Billeter, Jean-Pierre Cuzin, Maria Elisa Tittoni Monti et Anne van de Sandt, *Les frères Sablet (1775 – 1815). Peintures, dessins, gravures*, cat. exp. Lausanne, Musée cantonal des Beaux-Arts, Nantes, Musées départementaux de Loire-Atlantique, Rome, Musée de Rome, Palazzo Braschi, Rome, Edizioni Carte Segrete, 1985

Erika Billeter et Silvie et Chérif Defraoui, *Silvie et Chérif Defraoui. « Figures », 1981 – 1985*, cat. exp. Lausanne, Musée cantonal des Beaux-Arts, Villefranche-sur-Saône, Centre d'arts plastiques, 1985 (coll. « Regard sur le présent », nº 7)

Erika Billeter et Friedhelm Mennekes, *Arnulf Rainer / Louis Soutter. Les doigts peignent / Die Finger malen*, cat. exp. Lausanne, Musée cantonal des Beaux-Arts, Francfort, Schirn Kunsthalle Frankfurt, Linz, Neue Galerie der Stadt Linz / Wolfgang-Gurlitt-Museum, 1986

Luc Boissonnas, Enrico Castelnuovo, Pierre Chessex, André Corboz, Olivier Masson et Westby Percival Prescott, *A. L. R. Ducros (1748 – 1810). Paysages d'Italie à l'époque de Goethe*, cat. exp. Lausanne, Musée cantonal des Beaux-Arts, Lausanne, Éditions du Tricorne, 1986

Bernard Wyder, *Anker. Chroniques intemporelles. Catalogue raisonné des œuvres d'Albert Anker au Musée cantonal des Beaux-Arts de Lausanne*, [Lausanne], [Musée cantonal des Beaux-Arts], [1987]

Erika Billeter, *Luciano Castelli. Images/ Bilder 1872 – 1988*, cat. exp. Lausanne, Musée cantonal des Beaux-Arts, 1989

Erika Billeter, Silvio Blatter et Peter Bürger, *Rolf Iseli*, cat. exp. Lausanne, Musée cantonal des Beaux-Arts, 1990

Jérôme Baratelli et Marie-Claude Jequier, *Alain Huck. Autre chose encore*, cat. exp. Lausanne, Musée cantonal des Beaux-Arts, Lausanne, Placette, 1990

Sasha M. Newman (éd.), Marina Ducrey, Rihard S. Field, Deborah L. Goodman et alii, *Vallotton*, cat. exp. Lausanne, Musée cantonal des Beaux-Arts, Paris, Flammarion, 1991

Jörg Zutter (éd.), Franz Meyer et Jörg Zutter, *Bruce Nauman. Sculptures et installations, 1985 – 1990*, cat. exp. Lausanne, Musée cantonal des Beaux-Arts, Bruxelles, Ludion, 1991

Marie Luise Syring (éd.), Ralf Lauter, *Bill Viola. Unseen images = nie gesehene Bilder = images jamais vues*, cat. exp.

Düsseldorf, Kunsthalle, Stockholm Moderna Museet, Madrid, Museo Nacional Centro de Arte Reina Sofía, Madrid, Lausanne, Musée cantonal des Beaux-Arts, Genève, Saint-Gervais, Londres, Whitechapel Art Gallery, Düsseldorf, R. Meyer, 1992

Jörg Zutter (dir.), *Balthus*, cat. exp. Lausanne, Musée cantonal des Beaux-Arts, Genève, Skira, 1993

Jörg Zutter et Raymond Farquet, *Christian Boltanski. Les Suisses morts : liste des Suisses morts dans le canton du Valais en 1991*, cat. exp. Lausanne, Musée cantonal des Beaux-Arts, Vevey, Éditions de l'Aire, 1993

Jörg Zutter (éd.), Fernand Auberjonois, Oskar Bätschmann, Doris Jakubec, Claire de Ribaupierre et alii, *René Auberjonois*, cat. exp. Lausanne, Musée cantonal des Beaux-Arts, Genève, Skira, 1994

Thomas de Kayser, *Thomas Huber. Arrêt sur l'image*, cat. exp. Lausanne, Musée cantonal des Beaux-Arts, Darmstadt, Jürgen Häusser, 1996

Anic Zanzi, Danielle Zombath et Jörg Zutter, *Giovanni Giacometti*, cat. exp. Lausanne, Musée cantonal des Beaux-Arts, 1997

Jörg Zutter (éd.), Pierre Chessex, Didier Prioul et Lindsay Stainton, *Abraham-Louis-Rodolphe Ducros : un peintre suisse en Italie*, cat. exp. Lausanne, Musée cantonal des Beaux-Arts, Québec, Musée du Québec, Milan, Skira, 1998

Nathalie Chollet Bel Hadj, Catherine Lepdor et Jörg Zutter, *Ernest Biéler, 1863–1948 : du réalisme à l'art nouveau / vom Realismus zum Jugendstil*, cat. exp. Lausanne, Musée cantonal des Beaux-Arts, Soleure, Kunstmuseum Solothurn, Milan, Skira, 1999

Jean-Paul Monery et Jörg Zutter (dir.), Dario Gamboni et Jean-Paul Monery, *Édouard Vuillard. La porte entrebâillée*, cat. exp. Lausanne, Musée cantonal des Beaux-Arts, Saint-Tropez, Musée de l'Annonciade, Milan, Skira, 2000

Anne-Catherine Krüger, Catherine Lepdor et Gabriel P. Weisberg, *Louise Breslau. De l'impressionnisme aux années folles*, cat. exp. Lausanne, Musée cantonal des Beaux-Arts, Milan, Skira, Paris, Seuil, 2001

Catherine Lepdor, Caroline Nicod, Doris van Drathen et alii, *Leiko Ikemura. Les années lumière – Lichtjahre*, cat. exp. Lausanne, Musée cantonal des Beaux-Arts, Milan, Skira, 2001

Hartwig Fischer (éd.), Hartwig Fischer, Heinz Holliger, Lucienne Peiry, Jean Starobinski et Michel Thévoz, *Louis Soutter 1871–1942*, cat. exp. Bâle, Kunstmuseum, Lausanne, Musée cantonal des Beaux-Arts, Lausanne, Collection de l'Art Brut, Ostfildern, Hatje Cantz Verlag, 2002

Lionel Bovier et Christophe Cherix, *Olivier Mosset. Travaux/Works 1966–2003*, cat. exp. Lausanne, Musée cantonal des Beaux-Arts, Saint-Gall, Kunstmuseum St. Gallen, Santa Fe, SITE, Milan, 5 Continents Editions, 2003

Ralf Beil (éd.), Thomas Groetz et F. Javier Panera Cuevas, *Albert Oehlen. Peintures/Malerei 1980–2004. Selbstportrait mit 50millionenfacher Lichtgeschwindigkeit*, cat. exp. Lausanne, Musée cantonal des Beaux-Arts, Salamanque, Domus Artium 2002 Fundación Salamanca Ciudad de Cultura y Saberes, Nuremberg, Kunsthalle Nürnberg, Zurich, JRP Ringier, 2004

Philippe Kaenel et Catherine Lepdor, *Eugène Burnand (1850–1921) : peintre naturaliste*, cat. exp. Lausanne, Musée cantonal des Beaux-Arts, Milan, 5 Continents Editions, 2004

Yves Aupetitallot (éd.), Ralf Beil et Catherine Macchi de Vilhena, *Didier Rittener*, cat. exp. Lausanne, Musée cantonal des Beaux-Arts, Saint-Gall, Neue Kunst Halle St. Gallen, Zurich, JRP Ringier, 2005

Paul-André Jaccard, *Alice Bailly. La fête étrange*, cat. exp. Lausanne, Musée cantonal des Beaux-Arts, Milan, 5 Continents Editions, 2005

Florence Derieux (éd.), George Baker, Stuart Comer, Florence Derieux et Cerith Wyn Evans, *Tom Burr. Extrospective. Works 1994–2006*, cat. exp. Lausanne, Musée cantonal des Beaux-Arts, Zurich, JRP Ringier, 2006

Catherine Lepdor (éd.), Marie Alamir, Thérèse Burollet, Patrick Shaw Cable et alii, *Charles Gleyre. Le génie de l'invention*, cat. exp. Lausanne, Musée cantonal des Beaux-Arts, 2006

David Hominal, Nicolas Pages et Philippe Pirotte, *David Hominal. You'll Never Walk Alone*, cat. exp. Lausanne, Musée cantonal des Beaux-Arts, 2007

Nicole Schweizer (dir.), Georges Didi-Huberman, Griselda Pollock, Jacques Rancière, *Alfredo Jaar. La politique des images*, cat. exp. Lausanne, Musée cantonal des Beaux-Arts, Zurich, JRP Ringier, 2007

Nicole Schweizer, *Anne-Julie Raccoursier*, cat. exp. Lausanne, Musée cantonal des Beaux-Arts, 2008

Philippe Kaenel, avec la collaboration de Catherine Lepdor, *Steinlen, l'œil de la rue*, cat. exp. Lausanne, Musée cantonal des Beaux-Arts, Bruxelles, Musée communal d'Ixelles, Milan, 5 Continents Editions, 2008

Nicole Schweizer (éd.), Nora Alter, Diedrich Diederichsen, Kobena Mercer, Catherine Quéloz et alii, *Renée Green. Ongoing Becomings*, cat. exp. Lausanne, Musée cantonal des Beaux-Arts, Zurich, JRP Ringier, 2009

Nicole Schweizer (éd.), Catherine Othenin-Girard, Hans Rudolf Reust et Nicole Schweizer, *Jean-Luc Manz. Peintures 1984 – 2010*, cat. exp. Lausanne, Musée cantonal des Beaux-Arts, Zurich, Edition Fink, 2010 (coll. « Binding Sélection d'artistes », n° 35)

Whitney Chadwick, Doris von Drathen, Bernard Fibicher et Andreas Huyssen, *Nalini Malani. Splitting the Other. Retrospective 1992 – 2009*, cat. exp. Lausanne, Musée cantonal des Beaux-Arts, Ostfildern, Hatje Cantz Verlag, 2010

Mathias Danbolt, Diedrich Diederichsen, Elizabeth Freeman, Denis Pernet, Marc Siegel et Andrea Thal, *Pauline Boudry & Renate Lorenz, Temporal Drag*, cat. exp. Lausanne, Musée cantonal des Beaux-Arts, Genève, Centre d'art contemporain, Ostfildern, Hatje Cantz Verlag, 2011

Catherine Lepdor (éd.), Marie-Ève Celio-Scheurer, Danielle Chaperon, Philippe Kaenel et alii, *Eugène Grasset. L'art et l'ornement*, cat. exp. Lausanne, Musée cantonal des Beaux-Arts, Milan, 5 Continents Editions, 2011

Catherine Lepdor, Sarah Lombardi Schlittler, Pascale Marini-Jeanneret, Céline Muzelle et Jacqueline Porret-Forel, *Aloïse. Le ricochet solaire*, cat. exp. Lausanne, Musée cantonal des Beaux-Arts, Lausanne, Collection de l'Art Brut, Chigny, Fondation Aloïse, Milan, 5 Continents Editions, 2012

Bernard Fibicher (dir.), Bernard Fibicher, Catherine Lepdor, Camille Lévêque-Claudet et Éric de Chassey, *Peinture. Alex Katz & Félix Vallotton*, cat. exp. Lausanne, Musée cantonal des Beaux-Arts, Milan, 5 Continents Editions, 2013

Nicole Schweizer (éd.), Amelia Barikin, Rebecca Lamarche-Vadel et Nadim Samman, *Julian Charrière. Future Fossil Spaces*, cat. exp. Lausanne, Musée cantonal des Beaux-Arts, Milan, Mousse Publishing, 2014

Nicole Schweizer (éd.), Brigitte Derlon, Noémie Étienne, Monique Jeudy-Ballini et Kobena Mercer, *Kader Attia*, cat. exp. Lausanne, Musée cantonal des Beaux-Arts, Zurich, JRP Ringier, 2015

Nicole Schweizer (éd.), *Yael Bartana*, Lausanne, Musée cantonal des Beaux-Arts, Zurich, JRP Ringier, 2017

Musée cantonal des Beaux-Arts de Lausanne. Guide de la collection

Direction générale :
Bernard Fibicher, directeur

Coordination éditoriale :
Laurence Schmidlin, conservatrice, assistée de Camille de Alencastro, collaboratrice scientifique

Textes :
Bernard Fibicher, directeur [BF] ; Catherine Lepdor, conservatrice en chef [CL] ; Camille Lévêque-Claudet, conservateur [CLC] ; Laurence Schmidlin, conservatrice [LSCH] ; Nicole Schweizer, conservatrice [NS] ; Camille de Alencastro, collaboratrice scientifique [CdA] ; ainsi que Yves Guignard [YG] et Michel Thévoz [MTh]

Correctorat :
Laurent Auberson

Relecture :
Grégoire Ader

Conception graphique :
Farner Schalcher, Zurich ;
Simone Farner, Naima Schalcher

Photolithographie :
Datatype S.A., Lausanne

Impression et reliure :
DZA Druckerei zu Altenburg GmbH, de Thuringe

Papier :
Invercote G, 280 g/m² (couverture)
Profimatt, 115 g/m² (pages intérieures)

Couverture :
Giuseppe Penone, *Luce e ombra*, 2011

Remerciements :
Nous remercions chaleureusement les artistes et toutes les personnes qui ont contribué à la réalisation de cet ouvrage : Yves André, Thomas Ballot, Muriel Blancho, Célia Boldrini, Nathalie Boutin, Antoni Burzyński, Daniela Cadosch, Elizabeth Callinicos, Michael Chappuis, Edmond Charrière, Cyprien David, Kathy DeLap, Eleonora Di Erasmo, Antje Ehmann, Matthieu Gafsou, David Gagnebin-de Bons, Roman Grabner, Irene Grundel, Katharina Grünner, Caroline Guignard, Julien Gremaud, Nicola Hederich, Christine Humpl, Paul-André Jaccard, Mary Jane Jacob, Jean-Marie Jaccottet, Laurence Jaccottet, Monique Jacot, Heidi Joye, Annika Karpowski, Bettina Kubli, Sarah Landry, David Lemaire, Anja Lindner, Sarah Lombardi, Olivier Masson, Lindsay McGuire, Isabelle Mercier, Jean-David Mermod, Vincent Monod, Matt Moravec, Davide Nerini, Virginie Otth, Philémon Otth, Françoise Peter, Johan Pijnappel, Laure Poupard, Ronja Primke, Nicolas Raboud, Daniel Scheidegger, Katja Schöppe, Michael Schuster, Arno Stein, Alain Tarica, Penelope Truitt, Jacqueline Nicod-Urban, Matthias Urban, Danielle Wu, Gene Zazzaro, Alma Zorlak, Michaela Züge Bruton, ainsi que toute l'équipe du Musée.

PLATEFORME 10
Musée cantonal des Beaux-Arts
Place de la Gare 16
1003 Lausanne
Suisse

Verlag Scheidegger & Spiess
Niederdorfstrasse 54
8001 Zurich
Suisse
www.scheidegger-spiess.ch

La maison d'édition Scheidegger & Spiess bénéficie d'un soutien structurel de l'Office fédéral de la culture pour les années 2016 – 2020.

ISBN 978-3-85881-851-5

MUSÉE CANTONAL DES
BEAUX-ARTS LAUSANNE

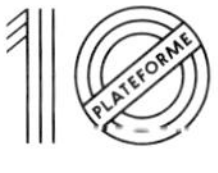

Scheidegger & Spiess